SARAH CROSBY

FÜNF MINUTEN COACHING

DER KICKSTART FÜR EIN GLÜCKLICHES UND ERFÜLLTES LEBEN

VON DER AUTORIN DES INSTAGRAM-ACCOUNTS @THEMINDGEEK

südwest

1. Auflage

Die Originalausgabe erschien 2020 unter dem Titel »5 Minute Therapy«
im UK bei Century, einem Imprint von Cornerstone.
Cornerstone ist Teil der Penguin Random House group of companies.

Hinweise

Projektleitung: Eva Wagner
Übersetzung und Redaktion: Antje Seidel, trans texas publishing services GmbH
Herstellung: Timo Wenda
Layout und Umschlag: Veruschkamia, München
Satz: Uhl + Massopust, Aalen
Druck & Bindung: Litotipografia Alcione, srl

Printed in Italy

FSC
www.fsc.org
MIX
Papier aus verantwortungsvollen Quellen
FSC® C021956

Penguin Random House Verlagsgruppe FSC® N001967

ISBN 978-3-517-10076-0

FÜR LOUISE, GER UND CLAIRE –
UND ALLE, DIE ANDEREN ZEIGEN MÖCHTEN,
WIE ES IST,
SICH SICHER UND AUFGEHOBEN ZU FÜHLEN.

EINLEITUNG

Hi!

Ach, Sie sind's! Sie sind hier.

Ich freue mich, dass Sie da sind.

Willkommen beim *Fünf-Minuten-Coaching*. Ich schätze, Sie sind neugierig zu erfahren, wer Sie sind, und suchen nach einer Anleitung, um dies herauszufinden. Um Glück, Vertrauen und Ruhe in unser Leben zu bringen und aufrechtzuerhalten, ist es unabdingbar, sich selbst zu erforschen. Wenn Sie diese Dinge kultivieren möchten, sind Sie hier genau richtig. Es ist interessant, darüber nachzudenken, nicht wahr? Wer bin ich? Was bedeutet der Rat »Sei einfach du selbst« eigentlich? Was bedeutet es überhaupt, »authentisch« zu sein?

Bevor wir uns näher mit der Bedeutung des *Fünf-Minuten-Coachings* beschäftigen, möchte ich eine meiner frühesten Erinnerungen mit Ihnen teilen, als mir im Alter von sieben Jahren gesagt wurde, wer ich sei. Vielleicht können Sie sich an ein ähnliches Erlebnis erinnern?

Als das Schuljahr zu Ende ging, wurde vielen Eltern in Irland plötzlich klar, dass sie nun ganze zwei Monate ohne Pause mit ihren Kindern die beliebte Serie »Sabrina – Total Verhext!« zu Hause laufen haben würden. Deshalb wurde ich mit vielen anderen Kindern aus meiner Grundschule, aber auch aus benachbarten Schulen, in eine Art Kreativ-Camp geschickt.

Mitten in diesem verregneten irischen Sommer trafen wir uns im Klassenraum von Ms. Monaghan, wo ich mit meiner Freundin Claire darauf wartete, dass der Spaß begann.

»Erzählt uns etwas über euch!«, bellte eine überspannte Betreuerin in den Raum.

Niemand sagte ein Wort. Dann brach ein ohrenbetäubender Lärm aus und alle riefen durcheinander.

»Ich bin Paddy!«

»Ich bin sechs.«

»Meine Telefonnummer ist …«

Es war eine Zumutung für die Ohren.

»Ich bin Sarah!«, hörte man noch, als alle anderen bereits verstummt waren. Ich schreckte zurück, als mir klar wurde, dass ich mich gerade zu erkennen gegeben hatte.

»O.k., teilen wir euch nach Namen ein«, rief die Betreuerin und zog eine lange Rolle mit Namensschildern aus Ms. Monaghans Schublade.

In den folgenden 15 Minuten liefen alle Betreuenden zwischen uns hin und her, fragten uns nach unseren Namen, kritzelten sie auf Schilder und befestigten sie an unseren T-Shirts.

»Bitte schön, Sarah. Das bist du.«

Ich schaute an mir herab, mein Name inmitten von Schleifen und Schnörkeln. Ich fand es nicht so schlimm, dies den ganzen Tag tragen zu müssen.

»O.k., Kinder. Bildet nun Gruppen mit gleichen Namen.«

Ich blickte auf und sah Entsetzen in allen Gesichtern. War diese Betreuerin verrückt?! Ich kenne hier ziemlich viele, aber einige kenne ich nicht. Die sind von der Schule unten an der Straße. Das sind quasi Aliens. So dachte ich.

In den nächsten Minuten schoben sie uns hierhin und dorthin, sodass wir von unseren Freundinnen und Freunden getrennt wurden. Ich stand mit drei anderen, ebenso mürrisch dreinblickenden Sarahs zusammen – eine ohne »h«, aber ich hatte gerade keine Lust, um über Schreibweisen zu diskutieren.

Ich schaute mich um. Die Aoifes und Aislings schienen in der Mehrzahl zu sein (beides offensichtlich Modenamen in Irland zu dieser Zeit). Meine Freundin war nun Teil ihrer eigenen beachtlichen Gruppe. Ich warf einen mitfühlenden Blick auf Delilah, Anastasia und Tobin, die unter »Sonstige« zusammengefasst wurden.

Panik stieg in mir auf. Ich sollte den Rest der Woche mit diesen drei mir unbekannten Mädchen verbringen, nur weil mir aufgrund eines Etiketts keine andere Wahl blieb?

»Das gefällt mir nicht«, dachte ich. Deshalb nahm ich all meinen Mut zusammen, um mich gegen das System aufzulehnen. Ich verabschiedete mich von den Sarahs, knibbelte mein Namensschild ab und schlich mich zu den Claires, die sich über mich freuten. Mit ihnen verbrachte ich den Rest des Tages.

Als Kind hatte ich zwar große Angst vor Autoritäten, doch noch schlimmer war die Vorstellung, eine Woche mit Kindern zu verbringen, mit denen ich lediglich durch ein willkürliches Etikett verbunden war.

Auch wenn ich mich hier mit Mut (und Angst im Bauch) gegen eine Kategorisierung »aufgelehnt« hatte, gab es später viele andere Situationen in meinem Leben, in denen ich weitaus unpassendere Etiketten von mir selbst oder anderen akzeptiert habe. Mein Feriencamp-Beispiel ist noch relativ harmlos, aber ich möchte auf etwas anderes hinaus. Wir neigen dazu, es zu akzeptieren und anzunehmen, wenn uns jemand sagt, wer wir sind. Das bedeutet, dass manche Erlebnisse schon in jungen Jahren unser Selbst bestimmen.

Aus persönlicher Erfahrung und als Therapeutin bin ich zu dem Schluss gekommen, dass wir neu entdecken können, wer wir wirklich sind, wenn wir die zahlreichen Etiketten ablösen, die uns auf unserem Lebensweg gegeben wurden, und erforschen, was jenseits der zugewiesenen Merkmale liegt.

Gleich zu Beginn möchte ich die Karten offen auf den Tisch legen. Dieses Buch ist vieles, aber kein neuer therapeutischer Ansatz, der auf magische Weise alle Probleme in fünf Minuten löst. Es ist auch kein Ersatz für eine professionelle Therapie oder eine andere psychologische Unterstützung. Das Buch macht keine leeren Versprechungen und verspricht keine Spontanheilungen. Es wird Ihnen auch nicht die nötige Arbeit abnehmen, damit Sie sich glücklicher, wohler und vertrauensvoller fühlen. Sorry, dass ich Ihnen diese Hiobsbotschaft überbringe, aber ich halte es für das Beste, unsere Beziehung offen und ehrlich zu beginnen.

Was Sie in diesem Buch entdecken *werden*, ist – hoffentlich – sinnvoller: eine Reise zur Selbstfindung, ein Ablösen von Etiketten, eine Erkundung des Selbst, eine Gelegenheit zu therapeutischen Einsichten in Ihr Leben – jenseits des ganzen Lärms der sozialen Medien.

Dieses Buch enthält leicht zugängliche Informationen in gut aufbereiteten Häppchen, die Sie gezielt einzeln oder der Reihe nach lesen können. Mit etwas Glück werden die Gedanken und Ideen auf den einzelnen Seiten für Sie zur Quelle von Einsicht, Beruhigung, Wohlbefinden und Halt.

Die »Fünf-Minuten-Pause«-Abschnitte im Buch bilden kurze, effektive Übungen, die Sie in jeder freien Minute durchführen können. Am Ende jedes Kapitels finden Sie »Tägliche Übungen«, die Sie dazu anregen sollen, sich zum Abschluss eines Tages fünf Minuten Zeit zu nehmen, um über die im Kapitel behandelten Themen nachzudenken.

Ich bringe mein Fachwissen als Psychotherapeutin ein, bringen Sie Ihr Wissen darüber ein, wer Sie sind und wie Ihre Welt aussieht. Dieses Buch ist kein ultimativer Leitfaden, in dem »ich Ihnen sage, wie es funktioniert, Sie selbst zu sein«. Es ist eine Einladung an Sie, sich auf eine Reise zum Selbst zu begeben.

Das kann Ihnen helfen, wenn …

- Sie neugierig sind und sich ein wenig besser kennenlernen möchten.
- Sie sich etwas (oder sehr) verloren fühlen und Klarheit suchen.
- Sie sich schlecht fühlen und sich besser fühlen möchten.
- Sie sich nicht sicher sind, was Sie wollen, während jeder andere vor Selbstsicherheit nur so zu strotzen scheint.
- Sie glücklicher, vertrauensvoller und gelassener sein möchten.
- Sie offen dafür sind, Wege zu erforschen, auf denen Sie sich von Ihrem Selbst entfernen, und dann die Wege zu finden, auf denen Sie zu Ihrem wahren inneren Selbst zurückkehren können.

Sie entdecken dabei die verschiedenen Anteile, aus denen jeder von uns besteht. Im besten Fall erkennen Sie, welche Teile Ihres Selbst eine liebevolle Umarmung brauchen und welche nicht länger zu der Person passen, die Sie allmählich werden.

Ihnen werden in diesem Buch einige wichtige Begriffe begegnen, etwa Bindung, Grenzen, Selbstliebe und Mitgefühl. Sollten sie ein mulmiges Gefühl bei Ihnen auslösen, dann rate ich Ihnen, das Buch bei einer schönen Tasse Tee zu lesen.

Durch das Internet sind wir alle in gewisser Weise mit zahlreichen Begriffen zur psychischen Gesundheit gesättigt. Ich ertappe mich sogar dabei, dass ich selbst manchmal das Gesicht verziehe, wenn ich Wörter wie »Grenzen« lese (übrigens handelt das komplette Kapitel 6 von Grenzen). Letzten Endes hat diese Abneigung auch etwas mit mir selbst zu tun: Weil ich mich zu sehr an Begriffe wie diese gewöhnt hatte, bestand die Gefahr, bestimmte Schlüsselbotschaften nicht mehr ernst zu nehmen. Es gibt einen Grund, warum wir diese Begriffe immer häufiger verwenden: Sie ermöglichen Gespräche, die sowohl wichtig als auch nötig sind. Darum lade ich Sie dringend ein, eventuelle Vorbehalte gegenüber dieser »Psycho-Sprache« abzulegen.

Ich hoffe, dass Sie auf den folgenden Seiten leicht verdauliche Einsichten in nicht immer leicht verdauliche Themen finden – Reflexionen, praktische Anleitungen, Selbsterforschungsfragen, tägliche Übungen und verschiedene andere Tools, die es Ihnen ermöglichen, mehr über sich selbst zu erfahren, wer und wie Sie sind.

Ob Sie gerade ein gutes Gespür dafür haben, wer Sie sind, oder ob Sie sich etwas verloren fühlen, Sie können dieses Buch verwenden, um angeleitet nachzudenken und Ihr Verständnis für bestimmte Erfahrungen zu vertiefen, sodass Sie alte Muster erkennen und durchbrechen sowie neue Wege Ihres Seins einschlagen können.

Ein Gefühl für das Selbst aufzubauen oder wiederzufinden, ist eine Folge von angesammelten Entscheidungen, die jeder von uns trifft. Niemand kann uns unser Selbstwertgefühl geben. Dieses Buch bietet Einsichten, Überlegungen und Vorschläge, die zusammengenommen unser Leben stark verändern können. Nach meiner Erfahrung führt *Lesen* allein nicht zu dauerhaften Veränderungen. Einsichten führen zu einer erhöhten Aufmerksamkeit, *echte Veränderungen* können hingegen nur mit Arbeit, Aktivität, dem Eingehen von Risiken, Mitgefühl, Verletzlichkeit und Geduld mit dem Prozess erlangt werden.

Während Sie dieses Buch durcharbeiten, wird es Ihnen zugutekommen, wenn Sie sich so intensiv wie möglich mit den Reflexionen, Anleitungen und täglichen Übungen auseinandersetzen. Ich empfehle Ihnen, beim Lesen der Kapitel ein Journal zu führen. Und wissen Sie was: Wenn Sie an manchen Tagen keine Lust dazu haben, dann ist es auch in Ordnung.

Jedes Kapitel betrachtet einen anderen Aspekt der Beziehung zum Selbst:

1. Selbstfindung – wer bin ich?
2. Bindungen – intakte Beziehungen schaffen
3. Selbstgespräch – liebevoll mit sich selbst umgehen
4. Trigger erkennen – eigene Reaktionen verstehen
5. Selbstregulation – sich selbst heilen
6. Grenzen setzen – Selbstliebe praktizieren
7. Reparenting – sich selbst unterstützen
8. Über das Selbst hinaus – zur guten Freundin oder zum guten Freund werden

Bevor Sie mit den Kapiteln beginnen und sich auf Ihre innere Reise begeben, sollten Sie sich jetzt zwei Schlüsselfragen stellen:

- Wie fühle ich mich zurzeit?
- Wie möchte ich mich gern fühlen?

Lassen Sie sich dabei Zeit. Dies gibt Ihnen ein Gespür dafür, was Sie sich von den vor Ihnen liegenden Seiten am meisten wünschen.

DAS BEDÜRFNIS, DIE REISE ZUR SELBSTFINDUNG ANZUTRETEN

Unten sind einige Gründe aufgelistet, warum es sich lohnt, die Reise zur Selbstfindung anzutreten, zu der dieses Buch Sie einlädt.

- Fast jeder kann eine besonnenere und tiefere Beziehung zu sich selbst kultivieren.
- Sich selbst zu lieben, kann schwierig sein. Es wäre naiv zu behaupten, dass Ihnen dieses Buch zu einer beständigen Liebe für sich selbst verhilft. Wie jede Beziehung ist auch Ihre Beziehung zu Ihnen selbst stets im Fluss. Jeder, und ich meine wirklich jeder, hat Tage, an denen man sich beim Scrollen durch die sozialen Medien bärenstark fühlt, oder Tage, an denen man sich kaum vor die Tür traut. Selbstfindung beinhaltet eine Art Neutralität, das heißt, wir versinken weder in Selbstkritik noch streben wir ständig nach Erhabenheit. In der Neutralität liegt Akzeptanz. Auch wenn es für Sie nach den folgenden Übungen erst einmal wenig erstrebenswert scheint, hoffe ich, dass Sie mit der Zeit erkennen, wie Sie weniger streng mit sich ins Gericht gehen, sich von dem kritischen, diktatorischen inneren Tyrannen abwenden (mehr dazu in Kapitel 3) und Ihr Maßstab nicht weniger als völlige Selbstliebe ist.
- Wenn Sie Ihrer Selbstfindung absichtlich aus dem Weg gehen, könnte es an einem unbewusst übernommenen oder gelernten Verhaltensmuster liegen. Zu irgendeinem Zeitpunkt Ihres Lebens hat Ihnen dieses Muster geholfen, aber mit der Zeit hat es sich abgenutzt und hemmt Sie eher, als dass es Ihnen nützt.
- Ihre Beziehung zu sich selbst spiegelt Ihre Beziehung zu anderen Menschen. Fühlen Sie sich selbst wohl, stärken Sie Ihre Beziehungen zu anderen Menschen. Aus diesem Grund ist es selbstlos, Selbstachtung zu fördern.

- Wenn Sie aufmerksam beobachten, welche Überzeugungen Sie haben, werden Sie sich schneller bewusst, in welchen Momenten einschränkende Überzeugungen bei Ihnen die Oberhand gewinnen.
- Indem Sie Ihre Aufmerksamkeit auf Ihre Beziehung zu sich selbst richten, verhindern Sie zwar nicht völlig, dass negative Gefühle auftauchen, aber es erlaubt Ihnen, bewusst zu reagieren, anstatt reflexartig aus Angst oder Wut.
- Wenn Sie eine bewusste Beziehung zu sich selbst pflegen, erfahren Sie die Fülle und Bereicherung, die andere Beziehungen in Ihr Leben bringen. Ihr Selbstwertgefühl wird gestärkt, wodurch Sie beginnen, sich sicherer zu fühlen. Wenn wir unseren Wert kennen, wissen wir, dass wir es wert sind, die angemessene Art von Liebe zu erfahren.
- Ob Sie in dieses Buch gelegentlich eintauchen oder ob Sie sich täglich Notizen machen, um Ihre Einsichten zu vertiefen, ich hoffe, dass es Ihnen zu einem wachsenden Gefühl von Verbundenheit, Sicherheit und Stärke verhilft – im Innen und im Außen.

1.
SELBSTFINDUNG

WER BIN ICH?

»Sich selbst zu kennen ist der Anfang aller Weisheit.«

Aristoteles

Den Satz »Sei einfach nur du selbst« hören wir häufig von uns wohlgesinnten, nahestehenden Menschen, etwa vor einem Bewerbungsgespräch oder einem Date. Aber ich persönlich habe mit diesem Satz so meine Probleme. Er kann zu einer schwierigen Aufgabe werden, wenn man sich nicht sicher ist, wer diese Person eigentlich ist.

»Ich selbst sein?« Aber was ist, wenn andere diese Ich-Person nicht mögen? Was, wenn sie diese Person nicht einstellen wollen? Was, wenn sie sich mit dieser Person nicht mehr treffen wollen? Ich hatte eine vermeintlich bessere Idee: Ich finde heraus, wie ich glaube, dass sie mich haben wollen – und das gebe ich ihnen. Jedenfalls habe ich es früher so gesehen.

Es hat eine Weile gedauert, bis ich verstanden habe, dass »Sei du selbst« nicht bedeutet, dass ich meine Persönlichkeit an mein Gegenüber anpassen soll. Verstehen Sie mich nicht falsch, es kann in Ordnung sein, in einem Vorstellungsgespräch anzugeben, dass man Excel oder eine Fremdsprache aus dem Effeff beherrscht, wenn es für den Job verlangt wird. Aber wir setzen unser *tiefes* Gefühl für uns selbst aufs Spiel, wenn wir bereit sind, unsere Werte und Verhaltensweisen denen einer Firma unterzuordnen.

Man selbst zu sein, lässt sich nicht einfach »anknipsen«. Wir wachen nicht eines Morgens auf und beschließen: »Hm, ab heute könnte ich mein volles, authentisches Selbst sein«, so, als ob es hinten im Schrank hängen würde, um aufs passende Wetter zu warten. Es ist vielmehr ein Prozess, der auf vielen täglichen Entscheidungen basiert. Machen Sie sich also keine Sorgen, wenn Sie jetzt noch nicht das Gefühl haben, alles im Griff zu haben.

Meine Erfahrung als Therapeutin hat gezeigt, dass fast jeden Tag jemand mit diesem Anliegen in meine Praxis kommt. Sie sind also keineswegs die einzige Person, die »es nicht hinbekommt«, während es allen anderen anscheinend gelingt.

WER VERBIRGT
SICH HINTER ALL DEM,
WAS IHNEN
ÜBER SIE SELBST
BEIGEBRACHT
WURDE?

WAS IST DAS SELBST?

Bevor wir uns weiter mit der Selbstfindung beschäftigen, möchte ich einen Blick auf das Konzept des »Selbst« werfen. Die Grundlagen für unser Selbstgefühl werden schon früh in unserem Leben gelegt, wobei diese von zahlreichen Erfahrungen geformt und beeinflusst sind. Dazu zählen:

- Der frühe Umgang mit unseren Bezugspersonen
- Wie liebevoll und verlässlich diese Beziehung war
- Wie achtsam unsere Hauptbezugspersonen waren
- Erwartungen und Wünsche der Menschen in unserem Umfeld
- Die Umgebung, in der wir aufwuchsen
- Die emotionale Stabilität in dem Haushalt, in dem wir aufwuchsen
- Die Schulbildung, die wir erhielten
- Interaktionen mit Gleichaltrigen
- Die gesellschaftliche Wertschätzung bestimmter Rollen im Verhältnis zu anderen, wie etwa Unternehmer, Sportler, Model usw.

Durch das Anwachsen einer Selbstverwirklichungsbewegung und durch eine immer stärke Fokussierung darauf, die produktivste (d.h. erfolgreichste) Version unseres Selbst zu sein, ist eine überzogene Vorstellung von einem *idealen* Selbst entstanden – einer Person, die so selbstbewusst ist, dass sie über alle Ängste erhaben ist, durch nichts getriggert wird, morgens um fünf aufwacht, um zu meditieren, und unfassbar weise ist.

Doch die Vorstellung von einem »perfekten«, starren Selbst ist ein Mythos, ein Fantasie-Selbst, das festgelegt, vorhersehbar und immer gleichbleibend ist.

Ich weiß nicht, wie Sie das finden, aber mir kommt das ein wenig monoton und roboterhaft vor – und es ist sicherlich unrealistisch! Dennoch haben viele mit dieser Vorstellung vom mythischen Selbst zu kämpfen, als sei es für jedermann erstrebenswert.

Und wenn wir genauer darüber nachdenken, ist es nachvollziehbar, dass viele so denken. Denn woher sollen wir wissen, welche Teile von uns unser wahres Selbst sind oder sein könnten? Und welche Teile sind lediglich Konstrukte, die sich aus Reaktionen auf Erfahrungen in unserem bisherigen Leben gebildet haben?

Das Selbst besteht aus vielen veränderlichen Teilen, was bedeuten kann, dass unser schüchternes Teenager-Selbst ebenso wie unser älteres Erwachsenen-Selbst darin enthalten sind.

Wir werden niemals alles über uns selbst wissen und verstehen – auch wenn wir uns in unserer heutigen Zeit, die durch Produktivität und Optimierung geprägt ist, leicht unter Druck gesetzt fühlen, dieses Ziel erreichen zu wollen.

Deshalb kann es nützlich sein, gelegentlich einen Moment innezuhalten und sich zu fragen, welche Erwartungen Sie an sich selbst haben. Sollten sie vielleicht angepasst werden, damit sie realistisch sind? Letztendlich wurden Sie nicht geboren, um in eine hübsche kleine Schublade zu passen, sei es eine von Ihnen selbst oder von anderen angefertigte.

Vielleicht spüren Sie in sich einen Widerstand bei der Vorstellung, dass einige Teile Ihres Selbst immer rätselhaft bleiben werden. Es kann sein, dass Sie eine Weile brauchen, um sich an den Gedanken zu gewöhnen, dass Sie nicht jeden Aspekt von sich kennenlernen können.

Denken Sie daran, dass unsere Energie begrenzt ist. Und wenn wir darauf beharren, dass die Dinge auf eine bestimmte Art und Weise zu laufen haben, verbrauchen wir jede Menge Energie, die besser dafür genutzt werden könnte, um hinauszugehen und die Welt zu entdecken.

Um zu erkunden, wer wir sind, ist es wichtig, dass wir die Idee vom Selbst als Ziel loslassen beziehungsweise nicht als konkreten, allsehenden, allwissenden, rundum positiven Organismus betrachten.

Wir alle sind nur Menschen – voller Licht und Schatten. Wir machen Fehler. Sogar mehr als das: Wir müssen Fehler machen.

Bei der Selbstfindung geht es darum, dass wir uns kontinuierlich dem nähern, was wir sind. Darum ist es wichtig, uns selbst die Erlaubnis zu geben, hinauszugehen und zu entdecken.

Es kann schwer sein, »einfach du selbst zu sein«, wenn

- als Kind Individualität und Selbstentfaltung nicht erwünscht waren.
- wir im Leben vernachlässigt wurden.
- wir in der Kindheit oder auch als Erwachsene gemobbt wurden.
- unsere verrückten und wunderbaren Seiten kritisiert wurden.
- wir die Erwartungen der Gesellschaft nicht erfüllen.

DIE STÄNDIGE ENTSCHEIDUNG, WIR SELBST ZU SEIN

Die schwierigste und mutigste Aufgabe unseres Lebens ist, zu lernen, wir selbst zu sein. Viele von uns denken häufig darüber nach, während wir mit den vielfältigen Aspekten unseres Selbst tagtäglich konfrontiert sind, uns mit ihnen auseinandersetzen oder sie erst erschaffen. Daher ist es hilfreich, die kontinuierliche Entdeckung unseres Selbst als Segen statt als Fluch und als Balsam statt als Leiden wahrzunehmen.

Jeden Tag bieten sich uns zahlreiche Möglichkeiten, uns unserem wahren Selbst zu nähern – oder uns von ihm zu entfernen und den Weg des geringsten Widerstands zu wählen.

Manche Entscheidungen sind recht einfach, etwa zu entscheiden, welche Musik wir hören, welche neue Serie wir uns anschauen, was wir lesen oder essen. Diese Entscheidungen stellen ein geringes Risiko für unser Selbstwertgefühl dar, insbesondere, wenn wir sie für uns allein treffen.

Darüber hinaus werden wir vor weit größere Herausforderungen gestellt, bei denen wir hineinfühlen in das, was wir wirklich sind. Das fühlt sich schwieriger an. Beispielsweise sind wir anderer Meinung als unser Partner oder unsere Partnerin und ringen mit uns, ob wir es »runterschlucken« oder ansprechen sollen. Oder wir sind mit dem Verhalten eines Elternteils nicht einverstanden, finden aber, dass es sich nicht gehört, etwas dazu zu sagen. Die Erwartungen anderer mögen mit unserem Selbstverständnis kollidieren, doch wir meinen gleich, uns anpassen zu müssen.

Ich benötigte mehrere Jahre innerer Arbeit, bis ich diese Sichtweise auf mein Selbstgefühl erlangen konnte, und das war befreiend. Wenn Sie Ihr Selbstgefühl als festes Ziel oder eine Reihe von Meilensteinen betrachten, können Sie schnell in eine Falle tappen und sich selbst als »langweilig« oder »im Rückstand« empfinden. Wenn Sie Ihr Selbstgefühl hingegen als etwas betrachten, was ständig im Fluss ist, und täglich neu erfunden wird, dann laden Sie Verspieltheit, Neugierde und Leidenschaft in Ihr Leben ein.

Letztendlich ist das Risiko größer, wenn wir in unserem Alltag versuchen, jemand zu sein, der wir nicht sind, anstatt wir selbst zu sein. Auch wenn jede einzelne kleine Entscheidung unbedeutend sein mag, führt die Anhäufung dazu, dass wir uns selbst verlieren.

WAS IST SELBSTVERLUST?

Selbstverlust ist das Gefühl, nicht zu wissen, wer man ist, abgeschnitten vom Selbst. Es kann sich dabei um eine langjährige Abgeschnittenheit handeln, die sich durch unser Leben zieht, oder eine eher plötzlich eintretende.

Anzeichen von Selbstverlust

- Sie sind unzufrieden mit Ihrem jetzigen Leben.
- Sie misstrauen Ihrem Urteilsvermögen.
- Sie sind impulsiv und suchen nach sofortiger Bestätigung.
- Es fällt Ihnen schwer, Dinge zu entscheiden, die zuvor belanglos waren, anschließend stellen Sie die Entscheidungen infrage.
- Sie sind kritischer zu sich selbst und gegenüber anderen.
- Sie geraten in co-abhängige Beziehungen (das sind Beziehungen, in denen ein Partner vom anderen abhängig ist, der es seinerseits braucht, gebraucht zu werden).
- Sie finden es schwierig, intensive Verbindungen zu Menschen um sich herum aufzubauen.

Wenn wir an Selbstverlust leiden, quälen uns vielleicht die folgenden Gedanken:

Ich weiß nicht, wer ich bin. Ich weiß nicht, was mir gefällt. Ich weiß nicht, was ich tun möchte. Ich weiß nicht, wer ich sein möchte. Ich weiß nicht, was mir im Leben wichtig ist und was ich vom Leben erwarte. Ich fühle mich panisch, unmotiviert, besorgt, verängstigt, unentschlossen und sogar betäubt. Ich fühle mich als Versager oder Versagerin. Ich habe das Gefühl, dass alle ihre Angelegenheiten im Griff haben, außer mir. Ich fühle mich benachteiligt.

Das kann Angst machen. Deshalb ist es wichtig, dem Gefühl von Selbstverlust schnellstmöglich entgegenzuwirken, sobald es auftritt.

TRIGGER FÜR SELBSTVERLUST

Selbstverlust kann durch eine Vielzahl von Faktoren verursacht werden, am häufigsten durch

- Partnerschaft
- Familie
- Trauer
- Trauma
- Rollenveränderung

WENN EINE BEZIEHUNG
ZU ENDE GEHT,
TRAUERN WIR NICHT NUR
ÜBER DEN VERLUST
EINES MENSCHEN.

WIR BETRAUERN
DEN VERLUST VON ALLEM,
WAS SIE FÜR UNS BEDEUTETE
UND WAS SIE FÜR UNS
NOCH HÄTTE
BEDEUTEN KÖNNEN.

Partnerschaft

Manchmal sind wir so in eine Partnerschaft eingebunden, dass wir – bevor wir es merken – das Gefühl dafür verlieren, wer wir vor der Beziehung mit dieser Person waren. In diesem Fall tendieren wir dazu, die Bedürfnisse des Partners oder der Partnerin über unsere eigenen zu stellen. Und manchmal kann die Beziehung zu Kontrolle und Missbrauch führen, sodass wir uns um des lieben Friedens willen von Freunden zurückziehen und Hobbys aufgeben.

Manchmal wird eine romantische Beziehung nicht als offiziell anerkannt, weil ihr Status nicht auf Facebook angezeigt wurde oder sie nur kurze Zeit andauerte. Trotzdem fühlen wir uns miserabel, wenn sie zu Ende geht. Umgekehrt kann eine Partnerschaft jahrelang andauern, und wenn sie dann zu Ende geht, fühlen wir uns gar nicht so schlecht wie erwartet, weil wir uns unser Selbstwertgefühl bewahrt haben.

Dies ist eine wichtige Erkenntnis zu Beziehungen: Die Zeitspanne hat keine Auswirkungen darauf, wie Partnerschaften unser Leben prägen. Sie sind für uns mehr als die Summe ihrer Teile. Dies wird vor allem deutlich, wenn wir den Schmerz nach einer Trennung nicht verstehen können, insbesondere, wenn die Partnerschaft nur von kurzer Dauer war oder von uns selbst beendet wurde.

Partnerschaften bedeuten Sicherheit, Lebendigkeit und Zukunftsperspektive. Wenn wir eine Beziehung eingehen, malen wir uns aus, wie es wohl wäre, sich auf diese Person vollständig einzulassen. Wenn eine Beziehung endet, trauern wir deshalb um mehr als nur um den Verlust einer Person; wir trauern darum, was diese Partnerschaft für uns bedeutet hat und was aus ihr hätte werden können. Darum seien Sie in solchen Zeiten besonders milde mit sich selbst.

Familie

Jedes Kind braucht, wie es die Psychotherapie beschreibt, eine »sichere Basis«, um zu einem Erwachsenen mit einem ausgewogenen Selbstgefühl heranzuwachsen.

Wenn unsere Bezugspersonen uns diese sichere Basis geben, können wir unsere Umgebung mit einem Gefühl von Sicherheit erkunden, und werden darüber hinaus immer wieder mit Präsenz, Aufmerksamkeit, Geborgenheit und Liebe empfangen.

Leider haben viele Menschen ihre Eltern nicht auf diese Weise erlebt, ob willentlich oder nicht. Manche Eltern haben ihr Bestes gegeben, aber sie hatten möglicherweise mit eigenen Problemen zu kämpfen. Andere waren nicht präsent – entweder physisch oder emotional oder beides. Und einige waren traurigerweise grausam oder unberechenbar. Da unser Selbstgefühl in früher Kindheit geformt wird, kann jedes der oben genannten Beispiele ein schwach entwickeltes Selbstgefühl erzeugen.

Frühe negative Erlebnisse bleiben meist für immer in uns. Wenn beispielsweise auf das Weinen eines Kindes mit verbaler oder körperlicher Aggression reagiert wird, kann das Kind die Bitte um Hilfe mit Schmerz assoziieren. Infolgedessen wird es allmählich solche emotionalen Anteile von sich selbst unterdrücken, die bei anderen Aggressionen hervorrufen könnten. Wenn Sie in der Kindheit gelernt haben, Anteile ihres Selbst auf diese Weise zu verdrängen, neigen Sie als Erwachsene vermutlich zu Abkopplung und Selbstverlust. Und so nehmen wir ein in der Kindheit erlerntes Verhaltensmuster mit ins Erwachsenenleben. Oft können uns als Erwachsene sogar frühe Kindheitstraumata begleiten, ohne dass wir eine Erinnerung daran haben.

Trauer

Der Tod eines geliebten Menschen kann auch das stärkste Selbst aus der Bahn werfen. Trauer kann uns bis ins Mark erschüttern und bewirken, dass wir uns völlig verloren fühlen. Wenn jemand aus unserem engsten Umfeld stirbt, ist das Gefühl von Verlust zu erwarten. Es kann jedoch ebenso passieren, dass uns der Tod eines Menschen schockiert, den wir nicht gut oder gar nicht persönlich kannten. Tatsächlich kann auch der Tod eines Haustiers – was von der Gesellschaft eher verharmlost wird – einen so schweren Verlust bedeuten, wie wir ihn noch nie erlebt haben. Wir vermeiden es meist so hartnäckig, über den Tod und dessen Unausweichlichkeit im Einzelfall und generell zu sprechen, dass unser übliches Ausblenden der Realität des Todes beim Sterben eines Menschen aus unserem Bekanntenkreis brutal gestört wird.

Nach einem Todesfall kann es vorkommen, dass wir unsere Lebensentscheidungen und Prioritäten grundlegend hinterfragen. Was uns einst wichtig erschien, scheint nun belanglos, und dies stellt unser Selbstgefühl zwangsläufig infrage. Es kann auch vorkommen, dass uns die Menschen in unserer Umgebung mit all ihren Belanglosigkeiten frustrieren, sodass wir gereizt und bedrückt sind. Doch vergessen Sie nicht, dass der Schmerz über den Verlust mit der Zeit nachlässt.

Auch wenn es sich im Moment nicht richtig anfühlt, können wir nach einer gewissen Zeit die Chance ergreifen, um unsere Prioritäten neu zu definieren und unser Selbstverständnis neu auszurichten – wenn wir es zulassen. Der Autor Mitch Albom hat es in seinem Buch »Tuesdays with Morrie« (Dienstage mit Morrie) so schön formuliert: »Der Tod beendet ein Leben, keine Beziehung.« Das gilt sowohl für die Beziehung zu einem verstorbenen geliebten Menschen als auch für die Beziehung *zu sich selbst*. Sie ist nicht weg oder gar *verloren*, sie ist nur unter der Trauer vergraben und die Menschen gehen so gut wie möglich mit ihrem Schmerz um.

Trauma

Ein Trauma ist eine Reaktion auf jedes Ereignis oder jede Erfahrung, die unsere Fähigkeit zum Verarbeiten und Bewältigen überfordert. Das Trauma beeinflusst unser Denken und Fühlen, unsere Wahrnehmung und Verarbeitung und beeinträchtigt uns physisch, emotional, psychisch, sozial und oft auch spirituell, sodass wir eine Form von Selbstverlust erleiden.

Was für einen Menschen sehr belastend und traumatisch ist, kann bei einem anderen Menschen eine andere, milde Reaktion auslösen. Beispielsweise bedeutet der Verlust eines Haustiers oder der Auszug eines Geschwisterkindes für jeden Menschen etwas anderes. Aus diesem Grund sind die *Auswirkungen* eines Ereignisses bedeutsamer als das *Ereignis selbst*.

Die Bewertung einer traumatischen Erfahrung ist wesentlich, um uns wieder mit unserem Selbst verbinden zu können, aber das kann manchmal unglaublich schwierig sein. Oft haben wir wertende Gedanken wie: »Ich sollte das besser können«, »Ich sollte längst darüber hinweg sein«, »Anderen geht's noch schlechter« oder »Sie haben dasselbe durchgemacht und jetzt ist wieder alles in Ordnung«. Bei diesen selbstzerstörerischen Gedanken neigt man oft zum Vergleich.

Wichtig dabei ist, dass jeder Mensch ein Trauma unterschiedlich erlebt, jeder genest anders, und die individuelle Reaktion sagt nichts über Stärke oder Schwäche aus.

Wie wir ein Trauma verarbeiten, hängt von verschiedenen Faktoren ab, zum Beispiel unserer biologischen Konstitution, der Art des Ereignisses und der Unterstützung. Als Antwort auf das Trauma tun Gehirn und Körper das, was sie tun müssen, um uns zu schützen. Wenn Sie sich infolge eines Traumas von Ihrem Selbst getrennt fühlen, ist das eine logische Reaktion. Wenn Sie sich beim nächsten Mal dabei ertappen, dass Sie sich verurteilen wollen, dann denken Sie daran, dass es Ihr ganz eigener Prozess ist, der nicht mit dem anderer verglichen werden kann. Selbst unsichtbare Wunden brauchen Fürsorge.

Rollenänderung

Von klein auf empfangen wir bewusst und unbewusst alle Arten von Botschaften darüber, was »cool« ist und was nicht, was »gut« ist und was nicht. Später, an anderer Stelle im Buch befassen wir uns noch näher mit den Rollen in der Familie, aber fürs Erste denken wir an unsere Schulzeit, in der wir mit sozialen Informationen überschwemmt wurden.

»Du kannst für die Prüfung lernen, aber die anderen sollten besser nichts davon erfahren.«

»Haarklemmen sind total in und du musst dir schnell welche besorgen.«

»Es ist nicht o. k., auf sie zu stehen!«

»Sei du selbst! Aber … nicht so!«

Was ist in meinem Umfeld akzeptabel und erwünscht? Wodurch könnte ich aus der Gruppe ausgeschlossen werden? Zugehörigkeit schafft Sicherheit, deshalb lernen wir schon in jungen Jahren, welche Interessen, Eigenschaften und Vorlieben uns an der Zugehörigkeit hindern. Indem wir alles filtern, lernen wir, welche Rollen uns von Vorteil sind. Diese Rollen sind oft unserem »wahren« Selbst sehr ähnlich, manchmal gibt es nur leichte Unterschiede oder Abwandlungen, bei denen zum Beispiel Eigenarten abgeschwächt werden.

Manchmal ist es sogar auch der Verlust einer Rolle, wodurch wir uns von unserem Selbst abgeschnitten fühlen. Als bei mir beispielsweise eine chronisch-entzündliche Darmerkrankung diagnostiziert wurde, spürte ich, dass ich meine Unabhängigkeit und gleichzeitig meine Rolle als »Theater-Kind« zu Hause verlor. Ich war fortan das »Crohn-Kind«, das »kranke Kind«. Auch wenn wir eine langjährige Beziehung beenden, können wir verunsichert sein, weil wir nun nach außen hin eine andere Rolle einnehmen. Wenn wir die Universität beenden oder einen Arbeitsplatz verlassen, können wir uns ohne die Struktur der Uni oder die Büroumgebung verloren fühlen. Manche Eltern fühlen sich mit einem Neugeborenen schuldig, weil sie Aktivitäten aus der Zeit vermissen, als sie noch kinderlos waren. Andere Eltern fühlen sich haltlos, wenn ihre Kinder das Haus verlassen. Ein Verlust ist ein Verlust und jeder Verlust kann schmerzhaft sein.

FÜNF-MINUTEN-PAUSE:

ICH BIN VIELE

Erforschen Sie Ihre eigenen Erfahrungen mit Selbstverlust, indem Sie sich zu Beginn die folgenden Fragen stellen:

Welche »Selbste« musste ich zeigen, als ich aufwuchs?
Wie musste ich sein, damit meine Freunde mich akzeptierten?
Wer musste ich sein, um in meinen Beziehungen geliebt zu werden?

Benutzen Sie nun statt »musste« die Zeitform »muss«. Versetzen Sie sich in die Gegenwart und sehen Sie sich nun die Antworten auf Ihre Fragen an.

Verdrängungsstrategien, um uns nicht mit Selbstverlust auseinanderzusetzen

- Drastische Wesensveränderungen, abhängig davon, mit wem wir zusammen sind.
- Andere nachahmen.
- Sich den Erwartungen anderer anpassen.
- Ungesunde Bindungen innerhalb unserer Beziehungen.
- Keine eigene Meinung bilden oder äußern.
- Die Meinungen anderer automatisch als »richtig« akzeptieren.
- Ja sagen, wenn wir Nein meinen.
- Sich durch Überstunden, Drogen, Sport o. Ä. betäuben.

VERDRÄNGUNG GAUKELT SICHERHEIT VOR, ABER DAS IST BESTENFALLS EIN VORLÄUFIGER KREDIT (WOMÖGLICH NOCH MIT WUCHERZINSEN).

SELBSTVERLUST VERDRÄNGEN

Viele Jahre habe ich es verdrängt, mich meinem Gefühl von Verlust zu stellen. Ich war mir dessen nicht bewusst, aber ich gab mir größte Mühe damit. Ich konnte nicht erkennen, dass ich nur aufschob, mich mit meinem Gefühl von Verlust zu befassen. Manche Schmerzen im Leben sind nötig und wir können ihnen nicht entfliehen, aber ich wollte es versuchen. Mich ihnen zu stellen, hätte bedeutet, daran arbeiten zu müssen, mich so zu akzeptieren, wie ich bin – etwas, was ich wirklich nicht wollte, weil ich mich selbst verabscheute.

Ich verdrängte, verdrängte, verdrängte, bis ich nicht länger verdrängen konnte. Ich erreichte den Tiefpunkt – über den zwar geredet wird, von dem ich aber glaubte, dass er mir nicht zustoßen könnte. Das enorme Ausmaß meiner Trauer und meiner Angst hatte mich im Griff. Ich konnte nicht schlafen. Panikattacken setzten ein. Und mein ruhender Morbus Crohn kam richtig in Fahrt. Wenn wir uns selbst nicht zuhören, schreit irgendwann der Körper.

Es scheint riskant zu sein, Ängste genauer zu betrachten. Wenn wir ihnen Beachtung schenken, verstärken sie sich und es wird nur noch schlimmer. Sich von unangenehmen Gefühlen und Empfindungen zu distanzieren, ist nur allzu menschlich. Warum sollten wir uns absichtlich Unbehagen zufügen? Aber, wie Carl G. Jung sagte: »Wogegen du dich wehrst, (das) bleibt nicht nur bestehen, es wird sogar größer.« Und genau das war der Grund, warum ich mich mit 23 Jahren in eine Therapiesitzung begab und warum ich mich meinen Gefühlen lieber stellen wollte, anstatt vor ihnen zu fliehen.

Vielleicht kommt Ihnen das bekannt vor, vielleicht nicht. Ich denke nicht, dass wir erst ganz tief unten ankommen müssen, um unser Gefühl des Selbstverlusts zu erkennen. Ich habe festgestellt, dass auch Bewusstmachen unbequem sein kann. Nicht alles Unbequeme muss negativ sein. Manchmal ist es ein Zeichen von Wandel – in Form von wachsendem Schmerz.

Verdrängung – gut zu wissen

- Verdrängung gaukelt Sicherheit vor, aber das ist bestenfalls ein vorläufiger Kredit (womöglich noch mit Wucherzinsen).
- Angst und Unbehagen aus unserem Bewusstsein verdrängen zu wollen, ist auf Dauer anstrengend.

- Wir können nicht »loslassen«, wenn wir uns nicht ansehen, was wir festhalten.
- Die Energie fürs Verdrängen raubt uns die Kraft für die Gegenwart.
- Widerstand im Allgemeinen schafft in der Regel mehr Unbehagen als Gedanken, denen wir widerstehen.

SELBSTFINDUNG UND WIEDERVERBINDEN

Der Prozess der Selbstfindung und des Wiederverbindens ist nicht wie ein Schalter zum Anknipsen oder eine Ziellinie. Es gibt keine Abkürzungen zur Selbstfindung, die Reise selbst ist die Goldader. Den Hinweis liefert das Wort selbst. Selbstfindung ist Finden, es ist Neugier, es ist Auspacken und Aufdecken. Die gute Nachricht ist, dass Sie bereits mit dem Prozess begonnen haben, weil Sie dies hier lesen. Erlauben Sie sich selbst, sich offen und ehrlich auf die weiteren Übungen einzulassen, wie Sie es bereits getan haben.

Finden ist kein Mittel zum Zweck.

Geben Sie sich selbst die Erlaubnis, sanft zu sein, einfach nur zu sein und den Prozess zu genießen – wenn Sie können.

FÜNF-MINUTEN-PAUSE:

SEIEN SIE SICH IHRER ENTSCHEIDUNGEN BEWUSST

Es kann hilfreich sein, den Prozess der Selbstfindung im Hinblick auf tägliche Handlungen zu betrachten, deshalb frage ich Sie:

- Welche Entscheidungen und Handlungen bringen mich näher zu meinem Selbst?
- Welche Entscheidungen bewirken das Gegenteil?
- Nähere ich mich gerade meinem wahren Selbst oder entferne ich mich?

ERKENNEN UND BENENNEN

Der Prozess des Erkennens und Benennens von Gefühlen kann den Abstand zwischen Gedanken und Gefühlen überbrücken. Versuchen Sie, in Worte zu fassen, wie Sie sich fühlen. Anstatt »Ich bin wütend« sagen Sie »Ich fühle Wut«. »Ich bin besorgt« wird zu »Ich fühle mich besorgt«. Aus »Ich bin gestresst« wird »Ich fühle mich gestresst«. Und so weiter. Der Schritt von »Ich bin so« zu »Ich fühle mich so« ermöglicht Ihnen zu erkennen, dass Sie nicht identisch mit der Eigenschaft sind und ermöglicht Ihnen auch, das Gefühl zu beobachten, anstatt es zu sein. Es ist auch eine sanfte Erinnerung daran, dass Gefühle nicht von Dauer sind. Das ist eine Erleichterung, wenn das, was Sie gerade fühlen, ziemlich unbequem ist.

Zu erkennen und zu benennen, was wir in Körper und Gedanken wahrnehmen, scheint trivial zu sein, dennoch vermeiden das viele Menschen, weil es Unbehagen hervorrufen könnte.

Diesen Tipp habe ich von einem Mentor bekommen: Kleben Sie irgendwo in Ihrer Wohnung oder auf Ihr Telefon einen Sticker auf. Jedes Mal, wenn Sie ihn sehen, prüfen Sie, was Sie gerade empfinden. Fragen Sie sich: Welche Gefühle habe ich in diesem Moment? Mit der Zeit gewöhnen wir uns an den Sticker und nehmen ihn seltener wahr, aber ich kann sagen, dass er mir immer noch von Nutzen ist, obwohl der kleine blaue Punkt schon seit Jahren an meinem Bücherregal klebt.

FÜNF-MINUTEN-PAUSE:

SPÜREN SIE IN SICH HINEIN

Eines der einfachsten und am wenigsten genutzten Werkzeuge, das uns zur Verfügung steht, ist die Fähigkeit, in uns selbst hineinzuhorchen und zu beobachten. Das ist gar nicht schwierig. Wir können es sofort tun.

- Wie fühle ich mich? Fühle ich mich müde, hungrig oder ängstlich?
- Welche kognitive Empfindung hat mir dieses Gefühl bewusst gemacht?

Schreiben Sie die Antworten in Ihr Journal.

EWIG SPIELEN

Als Kinder ist es uns erlaubt zu spielen. Wir probieren viel aus und verkleiden uns. Wir haben Spaß mit dem, was wir sind. »Ist das ein Teil von mir oder nicht?« Als Tante von sechs Geschwisterkindern kann ich bestätigen, dass der Teufel nicht wütender sein kann als ein Kind, das mit dem Spielen aufhören soll!

Aber irgendwann Anfang zwanzig scheint die Gesellschaft von uns zu erwarten, dass wir unsere Verspieltheit ablegen, oft mit einem ultimativen Schlussstrich um die Dreißig herum.

»Jetzt ist Schluss mit Lustig! Du solltest endlich wissen, wer du bist, denn jetzt bist du *erwachsen.*« Jeglicher Spaß und Ausprobieren oder Spielen damit, wie man noch sein könnte, wird gleich als Quarterlife- oder Midlife-Crisis abgetan.

Spaß wird als Zeichen von »Unreife« betrachtet, ein Zeichen von »Versagen«. Deshalb verlieren wir die Fähigkeit zu spielen und zu entdecken. Genau das lässt wenig Raum für Bewegung, Veränderung und Wachstum – aber wir sind nicht dazu geboren, für immer gleich zu bleiben. So wie unser Körper sich verändert, verändert sich unser Selbst. Manche Dinge legen wir ab, manche Teile nehmen wir durchs ganze Leben mit. Andere entdecken wir erst im Alter …

FÜNF-MINUTEN-PAUSE:

SPAß IM LEBEN

Nehmen Sie sich einen Moment, um die folgenden Fragen zu beantworten.

- Gibt es etwas, das ich schon immer mal ausprobieren wollte?

Es könnte Tanzen, Schauspielern oder ein Finnisch-Kurs sein!

- Besteht die Möglichkeit, es auszuprobieren?

Zumindest reinzuschnuppern? Gestatten Sie sich einen Versuch. Erlauben Sie sich, Fehler zu machen. Fangen Sie wieder an, mit dem Leben zu spielen.

MÖGLICHKEITEN ERKENNEN

Jeden Tag treffen wir Entscheidungen, die uns näher zu uns selbst oder weiter von uns wegbringen. Teil des Selbstfindungsprozesses ist es, uns zu erlauben, auf diese täglichen Entscheidungen neugierig zu sein (ohne zu werten).

»Small Talk« empfand ich immer als extrem qualvoll. Nicht wegen der vorhersehbaren Themen, sondern wegen des Gefühls, das er in mir auslöste. Mein wahres Selbst zeigte sich im Small Talk nicht. Ich sagte Dinge, die nicht meinem Empfinden entsprachen, aber dem, was die Leute »so sagen«. Ich klatschte und tratschte mit ihnen, um nicht still zu sein. Anschließend verurteilte ich mein Verhalten. In Wahrheit habe ich aus Angst vor Ablehnung oder einem Gefühl der Besorgnis heraus so gehandelt. Was, wenn sie mich nicht mochten? Was, wenn sie mich für seltsam hielten? Ich war so sehr damit beschäftigt herauszufinden, was andere Personen von mir denken oder was ihnen gefällt, dass es keinen Raum für mich gab, mein Selbst in die Unterhaltung einzubringen. So entfernte ich mich immer weiter von mir selbst.

Einfach nur, indem ich mir dieser Angewohnheit gewahr wurde, änderte sich mein Verhalten. Mein erwachtes Bewusstsein verhalf mir zu Klarheit. Erst wenn man sich seiner Gefühle und Verhaltensweisen bewusst wird, kann man ihre Ursachen hinterfragen.

Der Originaltext meines inneren Dialogs über Small Talk lautete wie folgt: »O Gott! Hör damit auf! Die Leute haben schon kapiert, wie blöd ich bin – und wie seltsam. Was ich gerade gesagt habe, ergibt überhaupt KEINEN Sinn. Habe ich das eben wirklich gesagt und meinte es auch so?! Meinte ich es so UND habe ich auch noch einen schlechten Witz gemacht??? Warum bist du nur so? Im Ernst, Sarah, geh am besten nach Hause. Es ist offiziell. Jeder verabscheut mich.«

Vielleicht verstehen Sie nun, warum ich Gesellschaften oft panikartig verließ. Inzwischen verstehe ich, dass ich eigentlich eine gute Gelegenheit verpasst habe, um mich mit anderen auf einer höheren Ebene zu verbinden. Ich habe mir so sehr den Kopf darüber zerbrochen, dass ich mich anderen gegenüber falsch verhalten könnte, dass ich die Möglichkeit zur Verbindung gar nicht sah. Wenn man einmal verstanden hat, welche Möglichkeiten der Verbindung wir haben – ob beim Small Talk, bei Familienessen, geschäftlichen Terminen oder in jeder anderen gesellschaftlichen Situation, in der wir uns von uns selbst entfernen könnten –, kann das eine Veränderung in Gang setzen.

EINEN UNTERSTÜTZENDEN TEXT ERSTELLEN

Wir können den Raum, den diese Einsicht bietet, genauer betrachten, auch wenn wir den starken Drang verspüren, in bekannten Mustern zu reagieren, um anderen zu gefallen oder andere zu beschwichtigen.

Mein negativer innerer Monolog war mir in sozialer Hinsicht offensichtlich keine Hilfe, aber in Bezug auf meine Selbstfindung, als ich begann zu verstehen, was da wirklich passierte, entpuppte er sich als wahre Schatztruhe. Nachdem ich verstanden hatte, wie sehr ich mich abmühte, anderen zu gefallen und mich selbst zu kritisieren, schrieb ich es auf. Als ich meine Gedanken vor mir auf dem Papier sah, nahm ich sie als das wahr, was sie waren. Dadurch begegnete ich mir mit Sanftheit und Freundlichkeit, anstatt mich selbst niederzumachen, wie ich es sonst getan hatte.

Deshalb habe ich meinen Text über Small Talk so umgeschrieben, dass er positiv klingt und mich weiterbringt. Also, los geht's. »Bei einem Small Talk fühle ich häufig, dass ich zu viel zustimme oder Dinge sage, die ich nicht so meine. Das ist in Ordnung. Ich verstehe die Gründe dafür. Ich habe Bedenken, aber brauche niemandem meinen Wert zu beweisen. Auch wenn ich bemerke, dass ich wieder einmal zum Zustimmen neige, ist es in Ordnung. Ich lerne. Ein Schritt nach dem anderen. So kann ich es mir leicht machen. Sie haben mich etwas gefragt, und ich nehme das Gefühl in mir wahr, dass ich ihrer Meinung zustimmen sollte. Aber was denke ich wirklich? Ich weiß es gerade nicht, deshalb sage ich jetzt genau das und denke später darüber nach. Atme. Beruhige dich. Lass dir Zeit. Du machst das gut. Du bist sicher.«

Wenn man einen unterstützenden Text zu einer schwierigen Situation wie oben verfasst, ist das keine Soforthilfe, sondern eher etwas Nachhaltiges. Indem Sie sich darauf einlassen, stellen Sie Ihren Zynismus ab (ich bin Irin, deshalb glauben Sie mir, das ist ganz schön schwer), der ein starker Anker in beängstigenden Momenten sein kann. Im Grunde genommen werden Sie dadurch gleichzeitig zu Ihrem persönlichen Stimmungsmacher und zur Kuscheldecke, sodass Sie langsam zu Ihrem wahren Selbst zurückgeführt werden.

FÜNF-MINUTEN-PAUSE:

BEARBEITEN SIE IHREN TEXT

Nehmen Sie Papier und Stift oder öffnen Sie die Notiz-App auf Ihrem Handy (lassen Sie die Nachrichten mal für den Moment beiseite) und …

- schreiben Sie wie im Beispiel oben Ihren eigenen »Originaltext«. Es muss sich dabei natürlich nicht unbedingt um Small Talk drehen, so wie bei mir. Es kann alles Mögliche sein, zum Beispiel wie Sie über Ihren Körper denken, Ihre Fähigkeiten, Ihre Arbeit, wie Sie als Elternteil sind. Nehmen Sie das Thema, das sich im Moment wichtig und richtig anfühlt.
- notieren Sie, welche Gelegenheiten Sie jeden Tag/jede Woche haben, um sich mit anderen oder sich selbst zu verbinden (abhängig vom gewählten Thema). Haben Sie vielleicht etwas in Ihrem Originaltext übersehen (Momente, wenn Sie in den Spiegel schauen, wenn Sie draußen oder an Ihrem Laptop sitzen und Ihre Arbeit überprüfen. Es können Momente mit Freunden, Familie, Bekannten, Klassenkameraden oder auch Menschen sein, mit denen Sie gemeinsam zur Arbeit fahren).
- Können Sie Ängste und Sorgen identifizieren, die dahinterstecken? Wenn Sie diese erkannt haben, schreiben Sie Ihren Text so um, dass eine andere, fürsorgliche und unterstützende Version des Originals daraus wird. Benutzen Sie die veränderte Version als Anker in schwierigen Momenten.

SOLO-ZEIT FREISCHAUFELN

Wirklich wichtig auf der Reise zu sich selbst ist schlicht und einfach, mehr Zeit mit sich selbst zu verbringen. Dabei meine ich nicht, im Stil von *Eat, Pray, Love* um die Welt zu reisen oder wie Reese Witherspoon in *Wild* den Pacific Crest Trail zurückzulegen (wer hat insgeheim nicht schon einmal daran gedacht?).

Zeit mit sich selbst zu verbringen, klingt wie das Letzte, was Sie tun möchten und die Vorstellung davon kann sogar bedrückend sein. Vielleicht assoziieren Sie Alleinsein mit Einsamkeit, aber Alleinsein und Einsamkeit sind nicht dasselbe.

Wir neigen dazu, uns Sorgen zu machen, was in der Stille des Alleinseins auf uns zukommen mag. Mit dem ansteigenden Individualismus und der wachsenden Tendenz, sich sein eigenes Reich zu schaffen, wird Stille oft mit Stagnation gleichgesetzt. Wenn wir still sind, dann arbeiten wir gerade nicht an etwas »Größerem« oder »Besserem« , etwas, das lukrativer ist. Das ist natürlich ein Mythos, der uns von der Gesellschaft suggeriert wird.

Zeit für sich selbst ist eine zutiefst nährende Praxis und eine großartige Möglichkeit, um ein Gespür dafür zu entwickeln, wer wir sind – jenseits der üblichen Ablenkungen. In einer Welt mit Überstunden, Schlankheitswahn, oberflächlicher Ablenkung durch soziale Medien, Podcasts und anderen Dinge füllen wir jede Nische von Stille mit Lärm. Alleinsein ist etwas, das wir aktiv einüben müssen.

Doch wir alle haben die Fähigkeit bei uns selbst zu sein, es geht also nicht um Unfähigkeit, Faulheit oder Zeitmangel. Wir haben eher Angst, dass etwas Unangenehmes, Unkontrollierbares an die Oberfläche kommt, wenn wir in uns hineinhören. Wir alle laufen mit nicht verarbeiteten Gefühlen und nicht verarbeiteter Angst und Traurigkeit umher.

Diese brauchen nicht von »dicken Dingern« herzurühren; es können auch alltägliche Kränkungen, Missverständnisse oder Trennungen von nahestehenden Menschen sein. Wenn Sie Ihren angestauten Gefühlen Raum geben, schwächen Sie den anhaltenden Strudel ab, der mit der Verdrängung einhergeht.

Solo-Zeit bedeutet nicht, dass Sie meditieren müssen, auch wenn Meditation eine wunderbare Praxis ist. Sie können Ihre Zeit nutzen, indem Sie etwas tun, was Sie wirklich möchten.

Ideen für Ihre Solo-Zeit

- Dehnen Sie Ihre kreativen Muskeln mit Malen oder Schreiben.
- Denken Sie über sich selbst mit Ihren Notizen zu diesem Kapitel nach.
- Gehen Sie spazieren (vorzugsweise ohne Kopfhörer).
- Spüren Sie die Natur. Ziehen Sie Schuhe und Strümpfe aus und gehen Sie über Gras oder Erde.
- Schaffen Sie sich ein Morgenritual: Stehen Sie auf, strecken Sie sich, kochen Sie Tee, machen Sie sich Notizen, legen Sie Ihren Fokus für den Tag und wählen Sie eine Affirmation von der Liste auf Seite 100.
- Schränken Sie Ihren Gebrauch von Handy & Co. ein, indem Sie sich tagsüber technikfreie Zeiträume schaffen. Beginnen Sie damit, sich morgens fünf Minuten zu geben und dehnen Sie diese Phase wenn möglich aus.

SICH MIT ANDEREN VERBINDEN

Auf der einen Seite ist es sinnvoll, sich in Alleinsein zu üben, auf der anderen Seite ist es auch wichtig, ein Gefühl von Einsamkeit zu verhindern. Zwischen den beiden Begriffen und Gefühlen liegt ein großer Unterschied.

Heutzutage fühlen sich immer mehr Menschen einsam. Selbst wenn wir mitten in der Stadt umgeben von vielen Menschen wohnen, kann es vorkommen, dass wir uns alleingelassener und isolierter fühlen als in der Abgeschiedenheit. Es gibt immer mehr Studien, die die Auswirkungen von Einsamkeit auf unsere körperliche und geistige Gesundheit untersuchen, wobei junge Erwachsene häufiger über Einsamkeit klagen als jede andere Altersgruppe. Die sozialen Begegnungsräume, in denen wir Kontakte knüpfen können, schwinden, und besonders in der Stadt begegnet man Fremden mit immer mehr Misstrauen und Vorbehalten im direkten Gespräch.

Wenn die Gesellschaft beginnt, Selbstisolation in einen Mantel der Selbstfürsorge zu verhüllen, haben wir ein Problem. Zu Hause bleiben. Absagen. Abschalten. Selbstverständlich gibt es Zeiten, in denen diese Maßnahmen für die Gesundheit absolut nötig sind, in anderen Momenten ist aber gerade die Verbindung das, worauf es ankommt.

Schließlich können wir in Gesellschaft anderer viel über uns erfahren. Wenn Sie den Originaltext und den unterstützenden Text noch einmal durchlesen, erkennen Sie, wie viele Muster, Reaktionen oder neue Dinge sich durch das Zusammensein mit anderen ergeben.

Manchmal müssen wir uns zum Gang vor die Tür überwinden. Hinausgehen und sich durchpusten lassen verliert sonst immer mehr an »Natürlichkeit«. Dabei braucht Selbstfindung kein einsames Unterfangen zu sein. Und tatsächlich kann es das nicht sein. Zeitweise müssen wir uns an Verbindungen heranwagen – sowohl mit anderen als auch mit uns selbst.

FÜNF-MINUTEN-PAUSE:

EIN MOMENT FÜR MICH

Wie fühle ich mich?

Fühle ich mich einsam?

Was wäre in diesem Moment das Beste für mich?

Wann habe ich das letzte Mal ganz entspannt einen Kaffee mit jemandem zusammen getrunken?

Wie sehr hat mich in der letzten Zeit die Arbeit (oder eine andere Aufgabe) in Beschlag genommen?

Hören Sie auf Ihre Intuition. Auch wenn Sie sich tagsüber am liebsten unter der Bettdecke verkriechen würden, was sagt Ihnen Ihr Bauchgefühl?

SPICKZETTEL

SO VERBINDE ICH MICH
MIT MIR SELBST

SELBSTREFLEXION

JOURNALING

MEDITATION

BEWEGUNG

LESEN

GESPRÄCHE

WAHRNEHMEN

AUSPROBIEREN

MUSIK

THERAPIE

TÄGLICHE ÜBUNGEN

Nehmen Sie sich am Ende des Tages fünf Minuten Zeit, um über Folgendes nachzudenken:

- Wann hatte ich heute die Gelegenheit, mich mit mir selbst zu verbinden?
- Wie wünsche ich mir, dass sich meine Beziehung zu mir selbst anfühlt?
- Was würde mir morgen helfen, damit ich mich in diese Richtung bewege?
- Für welche drei Dinge bin ich heute dankbar?

Nach einem Monat haben Sie sich auf diese Weise eine Schatztruhe voller Informationen über sich selbst angelegt, darunter realisierbare Schritte, mit denen Sie sich Ihrem wirklichen Selbst nähern können.

NACH VORN SCHAUEN

Hoffentlich hat Ihnen dieses Kapitel erhellende Momente verschafft. Sie brauchen sich nicht an alle erinnern. Sie sind in Ihnen, werden verarbeitet und neu ausgerichtet. Ein Zitat des amerikanischen Schriftstellers Ralph Emerson aus seinem Buch *Selbstständigkeit* lautet: »In jedem Geniestreich erkennen wir Gedanken, die wir selbst verworfen haben.« Lassen Sie uns Emersons Philosophie über das Genie hinaus erweitern. Wie oft haben Sie etwas im Internet gelesen und an eine Freundin oder einen Freund geschickt? Oder in einem Buch etwas gelesen und schnell aufgeschrieben? Oder einen Songtext gehört, der Sie berührt hat? Wir finden uns selbst in den Worten, die wir lesen und die wir jeden Tag hören. Behalten Sie dies in Ihrem Herzen, wenn die Reise weitergeht.

MERKHILFEN FÜR SCHWIERIGE SITUATIONEN

- Es ist in Ordnung, sich unsicher zu fühlen. Sie entwickeln dabei Fähigkeiten, mit unangenehmen Dingen umzugehen.
- Sie tun in jeder Situation das Beste. Je nach Tag und Moment ist es jedes Mal anders.
- Sie haben früher schon schwierige Zeiten erlebt. Und während Sie dies lesen, vergrößern Sie Ihr Bewusstsein. Atmen Sie tief ein und aus.
- Sie haben Ihren Prozess zur Selbstfindung begonnen. Zollen Sie sich dafür Anerkennung.
- Niemand ist immer mit sich im Reinen (auch wenn es in den sozialen Medien so scheinen mag). Jeder findet täglich heraus, wer er ist. Sie haben nicht verloren, wer Sie sind. Sie sind bereits ganz, Teile von Ihnen brauchen nur Zeit, um zu heilen.

2.
BINDUNGEN

INTAKTE BEZIEHUNGEN SCHAFFEN

»Ihre Lebensqualität hängt letztendlich von der Qualität Ihrer Beziehungen ab.«

Esther Perel

Haben Sie sich jemals gefragt, warum Sie genau die Menschen anziehen, die in Ihrem Leben sind? Warum Sie sich so aufregen, wenn Ihr Partner oder Ihre Partnerin nicht auf eine Nachricht antwortet oder warum Sie immer wieder über dieselben Themen streiten? Vielleicht haben Sie gedacht, dass Sie auf jeden Fall in einer Beziehung leben möchten – bis Sie in einer sind? Oder warum Ihre Freundin gefühlt schon nach dem zweiten Date mit jemandem zusammenzieht, während Sie selbst zwei Jahre gebraucht haben, bis Sie »Ich liebe dich« sagen konnten? Jeder hat eine andere Beziehung zu den Menschen in seinem Leben.

BINDUNGSSTILE ERKUNDEN

In Therapien wird häufig der Begriff Bindung verwendet – und das aus gutem Grund. Im Wesentlichen erklärt er, wie wir in Bezug zu anderen Menschen treten und unser Bindungsstil sagt etwas darüber aus, inwieweit wir anderen Menschen in unserem Leben vertrauen können. Unser Beziehungsverhalten beschreibt die Art von emotionaler Bindung oder Verbindung, die wir üblicherweise zu Menschen pflegen.

Es ist hilfreich, seinen Bindungsstil zu verstehen, weil er …

- das Fühlen, Denken und Verhalten in jeder Beziehung beeinflusst.
- unser Verhältnis zu Nähe und unsere Sichtweise auf romantische, freundschaftliche oder familiäre Beziehungen prägt.
- unseren Umgang mit Konflikten und deren Lösung beeinflusst.
- Einblick in unsere Gefühle als Kind gewährt.
- zeigt, wie wir uns gegen emotionale Verbindungen wehren.
- Licht auf Beziehungswunden wirft, die unsere Aufmerksamkeit benötigen.

Bindungsstile bilden sich in der Kindheit und resultieren aus der Beziehung zwischen Baby und Bezugsperson. Die Bindung ist ausschlaggebend für die Entwicklung von Beziehungen und Emotionen. Wir kommen mit dem inneren Impuls auf die Welt, eine emotionale Bindung mit unseren Beziehungspersonen einzugehen, weil sie unser Überleben durch Nahrung, Wärme und Sicherheit garantieren.

Der Stil dieser Bindung wird durch Versorgung, Spiel und vor allem dadurch geprägt, inwieweit die Eltern auf die Bedürfnisse ihres Babys eingehen. Wie reagieren Eltern beispielsweise, wenn ein Kind weint? Mit beruhigenden Lauten oder mit Frustration und erhobener Stimme? Schauen die Eltern ihrem Kind in die Augen? Oder sind sie abwesend und mit dem Handy beschäftigt?

All diese Faktoren zusammen bestimmen, wie stabil das Gefühl von Sicherheit eines Kindes ist. Wenn ein Säugling eine beständige, liebevolle und schnelle Reaktion von seinen Bezugspersonen erlebt, lernt er, dass er den Menschen vertrauen kann, die für seine Pflege und sein Überleben verantwortlich sind. Das schafft letztendlich die Basis für eine sichere Bindung.

Bindungsstile können in vier Gruppen unterteilt werden:

1. Ängstlich
2. Vermeidend
3. Desorganisiert
4. Sicher

Ebenso wie unser Selbstgefühl sind diese Stile nicht statisch. Auch wenn sie sich in der Kindheit herausbilden, können zahlreiche Umstände sie im Lauf des Lebens beeinflussen.

Zu diesen Umständen zählen jegliche positiven und negativen Lebenserfahrungen wie frühe Freundschaften, Mobbing, Umzug, Krankheit, finanzielle Sicherheit oder Unsicherheit, Tod oder Trennung von einem geliebten Menschen, Heilerfahrungen in engen Beziehungen, persönliche Erfolge, Sucht, Missbrauch, Vernachlässigung, Engagement in der Persönlichkeitsentwicklung und die Beziehung, die wir zu unserer Therapeutin oder unserem Therapeuten pflegen – falls vorhanden. Negative Erfahrungen führen dazu, dass wir uns weniger sicher fühlen, während positive Erfahrungen uns ermöglichen zu heilen oder uns sicherer zu fühlen.

Kein Bindungsstil ist per se schlecht. Noch ist er eine Rechtfertigung oder gar Entschuldigung für negatives oder missbräuchliches Verhalten – in keiner Form! Mit »Das lag nicht an mir, sondern an meinem Bindungsstil« wird man nicht weit kommen.

Auch wenn es keinen »falschen« Bindungsstil gibt, möchten die meisten Menschen auf ein »sicheres« Bindungssystem hinarbeiten, weil es den emotionalen und beziehungsbedingten Schmerz reduziert, der uns von einem erfüllten Leben abhält.

Der Bindungsstil, den jeder von uns in der Kindheit entwickelte, ist keine Wahl, die wir getroffen haben; er hat sich herausgebildet, um uns zu schützen. Dies sollten wir berücksichtigen, wenn wir mit Mitgefühl, Neugier und der Bereitschaft auf Heilung erforschen, welchen Bindungsstil wir für uns selbst wahrnehmen.

FÜNF-MINUTEN-PAUSE:

SPÜREN SIE IN SICH HINEIN

Bevor wir uns weiter mit den verschiedenen Arten von Bindung beschäftigen, machen Sie eine Bestandsaufnahme von Ihren Gedanken. Vielleicht preschen Sie voran, weil Sie mehr wissen wollen. Vielleicht haben Sie auch schon einen Bindungsstil herausgesucht, den Sie sich wünschen. Fragen Sie sich:

- Welche Vermutungen stelle ich an?
- Kann ich offen bleiben, wenn ich weiterlese?
- Bin ich offen dafür, überrascht zu sein oder mich zu irren?
- Kann ich trennen zwischen dem, was ich gern hätte, und dem, was ist?

Es ist wichtig, offen und neugierig zu bleiben.

1. ÄNGSTLICHES BINDUNGSVERHALTEN

Das »ängstliche Bindungsverhalten« wird mitunter auch unsicher-ambivalente Bindung genannt. Sein Kennzeichen ist ein Verlangen nach Nähe. Oft fallen die Wörter »anhänglich« und »bedürftig«, wenn man mit Menschen dieses Bindungsstils spricht, aber die Realität ist viel facettenreicher.

Bei einem ängstlichen Bindungsstil reicht die Spannweite von einem leichten Gefühl der Einsamkeit über »Anpassung« von Teilen, die wir selbst sind, an die Beziehung bis zum flutartigen Versenden von Nachrichten an jemanden, der nicht antwortet.

Sätze wie »In meiner eigenen Gesellschaft fühle ich mich verloren« oder »Ich suche viel Bestätigung, damit ich mich in einer Beziehung sicher fühlen kann« entsprechen in etwa den Erfahrungen von Menschen mit einem ängstlichen Bindungsverhalten.

Menschen mit diesem Bindungsstil neigen zu einer feinen Wahrnehmung, was eine großartige Fähigkeit ist. Sie können einen Raum erfühlen, die Stimmung anderer erfassen und wissen instinktiv, wenn es ihren Nächsten nicht gut geht, sodass diese eine helfende Hand oder ein einfühlsames Ohr brauchen.

Das Beobachtungs- und Einfühlungsvermögen ist stark ausgeprägt. Dadurch können sie Schwingungen in ihrer Umgebung spüren, die in ihnen Ängste hervorrufen und Interpretation verlangen, wie andere über sie denken.

Ein Trigger für ängstliches Bindungsverhalten ist die tatsächliche oder nur wahrgenommene Ablehnung oder Zurückweisung durch eine andere Person. Beispielsweise könnte eine Person mit diesem Bindungsstil das Verhalten eines ruhigen Menschen so interpretieren, dass er sie nicht mag. Der ruhige Mensch hat genug von mir, oder ich habe etwas »falsch« gemacht – was auch die Ablehnung erklären würde.

Bindungen sind nichts Absolutes, sondern bilden ein Kontinuum. So kann der Grad der Angst einer Person dieses Bindungstyps ganz anders sein als der einer anderen Person.

Außerdem kann sich der Grad der Angst in Freundschaften anders anfühlen als in Partnerschaften. Reaktionen auf Bindungen können so intensiv sein wie ein Schreiduell oder als subtiles Brummen von Besorgnis erlebt werden, das den ganzen Tag im Hintergrund läuft.

MENSCHEN MIT ÄNGSTLICHEM BINDUNGSVERHALTEN ...

NEHMEN SUBTILE VERÄNDERUNGEN BEI ANDEREN WAHR

SIND SENSIBEL FÜR ANZEICHEN VON ABLEHNUNG (REALE + WAHRGENOMMENE)

KÖNNEN EIN BEDÜRFNIS NACH NAHEZU STÄNDIGER NÄHE UND KONTAKT HABEN

ZIEHEN SICH SCHEINBAR ZURÜCK, WENN PARTNER SICH DISTANZIEREN

FÜHLEN EIN STARKES MISSTRAUEN GEGENÜBER DEM PARTNER + HABEN HEFTIGE EIFERSUCHTSANFÄLLE.

Typische Aussagen eines Menschen mit ängstlichem Bindungsstil:

»Ich liebe dich mehr, als du mich liebst.«

»Ich möchte IMMER mit dir zusammen sein.«

»Ich habe Angst, wenn ich alleine bin.«

»Du wirst mich verlassen.«

»Du wirst mich betrügen.«

»Habe ich etwas falsch gemacht?«

»Bist du sauer auf mich? Geht es dir GUT?«

»Warum antwortest du mir nicht auf meine Nachricht?«

»Du interessierst dich nicht für mich.«

Erkennen Sie sich in diesen Sätzen wieder? Können Sie etwas hinzufügen?

Herausbildung von ängstlichem Bindungsverhalten

Neben dem Erleben in der Kindheit gibt es viele weitere Faktoren, die den Bindungsstil beeinflussen. Ein ängstlicher Bindungsstil wird mit folgendem Verhalten der Bezugspersonen verbunden:

- Verfügbarkeit ist nicht immer gegeben.
- Lob und/oder Bestrafung sind inkonsequent.
- Auf individuelle Bedürfnisse wird nicht eingegangen.
- Hilflosigkeit wird unterstützt.
- Autonomie wird nicht unterstützt.

Da das Kind sich nicht rückversichern kann, erwächst in ihm Unsicherheit. Wenn bei einer erwachsenen Person die Erfüllung der Grundbedürfnisse bedroht ist, sodass das Bindungssystem aktiviert wird, kann das zu einem nach Sicherheit suchenden Verhalten führen, was sich unter Umständen in »Protestverhalten« manifestiert.

Die Personen handeln in der Absicht, ein Gefühl von Sicherheit wiederherzustellen. Gelegentlich *glauben* wir, dass etwas uns Sicherheit gibt, was jedoch nicht unbedingt richtig ist. Manchmal ist die »Sicherheit« eine vorübergehende Illusion, oder wir verwechseln Sicherheit mit etwas anderem, was uns vertraut ist.

Für Menschen mit ängstlichem Bindungsstil liegt die Sicherheit in der Nähe und der Abhängigkeit. Nach Sicherheit suchende Verhaltensweisen finden sich in jeder Beziehung, doch bei Menschen mit einem ängstlichen Bindungsstil kann die Häufigkeit und Intensität recht hoch sein, insbesondere, wenn Handlungen zu einer negativen Reaktion von anderen führen.

Sicherheit suchen bei ängstlichem Bindungsverhalten

Nach Sicherheit strebende Verhaltensweisen von Menschen mit einem ängstlichen Bindungsstil äußern sich darin, dass sie Nähe wiederherstellen möchten und entsprechende Reaktionen von anderen erwarten.

Manche Verhaltensweisen (siehe gegenüber) scheinen kontraproduktiv zu sein, um Nähe zu erfahren, wobei für die betroffene Person auch eine negative Reaktion immer eine Reaktion ist: ein Zeichen dafür, dass der andere noch da ist. Er ist noch nicht (vollständig) verschwunden. Der ängstlich Gebundene hofft oft, dass durch Bombardierung oder Rückzug eine Lücke geschlossen werden kann, die das Gefühl von Sicherheit wiederherstellt.

Auch wenn die ängstlich gebundene Person sich zurückzuziehen oder »unbeeindruckt« von den Ereignissen zu sein scheint, tobt in ihr ein emotionaler Sturm.

Nach Sicherheit strebende Verhaltensweisen beim ängstlichen Bindungstyp:

- Den/die andere/n mit Nachrichten oder Anrufen förmlich bombardieren oder häufig prüfen, ob er/sie online oder erreichbar ist.
- Ignoranz, Rückzug oder anderweitige Beschäftigung wie ein Buch oder soziale Medien vorgeben.
- Mit anderen etwas planen, um begehrt zu erscheinen.
- Man versucht, durch Andeutungen Eifersucht zu erwecken, indem man erwähnt, dass jemand versucht hat, mit einem zu flirten, oder man spricht über den/die Ex (es ist Teil jeder gesunden Beziehung, dass über Schwärmereien, beendete Beziehungen und sexuelle Erfahrungen gesprochen wird. Wenn jedoch darüber geredet wird, um den/die andere/n eifersüchtig zu machen, kann es die Gesamtsicherheit der Beziehung gefährden).
- Drohen damit, den/die andere/n zu verlassen, wenn sich die Dinge nicht verbessern.

FÜNF-MINUTEN-PAUSE:
NACH SICHERHEIT STREBENDE VERHALTENSWEISEN ERKENNEN

Nehmen Sie sich einen Moment Zeit, um über Ihre eigenen, nach Sicherheit suchenden Verhaltensweisen zu reflektieren, und fragen Sie sich:

Was ist meine wichtigste, nach Sicherheit suchende Verhaltensweise – in Partnerschaften, in der Familie, bei Freunden?

Bin ich deshalb ängstlich gebunden? Oder gehöre ich zu einem anderen Bindungstyp?

Ängstliches Bindungsverhalten heilen – ein Anfang

Für Menschen mit ängstlichem Bindungsstil liegt der Schlüssel für eine gesunde Beziehung darin, innere Sicherheit sowie Eigenständigkeit zu kultivieren.

In Partnerschaften ist die Arbeit einfacher, wenn eine Person einen sicheren Bindungsstil hat, da die Beständigkeit des sicher Gebundenen hilft, Vertrauen in dessen Zuverlässigkeit aufzubauen. Wenn eine ängstlich gebundene Person jedoch auf eine vermeidende trifft, ist es schwieriger, da die vermeidende dazu tendiert, die negativen Überzeugungen der ängstlichen Person zu bestätigen: Wenn sich die vermeidende zurückzieht, wird das Bindungsmuster aktiviert, das heißt, alte Überzeugungen wie »Ich verlange zu viel«, »Ich klammere zu stark« werden verstärkt. Wenn Sie sich in einer Beziehung mit einem Menschen mit unsicherem Bindungsstil befinden, seien Sie nicht entmutigt. Die Beziehung ist nicht verloren – es bedeutet lediglich, dass jeder etwas mehr daran arbeiten sollte, eigene Bedürfnisse auf gesunde Weise zu äußern, um ein Gefühl von Sicherheit zu schaffen.

Ein Gefühl von Sicherheit kann man nicht nur durch eine Partnerschaft erlangen. Jede Art von Beziehung bietet die Möglichkeit zur Heilung. Ob man sich in einer Partnerschaft befindet oder Single ist, wir können davon profitieren, wenn wir unsere Energie und Zeit in verschiedenste Beziehungen investieren, seien es alte oder neue Freundschaften, Gruppenaktivitäten oder was auch immer. Sie verdienen es, sich mit

Menschen zu umgeben, die Ihr Wachstum stärken, anstatt es zu blockieren. Dabei hilft es auch, Selbstvertrauen aufzubauen, was wir in Kapitel 7 über Reparenting behandeln.

Auch wenn es schwierig sein mag, sich den eigenen Beziehungsstil einzugestehen und damit umzugehen, ist die gute Nachricht, dass man in seinem frühen Bindungssystem nicht feststeckt. Es gibt keinen Grund, das junge Ich, das gar keine andere Wahl hatte, zu beschuldigen oder zu verurteilen. Hilfreicher ist, Verständnis dafür zu entwickeln. Auch wenn Sie es jetzt noch nicht ganz verstehen, bleiben Sie neugierig. Fokussieren Sie sich darauf, was als Nächstes kommt, und auf Ihr Versprechen gegenüber sich selbst weiterzulernen.

Als Erwachsene sind wir für unsere Handlungen verantwortlich. Um mit problematischen Verhaltensweisen umzugehen – ob Eifersucht erwecken, die Drohung, eine Beziehung zu beenden oder Ähnliches –, müssen wir sie zunächst als solche erkennen und die Sorgen oder Bedenken formulieren, die sie möglicherweise auslösen. Im Anschluss daran können wir Techniken zur Selbstregulierung erlernen und üben, die später im Buch erläutert werden (siehe Kapitel 5).

2. VERMEIDENDES BINDUNGSVERHALTEN

Das »vermeidende Bindungsverhalten« wird mitunter auch unsicher-vermeidende Bindung genannt. Menschen mit einem vermeidenden Bindungsverhalten können zunächst geheimnisvoll, zurückhaltend oder verschlossen wirken. Von anderen können sie als unnahbar, unsensibel oder »bindungsscheu« erlebt werden, was uns, abhängig von unserer eigenen Position im Bindungsspektrum, alles als wahr erscheint.

Für vermeidende Beziehungstypen stehen Eigenständigkeit und Unabhängigkeit im Vordergrund. Gefühle von Selbstständigkeit und Selbstsicherheit sind zwar gesunde Aspekte des Seins, doch der Ausprägungsgrad, in dem vermeidend Gebundene ihre Bedürfnisse zurückhalten, kann sowohl für sie selbst als auch für andere schmerzhaft sein.

Verhaltensweisen beim vermeidenden Bindungstyp:

- Bewusstes oder unbewusstes Distanzieren von anderen aufgrund von fehlendem Vertrauen.
- Abtauchen, Absagen und Abbruch von Beziehungen, wenn es einem passt.
- Übertragen von altem Schmerz auf momentane Beziehungen.
- Die *eigenen* Bedürfnisse in einer Beziehung selbst erfüllen, anstatt sich auf andere zu verlassen, weil die Partner sie möglicherweise nicht erfüllen könnten.

Vermeidung ist eine *Verteidigungs*strategie. Aber sich selbst eine echte Verbindung vorzuenthalten, heißt, dass der Weg zu emotionaler Nähe für Vermeidende besonders schwer ist.

Doch letztendlich ist kein Mensch ohne Bedürfnisse, und wenn der Wunsch nach einer echten Verbindung besteht, müssen Menschen dieses Bindungstyps sich von diesen verletzlichen Teilen ihres Selbst lösen. Sind sie dazu nicht gänzlich in der Lage, reagieren sie möglicherweise mit Selbstkritik und -verurteilung auf ihr Bedürfnis nach Verbindung. Und in der Folge kritisieren sie vielleicht auch den Partner, der problemlos und offen die Bedürfnisse kommuniziert, die Vermeidende sich nicht eingestehen. Das ist ein Teufelskreis!

Typische Aussagen eines Menschen mit vermeidendem Bindungsstil:

- »Ich brauche niemanden.«
- »Ich bitte nicht gern um Hilfe.«
- »Ich bin auf diese Beziehung nicht angewiesen.«
- »Ich brauche Freiraum.«
- »Ich fühle mich eingeengt.«
- »Ich habe das Gefühl, dass mich niemand wirklich kennt.«
- »Warum bist du so bedürftig?«

Kommt Ihnen davon etwas bekannt vor? Falls ja, können Sie der Liste noch etwas hinzufügen?

MENSCHEN MIT VERMEIDENDEM BINDUNGS-VERHALTEN …

LEGEN WERT AUF AUTONOMIE + HABEN ANGST, DIESE ZU VERLIEREN.

KÖNNEN SICH VON DEN EMOTIONALEN BEDÜRFNISSEN ANDERER ÜBERFORDERT FÜHLEN.

FÄLLT ES SCHWER, ÜBER GEFÜHLE ZU SPRECHEN.

KÖNNEN DIE SCHWÄCHEN ANDERER ALS WARNSIGNAL MISSVERSTEHEN.

FÜHLEN SICH DURCH NÄHE UND INTIMITÄT VERUNSICHERT.

Herausbildung von vermeidendem Bindungsverhalten

Die Erlebnisse im Lauf unseres ganzen Lebens beeinflussen, wie sicher oder unsicher wir uns in Beziehungen fühlen. Beispielsweise können Erfahrungen wie Mobbing oder emotionaler Missbrauch im späteren Leben dazu führen, dass die stabile Basis, die wir als Kind aufgebaut hatten, geschwächt wird.

Menschen mit vermeidendem Bindungsstil haben in ihrer Kindheit vielleicht gelernt, sich von ihren körperlichen Bedürfnissen zu trennen oder ihre Bedürfnisse zu unterdrücken, wenn sie zum Beispiel Trost und Zuneigung suchten. Ein vermeidender Bindungsstil scheint mit folgendem Verhalten der Bezugspersonen verbunden zu sein:

- Sie war unberechenbar oder einschüchternd.
- Sie reagierte nicht auf Gefühle oder war abweisend und abwertend.
- Sie verweigerte Zuneigung.
- Sie war ignorant und ablehnend.

Dieses Muster wird in den Erwachsenenbeziehungen fortgesetzt und wiederholt.

Sicherheit suchen bei vermeidendem Bindungsverhalten

Unser Bindungsstil wirkt unbewusst im Hintergrund, aber in bestimmten Situationen kann er besonders aktiviert werden, etwa wenn eine nahestehende Person sich ärgert, reales oder wahrgenommenes Kontrollverhalten an den Tag legt, zu viel Kontakt fordert oder »Bedürftigkeit« signalisiert.

Wie beim ängstlichen Bindungsstil zeigen sich auch beim vermeidenden Bindungstypen bestimmte, nach Sicherheit suchende Verhaltensweisen, um das innere Sicherheitsgefühl wiederzuerlangen. Doch im Gegensatz zum ängstlich Gebundenen, der sich bei Nähe und Abhängigkeit sicher fühlt, fühlt sich der Vermeidende sicher, wenn er sich von der anderen Person distanziert.

Vermeidende Verhaltensweisen, die mitunter auch als »Deaktivierungsstrategien« bezeichnet werden, äußern sich in Handlungen und Gedanken, die Distanz zum anderen schaffen.

Die Absicht hinter diesen Strategien besteht im Wesentlichen darin, das Selbst vor möglichem emotionalem Schmerz zu schützen. Für den

Vermeidenden, der sich auf einer bestimmten Ebene immer einsam fühlt, bedeutet ständiger Kontakt die Angst vor Autonomieverlust und Manipulation.

Nach Sicherheit strebende typische Verhaltensweisen beim vermeidenden Bindungstyp:

- Dem Partner wiederholt »nicht antworten«.
- Arbeit und Hobbys vorziehen statt gemeinsamer Zeit mit dem Partner oder der Partnerin.
- Sich absichtlich vage über Pläne äußern.
- Dichtmachen bei Konflikten.
- Tagträume von den Vorzügen des »Single-Lebens« oder dem/der verschwundenen Ex.
- Idealisierung von anderen möglichen Beziehungen, denn jenseits des Zauns ist das Gras immer grüner.
- Fokussierung auf die Fehler des/der andere/n, wenn die Beziehung länger andauert.
- Die Überzeugung, dass der richtige Partner einen »verstehen« würde.

All das kann in jeder Beziehung vorkommen. Es wäre allerdings ein Fehler zu glauben, dass eine stabile Beziehung einen gleichmäßigen Grad von Nähe hat. Mit den Jahren verändern sich Beziehungen – manchmal leben wir uns auseinander und nach einer gewissen Zeit haben wir möglicherweise das Gefühl, mit ein und derselben Person vier verschiedene Beziehungen zu haben. Ein Vermeidender baut Mauern und andere mögliche Schutzmechanismen auf, um die wachsende Angst in den Griff zu bekommen und sich vor Liebeskummer zu schützen.

Somit schafft er sich unbewusst eine selbsterfüllende Prophezeiung. Wenn andere von seinem Verhalten frustriert sind und ihn zurückweisen, kann er deren Reaktion als Beweis dafür interpretieren, dass man anderen nicht trauen kann!

So tragen Verhaltensweisen, die nach Sicherheit streben, zu genau dem Schmerz bei, dem der Vermeidende so sehr zu entgehen versucht. Dies zu erkennen, ist ein wichtiger Heilungsschritt des psychischen Narbengewebes unserer Beziehungswunden.

Vermeidendes Bindungsverhalten heilen – ein Anfang

Um Bindungswunden heilen zu können, müssen wir wirklich neugierig und ehrlich mit der Intention unseres Verhaltens umgehen, was eine schwierige Sache ist.

Vermeidende Personen können sich nur schwer mit den Geistern vergangener Beziehungen auseinandersetzen. Doch es ist unerlässlich, diese noch einmal heraufzubeschwören und die Geschichten, die wir mit bestimmten Beziehungen verbinden, zu hinterfragen. Versuchen Sie, die Muster zu erkennen, mit denen Sie sich schwertun. Fangen Sie klein an und bauen Sie darauf auf.

Wenn zum Beispiel der Partner oder die Partnerin auf eine bestimmte Art reagiert, welche Gedanken von früher assoziieren Sie damit? Sie könnten lauten: »Sie oder er erwartet zu viel von mir, ich muss weg«, »Das ist der Punkt, an dem sie oder er sich nicht mehr für mich interessiert, deshalb gehe ich lieber« oder »Das wird nicht halten«. Wenn Sie sich Ihrer eigenen Gedanken und Geschichten bewusst werden, können Sie vielleicht begreifen, wie frühere Erfahrungen Ihr Leben heute noch beeinflussen. Untersuchen und hinterfragen Sie Ihre Geschichten und beobachten Sie, welche Muster erkennbar werden.

FÜNF-MINUTEN-PAUSE:

NACH SICHERHEIT STREBENDE VERHALTENSWEISEN ERKENNEN

- Was ist meine wichtigste, nach Sicherheit suchende Verhaltensweise – in Partnerschaften, in der Familie, bei Freunden?
- Bin ich deshalb vermeidend gebunden? Oder gehöre ich zu einem anderen Bindungstyp?

Vermeidende neigen dazu, vieles für sich zu behalten. Um dem entgegenzuwirken, ist es eine hilfreiche Übung, Menschen, denen man vertraut, ein Stück weit etwas über die eigenen Gefühle oder andere persönliche Dinge zu erzählen.

Eine Verbindung braucht manchmal einen Vertrauensvorschuss. Für Vermeidende kostet es Überwindung, diesen zu gewähren. Statt den »Erfolg« anhand der Reaktion des Gesprächspartners zu beurteilen, sollten Sie sich selbst für Ihr Wagnis anerkennen. Vielleicht bekommen Sie nicht die Reaktion, die Sie sich wünschen, aber Sie haben sich in Verletzlichkeit geübt – ein großer Schritt, um ein altes Muster zu durchbrechen.

Personen mit vermeidendem Beziehungsstil benötigen oft Raum, um sich mitzuteilen. Sollten Sie feststellen, dass Sie zum Vermeiden neigen, versuchen Sie mitzuteilen, was Sie brauchen. Bei einem Konflikt könnte das so klingen: »Ich sehe, dass die Dinge hier eskalieren. Können wir 15 Minuten Abstand nehmen und danach weiterreden?« In anderen Situationen fühlen Sie sich vielleicht überfordert, zunehmend frustriert und verunsichert von Ihren eigenen Gefühlen. In dem Fall seien Sie offen und suchen Sie das Gespräch mit einem Freund/einer Freundin, einem Familienmitglied oder dem Partner/der Partnerin. Es ist völlig in Ordnung, wenn Sie um Unterstützung beim Identifizieren Ihrer Bedürfnisse bitten.

3. DESORGANISIERTES BINDUNGSVERHALTEN

Der »desorganisierte Bindungsstil« wird mitunter auch desorientierte Bindung genannt und tritt am seltensten auf, nur fünf bis zehn Prozent der Bevölkerung sind davon betroffen.

Zeitweilig wird er aus gutem Grund auch als »Komm-her-geh-weg-Bindungstyp« bezeichnet, da er eine Kombination aus ängstlichem und vermeidendem Bindungsverhalten darstellt.

Menschen dieses Bindungstyps wünschen sich Nähe und Verbindung, gleichzeitig haben sie Angst davor. Wenn sich also eine Beziehung zu einer Person mit desorganisiertem Bindungsverhalten vertieft, tendiert diese Person dazu, zu erstarren, sich zu distanzieren, zu fliehen oder alles gleichzeitig.

Menschen mit diesem Bindungsstil haben einen eher geringen Selbstwert, legen ein extrem sprunghaftes Verhalten an den Tag, sind anfällig für heftige emotionale Reaktionen und haben ein schwankendes Selbstgefühl.

Auch wenn einigen von Ihnen Aspekte davon bekannt vorkommen, heißt das nicht zwangsläufig, dass Sie ein desorganisierter Bindungstyp sind. Es ist wichtig, dies zu erwähnen, weil viele Menschen sich diesem Bindungstyp zurechnen. Wir haben zwar alle einen primären Bindungsstil, aber abhängig von Situation und Personenkonstellation weisen wir auch Merkmale anderer Stile wie etwa ängstlich oder vermeidend auf. Ein desorganisierter Bindungsstil geht mit frühen Traumata, inkonsistenter und launischer Behandlung durch unsere primäre Bezugsperson sowie einem profunden Mangel an Selbstgefühl einher.

Herausbildung von desorientiertem Bindungsverhalten

Ein desorientierter Bindungsstil wird mit folgendem Verhalten der Bezugsperson verbunden:

- Sie reagierte nicht und war abweisend.
- Sie wurde dem Bedürfnis des Kindes nach Nähe nicht gerecht.
- Sie war selbst verängstigt und/oder beängstigend.
- Sie konnte zu Wutausbrüchen, Vernachlässigung oder Missbrauch neigen.
- Sie hat eventuell mit eigenen unverarbeiteten Traumata und der eigenen psychischen Gesundheit zu kämpfen.

Kinder, die in der Obhut eines solchen Menschen sind, fürchten sich vor ihm und sind gleichzeitig für ihr eigenes Wohlbefinden dennoch dringend auf ihn angewiesen. Wenn man in solch einer Umgebung aufwächst, kann man im Erwachsenenalter an einer Kombination aus Bedürftigkeit und Übervorsichtigkeit leiden – wobei der Wunsch nach Nähe mit extremem Misstrauen und Angst davor einhergeht.

Der Teufelskreis des desorganisierten Bindungsstils

Befanden Sie sich schon einmal in der oben angesprochenen Schleife? Ob Sie der Auslöser oder der Empfänger sind, dieser Kreis zeigt, was in Beziehungen mit desorganisiertem Bindungsverhalten geschehen kann, was Verwirrung und Schmerz für alle auslöst.

MENSCHEN MIT DESORIENTIERTEM BINDUNGSVERHALTEN …

WEISEN GLEICHZEITIG ÄNGSTLICHE + VERMEIDENDE VERHALTENSWEISEN AUF.

HABEN OFT EIN INSTABILES + GERINGES SELBSTGEFÜHL.

FÄLLT ES SCHWER, IHRE EMOTIONEN ZU KONTROLLIEREN.

SCHWANKEN ZWISCHEN DEN GEFÜHLEN »EMOTIONAL BEDÜRFTIG« UND DISTANZIERT.

SEHNEN SICH ZUTIEFST NACH NÄHE, WOLLEN ABER NICHT VON ANDEREN ABHÄNGIG SEIN.

FÜHREN OFT STÜRMISCHE, KURZE BEZIEHUNGEN.

Typisch für desorganisiertes Bindungsverhalten:

- An einem Tag hat man das Gefühl, dass der Mensch an seiner Seite der oder die Größte ist, am nächsten Tag fühlt man sich erdrückt und eingeengt von ihm oder ihr.
- Man will sich auf Nähe einlassen, wie die meisten anderen auch, aber man hat Angst vor einer Verletzung, von der man sich nie wieder erholt.
- Man mauert, wenn eine Beziehung »ernst« wird.
- Man schafft körperliche und emotionale Distanz, gerät dann jedoch in Panik, wenn die geschaffene Distanz zu effektiv ist, weil man der Gefahr, vor der man am meisten Angst hat, nicht entkommen konnte.

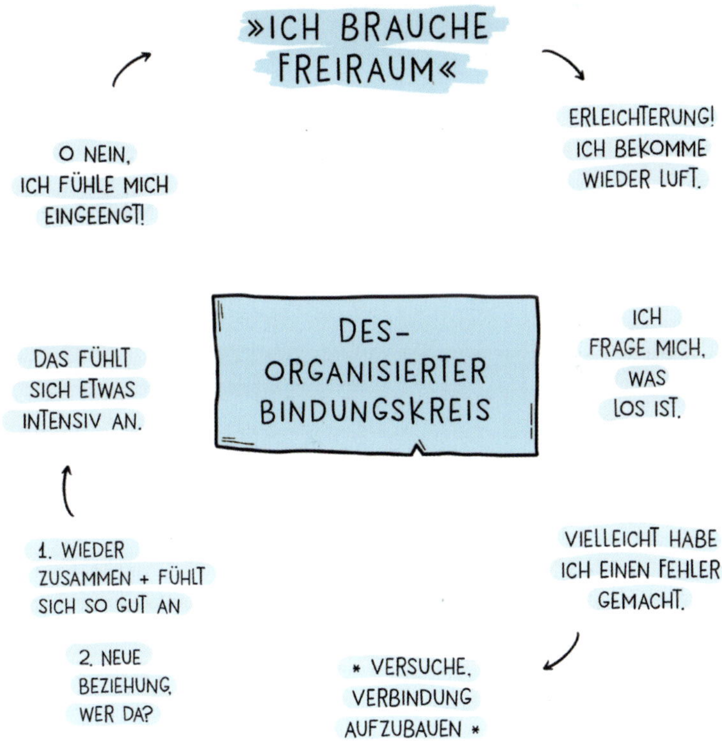

FÜNF-MINUTEN-PAUSE: ERKUNDEN SIE IHRE REAKTION AUF LIEBE

Fragen Sie sich:

- Was geschieht, wenn ich jemanden liebe?
- Was geschieht, wenn jemand mich liebt?

Wenn Sie eine gefestigte Einstellung zu Nähe haben, antworten Sie sicherlich auf positive Weise: »Wenn ich jemanden liebe oder jemand liebt mich, fühle ich mich motiviert, warm und zufrieden.« Wenn Sie jedoch einen desorientierten Bindungsstil haben und Nähe als etwas Negatives erfahren haben, denken Sie vielleicht eher auf diese Weise: »Wenn ich jemanden liebe oder jemand mich liebt, verliere ich mich/verlangen sie zu viel von mir/ werde ich bestimmt verletzt …«

Desorganisiertes Bindungsverhalten heilen – ein Anfang

Mit einem desorientierten Bindungsstil allein zurechtzukommen, ist extrem schwierig. Falls Sie nicht schon in Therapie sind, sollten Sie als Erstes eine Psychotherapie oder eine Traumatherapie in die Wege leiten, insbesondere, wenn zusätzlich eine Dissoziation (Abspaltung von Körper, Gedanken, Zeit oder Ort) vorliegt.

Therapie kann eine heilende, stärkende Basis schaffen, um Traumata und Beziehungswunden sicher und angeleitet zu verarbeiten.

Wenn Sie als desorientierter Bindungstyp in Therapie sind, achten Sie darauf, wie der Bindungskreis in Bezug auf Ihre Therapie verläuft. Sagen Sie ihre Sitzungen ab oder »vergessen« Sie sie? Fühlen Sie sich in einem Moment von Ihrer Therapie abhängig und im nächsten abgestoßen? Vielleicht ergeht es Ihnen mit Freunden genauso? Erkennen Sie Ihre Muster und besprechen Sie das mit dem Therapeuten.

Sollte eine Therapie nicht infrage kommen, suchen Sie anderweitig das Gespräch in Selbsthilfegruppen oder mit engen Freunden.

Wenn ein Kind traurig, verletzt oder wütend ist, sollten wir nicht versuchen, es zu *überzeugen*, dass es sich nicht so fühlt. Dasselbe gilt für Ihr inneres Kind (Ihr jüngeres Ich). Versuchen Sie zurückzutreten, um das Geschehen objektiv zu betrachten, nachzudenken und zu trösten. Überlegen Sie, was der Auslöser dafür ist, dass das unsichere Kind in Ihnen von glücklich zu ängstlich wurde, von ruhig zu impulsiv. Einsicht garantiert keine Veränderung, aber sie öffnet die Möglichkeit dafür, wenn wir es zulassen. Nutzen Sie das Bild vom Bindungskreis zur Unterstützung.

Der Prozess der Heilung kann ein steiniger Weg sein und leider können Sie nicht per Anhalter bis zum Ende mitfahren, sie müssen selbst fahren. Vor Ihnen liegt eine holprige innere Reise, auf die Sie sich vielleicht nur zögerlich begeben haben, falls Sie sich in einem desorientierten Bindungssystem befinden. Um zu wachsen, sind Aufrichtigkeit, Selbst-Mitgefühl und Geduld erforderlich. Und je eher Sie sich darauf einlassen, anstatt den unangenehmen Gefühlen Widerstand entgegenzusetzen, desto mehr Energie haben Sie für Ihre Heilung.

4. SICHERES BINDUNGSVERHALTEN

Wenn Sie in einer Umgebung aufgewachsen sind, in der Ihre Bedürfnisse weitgehend befriedigt wurden, ohne dass Sie um Zuwendung und Aufmerksamkeit betteln mussten, dann sind Sie gewiss in einem »sicheren Bindungssystem« aufgewachsen.

Menschen mit einem sicheren Bindungsstil haben generell das Gefühl, dass alle Menschen gut sind. Es fällt ihnen leicht, anderen zu vertrauen und mit ihnen in Kontakt zu treten. Und sie haben ein gutes Gespür dafür, wer sie sind.

Auch wenn Sie sich in einem anderen Bindungstyp wiedererkennen, kann es hilfreich sein, wenn man weiß, wie sicheres Bindungsverhalten aussieht und sich anfühlt. Wie sollen wir sonst erkennen, ob unser Bindungssystem heilt, wenn wir nicht wissen, was einen sicheren Bindungstyp ausmacht?

Nun würde ich gern mit einigen Mythen aufräumen. Die ideale Beziehung kann allzu schnell romantisiert werden. Wir sehen ein anderes Paar (vielleicht zwei Menschen mit sicherem Bindungsstil) und glauben, dass ihr Sexleben intensiv und akrobatisch ist, dass ihr Gefühlsleben ein Traum ist und dass sie nur laut werden, um sich zu sagen, wie verliebt sie ineinander sind. Nach dem Duschen brechen sie zu einem anstrengenden, aber höchst effizienten Arbeitstag im Büro auf. Doch nüchtern betrachtet, wissen wir es doch besser.

Ein sicherer Beziehungsstil ist nicht mit einer »Fantasiebeziehung« gleichzusetzen. Menschen in sicher gebundenen Beziehungen haben, wie alle anderen auch, Streit, brauchen Solo-Zeit, erleben Verletzung, Ärger und Enttäuschung. Der Unterschied zwischen einem sicheren Bindungsstil und den anderen drei beschriebenen Bindungsstilen liegt in dem individuellen Gefühl von Sicherheit des Einzelnen. Wie sicher man sich fühlt, zeigt sich im Selbstwert, in der emotionalen Reaktion, in der Fähigkeit, sich auf anstehende Aufgaben zu konzentrieren und in der Fertigkeit, sich zu entspannen. Deshalb ist es wichtig, realistisch zu bleiben.

MENSCHEN MIT SICHEREM BINDUNGSVERHALTEN …

GENIEẞEN EMOTIONALE NÄHE + FÜHLEN SICH DAMIT WOHL.

HABEN EIN GESUNDES EINSCHÄTZUNGSVERMÖGEN IM HINBLICK AUF VERTRAUEN UND OFFENHEIT.

SPÜREN KLAR IHRE EIGENEN GRENZEN + RESPEKTIEREN DIE GRENZEN ANDERER.

HABEN DIE FÄHIGKEIT, VERANTWORTUNG FÜR FEHLER ZU ÜBERNEHMEN, OHNE SICH SCHULDIG ZU FÜHLEN.

STIMMEN SICH AUF DIE GEFÜHLE ANDERER EIN.

Kennzeichen eines sicheren Bindungsverhaltens

- ***Präsent sein***

  Ein sicherer Bindungstyp macht sich in Bezug auf Partner oder andere Menschen keine »Was wäre, wenn ...«-Gedanken. Er oder sie kann im Hier und Jetzt sein, ohne ein zwanghaftes Gefühl der Kontrolle zu haben.

- ***Emotionale Verfügbarkeit***

  Sichere Bindungstypen scheinen emotional distanzierte und instabile Menschen zu meiden. Sicher Gebundene haben ein gutes Gespür für ihren Selbstwert und wissen, wie sie sich selbst einbringen. Es besteht kein Anreiz für sie, die Höhen und Tiefen einer Beziehung zu erleben, weil sie sie nicht brauchen, um sich gesehen oder geliebt zu fühlen.

- ***Impulskontrolle***

  In jeder Beziehung gibt es Anflüge von Eifersucht, Ärger, Konflikten und Ähnlichem. Personen mit sicherem Bindungsstil sind jedoch in der Lage, über Konflikte und unangenehme Gefühle nachzudenken, ohne sich zurückzuziehen oder sich zu verteidigen. Im Streit konzentrieren sie sich eher darauf, Frustrationen zu verarbeiten und Missverständnisse zu klären, als dass sie zu einem Mittel werden, um den anderen zu verletzen oder »Recht« zu haben.

- ***Entschuldigungsverhalten***

  Ob eine vergessene Verabredung oder eine doppelte Verabredung mit Freunden – eine Person mit einem sicheren Bindungsstil hat kein Problem damit, sich aufrichtig zu entschuldigen, ohne die eigene Zuverlässigkeit überkritisch zu sehen oder ihren Ärger oder ihre Schuld auf andere zu übertragen. Eine sicher gebundene Person übernimmt die Verantwortung, ohne einen Abend mit Selbstbeschuldigungen zu verbringen.

- ***Konfliktverhalten***

  Bei Konflikten wird ein unsicheres Bindungsverhalten besonders deutlich. In einem Streit bekommen sie einen Tunnelblick und blenden die Dinge aus, die man am anderen liebt. Menschen mit sicherem Bindungsverhalten haben hingegen die Fähigkeit, Raum für scheinbar widersprüchliche Emotionen zu haben, sodass sie beispielsweise gleichzeitig sowohl Wut als auch Liebe für ihre/n Partner/in empfinden.

- ***Beständigkeit***

  Bei einer launischen Person ist es oft schwierig, ihr Verhalten vorauszusehen. Ihre Stimmungen, ihre Reaktionen und ihr Verhalten gegenüber dem Partner oder der Partnerin können in ähnlichen Situationen sehr unterschiedlich sein und haben Auswirkung auf Vertrauen, Freude und das Gefühl der Sicherheit in der Partnerschaft – das trifft auch zu, wenn die Stimmung einer sicher gebundenen Person schwankt (die Bindung macht uns nicht automatisch immun für menschliche Erfahrungen!). Ein sicherer Bindungstyp zeigt seine Liebe jedoch in beständiger Weise durch Zuverlässigkeit und Vertrauenswürdigkeit. So wie bei einem kleinen Kind, das bei seiner Bezugsperson nach Sicherheit sucht, reicht es auch für Erwachsene nicht aus, wenn uns lediglich gesagt wird, dass wir sicher sind. Sicherheit ist etwas, das wir erfahren müssen.

FÜNF-MINUTEN-PAUSE:

DEN PERSÖNLICHEN BINDUNGSSTIL HERAUSFINDEN

Was meinen Sie, welchem der zuvor besprochenen Bindungsstilen Sie entsprechen? Wenn Sie sich nicht sicher sind, dann kann Ihnen die Beantwortung der folgenden Fragen weiterhelfen.

- Wie reagiere ich üblicherweise bei Konflikten?
- Welche Gefühle habe ich gegenüber Nähe?
- Wie wohl fühle ich mich dabei, wenn ich einem Nahestehenden meine Gefühle mitteile?

Fügen Sie nach Belieben weitere eigene Fragen hinzu, um ein besseres Bild von Ihrem Bindungsstil zu erhalten, und wie Sie ihn entwickeln möchten.

Ein sicheres Bindungsverhalten entwickeln

Es kann schwierig sein, sich mit Bindungsstilen zu beschäftigen. Auch wenn man jede Menge Einsichten erhält, treten dabei möglicherweise unbequeme Wahrheiten zutage. Vertrauen Sie mir: Durchhalten lohnt sich.

Denken Sie daran, dass der Bindungsstil nicht für immer und ewig festgelegt ist. Auch wenn Sie bei sich ein ausgeprägtes ängstliches oder vermeidendes Bindungsverhalten feststellen, ist das keine Einbahnstraße.

Um den Bindungsstil erfolgreich zu ändern, bedarf es Arbeit, Reflexion und Steuerungsfähigkeit. Und wenn Sie das hier lesen, haben Sie schon einen Anfang gemacht, die Chancen sind also bereits gut. Jeder einzelne hat das Potenzial zu heilen, deshalb ergreifen Sie die Möglichkeiten, die sich Ihnen bieten. Es liegt an Ihnen, was Sie daraus machen.

Das Bindungsverhalten wird nicht von uns allein geheilt. Es liegt in der Natur der Sache, dass dabei unsere bislang gültigen Vorstellungen von Beziehungen überprüft werden müssen und dass wir auf wahrhaftige Verbindungen mit anderen hinarbeiten müssen.

Sehr häufig hören wir im Hinblick auf die Heilung des Bindungsverhaltens, dass dafür eine Beziehung zu einer sicher gebundenen Person nötig ist, um von deren Umgang mit Unterstützung und Vertrauen zu lernen. Aber Heilung muss nicht unbedingt auf diese Weise geschehen und erfordert auch keine Partnerschaft. Sie kann in allen sozialen Beziehungen geschehen. Die liebevolle Unterstützung von Therapierenden, Aufrichtigkeit und Verbindung in Freundschaften, eine neue Form von Kommunikation mit einem Elternteil – all diese Beziehungen können Leichtigkeit in intensive Gefühle bringen, die wir bei unkontrollierbaren inneren Zuständen erleben.

Heilung erfordert die Bereitschaft, vorbehaltlos über uns selbst nachzudenken, mit Neugier, Aufrichtigkeit und, ganz entscheidend, mit Wohlwollen. Darauf kommt es wirklich an.

Egal, wie liebevoll und zugänglich Partner sind, irgendwann sind sie nicht da, wenn wir sie gerade brauchen, weil sie auch nur Menschen sind. Ein gelegentliches Fehlen von Empathie und Unterstützung ist Realität, und es ist das Kennzeichen einer sicher gebundenen Person, das Auf und Ab einer Beziehung aushalten zu können. Wir werden niemals einen Menschen finden, der uns niemals triggert, aber wir alle können die innere Haltung eines liebenden Elternteils für unser verängstigtes inneres Kind entwickeln, um uns zu helfen (mehr dazu in Kapitel 7 über Reparenting).

Bitte bedenken Sie, dass man das Bindungsverhalten eines *anderen* nicht heilen kann, weil dies jenseits unserer Kapazitäten und Verantwortung liegt. Wir können niemanden zur Heilung zwingen, aber wir können ihn dabei begleiten, wenn er es möchte, indem wir uns verständnisvoll öffnen und dabei unsere eigene Selbstachtung und unsere eigenen Grenzen wahren.

TÄGLICHE ÜBUNGEN

Nehmen Sie sich einen Monat lang jeden Abend fünf Minuten Zeit, um über folgende Punkte nachzudenken:

- Welche Trigger im Bindungsverhalten und nach Sicherheit strebende Verhaltensweisen haben sich mir heute gezeigt, wenn überhaupt?
- Was habe ich dabei bewusst gefühlt? Was habe ich in meinem Körper gespürt?
- Wann hätte ich heute meine Bedürfnisse in der Beziehung klarer formulieren können? Wie hätte sich das angehört?
- Wie könnte ich zukünftig die Verbindung in meiner Beziehung vertiefen? Was könnte ich konkret tun?

Nach einem Monat haben Sie eine Fülle an Material, um zu verstehen, wie Sie in Beziehungen funktionieren, sowie von Ihnen entwickelte Lösungsansätze, um die Beziehungsqualität zu verbessern.

3. SELBSTGESPRÄCH

LIEBEVOLL MIT SICH SELBST UMGEHEN

> **»Sie sprechen mit niemandem so viel wie mit sich selbst. Seien Sie freundlich zu sich selbst.«**
>
> *Unbekannt*

Haben Sie sich selbst schon einmal verurteilt? Haben Sie vielleicht abfällig über sich selbst gesprochen für die Art, wie Sie einfach sind? Oder haben Sie sich selbst abgewertet, weil Sie sich nicht *klug-lustig-schlank-kreativ-erfolgreich-oder was auch immer* genug finden? Vergleichen Sie sich mit anderen? Oder stellen Sie Vermutungen darüber an, was andere an Ihnen nicht mögen? Wenn das zutrifft, keine Sorge. Sie sind nicht allein!

Auf den folgenden Seiten schauen wir uns Wege an, die wir beschreiten können, um dies zu ändern. Außerdem erfahren wir, welche Geschichten wir über uns selbst konstruiert haben, wie wir tagtäglich über uns selbst reden, in welche Denkfallen wir tappen und wie wir beginnen können, unser eigenes Selbstgespräch zu heilen, sodass wir uns generell besser mit uns selbst fühlen. Los geht's.

UNSERE GESCHICHTEN ÜBER UNS SELBST

Wir alle erschaffen uns eine ausführliche und facettenreiche Geschichte über uns selbst. Sie enthält Grundlegendes wie Name, Alter, Herkunft, Beruf und so weiter. Sie kann auch verschiedene Rollen enthalten, die wir in unserem Leben übernommen haben, Beziehungen, die wir pflegen, was wir mögen, was wir verabscheuen, wie wir uns die Zukunft vorstellen und vieles mehr.

Wenn wir unsere Story oder Geschichte aufmerksam und distanziert betrachten, kann sie uns helfen, aufzudecken und zu erklären, wer wir sind und was wir uns vom Leben wünschen.

Wenn wir andererseits zu sehr an unserer Story festhalten, können wir mit ihr verschmelzen und uns so fühlen, als *wären wir* ausschließlich diese Geschichte. Und das kann eine Reihe von Problemen heraufbeschwören, weil wir nämlich unsere *Vorstellungen* über uns mit unserem wahren Kern verwechseln.

BEHALTEN SIE IM KOPF

WENN WIR UNSER SELBST MIT DEM STOFF UNSERER GESCHICHTE VERWEBEN, ERLAUBEN WIR DER GESCHICHTE, UNSERE STIMMUNG UND UNSER VERHALTEN ZU BEEINFLUSSEN.

VERSCHIEDENE ARTEN VON GESCHICHTEN

Wenn die Geschichte in unserem Kopf kritisch und abwertend ist, verbinden wir uns immer stärker mit ihr und laufen Gefahr zu glauben, dass wir tatsächlich diese negative Geschichte sind: Ich bin meine Geschichte, deshalb bin ich unfähig, hässlich, dumm, ein Versager/eine Versagerin oder was auch immer.

Das hat Einfluss auf unser Verhalten. Beispielsweise könnte uns dadurch das nötige Vertrauen fehlen, uns für einen Job zu bewerben, der uns gefallen würde. Wir melden uns vielleicht nicht zu Wort, obwohl wir etwas Wichtiges zu sagen hätten, oder wir halten uns von Menschen oder Situationen fern, die uns möglicherweise verletzen könnten.

Probleme können aber auch auftauchen, wenn unsere Geschichte zu positiv ist. Ich höre schon Ihren Einwand: »Moment mal, ich dachte, ich sollte liebevoller zu mir selbst sein.« Ja, am Ende dieses Kapitels werden Sie hoffentlich Lebensbereiche erkennen, die davon profitieren, wenn Sie positiv mit sich selbst umgehen. Dennoch, wenn wir sehr fest an einer positiv überhöhten Geschichte festhalten, riskieren wir, dass kein Raum mehr für etwas außerhalb davon bleibt.

Nehmen wir zum Beispiel an, wir halten zu sehr fest an unserer Selbstgenügsamkeit. Genügsam zu sein kann natürlich oftmals sehr nützlich sein, weil es Selbstvertrauen, Selbstbewusstsein und Unabhängigkeit stärken kann. Aber was geschieht, wenn wir Hilfe oder Unterstützung brauchen, was natürlich nicht auszuschließen ist, weil niemand ohne Bedürfnisse ist?

Wenn Ihre Story mit »Ich bin mir selbst genug« beginnt und endet, lässt sie keinen Raum für Hilfe in der Not. Anstatt die Hand auszustrecken und um Hilfe zu bitten, könnten wir uns selbst überfordern – und unglücklich werden. Die positive Ausgangsgeschichte »Ich bin mir selbst genug« wird zu einer Last: »Ich *muss* mir selbst genug sein.«

Ebenso stoßen wir auf Probleme, wenn unsere Selbstgeschichte unseren aktuellen Lebenserfahrungen widerspricht. Was geschieht beispielsweise, wenn jemand, der üblicherweise die Rolle des »Therapeuten« übernimmt, von seiner Geschichte so absorbiert wird, dass er selbst auf ein Burn-out zusteuert und nicht mehr der geduldige Zuhörer sein kann, auf den andere sich verlassen können?

Diese Situation könnte dazu führen, dass der Freund denkt: »Ich bin der Zuhörer, ich sollte mich nicht so fühlen. Ich muss mich mehr anstrengen, um für alle da zu sein.« Und wenn beide dann versuchen, diese Geschichte weiterzuleben, wird der Freund wahrscheinlich noch erschöpfter – und vielleicht sogar nachtragend.

Ist unser Selbstgefühl zu sehr mit der Geschichte in unserem Kopf verwoben, dann kann unsere Geschichte unser Verhalten (sehr) stark beeinflussen.

Wir haben einen großen Nutzen davon, wenn wir sowohl den positiven als auch den negativen Storys über uns selbst, die sich in unseren Köpfen festgesetzt haben, mehr bewusste Aufmerksamkeit schenken. Dadurch sind wir in der Lage, die Teile unserer Geschichte zu erkennen und zu benennen, an denen wir zu stark festhalten, sodass sie uns davon abhalten, ein erfülltes Leben zu führen.

FÜNF-MINUTEN-PAUSE:

BEHALTEN SIE IHRE GESCHICHTE IM HINTERKOPF

Nehmen Sie sich ein paar Minuten Zeit zum Überlegen, welche Story gerade in Ihrem Kopf dominiert. Behalten Sie beim Lesen des Kapitels und im Lauf des Tages diese Geschichte mit Interesse im Hinterkopf. Gibt es Fragmente, von denen Sie sich etwas lösen könnten?

DIE INNERE STIMME

Ob wir uns dessen bewusst sind oder nicht, die meisten von uns haben eine innere Stimme. Eine Stimme, die jeden Tag mit Kommentaren begleitet, ein ständiges »Selbstgespräch« oder ein Monolog.

In der Regel ist es natürlich nicht die sanfte Stimme eines David Attenborough oder Christian Brückner, doch die meisten von uns haben eine.

Manchmal unterstützt oder ermutigt uns diese Stimme, sie beruhigt unsere Ängste und lobt unsere Erfolge. Zu anderen Gelegenheiten kann das innere Gerede jedoch negativ oder destruktiv sein und uns sogar schikanieren.

Die innere Stimme wird von bewussten und unbewussten Gedanken, Überzeugungen, Ideen, Erinnerungen und Erfahrungen gebildet und beeinflusst. Außerdem hat uns die Evolution mit einem Gehirn ausgestattet, das immer auf der Hut vor Gefahr ist (mehr dazu später).

FÜNF-MINUTEN-PAUSE:

HÖREN SIE IHRER INNEREN STIMME ZU

Überlegen Sie für einen Moment, wie Sie heute zu sich selbst gesprochen haben. Wenn es gut lief, dann waren Sie sanft und freundlich. Viele von uns bemerken aber, dass wir manchmal gar nicht so nett zu uns selbst sind, wir verurteilen und bewerten uns mehr, als andere es tun würden.

Beobachten Sie dann, wie Sie in diesem Moment zu sich selbst sprechen – vielleicht sogar darüber, dass Sie gerade Ihr Selbstgespräch entdeckt haben?

DENKFALLEN – EINE EINFÜHRUNG

Das menschliche Gehirn generiert bis zu 60 000 Gedanken am Tag – und viele davon können skeptisch und entmutigend sein.

Seien Sie mit Ihrem Verstand nachsichtig, wenn der Tag nicht nur aus einer Optimismus-Blase besteht. Negative Gedanken sind vollkommen natürlich, sogar mehr als das: Sie haben auch eine Funktion (zumindest hatten sie sie früher).

Die Welt durch eine rosarote Brille zu betrachten, hätte den Höhlenmenschen damals jede Menge Ärger bereitet. Sie und ich würden dieses Buch nicht lesen oder schreiben, wenn unsere Vorfahren an das »innewohnende Gute« eines, sagen wir einmal, Säbelzahntigers geglaubt hätten! Sie verstehen, dass unsere Gehirne darauf getrimmt sind, etwas misstrauisch zu sein, um nach solchen Bedrohungen Ausschau zu halten. Und genau dieses Misstrauen hat unsere Spezies das Überleben und Gedeihen ermöglicht.

Der Haken an dem Überlebensmechanismus ist, dass die Welt, wie wir sie kennen, sich viel rasanter entwickelt hat als unser Gehirn, sodass es nicht mithalten kann. Das heißt, unsere ursprünglichen Instinkte existieren noch, selbst in der heutigen Zeit, in der es beispielsweise keine Bedrohung mehr durch wilde Tiere gibt.

In dem Bemühen, uns zu beschützen, kann uns unser Gehirn in einen Käfig sperren, indem es in allen möglichen Situationen vermeintlich Gefahr wittert. In der Psychologie werden diese Käfige als Denkfallen oder kognitive Verzerrungen bezeichnet. Kurz gefasst handelt es sich um gewohnheitsmäßige Denkfehler.

Fast jeder Mensch unterliegt gelegentlich einer kognitiven Verzerrung. Das verursacht eine Fehleinschätzung eines Ereignisses, eine Verzerrung der Realität, die Gefühle von Pessimismus und in Einzelfällen sogar Depressionen auslösen kann.

Doch glücklicherweise können wir wirkungsvoll etwas dagegen tun, wenn wir eine kognitive Verzerrung erkennen.

Unter Neurowissenschaftlern gibt es eine Redewendung: »Neuronen, die zusammen feuern, verdrahten sich miteinander.« Das bedeutet, je häufiger ein bestimmtes Denkmuster in Ihrem Gehirn auftaucht, desto mehr verfestigt es sich in den Gehirnzellen.

Ist es uns jedoch möglich zu erkennen, dass sich eine Verzerrung bereits in unserem Gehirn eingebrannt und verdrahtet hat, dann haben wir die Fähigkeit, die Dinge »neu zu verdrahten« und neue Muster einzubrennen – im Fall des Selbstgesprächs reden wir dann freundlich und bestärkend mit uns. Mit anderen Worten: Wenn wir uns bemühen, unser Selbstgespräch zu verändern, dann können wir auch das »Feuern« in unserem Gehirn beeinflussen.

Diese Fähigkeit des Gehirns ist auch als »Neuroplastizität« bekannt. So wie sich bei einem Kratzer auf der Hand neues Gewebe bildet, so macht die Elastizität des Gehirns es möglich, Neuronenverbindungen neu zu verdrahten, um unter Druck angemessen zu reagieren.

Nur wenn wir bereit sind, die Verzerrungen zu erkennen und zu benennen, die unser Denken beeinträchtigen, können wir von den »falschen« Gedanken Abstand gewinnen, objektiver denken und eine Veränderung in Gang setzen.

Das mag theoretisch sehr einleuchtend klingen, aber wie können wir es in die Praxis umsetzen? Mit einer einfachen Methode in drei Schritten:

1. Wahrnehmen

Identifizieren Sie den Gedanken oder das Gefühl, der oder das Spannung in Ihnen erzeugt.

2. Erforschen

Seien Sie neugierig. Fragen Sie: Worum handelt es sich bei dem Gedanken oder bei dem Gefühl? Wozu dient es? Stammt die Reaktion aus einer Situation in der Vergangenheit?

3. Neu ausrichten

Versuchen Sie zu differenzieren, was ein Gedanke oder ein Gefühl ist, und was wahr ist. Fragen Sie: Wenn eine nahestehende Person diesen Gedanken oder dieses Gefühl hätte, mit welchen Worten würde ich sie beruhigen? Können Sie sich selbst dieses Verständnis entgegenbringen?

Machen Sie sich keine Sorgen, wenn dies im Moment etwas verworren klingt. Sie werden es besser verstehen, wenn Sie die kommenden Beispiele lesen – in Bezug auf jede Art von Denkfalle, die wir untersuchen.

ARTEN VON DENKFALLEN

Es gibt eine Reihe von Denkfallen oder kognitiven Verzerrungen, die Dr. Aaron Beck herausgearbeitet hat, populär machte sie Dr. Daniel Amen. Es lohnt sich, die Verzerrungen zu kennen und sie in den eigenen Denkmustern zu identifizieren, sodass Sie beginnen können, sie zu ändern, zu überwinden und zu heilen. Diese sind:

- Wahrsagen
- Gedankenlesen
- »Muss«-Denken
- Schuldzuweisungen
- Schwarz-Weiß-Denken
- Emotionales Argumentieren
- Katastrophisieren oder Schwarzmalerei
- Personalisieren

Wahrsagen

Jeder hat Erwartungen an die Zukunft und überlegt, wie er sich wohl fühlen wird, wenn diese Erwartungen eintreffen oder nicht. Die Denkfalle »Wahrsagen« beinhaltet, dass wir uns über die neutralen Erwartungen hinaus ins Reich der negativen Vorhersagen begeben. Das heißt, wenn wir den *Gedanken* haben, dass etwas Schlechtes passiert, dann betrachten wir ihn als Tatsache.

Die Denkfalle des Wahrsagens könnte sich so anhören:

- »Das wird niemals klappen.«
- »Ich werde für immer allein sein.«
- »Ich mache mich lächerlich.«

Beispiel

Meine Partnerschaft ist beendet.

1. Wahrnehmen

Ich bin verärgert und der unbewusste Prozess des Wahrsagens lässt mich mutmaßen, dass ich für ein Leben allein bestimmt bin. Ich werde nie wieder einen anderen Menschen kennenlernen. Liebe ist nicht real. Die einzige Person, auf die ich mich verlassen kann, bin ich selbst.

2. Erforschen

Sind diese Gedanken Wahrheiten, die auf dem basieren, was passiert ist? Oder könnten es kognitive Verzerrungen sein? Vor welchen Gefühlen wollen diese mich möglicherweise bewahren? Vielleicht Kummer oder Einsamkeit? Habe ich mir früher schon einmal darüber Sorgen gemacht? Welchen Vorteil, wenn überhaupt, habe ich davon, wenn ich diesen Gedanken glaube?

3. Neu ausrichten

Nehmen Sie einen tiefen Atemzug. Was ich im Moment erlebe, ist schmerzhaft. Es ist schwierig, in diese Situation nicht weiter einzutauchen, wenn meine Gefühle so intensiv sind. Was brauche ich im Moment wirklich? Wahrscheinlich sollte ich mich an all die Menschen erinnern, die um mich sind. Ist das auf irgendeine Weise eine Option für mich?

Gedankenlesen

Gedankenlesen bedeutet, dass wir zu wissen meinen, was andere Menschen denken oder wollen, selbst wenn sie nichts gesagt haben und wir sie auch nicht gefragt haben. Eine bestimmte Art von »Gedankenlesen« kann hilfreich sein, um Verbindungen mit anderen Menschen aufzubauen, etwa das »Lesen« der Signale der Mimik, ein Lächeln, ein Lachen oder ein Herabfallen der Kinnlade. Gedankenlesen wird allerdings problematisch, wenn es negativ, häufig und ohne ausreichende Anhaltspunkte stattfindet.

Die Denkfalle des Gedankenlesens könnte sich so anhören:

- »Die anderen denken, dass ich merkwürdig bin.«
- »Ich bin ihnen egal.«
- »Ich störe nur.«

Beispiel

Ein Arbeitskollege verhält sich ruhig und reserviert. Es ist mir nicht bekannt, dass der Grund dafür ein Vorfall in seinem Privatleben ist.

1. Wahrnehmen

Der unbewusste Prozess des Gedankenlesens lässt mich glauben, dass mein Kollege sich so verhält, weil ich etwas Bestimmtes getan (oder unterlassen) habe. Das gibt mir ein schlechtes Gefühl.

2. Erforschen

Basiert meine Vermutung auf etwas, das tatsächlich geschehen ist? Oder könnte sie eine Verzerrung sein? Welche Beweise habe ich, dass es so ist? Passt meine Schlussfolgerung zum typischen Verhalten der Person, die ich kenne? Was ist meine Befürchtung in dieser Situation, was könnte passieren?

3. Neu ausrichten

Ich möchte die Situation objektiv und mit Abstand betrachten. Welche anderen Ereignisse – die mich *nicht* betreffen – könnten der Grund für sein Verhalten sein? Sein Verhalten hat mir Informationen geliefert, die mich triggern. Das ist etwas, woran ich arbeiten kann. Was kann ich im Moment sagen, sodass ich beruhigt bin? Jeder hat mal einen schlechten Tag, und das ist selten etwas Persönliches.

»Muss«-Denken

Die Wörter »muss« oder »sollte« kommen den meisten von uns mehrmals täglich über die Lippen, wahrscheinlich, ohne dass wir es realisieren. »Ich muss bügeln«, »Ich muss die Arbeit fertig machen«, »Sie muss unbedingt Autofahren lernen« usw. Aber »Muss«-Denken ist eine Denkfalle, denn sie führt uns auf den gefährlichen Pfad von Bewertung und Kritik. Das kann wiederum zu Frustration, Unzufriedenheit und sogar Wut gegen uns selbst und andere führen.

Ein weiteres Paradox des »Muss«-Denkens ist, dass es demotiviert. Denken Sie darüber nach. Gibt es etwas, bei dem Sie das Gefühl haben, Sie »müssen« es jetzt tun? Ermutigt Sie das? Oder werden Sie eher lustlos? Letztendlich beflügelt ein »muss« weder die Kreativität noch die Produktivität.

Beispiel

Ich habe es zuletzt mehrmals aufgeschoben, bestimmte E-Mails zu bearbeiten.

1. Wahrnehmen

Nachdem ich es mir am Abend gemütlich gemacht habe, drängen sich die »Muss«-Gedanken in den Vordergrund: »Ich muss mich an den Computer setzen, anstatt fernzusehen«, »Ich muss Andy antworten, bevor es zu spät ist«, »Ich muss mich dann auch um die anderen E-Mails kümmern«...

2. Erforschen

Welche Bedenken oder Befürchtungen haben mich bisher davon abgehalten, diese E-Mails zu beantworten? Vielleicht fühlte ich mich überfordert? Angst vor Versagen? Oder eine unterschwellige Angst vor Erfolg? Wie fühle ich mich bei dem Wort »muss«? Fühle ich mich damit wohl? Erinnert es mich an jemanden oder etwas Bestimmtes?...

3. Neu ausrichten

»Muss« ist meine Art, mit der Angst vor bevorstehenden Aufgaben umzugehen. Wie würde es klingen und sich anfühlen, wenn ich »Ich muss« durch »Ich würde gern« oder »Ich möchte« ersetze? Vermutlich traue ich mir selbst nicht genug zu, außerdem könnte die Aufgabe in überschaubare Schritte zerlegt werden. Es ist immer schwierig, einen Anfang zu machen. Welchen kleinen Schritt könnte ich unternehmen, um die Schwere der Aufgabe zu verringern?

Schuldzuweisungen

Seien wir mal ehrlich. Niemand gibt gern zu, dass er etwas falsch gemacht hat. Gängige Ausreden sind »Das war nicht mein Fehler«, »Ich stand im Stau«, »Ich hätte nicht geschrien, wenn du mich nicht so wütend gemacht hättest« ... Leider führt die Scheu vor der eigenen Verantwortung oft dazu, dass wir anderen oder externen Umständen die Schuld für eigene Fehler geben.

Beispiel

Ich habe mich mit einer guten Freundin laut gestritten und sie sagte im Eifer des Gefechts etwas sehr Verletzendes zu mir. Ich weiß, dass es nicht ihre Art ist, aber ich war verständlicherweise trotzdem sehr betroffen.

1. Wahrnehmen

Obwohl sich meine Freundin entschuldigt hat, bin ich immer noch verletzt und denke ständig daran, was sie in meinen Augen falsch gemacht hat. Ich fühle mich nicht in der Lage, mich für den Teil, den ich zu dem Streit beigetragen habe, zu entschuldigen. Dazu gehört, dass ich laut wurde.

2. Erforschen

Warum beschuldige ich sie immer noch, obwohl sie gesagt hat, dass es ihr leidtut? Schützt mich die Schuldzuweisung vor irgendetwas? Was befürchte ich, wenn ich anerkenne, was ich zu dem Streit beigetragen habe? Könnte es damit zu tun haben, wie früher bei uns zu Hause mit Streit umgegangen wurde? Oder gab es eine frühere Erfahrung, bei der meine Verletzlichkeit ausgenutzt wurde?

3. Neu ausrichten

Wenn ich meinen Teil in einer Situation anerkenne, löscht das nicht automatisch die Fehler anderer; ich kann gleichzeitig verletzt sein und für meine Handlung verantwortlich sein. Wie möchte ich zukünftig mit Konflikten umgehen und sie lösen? Wie hätte das in der vorliegenden Situation ausgesehen? Es ist verständlich, Angst vor Verletzungen zu haben, aber ich möchte mein Konfliktverhalten gern verbessern. Was würde sich ändern, wenn ich anderen weniger Vorwürfe mache? Entspricht das mehr der Person, die ich sein möchte? Was meine Freunde sagen, kann ich nicht kontrollieren, aber meine Reaktionen kann ich in Zukunft kontrollieren.

DENK AN JEMANDEN, DER DIR AM HERZEN LIEGT, UND MIT DIESER LEBENSANSCHAUUNG/AUFFASSUNG ZU DIR KOMMT. WAS WÜRDEST DU IHM ODER IHR RATEN?

Schwarz-Weiß-Denken

Wenn wir in die Falle des »Schwarz-Weiß-Denkens« tappen, auch bekannt unter dem Begriff »dichotomes Denken«, denken wir in Extremen und sich gegenseitig ausschließenden Kategorien. Alles ist entweder fantastisch oder schrecklich, etwa »Ich strebe nach Höchstleistungen, und alles darunter macht mich zum Versager«. Diese Art von Denken ist die Basis für Perfektionismus.

Nichts ist absolut und bei dem Versuch, unsere Erfahrungen in starre Kategorien zu zwängen, können wir uns enttäuscht, entmutigt, beschämt oder sogar hoffnungslos fühlen. Unsere Anstrengungen werden wahrscheinlich selten, wenn überhaupt, unsere unerreichbaren Erwartungen des Absoluten erfüllen. Das Leben ist nur selten der ein oder andere Weg.

Beispiel

Bei der Arbeit bekomme ich eine Beurteilung, und das Feedback ist schlechter ausgefallen als sonst.

1. Wahrnehmen

Ich fühle mich völlig niedergeschlagen, und diese Denkfalle führt dazu, dass ich glaube, für den Job gar nicht geeignet zu sein. Ich bin nicht gut genug, und ich kann von Glück reden, dass ich bislang überhaupt einen Job habe.

2. Erforschen

Welche Beweise habe ich für oder gegen diese Einschätzung? Welche Überzeugung von mir steckt hinter diesen Gedanken oder verstärkt sie? Wie ist meine Beziehung zu Unvollkommenheit? Wie wurden in meiner Familie Leistungen bewertet, als ich Kind war? …

3. Neu ausrichten

Ich betrachte das Gesamtbild und erinnere mich an etwas Wichtiges. Die Beurteilung ist zwar enttäuschend, aber Noten spiegeln nicht meinen Wert wider. Das ist nur ein kleiner Teil des Feedbacks. Warum gebe ich dem so viel Gewicht? Was würde ich in so einer Situation zu einer Freundin sagen? Ich kann mich enttäuscht fühlen, ohne mich selbst zu erniedrigen.

Emotionales Argumentieren

Wenn wir unsere Gefühle als Wahrheitsbeweis betrachten, sitzen wir in der Denkfalle des emotionalen Argumentierens. »Ich fühle etwas, deshalb muss meine Interpretation (die Gedanken, die ich diesem Gefühl zuordne) wahr sein.« Die Wahrheit ist, dass unsere Gefühle wirklich sind, aber die Interpretation der Gefühle und was wir damit verbinden, ist wahrscheinlich ziemlich verkorkst.

Beispiel

Ich fühle mich von meinem Partner abgelehnt, weil er ständig am Smartphone hängt, selbst wenn ich mit ihm rede.

1. Wahrnehmen

Der unbewusste Prozess meiner emotionalen Beweisführung bewirkt, dass ich mich zurückgewiesen fühle. Deshalb glaube ich, dass ich meinem Partner egal bin und er mich ausnutzt.

2. Erforschen

Bestätigt mein Gedanke einen Glaubenssatz, den ich über mich selbst oder andere habe? Betrachten Sie Gefühl und Gedanke separat: Hatte ich dieses Gefühl schon einmal? Und warum stülpe ich diese Interpretation über das Gefühl?

3. Neu ausrichten

Die Interpretation meines Gefühls könnte eine frühere Wunde in mir freilegen, der ich nun meine Aufmerksamkeit schenke. Um welche alte Botschaft oder Überzeugung handelt es sich hier, die ich gern loslassen möchte? Mein Gefühl ist legitim, und ich bin dafür verantwortlich. Welche freundliche Erinnerung kann ich mir selbst in Anbetracht dessen empfehlen?

Katastrophisieren oder Schwarzmalerei

Diese kognitive Verzerrung kennen viele von uns. Sie findet statt, wenn wir gewöhnliche Alltagssituationen in ein Horrorszenarium oder etwas Überdimensionales verwandeln. Wir stürzen uns in ein irrationales Worst-Case-Szenario. Die Bedrohung ist in unserem Kopf entstanden, wodurch wir uns oft panisch, hilflos oder hoffnungslos fühlen.

Beispiel

Ich möchte mein Telefon aus der Jackentasche nehmen und bemerke, dass es nicht da ist.

1. Wahrnehmen

Mein Herz beginnt zu rasen und katastrophisierende Gedanken machen sich breit, etwa »O nein, ich habe mein Telefon verloren. Ich habe es liegen lassen. Jemand hat es genommen. Was soll ich jetzt tun? Ich kann mir im Moment kein neues leisten. Was, wenn sich jemand in genau dieser Sekunde meine Fotos ansieht? Was, wenn der Dieb an meine Passwörter rankommt und meine sozialen Medien oder mein Konto hackt?« All dies läuft in Sekundenschnelle ab. Dann sehe ich, dass mein Telefon neben mir auf dem Stuhl liegt.

2. Erforschen

Wenn wir zum ursprünglichen Gedanken »Ich habe mein Telefon verloren« zurückkehren, was macht dieses Szenario so entsetzlich? Wie würde ich mich in einer Woche, in einem Monat oder in einem Jahr damit fühlen? Wie ist mein Verhältnis zu Kontrolle? Braucht das vielleicht etwas Aufmerksamkeit? …

3. Neu ausrichten

Atmen Sie einen Moment durch und bringen Sie Ihre Gedanken zur Ruhe. Welche Angst spüren Sie? Wie kann ich mich in diesem Moment beruhigen? Welche Erkenntnisse bringt mir diese Erfahrung? Denken Sie daran, dass das Loslassen der Kontrolle in Wirklichkeit nur das Loslassen der Illusion von Kontrolle ist.

Personalisierung

Dies ist eine weit verbreitete Denkfalle. Man nimmt sich die Dinge zu sehr zu Herzen (zu »persönlich«), gibt sich selbst die Schuld für Umstände, die nichts mit einem zu tun haben oder außerhalb unserer Kontrolle liegen, und nimmt fälschlicherweise an, dass man zur Zielscheibe oder absichtlich ausgeschlossen wurde.

Natürlich ist es ein wichtiges Merkmal von Persönlichkeitsentwicklung und emotionaler Intelligenz, wenn man bereit ist, Verantwortung für seine Entscheidungen zu übernehmen. Wenn man sich selbst aber für Dinge verantwortlich macht, die gar nicht in unserer Macht liegen, ist es geradezu kontraproduktiv, insbesondere, wenn man sich am Ende als Opfer der Umstände fühlt.

Beispiel

Meine Tochter zeigt mir ihr Schulzeugnis und ich sehe, dass sie Probleme in Mathe hat.

1. Wahrnehmen

Der unbewusste Prozess der Personalisierung sagt mir, dass es meine Schuld ist. Ich hätte es früher bemerken und nachfragen müssen. Ich bin eine schlechte Mutter.

2. Erforschen

Welchen Teil trage ich wirklich zu diesem Ergebnis bei, und wie könnte ich wenigstens nicht gänzlich schuldig daran sein? Stellt sich in dieser Situation überhaupt eine Schuldfrage? Welchen Sinn ergibt es, das Problem auf meine Person zu beziehen? Schützt es mich oder jemand anderen vor etwas? Hilft es überhaupt?

3. Neu ausrichten

Treten wir einen Schritt zurück. Was muss jetzt getan werden? So etwas passiert eben, und es muss keinen Fehler und kein Verschulden geben. Mir hilft es für die Zukunft, dieses Gedankenmuster zu kennen. Was würde ich zu einer Freundin sagen, wenn sie sich so fühlt? In keiner Situation gibt es einen Grund für »Perfektion«, auch nicht bei der Erziehung.

Fazit Denkfallen

Nachdem Sie die Informationen über die verschiedenen Denkfallen gelesen haben, haben Sie hoffentlich nicht nur für Denkfallen selbst ein besseres Verständnis, sondern auch für das Gefühl wachsender Leichtigkeit und Ruhe, das durch Wahrnehmen, Erforschen und Neuausrichten ausgelöst werden kann. Fühlen Sie sich inspiriert, Ihre Denk- und Assoziationsprozesse der Erforschung und Neuausrichtung an Ihre persönlichen Bedürfnisse und Erfahrungen anzupassen. Und schauen Sie einfach, welche Einsichten sich auftun.

DER INNERE MOBBER

Leider sprechen viele zu sich selbst mit der Stimme eines Mobbers oder Kritikers, anstatt sich selbst zu unterstützen. Manchmal ist der innere Mobber sehr dominant, sodass er sich in unserem Kopf breit macht, ohne dass wir uns dessen bewusst sind. Erst der Hinweis von einer Freundin/einem Freund oder einer Therapeutin/einem Therapeuten macht uns darauf aufmerksam, dass wir zu streng mit uns ins Gericht gehen. Es ist nicht ungewöhnlich, dass der innere Mobber so stark ist, dass er unser Wohlergehen negativ beeinflusst.

So in etwa klingen die »Greatest Hits« des inneren Mobbers:

»Du siehst schrecklich aus.«

»Das war das Dümmste, was du tun konntest.«

»Jeder andere außer dir hat sein Leben im Griff.«

»Was soll's? Du bist zu nichts gut.«

»Du hast eh nichts zu sagen.«

»Du machst dich lächerlich.«

FÜNF-MINUTEN-PAUSE:

DIE PLAYLIST KENNEN

Stellen Sie sich vor, dass der innere Mobber ein Greatest-Hits-Album hat, das er immer wieder abspielt. Dann denken Sie einen Moment darüber nach, welche die »Greatest Hits« (sprich die häufigsten Kommentare oder Anklagen) Ihres inneren Mobbers sind. Dann überlegen Sie, was Sie gern ändern würden.

DEN INNEREN MOBBER KENNENLERNEN

Viele von uns wissen, dass es echt schwierig sein kann, sanft und wohlwollend zu sich selbst zu sein. Denken wir daran, zucken wir schon zusammen oder Gefühle von Frustration und Wut werden geweckt, weil wir nicht in der Lage sind, freundlich mit uns umzugehen oder auch nur den Sinn dahinter zu erkennen. Wenn wir ein geringes Selbstwertgefühl haben, fühlen wir uns mit der kritischen Stimme womöglich wohler, als mit dem, was dahintersteckt. Den Mobber kennen wir gut, aber die Erforschung unserer Ängste nicht.

Unser Gehirn ist so verdrahtet, dass es uns von der Angst fernhält und uns in sichere und vertraute Gefilde führt, selbst wenn dies uns unbeabsichtigt von unserem Selbst entfernt. Die Funktion unseres inneren Mobbers besteht darin, uns von vorherrschenden unbewussten Ängsten abzulenken.

Oder die innere Stimme wiederholt Botschaften, die wir in unserer Kindheit von anderen übernommen und verinnerlicht haben, abschätzige Bemerkungen, die wir so oft gehört haben, dass sie sich mit jeder Faser unseres Selbst verwoben haben. Die Stimme könnte von einer kritischen Bezugsperson stammen, die unrealistische Erwartungen an uns hatte, als wir klein waren. Frühe Traumata wie Zwang oder andere Formen von Missbrauch spielen ebenfalls eine wichtige Rolle dabei, wie wir mit uns selbst reden.

Den Kern des inneren Mobbers bildet ein starkes Schamgefühl. Die Scham sagt nicht: »Ich habe etwas falsch gemacht.« Die Scham sagt: »Ich bin falsch.« Alles, was unseren Geist erniedrigt, hat das Potenzial, unser Selbstgefühl zu schwächen.

DER INNERE MOBBER
IST NUR EIN TEIL VON IHNEN,
DER BEI DER KONFERENZ
DAS MIKRO
FEST IN DER HAND HÄLT.

IST ES NICHT AN DER
ZEIT, SICH AUCH DEN
ANDEREN TEILEN AM TISCH
ZUZUWENDEN?

UNSER SELBSTGESPRÄCH HEILEN

Auf den folgenden Seiten erfahren wir, wie wir unser Selbstgespräch in einem sechsstufigen Prozess heilen können, insbesondere, wenn der innere Mobber aufbraust.

1. Das Selbstgespräch unter der Lupe

2. Der Zweck Ihres inneren Selbstgesprächs

3. Widerstand gegenüber Mitgefühl

4. Der Mobber und die Eltern

5. Affirmationen

6. Reflektieren

FÜNF-MINUTEN-PAUSE:

DEN MOBBER BEOBACHTEN

Bevor wir den sechsstufigen Prozess beginnen, halten Sie einen Moment inne und erkennen Sie an, dass Sie nicht Ihr innerer Mobber sind. Er ist ein Teil von Ihnen, aber er ist nicht Ihre ganze Person. Sie sind diejenige/derjenige, die/der den Mobber hört und erkennt. Nur Sie haben die Macht, ihn anzuerkennen oder ihm zu widersprechen, wenn er sich bemerkbar macht.

Wenn der Mobber seinen Auftritt hat, versuchen Sie, ihn auf Distanz zu halten, dann hören Sie ihm mit neutraler Gesinnung zu. Spüren Sie, wie dies Ihre Beziehung zu ihm verändert und wie Sie sich daraufhin fühlen.

1. Das Selbstgespräch unter der Lupe

Nehmen Sie sich Zeit und beobachten Sie, wie Sie mit sich selbst sprechen. Welche Wörter benutzen Sie? Wie ist der Tonfall? Wenn Ihr Selbstgefühl gering ist, hört sich das Selbstgespräch kritischer an als sonst. Ändert sich die Art des Selbstgesprächs in einer anderen Umgebung? Wie ist es im Verlauf des Tages oder Jahres? Oder mit den Menschen, mit denen Sie viel Zeit verbringen? Erinnert Sie die Stimme an jemanden? Was ist mit den Worten selbst? Sind es Ihre oder klingen sie eher nach jemandem, den Sie kennen? Erkunden Sie vorsichtig den Inhalt Ihres Selbstgesprächs und überlegen Sie, wie Sie jeden aufkommenden negativen Gedanken mit steigender Toleranz und wachsendem Mitgefühl umwidmen könnten.

2. Der Zweck Ihres inneren Selbstgesprächs

Wie zuvor erwähnt, gibt es immer einen Grund, warum wir auf eine gewisse Weise mit uns selbst reden; der innere Mobber dient einem Zweck. Manchmal beschützt er uns vor einem Gefühl, das uns erdrücken würde. Manchmal hält er uns davon ab, etwas zu tun, was uns verletzen könnte. Manchmal schützt er uns aus Angst vor Versagen oder Erfolgsdruck. Das negative Selbstgespräch kann uns auch in der vertrauten »Opferrolle« halten, denn wenn wir ein Opfer der Umstände sind, müssen wir die Verantwortung für unser eigenes Wohlergehen nicht tragen. Für all das brauchen Sie sich nicht zu verurteilen. Für das, was wir über uns selbst denken, finden wir Beweise. Es erfordert Stärke und Mut, das anzuerkennen.

Fühlen Sie in diese Möglichkeiten hinein und ergründen Sie, warum Ihr innerer Mobber auf seine Art mit Ihnen spricht – und warum Sie es ihm gestatten. Darüber hinaus können Sie sich weitere Unterstützung bei einer Therapeutin oder einem Therapeuten holen. Indem Sie die Funktion Ihres Selbstgesprächs erkennen, erhöhen Sie Ihre Heilungschancen.

3. Widerstand gegenüber Mitgefühl

Sanft, verständnisvoll und mitfühlend mit sich selbst zu sprechen, mag Ihnen extrem schwierig vorkommen. Vielleicht haben Sie eben Ihre Augen gerollt und wollten dieses Kapitel überspringen, weil es Ihnen »Wischiwaschi« und neumodisch vorkommt – oder vielleicht auch einfach weil es zu schwierig und unbequem ist?

Viele sträuben sich gegen den Begriff Mitgefühl, weil er als Modewort etwas überstrapaziert ist. Dennoch ist es wichtig, seinen Stellenwert zu betrachten.

Wenn wir lernen, mit mehr Mitgefühl, Verständnis und Wohlwollen mit uns zu sprechen, fällt uns wahrscheinlich auf, dass wir bis dahin nicht besonders freundlich mit uns umgegangen sind. Es macht uns traurig, wie wir vorher zu uns gesprochen haben. Dennoch liegt in der neuen Art des Selbstgesprächs das Potenzial für eine neue Art des Seins.

Heilung bedeutet ein Stück Arbeit. Auch wenn Begriffe wie Mitgefühl, Verständnis, Geduld, Akzeptanz und Wohlwollen auf etwas Leichtes hindeuten, ist die Arbeit, um dorthin zu gelangen, alles andere als leicht.

4. Der Mobber und die Eltern

Eine Regel, die wir in der Kindheit lernen, lautet: Wenn du gemobbt wirst, oder jemand gemobbt wird, den du kennst, informiere Eltern und Lehrer. Diese Herangehensweise gilt auch für Erwachsene, der einzige Unterschied besteht darin, dass Mobber, Eltern und Lehrer nun allesamt in Ihrem Inneren sind.

Dem inneren Mobber gelingt es, dass wir uns »minderwertig« fühlen, deshalb ist es sinnvoll, dem Mobber bewusst die stärkende Stimme des inneren Elternteils oder Lehrers entgegenzusetzen.

Was würden Ihre inneren Eltern und Ihr innerer Lehrer zum inneren Mobber sagen? Vielleicht sind sie streng und bestimmt? Vielleicht machen sie sich Sorgen um ihn und fragen sich, warum er so spricht und was zuvor geschehen ist. Haben Sie möglicherweise Fragen an ihn? Können Sie durch das Äußere des Mobbers hindurch die Ursachen für die Gemeinheiten erkennen?

Die inneren Eltern, die wir in Kapitel 7 besprechen, sind Ihnen vielleicht momentan noch nicht vertraut, aber sie sind mehr als bereit, Sie zu beschützen und aufzubauen. Daher nehmen Sie bewusst wahr, was Ihre inneren Eltern fühlen, wenn der Mobber das nächste Mal spricht.

5. Affirmationen

Bei dem Wort Affirmation denken wir womöglich an unbeholfene Aneinanderreihungen von positiven Aussagen über uns selbst, die wir wie Mantras vor dem Spiegel wiederholen.

Eine Affirmation ist – eigentlich – jede positive Aussage, die wir wiederholt zu uns selbst sagen. Es kann etwas ganz Einfaches sein wie: »Ich bin glücklich« oder »Ich bin klug«.

Unser Verstand kann sehr gut rational und systematisch darüber nachdenken, was wir zu uns selbst sagen, doch unser Unbewusstes kann das nicht. Es akzeptiert unseren inneren Dialog als Wahrheit, deshalb ist es von immensem Wert für unser Selbstwertgefühl, wenn wir eine regelmäßige bewusste Praxis mit Affirmationen entwickeln. Es braucht etwas Zeit, bis die Affirmation sich in unserem Unbewussten festigt, deshalb sind Engagement und Beständigkeit entscheidend.

Auf den nächsten Seiten folgen weitere Erklärungen zu Affirmationen, einschließlich einer Liste zur Auswahl und einer Anleitung, wie man eigene Affirmationen entwickeln kann.

6. Reflektieren

Wenn wir aktiv an der Heilung unseres Selbstgesprächs arbeiten, ist es wichtig, darüber nachzudenken, wie wir seit der letzten Bestandsaufnahme zu uns gesprochen haben. Also: Wie haben Sie heute mit sich selbst geredet? Wie aktiv war Ihr innerer Mobber? Überlegen Sie, ob Sie daran gedacht haben, die Stimmen Ihrer inneren Eltern aufzurufen, als der Mobber präsent war.

Indem wir die Art, in der wir täglich mit uns sprechen, bewusst wahrnehmen und uns immer wieder erlauben, wie mitfühlende Eltern für uns zu sorgen, fördern wir unsere Heilung.

In diesem Prozess gibt es keinen Raum für Perfektion. Jeden Tag bieten sich uns neue Chancen, etwas über uns zu lernen. Der Trick dabei ist, offen zu bleiben, weiterzumachen und zu reflektieren.

AFFIRMATIONEN FÜR SKEPTIKER

Manche mögen Affirmationen für »Quatsch« halten, und das akzeptiere ich. Doch Sie sollten wissen, dass die Wirkung einer bewussten Affirmationspraxis durch neurowissenschaftliche und empirische Forschungen mehrfach bestätigt wurde.

Ich fühle mich immer etwas skeptisch, wenn ich mit einer neuen Affirmationspraxis beginne. Egal, ob Sie diese Skepsis mit mir teilen oder gleich mit Enthusiasmus und Eifer bei der Sache sind, bitte lesen Sie die folgenden Hinweise mit offenem Herzen und Verstand.

Wie zuvor erwähnt, sind Affirmationen kurze positive Statements, die durch den bewussten Verstand ins Unbewusste dringen – vorausgesetzt, sie werden regelmäßig wiederholt. Effektiv eingesetzt, können sie unsere Gedankenmuster, unser Verhalten und unser Gefühl für uns selbst positiv beeinflussen.

Untersuchungen ergaben, dass Affirmationen mit besserem Schlaf, persönlichem Erfolg, verringerter Abwehrhaltung, niedrigerem Stresslevel und einem positiveren Blick auf das Selbst einhergehen. Deshalb gibt es verständlicherweise einen gewissen Hype um diese Praxis. Das

Hauptproblem bei positiven Affirmationen ist, dass sie sich manchmal peinlich positiv anfühlen. Deshalb nehmen wir den Zwang des Positiven raus und setzen bei Neutralität an.

SCHLÜSSELELEMENTE VON AFFIRMATIONEN

Es gibt drei wesentliche Argumente für jede Affirmation, ohne die das Gehirn die Aussage nicht ohne Weiteres verarbeiten kann. Sie ermöglichen die Effektivität Ihrer Praxis und bewahren den Verstand vor zusätzlicher Arbeit. Dies sind:

Zeitform Präsens:

Affirmationen müssen Sätze sein, die sich auf die Gegenwart beziehen und nicht auf die Zukunft – zum Beispiel: »Ich fühle mich gut mit mir selbst« (nicht »Ich werde mich mit mir selbst gut fühlen«).

Das ist nötig, weil unser Unbewusstes nicht zwischen Vergangenheit, Zukunft und Gegenwart unterscheiden kann. Es braucht etwas Konkretes im Jetzt. Statements wie »Ich möchte glücklich sein« oder »Ich werde mehr Energie haben« würden Unklarheit und Ambiguität mit sich bringen. *Möchte* glücklich sein? *Werde* mehr Energie haben? Wann!? Wie? Das sollten wir lassen, denn es klingt zu anstrengend! Wenn Sie zu viele »Lücken im Text« lassen, führt das Unbewusste Ihre Geschichte zu Ende.

Neutralität:

Jedes Statement sollte nur bejahende Wörter beinhalten. Unser Gehirn muss Überstunden machen, wenn es erst das Gute aus Affirmationen herausfiltern muss, die »will nicht« oder »kann nicht« enthalten.

Deshalb vermeiden Sie Sätze wie »Ich werde mich nicht mehr kritisieren.« Stattdessen versuchen Sie etwas wie »Ich bin in Ordnung. Ich akzeptiere mich als den guten Menschen, der ich bin. Das klappt Tag für Tag besser.«

Klar formulierter Inhalt:

Alle Affirmationen müssen als endgültige Wahrheiten ausgesprochen werden. Also achten Sie darauf, keine Wörter wie »wenn«, »könnte«, »sollte«, »würde« oder »Ich versuche …« zu verwenden.

Deshalb vermeiden Sie Sätze wie »Wenn mir etwas Gutes passiert, tue ich es nicht als Glückstreffer ab.« Stattdessen versuchen Sie etwas in der Art von: »Ich verdiene all das Gute, das in mein Leben kommt« oder »Gute Dinge geschehen, und ich trage einen Teil dazu bei.«

Eine interessante Beobachtung:

Wenn Sie auf eine Affirmation stoßen, die Ihnen Unbehagen bereitet, dann ist es wahrscheinlich ein Statement, das Sie wirklich jetzt gerade brauchen, ob Sie es mögen oder nicht – probieren Sie sie aus. Manchmal brauchen wir gerade genau das, wogegen wir uns am meisten sträuben. Sie brauchen zu Beginn nicht an die Affirmation zu glauben, und sie muss auch nicht genau zu Ihrem momentanen Leben passen.

FÜNF-MINUTEN-PAUSE:

NEHMEN SIE IHRE AFFIRMATIONSMEDIZIN

1 Affirmation

2 x täglich laut gesprochen

30 Tage lang oder mehr

ERWARTUNGEN AN AFFIRMATIONEN

Eine Affirmationspraxis erfordert verständlicherweise Übung, aber das heißt nicht, dass Sie lange auf eine Veränderung warten müssen. Je nachdem, woran Sie arbeiten, bemerken Sie vielleicht schon in der dritten Woche eine Veränderung oder sogar schon am ersten Tag. Das ist bei jedem völlig anders.

Das Gehirn erfreut sich an dem, was ihm vertraut ist, auch wenn es ein Glaubenssatz ist, der an unserem Selbstwertgefühl kratzt. Vertrautheit ist im Gehirn einfach nur eine stabile neuronale Verbindung.

Damit Veränderung geschieht, müssen wir im Gehirn neue Bahnen bilden. Deshalb ist Wiederholung unerlässlich, ebenso wie das laute Aussprechen jeder Affirmation.

Sie entwerfen buchstäblich eine neue Art des Seins, deshalb bleiben Sie dran und lassen Sie Ihre Stimme hören.

Gedanken (und Seinsweise) neu auszurichten, ist eine harte, aber spannende Arbeit. Haben Sie mit sich Geduld. Wenn Sie kontinuierlich praktizieren, bemerken Sie, dass Ihre Affirmation(en) immer stärker mit Ihnen im Einklang ist (sind).

FÜNF-MINUTEN-PAUSE:

WÄHLEN SIE EINE TÄGLICHE AFFIRMATION

Identifizieren Sie zunächst einmal einen Gedanken oder eine Vorstellung, den bzw. die Sie gern loslassen möchten. Als Nächstes wählen Sie eine Affirmation, die mit Ihrem Wunsch übereinstimmt. Sie können eine aus der folgenden Liste nehmen oder sich anderweitig inspirieren lassen. Wiederholen Sie die Affirmation täglich.

VORSCHLÄGE FÜR AFFIRMATIONEN

- Mein Geist ist ruhig.
- Ich bin wertvoll und wichtig.
- Ich spüre meine Freude über die Fülle.
- Ich fühle mich heute gut.
- Ich bin auf dem richtigen Weg.
- Jeden Tag heile ich ein Stück mehr.
- Ich bin voll und ganz zufrieden.
- Ich bin gesund und heil.
- Ich verdiene das.
- Mein Leben ist voller Liebe.
- Ich bin vollständig, so wie ich bin.
- Ich wachse.

FÜNF-MINUTEN-PAUSE:

EINE EIGENE AFFIRMATION SCHREIBEN

Wenn Sie lieber Ihre eigene Affirmation formulieren wollen, die auf dem aufbaut, was Sie bislang über sich erfahren haben, dann denken Sie an die drei Schlüsselelemente auf Seite 98 f. Beobachten Sie, wie die tägliche Arbeit mit Ihrer eigenen Affirmation sich anfühlt.

ERSTE-HILFE-KOFFER FÜRS SELBSTGESPRÄCH

Auch wenn sich unser Leben im Allgemeinen gut anfühlt, erleben wir alle manchmal schwierige Momente und Tage. In solchen Phasen können aufbauende Worte von anderen eine unverzichtbare Quelle für unser Wohlbefinden sein.

Aber es steht nicht immer jemand zur Verfügung, um uns aufzubauen. Unten finden Sie sanfte, ermutigende Sätze, die Sie bei Bedarf jederzeit zu sich sagen können.

Mutmacher für ängstliche Momente

- In diesem Moment erlebe ich Gefühle, die ich nicht mag, aber das ist in Ordnung. So, wie sie gekommen sind, gehen sie auch wieder vorbei.
- Wenn ich mich ängstlich fühle, ist es eben so – na und!? Dieses Gefühl ist ein Teil des Lebens, aber es ist nicht größer als das Leben.
- Momente der Angst hatte ich früher auch schon, und ich habe sie alle überstanden. Ich atme ein und zähle dabei bis drei. Dann halte ich die Luft an und zähle dabei bis drei. Und dann atme ich aus und zähle dabei bis drei.
- Was ich jetzt fühle, ist schwierig, aber es ist nicht für immer. Es ist in Bewegung und wird sich wieder entfernen.
- Das ist unangenehm für mich, aber nicht gefährlich. Das ist eine Tatsache. Ich konzentriere mich jetzt auf meinen Atem und bin offen dafür, was das Gefühl mir sagen möchte.

EINE AFFIRMATIONSPRAXIS
IST WICHTIG.
EBENSO WICHTIG IST
ZU ÜBERLEGEN:
»WIE KANN ICH DIESE
AFFIRMATION LEBEN?«

- Angst ist ein rationales Gefühl, das versucht, auf irrationale Weise mit mir zu kommunizieren.
- Jedes Mal, wenn ich einen Moment der Angst akzeptiere, wächst meine Fähigkeit, damit umzugehen.

Mutmacher für harte Tage

- Ich brauche mich nicht zu hetzen. Ich kann alles langsam angehen.
- Ich kenne dieses Gefühl, also weiß ich, dass ich damit umgehen kann.
- Ein schlechter Tag bedeutet nicht, dass ich schlecht bin oder dass mein Leben schlecht ist.
- Ein schwarzer Tag raubt mir nicht die vielen Tage, die sich gut angefühlt haben. Selbst heute gab es Momente, die sich leicht angefühlt haben.
- In diesem Moment kann ich mir kaum vorstellen, dass ich mich jemals wieder besser fühlen werde. Aber ich weiß auch auf einer gewissen Ebene, dass ich es werde.
- Dieses Gefühl ist nicht jeder Teil von mir. Ich fühle mich deprimiert, aber das ist nur ein Teil meiner Gefühle.
- Es ist in Ordnung, wenn der heutige Tag nicht gut war oder nicht nach Plan verlaufen ist.
- Es erfordert Mut und Stärke, mir einzugestehen, dass ich mich herausgefordert fühle. Jetzt tue ich genau das.

Mutmacher bei Wut

- Wut zu fühlen ist gesund, und es liegt in meiner Verantwortung, wie ich damit umgehe.
- Wut ist eine Emotion, mit der ich mich wohl fühle. Mit welchen Emotionen fühle ich mich eher unwohl?
- Ich kann diesem Gefühl erlauben, hier zu sein und es in meinem Körper zu spüren.
- Ich kann mir etwas Zeit nehmen und atmen, bis ich weiß, was ich als Nächstes gern tun würde.

- Wut ist ein wertvoller Partner, Aggression hingegen nicht. Wenn ich mich bereit fühle, kann ich ruhig über meine Wut reden.
- Im Moment ist es zwar noch nicht so weit, aber die Intensität meiner Wut wird bald abklingen.
- Ich bin sicher. Ich bin sicher. Ich bin sicher.

TÄGLICHE ÜBUNGEN

Nehmen Sie sich einen Monat jeden Abend fünf Minuten Zeit, um über folgende Punkte nachzudenken:

- Wie möchte ich morgen mit mir selbst reden? Zum Beispiel könnte ich freundlicher, geduldiger oder ermutigender sein.
- Wie soll mein überarbeitetes Selbstgespräch klingen? Anstatt mich für alles, das schiefgeht, zu kritisieren, könnte ich Dinge sagen wie »Mir gefällt dieses Projekt« und »Es ist in Ordnung, Fehler zu machen.«
- Welche neue Affirmation könnte mich dabei unterstützen? Zum Beispiel »Ich bin genug«, »Ich bin kreativ«, »Ich werde geliebt« …

Nach einem Monat haben Sie dann eine Fülle an Material, um zu verstehen, wie Sie mit sich selbst umgehen und mit sich selbst reden, sowie von Ihnen entwickelte Lösungsansätze, um in der Zukunft freundlicher mit sich selbst umzugehen.

4.

TRIGGER ERKENNEN

EIGENE REAKTIONEN VERSTEHEN

»Wir begegnen uns selbst immer wieder in tausend Verkleidungen auf dem Weg des Lebens.«

Carl G. Jung

Was versteht man unter dem Begriff »Trigger«? Trigger sind emotionale Schalter oder Auslöser. Sie verbinden den gegenwärtigen Moment mit einer Erinnerung an eine Situation aus der Vergangenheit, die schmerzhaft oder traumatisch für uns war. Das geschieht bewusst oder unbewusst und kann sowohl auf geistiger als auch körperlicher Ebene gefühlt werden.

Auch wenn Trigger häufig mit schweren Erkrankungen wie PTBS (Posttraumatische Belastungsstörung) assoziiert werden, sind sie weit verbreitet. Sie können auch aus geringfügigen negativen Assoziationen etwa mit bestimmten Orten, Personen oder Erlebnissen resultieren.

WAS NÜTZT ES UNS, UNSERE TRIGGER ZU KENNEN?

Indem wir unsere Trigger identifizieren, lernen wir etwas über uns selbst. Das Kennenlernen unserer Trigger ist ein wichtiger Schritt auf der großen Reise der Selbsterkenntnis, denn dadurch erlangen wir ein größeres Bewusstsein.

Wenn wir mehr Bewusstsein haben, können wir unsere Reaktionen und Emotionen besser selbst in die Hand nehmen, anstatt uns von ihnen steuern zu lassen. Wir erkennen auch, wo unsere Toleranzgrenzen liegen. Wir können uns bewusst dafür entscheiden, Trigger zu meiden, während wir die zugrundeliegende Ursache aufdecken.

Das Erkennen unserer Trigger kann uns auch einen Hinweis auf unsere mentale Gesundheit und unser Wohlbefinden geben, weil es emotionale Wunden beleuchtet, die Aufmerksamkeit brauchen.

Die Arbeit an unseren Triggern kann dazu führen, dass wir Angst, Panik, Überforderung oder Traurigkeit empfinden. In schwereren Fällen können wir auch Flashbacks erleben, die uns aus der Bahn werfen und das Trauma wieder aufleben lassen. Starke Reaktionen auf Trigger sollten am besten mit Unterstützung in einer Traumatherapie oder ärztlicher Behandlung aufgearbeitet werden.

FÜNF-MINUTEN-PAUSE:

TRIGGER IDENTIFIZIEREN

Erinnern Sie sich an eine Situation, in der Sie sich kürzlich getriggert fühlten?

Was empfanden Sie dabei? Vielleicht rasten Ihre Gedanken und Ihr Herz pochte? Vielleicht fühlten Sie sich wie betäubt und wollten am liebsten fliehen? In anderen Situationen können wir uns auf unseren sogenannten Autopiloten verlassen. Bei einem Trigger sagen wir eventuell Dinge, die wir sonst nicht sagen würden. Kommt Ihnen das bekannt vor?

VERSCHIEDENE ARTEN VON TRIGGER

Trigger können im Innen und im Außen auftreten. Innere Trigger sind Körperempfindungen bezogen auf Gefühle in Situationen, die bei uns Herzrasen und Bauchschmerzen verursachten. Äußere Trigger sind Reize von außerhalb, etwa das Geschrei einer Person, ein bestimmter Geruch, eine bestimmte Art der Berührung, finanzielle Probleme und eine Reihe anderer Dinge. Auf der folgenden Abbildung finden Sie weitere Beispiele für innere und äußere Trigger.

Ein Trigger ist normalerweise sehr individuell, und er muss gar nicht besonders eng mit dem ursprünglichen negativen Ereignis in Verbindung gebracht werden. Wenn eine Person demselben Reiz in einem anderen Kontext ausgeliefert ist (den der Verstand rational einordnen kann), assoziiert das Stammhirn, das für Überlebensinstinkte zuständig ist, den Trigger mit dem ursprünglichen Trauma oder der ursprünglichen Situation. Beispielsweise können der Jahrestag eines Traumas, ein lautes Geräusch, finanzielle Schwierigkeiten oder familiäre Streitigkeiten das Stammhirn aktivieren, sodass alte Wunden aufbrechen.

Manchmal sind Trigger eher ein Gefühl als ein Ereignis. Zum Beispiel können wir eine Spannung oder Kraftlosigkeit wahrnehmen, die in der Kindheit allgegenwärtig war; oder wenn jemand uns ignoriert, können wir uns ungeliebt fühlen. Diese emotionalen Schalter werden oft bei Konflikten mit dem Partner oder einer anderen nahestehenden Person ausgelöst.

INNERE TRIGGER

EIN KÖRPERLICHES GEFÜHL

HOHES MAß
AN STRESS + ANGST

SICH LÄCHERLICH + NICHT
GEHÖRT VORKOMMEN

ROUTINEN

EXTERNE TRIGGER

FEIERLICHE ANLÄSSE +
WICHTIGE DATEN

DIE NACHRICHTEN

FINANZIELLE PROBLEME

LÄRM/GESCHREI

KONFLIKT + GEWALT ERLEBEN

Das Gottman Institute, das zu Paarbeziehungen forscht, hat eine Liste von 24 Triggern aufgestellt, die häufig bei Konflikten mit anderen Menschen aktiviert werden.
Lösen manche dieser Aussagen bei Ihnen etwas aus?

1. Ich fühlte mich ausgeschlossen.
2. Ich fühlte mich machtlos.
3. Ich fühlte mich nicht gehört.
4. Ich fühlte mich ausgeschimpft.
5. Ich fühlte mich beurteilt.
6. Ich fühlte mich schuldig.
7. Ich fühlte mich nicht respektiert.
8. Ich fühlte einen Mangel an Zuneigung.
9. Ich fühlte mich vernachlässigt.
10. Ich fühlte mich einsam.
11. Ich fühlte mich ignoriert.
12. Ich fühlte mich so, als könnte ich nicht ehrlich sein.
13. Ich fühlte mich wie ein Bösewicht.
14. Ich fühlte mich nicht verstanden.
15. Ich fühlte mich unsicher.
16. Ich fühlte mich nicht geliebt.
17. Ich fühlte mich unfair behandelt.
18. Ich fühlte mich frustriert.
19. Ich fühlte mich unbeteiligt.
20. Ich fühlte mich gefangen.
21. Ich fühlte einen Mangel an Begeisterung.
22. Ich hatte das Gefühl, nicht mitreden zu können.
23. Ich fühlte mich manipuliert.
24. Ich fühlte mich kontrolliert.

TRIGGER VERSTEHEN

Man kann sich selbst und anderen leichter verzeihen, wenn man die enge Verbindung zwischen unserer Umgebung, unseren Emotionen und unseren Reaktionen realisiert – und dass emotionales Triggern in Wirklichkeit ein Überlebensmechanismus ist.

Dennoch erlaubt uns allein das Wissen um unsere Trigger natürlich nicht, einfach zu tun, was wir wollen. Trigger erklären, sie entschuldigen nichts. So wie wir zuvor erfahren haben, dass unser Bindungsstil uns hilft, unsere Beziehungen zu verstehen, so lernen wir durch Trigger, unsere Reaktionen zu begreifen und Situationen zu erkennen, die sie auslösen.

Das gibt uns die Chance, von unbewussten, reflexartigen Handlungen zu bewussten, überlegten Handlungen überzugehen. Und wir fühlen uns gestärkt, um besser mit Situationen umzugehen, in denen unsere emotionalen Knöpfe gedrückt werden.

Sobald wir unsere Trigger und ihre verschiedenen Einflussmöglichkeiten verstehen, können wir beginnen, unsere einstmals destruktiv genutzte Energie stattdessen für Veränderung einzusetzen.

Gut zu wissen:

1. Alle Menschen haben Trigger.
2. Es gibt keinen Menschen auf der Welt, der Sie nicht triggern würde.

LERNEN SIE, IHRE TRIGGER ZU ERKENNEN

Wenn Sie beim nächsten Mal von einer bestimmten Situation, einem Ereignis oder einer Person getriggert werden, nehmen Sie einen tiefen Atemzug und treten innerlich ein wenig zurück, anstatt sich vom Trigger einwickeln zu lassen. Sie können den folgenden fünfstufigen Prozess überall ausprobieren, wo Sie sich sicher und entspannt fühlen. Er dauert nur fünf bis zehn Minuten.

1. Achten Sie auf Ihren Körper

Wenn Sie sich getriggert fühlen, achten Sie auf die Empfindungen in Ihrem Körper und behalten Sie diese Reaktion im Hinterkopf. Sind Muskeln angespannt? Wie ist das Temperaturempfinden? Ist Ihr Gesicht heiß? Sind Ihre Hände kalt? Wie tief atmen Sie? ... Halten Sie Ihre Körperreaktionen fest, so fein oder stark sie auch sein mögen.

2. Beobachten Sie Ihre Gedanken

Konzentrieren Sie sich jetzt auf Ihre Gedanken. Was für Situationen fallen Ihnen ein? Wenden Sie Ihre Kenntnisse aus Kapitel 2 »Denkfallen« (siehe Seite 78 ff.) an und prüfen Sie, welche kognitiven Verzerrungen sich bei Ihnen zeigen. Im Moment brauchen Sie damit nichts zu tun. Ihre einzige Aufgabe ist es, Ihre Gedanken wahrzunehmen, ohne sie zu verändern oder darauf zu reagieren. Vielleicht können Sie diese Gedanken auf ein Blatt Papier, in Ihr Journal oder im Handy notieren?

3. Nehmen Sie Ihre Lupe zur Hand

Jetzt ist es an der Zeit, Ihren inneren Sherlock Holmes aufzuwecken. Beginnen Sie, die Situation zu hinterfragen, die sowohl physische als auch psychische Reaktionen in Ihnen ausgelöst hat. Es mag zunächst nicht offensichtlich sein, aber nehmen Sie sich Zeit, um die Möglichkeiten durchzugehen. Blättern Sie in diesem Kapitel zurück, um Anhaltspunkte zu finden. Vielleicht war ein Wort oder der Tonfall einer Stimme der Auslöser? Oder ein Geruch? Ein bestimmtes Gefühl? Vielleicht war es auch die Meinung von jemandem oder eine Situation, die eine negative Überzeugung über Sie selbst widerspiegelt?

Häufig ist es der Fall, dass viele unserer Trigger (weil wir viele haben) sich vermischen oder überlagern. Beispielsweise könnte Ihr Trigger in einem bestimmten Moment die Kombination sein aus einer lauten Menschenmenge, Ihrem unbequemen Pulli, dem Arbeitspensum, das zu Hause auf Sie wartet, den beiden unbeantworteten WhatsApp-Nachrichten und der Überzeugung, dass Sie in Beziehungen oft ungerecht behandelt werden. Jeder hat eine Menge von Triggern, derer wir uns nicht gewahr sind. Wir können sie nur erkennen, nachdem sie ausgelöst wurden.

4. Unerfüllte Bedürfnisse erkennen

Nehmen Sie sich etwas Zeit, um darüber nachzudenken, ob der Trigger mit unerfüllten Bedürfnissen oder Wünschen in Ihrem Leben in Zusammenhang steht, wie etwa Sicherheit, Zuverlässigkeit, Aufmerksamkeit oder Zuneigung. Falls dies der Fall ist, dann überlegen Sie, wie dieses Bedürfnis oder dieser Wunsch von den Menschen, mit denen Sie in Ihrem Leben eine Beziehung haben, sei es Familie, Freunde, Partner/in oder wer auch immer, erfüllt wird.

Es ist selbstverständlich, dass manche Bedürfnisse im Erwachsenenleben nicht erfüllt werden. Es wäre unmöglich und vielleicht sogar unklug für andere, jedes unserer Bedürfnisse mit Eifer und Beharrlichkeit zu erfüllen. Wenn ein Bedürfnis jedoch permanent in unserem Leben nicht erfüllt oder missachtet wurde, tut sich eine emotionale Wunde auf, die sich auf verschiedene Weise zeigen kann, auch als möglicher Trigger.

Blicken wir auf unser bisheriges Leben mit einer gewissen Reife zurück, können wir vielleicht verstehen, warum bestimmte Bedürfnisse nicht erfüllt wurden. Zum Beispiel haben unsere Bezugspersonen sicherlich ihr Bestes gegeben, aber sie hatten möglicherweise nicht so viel Zeit und Energie, wie sie gern gehabt hätten, weil sie für unser tägliches Brot einem Vollzeitjob nachgegangen sind. Oder wir fühlten uns in Beziehungen oder Partnerschaften nicht respektiert und nicht beachtet, doch wir räumen ein, dass die andere Person gerade schwierige Zeiten durchmachte. Auch wenn dies uns hilft, die Umstände zu verstehen, so heilt es nicht die emotionale Wunde und die damit verbundene Erfahrung von Enttäuschung und/oder Schmerz.

5. Den Blick weiten

Überlegen Sie schließlich, welche Alltagsfaktoren zu einem Trigger beitragen, denn, seien wir ehrlich, es gibt viele Begebenheiten, durch die wir uns an jedem beliebigen Tag angespannt, getroffen oder gereizt fühlen können. Vielleicht ist heute nicht so ein Tag, aber es ist genauso gut möglich, dass wir schlecht geschlafen haben, nichts zu Mittag gegessen haben oder heute Morgen im überfüllten, lauten Supermarkt etwas eingekauft haben.

Es gibt unzählige Faktoren, die wir alle zu verkraften haben. Bevor Sie beginnen, nach all diesen Einflüssen zu forschen, könnten Sie grundsätzlich für Ihr emotionales Wohlergehen sorgen, indem Sie sich am Tag mehrere Male kurz Zeit nehmen, um in sich hineinzuspüren, wie Sie sich fühlen und was Sie vielleicht brauchen.

Je mehr Sie daran arbeiten, die Ursache für einen Trigger zu identifizieren, desto geringer ist die Wahrscheinlichkeit, dass Sie emotional »ausrasten«. Sie spüren vielleicht, dass ein Trigger greift, aber sobald Sie die Situation durch Reflexion und Neuverknüpfung entschärfen, sollten Sie bemerken, wie die aufgestaute Emotion nachlässt und sich auflöst. Je geübter Sie in der Arbeit mit Ihren Triggern werden, desto geringer wird der emotionale Impuls der Umstände, der Sie bislang aus dem Gleichgewicht gebracht hat, sodass er seine Kontrolle über Sie verliert.

UNSERE TRIGGER HEILEN

Jeder Mensch verarbeitet seine Trigger auf seine Art. Im Folgenden ist eine schrittweise Vorgehensweise aufgeführt, die uns dabei helfen kann, von den negativen Gefühlen, die Trigger auslösen, zu lernen und den Heilungsprozess in Gang zu setzen.

Es ist zwar möglich, den Prozess alleine zu durchleben (eventuell mit Hilfe eines Journals), für manch andere/n ist es einfacher, wenn sie/er dabei von einer Therapeutin oder einem Therapeuten unterstützt wird, insbesondere im Zusammenhang mit Traumata.

Der erste Schritt auf dem Weg zur Heilung eines Triggers ist die Bewusstmachung, dabei hilft die oben aufgeführte Fünf-Punkte-Strategie.

Der nächste Schritt besteht darin, sich einen sicheren und bequemen Ort zu suchen. Sicherheit ist wesentlich. Wir können nicht in einer Umgebung heilen, in der wir uns nicht sicher fühlen. Es ist schwierig und mitunter riskant, in einer unsicheren Umgebung in die Tiefe zu gehen, während ein ruhiger, sicherer Ort (wie auch immer der für Sie aussehen mag) Ihnen genau den Halt bietet, den Sie für Ihre Heilung gerade brauchen.

Nun können Sie mit viel Mitgefühl beginnen, in Ihrem Körper wahrzunehmen, welche Gefühle sich bei diesem Trigger zeigen. Zum Beispiel könnten Sie Schwindel, Übelkeit oder Anspannung fühlen.

Als Nächstes überlegen Sie, welche Glaubenssätze mit dem Trigger in Verbindung stehen könnten. Beispielsweise könnten Sie eine Reihe von Theorien oder »Storys« über sich selbst aus früheren Beziehungen oder Kindheitserfahrungen mit sich herumtragen, die Ihnen mehr schaden als guttun, wie »Ich bin dumm« oder »Ich bin zu emotional.« Betrachten Sie sanft die Teile von Ihnen, die Sie als vermeintlichen Makel empfinden. Beginnen Sie, mit diesem Teil so freundlich und mitfühlend zu sprechen, als wäre es ein nahestehender Mensch. Wenn Sie eine Weile mit einem Thema gearbeitet haben, werden Sie feststellen, dass Sie in allen Bereichen Ihres Lebens mit positiven Veränderungen belohnt werden.

Um die negativen Gefühle infolge von Triggern zu verringern, ist es wichtig, ihnen mit Interesse auf den Grund zu gehen. Wenn wir zum Beispiel eine Abwehrhaltung auf eine Äußerung von jemandem einnehmen, woher könnte das stammen? Vielleicht hört es sich so an, als würde ein Elternteil oder ein Lehrer mit uns sprechen? Vielleicht

WARUM FÜHLE ICH MICH SO?

HÖR AUF, SO DUMM ZU SEIN!

ES GIBT WAHRSCHEINLICH EINE GUTE ERKLÄRUNG DAFÜR, WARUM ICH MICH SO FÜHLE, AUCH WENN ICH SIE NOCH NICHT GANZ GENAU KENNE.

erinnert uns der Tonfall an eine bestimmte Person? Wann haben wir diese Art von Reaktion vielleicht zuvor benötigt? Das Ziel ist nicht, das Ereignis noch einmal zu erleben oder unangenehmen Gefühlen zu entkommen. Sie streben einen gesunden Mittelweg an: Bleiben Sie bei der Erinnerung fest in der Gegenwart verwurzelt. Indem Sie einem Trigger in einem sicheren Rahmen nachgehen, können Sie die Emotion sicher und geerdet spüren. Das sorgt für ein besseres Verständnis von uns selbst und erklärt, warum wir auf eine bestimmte Weise reagieren.

Von hier aus können wir nach einiger Übung allmählich entscheiden, wie wir auf Trigger reagieren wollen, anstatt aus alten Wunden heraus reflexartige Handlungen an den Tag zu legen.

Im Zustand wachsender Klarheit und Ausgeglichenheit verbessert sich unsere Fähigkeit, bei einem triggernden Ereignis bewusst zu reagieren. Wir können uns ausgeglichener fühlen, indem wir Techniken zur Selbstregulierung anwenden, die ich im nächsten Kapitel (Kapitel 5) erläutern werde. Wenn wir traumatisiert sind, ist es wichtig zu beachten, dass Gefühls- und Körperregulierung dieser Art uns manchmal mit einem Gefühl von Überforderung konfrontieren, das wir nicht verkraften können. In solchen Fällen ist es wichtig, sich an einen Traumatherapeuten oder eine -therapeutin zu wenden.

Denken Sie daran: Die Arbeit mit Triggern braucht Zeit, Übung, Mitgefühl und Geduld. Seien Sie deshalb sanft zu sich selbst.

FÜNF-MINUTEN-PAUSE:

FRAGEN AN IHRE TRIGGER

Wenn Sie getriggert werden, sind folgende Fragen hilfreich:

- Reagiere ich auf das, was in diesem Moment passiert, oder reagiere ich auf etwas aus der Vergangenheit?
- Reagiere ich auf etwas, das gerade passiert oder wovon ich befürchte, dass es passieren wird?
- Reagiere ich auf etwas, das gesagt wurde oder auf eine Story, die ich mit dem Gesagten in Verbindung bringe?
- Welche Grenze, falls es eine gibt, wurde überschritten?
- Was brauche ich in diesem Moment?
- Wie kann ich in diesem Moment Selbstliebe praktizieren? (z. B. zehn Minuten Auszeit, tiefes Atmen, eine Freundin anrufen, ins Journal schreiben, Grenzen wiederherstellen o. Ä.)

STRESSREAKTIONEN VERSTEHEN

Um den zugrundeliegenden Prozess bei einem Trigger besser zu entlarven, ist es hilfreich, die Stressreaktionen in unserem Körper gut zu kennen.

Bei einem schmerzhaften Ereignis oder Trauma prägt das Gehirn meist sensorische Reize in unser Gedächtnis ein; in unseren unbewussten Erinnerungen spielen sensorische Informationen wie Anblicke, Geräusche und Gerüche eine große Rolle. Je mehr sensorische Informationen gespeichert sind, desto leichter ist eine unbewusste Erinnerung abrufbar. Deshalb kann auch manchmal ein sensorischer Trigger eine emotionale Reaktion hervorrufen, noch bevor Sie realisieren, wie, warum oder woher die Emotion kommt.

Befindet sich ein Mensch in einer bedrohlichen Situation, wird der Körper in höchste Alarmbereitschaft versetzt und mobilisiert alle Reserven, um auf die Gefahr zu reagieren – die Kampf-Flucht-Reaktion. Funktionen, die in diesem Moment nicht überlebenswichtig sind, werden ausgeblendet, dazu zählen Verdauung und Erinnerungen im Kurzzeitgedächtnis. Bei einem traumatischen Ereignis kann das Gehirn eine Erinnerung fatalerweise falsch einordnen, sodass sie nicht als vergangenes Ereignis, sondern als dauerhafte Bedrohung abgespeichert wird. Wenn ein Mensch durch einen »Trigger« an ein früheres Trauma erinnert wird, kann der Körper so reagieren, als würde das Ereignis in diesem Moment wieder stattfinden.

Wenn das Angstzentrum im Gehirn, die Amygdala, eine Bedrohung wahrnimmt, schickt sie einen Notruf durch Körper und Gehirn. Unsere Gehirnschaltungen reagieren sofort auf diese Botschaft, indem der Verstand ausgeschaltet wird und mehrere instinktive Überlebensreaktionen ablaufen.

Diese werden in folgende Kategorien eingeteilt:

- Kampfreaktion
- Fluchtreaktion
- Erstarrungsreaktion
- Unterwerfungsreaktion

Diese Traumareaktionen können unser Leben retten, weil sie uns reflexartig handeln lassen, um akute Bedrohungen auf Distanz zu halten oder Distanz zu schaffen. Die Reaktionen können den Menschen in unserer Umgebung signalisieren, dass wir gestresst sind und Unterstützung brauchen. Achten Sie beim Lesen der folgenden Abschnitte darauf, welche Stressreaktionen Ihnen besonders vertraut sind.

Kampfreaktion

Eine Kampfreaktion setzt am ehesten ein, wenn wir eine Bedrohung wahrnehmen, die wir besiegen können. Unser Gehirn sendet in Sekundenschnelle Nachrichten an den Körper, um ihn auf eine körperliche Auseinandersetzung vorzubereiten.

Die Merkmale der Kampfreaktion können so aussehen:

- Schreien
- Ein intensives Gefühl von Ärger oder Wut
- Der Wunsch, jemanden oder sich selbst zu verletzen
- Die Gefahrenquelle verbal oder körperlich angreifen
- Das Verlangen, mit den Füßen aufzustampfen oder zu treten

- Die Zähne zusammenbeißen oder mit den Zähnen knirschen
- Ein stechendes, verhärtetes Gefühl in der Magengegend
- Ein »kämpferischer« Ausdruck im Blick, in den Worten und im Ton

Fluchtreaktion

Bei einer realen oder nur vermeintlichen Bedrohung oder Gefahr bereitet das Gehirn den Körper darauf vor wegzulaufen, wenn dies der effizienteste Weg scheint, um ihr zu entgehen.

Die Merkmale der Fluchtreaktion können so aussehen:

- Gefühl von Unruhe, Eingesperrtsein und Anspannung
- Zappelnde und wippende Beine
- Ständige Bewegung der Extremitäten
- Exzessiver Sport
- Geweitete Augen und zuckende Lider
- Erhöhte Ängstlichkeit
- Flache Atmung

Erstarrungsreaktion

Wir erstarren, wenn Körper und Geist entschieden haben, dass weder Kämpfen (Kampfreaktion) noch Wegrennen (Fluchtreaktion) eine kluge Wahl sind – oder überhaupt zur Wahl stehen.

Die Merkmale der Erstarrungsreaktion können so aussehen:

- Gefühl von Steifheit, Schwere oder Bewegungslosigkeit im Körper
- Gefühl von Kälte und/oder Taubheit im Körper
- Den Atem anhalten oder flacher Atem
- Ein Gefühl der Beklemmung
- Niedriger Puls
- Blasse Hautfarbe

Unterwerfungsreaktion

Wenn unser System es ergebnislos viele Male mit Kampf, Flucht oder Erstarren versucht hat, geht der Körper zu dieser weniger bekannten Stressreaktion über. Menschen, die in diesen Modus verfallen, waren in der Vergangenheit oft einer andauernden traumatischen Situation ausgesetzt. Nach Patrick Walden, dem Pionierforscher dieser Stressreaktion, lässt sich diese Form am besten als »People-Pleasing« (immer ein bisschen zu nett sein) bezeichnen.

Die Merkmale der Unterwerfungsreaktion können so aussehen:

- Konfliktvermeidung
- Es fällt Ihnen schwer, Nein zu sagen
- Sich für andere aufopfern
- Selbstzensur
- Sich benachteiligt und ausgenutzt fühlen
- Angst in Gesellschaft und die Sorge, nicht dazuzugehören
- Geringer Selbstwert
- Angst, Bedürfnisse zu äußern und sich selbst als »Last« fühlen

Wie alle anderen Traumareaktionen dient auch diese dem Selbstschutz. Sie half und hilft Menschen, ein Trauma, etwa wiederkehrenden Missbrauch, durch Stressabbau zu überstehen, sodass sie sich für den jeweiligen Moment sicher fühlen. Allerdings erhöht sich dadurch auch die Wahrscheinlichkeit, dass die Betroffenen ihre eigenen Gedanken und Gefühle unterdrücken, was sie an der Heilung hindert und daran, sich langfristige therapeutische Unterstützung zu suchen.

DER ZWECK VON STRESSREAKTIONEN

Wenn in Ihrer Kindheit die Gefühle von Liebe und Geborgenheit vorherrschten, dann haben Sie sicherlich das Glück, alle vier Reaktionen zu erleben. Da jede Reaktion ihren je eigenen Nutzen hat, spielen sie in unterschiedlichen Situationen eine Rolle.

- Bei der Kampfreaktion geht es hauptsächlich um Selbstschutz, sie bedeutet nicht zwangsläufig »Kampfbereitschaft«. Es kann sich hierbei also auch um ein generelles Durchsetzungsvermögen handeln sowie ein Ausdruck oder das Einhalten deutlicher Grenzen.

- Die Fluchtreaktion ist typisch für nicht traumatisierte Menschen, wenn Konflikte sie in Gefahr bringen oder verunsichern.
- Derselbe Mensch kann auch mit Erstarren reagieren, wenn weitere Anstrengungen (ob Kampf oder Flucht) als Energieverschwendung oder ineffektiv angesehen werden.
- Und schließlich empfindet ein Mensch ohne Trauma den Unterwerfungsmodus als hilfreich, wenn er ihm als effektivster Weg erscheint, dem anderen entgegenzukommen, mit ihm zu verhandeln oder ihm zuzuhören, um eine brenzlige Situation zu entschärfen.

Menschen, die bereits ein Trauma erlebt haben, verlassen sich oft auf eine Überlebensfunktion, bleiben an ihr »hängen« oder verlassen sich auf sie, sodass sie in einem Modus reagieren, der zur Standardreaktion wird. Das hindert sie daran, je nach Situation neu und angemessen zu reagieren, hält aber gleichzeitig unbequeme Emotionen fern, die unter der Oberfläche ihrer gewählten Strategie schlummern.

All das hat aber auch eine gute Seite. Wenn Sie erst einmal Ihre Standardreaktion verstanden haben, sind Sie zukünftig in der Lage, sie zu identifizieren. Dadurch können Sie lernen, welche Maßnahmen und Bewältigungsstrategien Ihnen Handlungsspielraum geben.

Wie bei den Bindungstypen kann man auch bei den Stressreaktionen nicht von besser oder schlechter sprechen. Wir schaden uns vermutlich am meisten, wenn wir in einem Handlungsmodus verharren, was zur Fehleinschätzung von vermeintlichen Bedrohungen führt.

IHR KÖRPER
HAT IMMER DIE
ALLERBESTEN ABSICHTEN,
AUCH WENN SEINE
REAKTIONEN UNANGEMESSEN
ODER ETWAS DANEBEN
ERSCHEINEN.

MIT STRESSREAKTIONEN UMGEHEN

Wenn Sie herausgefunden haben, welche Stressreaktionen bei Ihnen am ehesten auftreten, dann besteht der nächste Schritt darin, was Sie unternehmen können, wenn Sie sich getriggert fühlen. Wie können Sie sich zur Ruhe bringen? Was kann Ihnen helfen, mit schwierigen Gefühlen umzugehen? Das Ziel ist nicht, die Gefühle zu vermeiden oder zu verstecken, sondern ohne Scham oder Frustration anzuerkennen, was da passiert. Eine Emotion ist eine Emotion. Sie wird nicht moralisch gewertet. Sie sind keine schlechte Person, wenn Sie sich eifersüchtig, wütend oder bedürftig fühlen. Das macht Sie zu einem Menschen. Wir leiden bei dem Versuch, unsere Emotionen zu vermeiden oder so zu tun, als wären sie nicht da, oder wenn wir uns für sie schämen und sie verurteilen.

Ein Gefühl einfach nur anzuerkennen ist ein großer Schritt. Aber was geschieht danach? Jetzt können wir beginnen, uns damit zu beschäftigen, was uns beruhigt und stabilisiert – wie im nächsten Kapitel über Selbstregulation (siehe Seite 134).

UNSER TOLERANZFENSTER VERSTEHEN

Wir geben unser Bestes, um mit Ängsten und Stress umzugehen, die in unserem täglichen Leben auftreten, bis wir irgendwann einfach nicht mehr können. Schließlich hat jeder ein Limit.

Jeder hat schon einmal einen Punkt erreicht, an dem er das Gefühl hatte, dass nichts mehr geht. In diesen Momenten schalten Verstand und Körper ab, sodass wir nur noch schreien, aufbrausen und abschalten – ob gegenüber Partner, Freunden, Geschwistern, Eltern oder wem auch immer. Wir sind in diesem Moment nicht länger in der Lage, unser Innenleben zu steuern. Wir sind jenseits der Grenzen unseres »Toleranzfensters«.

Das Toleranzfenster – der Begriff wurde 1999 von Dr. Dan Siegel geprägt – beschreibt den emotionalen Bereich, in dem ein Mensch am besten funktioniert. Befinden wir uns innerhalb unseres Toleranzfensters, können wir zuhören, an etwas arbeiten, nachdenken, analysieren, argumentieren und den Anforderungen des täglichen Lebens ohne große Mühe gerecht werden. Innerhalb dieses Fensters funktionieren Verstand und Körper gut, und wir können Dinge verarbeiten, ohne dass sie uns überfordern.

Befinden wir uns jedoch außerhalb unseres Toleranzfensters – sei es wegen eines bestimmten Triggers oder wegen einer Anhäufung kleiner Stressoren – reagiert der Körper, indem die verschiedenen Modi Kampf, Flucht, Erstarren oder Unterwerfen aktiviert werden.

Kampf- und Flucht-Reaktion werden als »Hypererregung« bezeichnet, während Erstarren und Unterwerfen als »Hypoerregung« bezeichnet werden.

Hypererregung

In diesem Zustand sind wir aufgebracht und bereit, körperlich zu reagieren. Das zeigt sich äußerlich durch Verhaltensweisen wie weinen, schreien, mit den Füßen aufstampfen, die Fäuste ballen oder handgreiflich werden.

Anzeichen von Hypererregung (Kampf oder Flucht):

- Ängstlichkeit
- Wut oder Aggression
- Emotionale Ausbrüche
- Reaktivität
- Überforderung
- Impulsivität
- Kontrollierendes Verhalten
- Zwanghaftes Verhalten oder zwanghafte Gedanken
- Suchtverhalten
- Essstörungen

Hypoerregung

In diesem Zustand ziehen wir uns eher zurück und verschließen uns. Das kann sich darin ausdrücken, dass wir das Bedürfnis verspüren, im Bett liegen zu bleiben und uns von unseren Mitmenschen abzuschotten. Hypoerregung kann eine Standardreaktion sein, aber sie kann auch auftreten, wenn wir uns zu lange im Zustand der Hypererregung befanden, wodurch die Reaktionsfähigkeit von Gehirn und Körper rapide nachlässt.

Anzeichen von Hypoerregung (Erstarren oder Unterwerfen):

- Gedächtnisverlust
- Rückzug oder Isolation
- Dissoziation (Abspaltung von Körper, Gedanken, Zeit oder Ort)
- Depression
- Lethargie
- Gefühl der Leere
- Apathie
- Auf Autopilot sein
- Emotionale Verflachung
- Desorientierung

Wie groß ist unser Toleranzfenster?

Es leuchtet ein, dass wir mit täglichen Stressoren und Triggern am besten zurechtkommen, wenn wir innerhalb unseres Toleranzfensters agieren, anstatt in den einen oder den anderen extremen Zustand zu geraten.

Ein traumatisches Erlebnis oder unerfüllte Kindheitsbedürfnisse können unser Fenster verengen, also unsere Fähigkeit verringern, ohne Überforderung mit dem Auf und Ab des Lebens zurechtzukommen.

Kennen Sie jemanden mit einem ausgeglichenen (und vielleicht irritierendem) geerdeten Wesen? Falls ja, hat dieser Mensch sicherlich ein großes Toleranzfenster, was im Grunde bedeutet, dass er von Erfahrungen wie Ängstlichkeit, Wut und Traurigkeit, denen jeder ab und an ausgesetzt ist, weitgehend unbeeindruckt bleibt.

Auf der anderen Seite kann etwas, das Ihnen geringfügig erscheint, eine andere Person an ihre Grenzen führen. Ihnen kommt das dann wie eine Überreaktion vor, gemessen an der Situation.

Vielleicht hilft es Ihnen, sich vorzustellen, dass das Toleranzfenster wie ein Kaffeebecher ist: Je mehr Kaffee Sie hineingießen, desto näher kommt die Flüssigkeit dem Rand. Je höher der Stand des Kaffees ist, desto weniger benötigen Sie, damit der Becher überläuft.

Beeinflusst durch unsere Umgebung kann sich das Verhältnis zu unserem Toleranzfenster immer mal wieder ändern. Wenn Menschen sich gut aufgehoben fühlen, bleiben sie wahrscheinlich innerhalb ihres Toleranzfensters. Manchmal fühlen Sie sich vielleicht eher in der Lage, mit Stress umzugehen, sind aber empfindlich gegenüber der Traurigkeit von Menschen, die sich schlecht fühlen. Zu anderen Zeiten können Sie vielleicht gut mit der Traurigkeit anderer zurechtkommen, schrecken jedoch beim Klang einer erhobenen Stimme zurück. Der aktuelle Zustand Ihres Fensters wird sich verändern, und es wird mit Ihrer Reise der Selbsterkenntnis immer größer werden.

FÜNF-MINUTEN-PAUSE:

ÜBERPRÜFEN SIE IHR »FENSTER«

Nehmen Sie sich einen Moment Zeit, um Ihren aktuellen Level von (i) Ängstlichkeit, (ii) Stress und (iii) Glück zu notieren.

- Welche Faktoren verstärken jede Emotion am meisten? Machen Sie eine Liste.
- Wo stehen Sie gerade innerhalb Ihres Toleranzfensters?
- Welche Anzeichen können Sie wahrnehmen, wenn Sie sich nah am Rand des Fensters befinden? Verbal und non-verbal?

DAS TOLERANZFENSTER VERGRÖSSERN

Wenn Sie lernen, die Größe Ihres momentanen Toleranzfensters zu erkennen, kommen Sie der Selbsterkenntnis einen Schritt näher. Wenn Sie verstehen, wo Sie stehen, können Sie den nächsten therapeutischen Prozess in diesem Buch angehen: Techniken anwenden, die Ihnen helfen, das Gefühl für Ruhe und Sicherheit zurückzugewinnen. Die Umsetzung der Übungen hilft Ihnen im Gegenzug, Ihr Fenster zu vergrößern.

Die Vergrößerung des Fensters wird das Erleben von Stress, Ängstlichkeit und Traurigkeit leider nicht ganz vermeiden, aber sie ermöglicht uns, souveräner mit dem umzugehen, was das Leben uns zumutet, sodass wir uns unseren Gefühlen nicht mehr hilflos ausgeliefert fühlen. Stattdessen begegnen wir Reizen und Triggern so, wie *wir* es wollen (was großartig ist, um den Satz aus dem Kopf zu bekommen: »Ich hätte das sagen sollen!«). Wenn wir auf unser Beispiel von oben mit dem Kaffeebecher zurückkommen, der Becher wird größer!

Gut zu wissen: Es ist ratsam, neue Bewältigungsstrategien, wie sie im nächsten Kapitel erklärt werden, an guten Tagen zu üben, wenn wir uns gerade nicht überwältigt, überfordert oder abgeschnitten fühlen. Dadurch haben Sie für schlechte Momente oder Tage bereits eine Grundlage. Und Sie haben auch schon Zugang zu Praktiken entwickelt, die Ihnen helfen, Ruhe zu finden und Verbindung wiederherzustellen.

Nicht alle Selbstregulationspraktiken eignen sich für Sie, und das ist in Ordnung. Finden Sie heraus, welche zu Ihnen passen und vernachlässigen Sie die anderen. Je regelmäßiger Sie üben, desto größer wird Ihre Fähigkeit, Ihre Reaktionen zu verstehen und sie einzuordnen, desto vernünftiger können Sie mit schwierigen Gefühlen umgehen und desto stärker werden die positiven Verknüpfungen in Ihrem Gehirn.

Wenn Sie lernen, von außerhalb Ihres Fensters nach innen zu wechseln, steht Ihnen ein mächtiges Werkzeug zur Selbstregulation zur Verfügung. Außerdem können Sie sich insgesamt in Ihrem Körper wohler fühlen und darauf vertrauen, dass Sie auf dem glatten Parkett der Emotionen nicht ausrutschen.

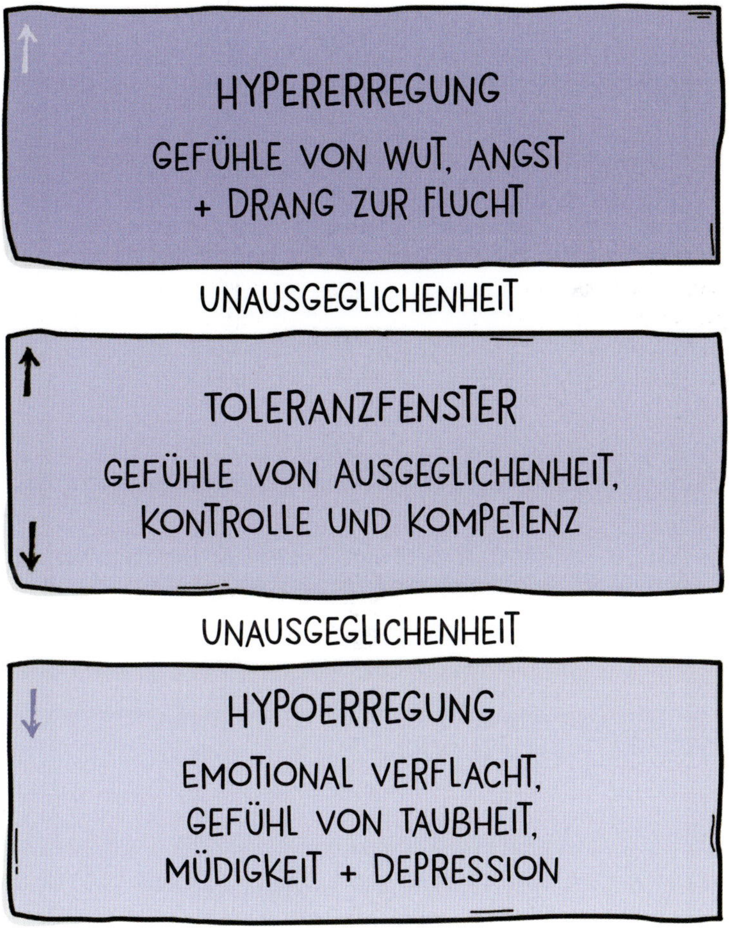
HYPERERREGUNG
GEFÜHLE VON WUT, ANGST
+ DRANG ZUR FLUCHT
UNAUSGEGLICHENHEIT
TOLERANZFENSTER
GEFÜHLE VON AUSGEGLICHENHEIT,
KONTROLLE UND KOMPETENZ
UNAUSGEGLICHENHEIT
HYPOERREGUNG
EMOTIONAL VERFLACHT,
GEFÜHL VON TAUBHEIT,
MÜDIGKEIT + DEPRESSION

TÄGLICHE ÜBUNGEN

Nehmen Sie sich am Ende des Tages fünf Minuten Zeit für die folgenden Fragen:

- Wo haben Sie sich heute in Bezug auf Ihr Toleranzfenster befunden (z. B. Ich bin zufrieden, also bin ich innerhalb meines Fensters. Ich fühle mich ängstlich, also bin ich außerhalb.)?
- Welche positiven und negativen Umstände könnten dazu beigetragen haben (z. B. gut geschlafen, ein langweiliger Tag, Konflikt mit einer geliebten Person)?
- Welche Story habe ich mit den oben genannten Umständen verbunden? Ist es möglich, dass diese Geschichte ebenfalls zu meinem emotionalen Zustand beigetragen hat (z. B. die Geschichte darüber, was passieren würde, wenn mein Partner mich nicht mehr liebt, wenn ich als Nebensache betrachtet werde)?
- Woran kann ich auch noch denken, um mich selbst zu unterstützen (z. B. Ich kann daran denken, dass diese Geschichte keine Tatsache ist. Ich kann daran denken, dass heute ein Tag ist und morgen vieles anders sein wird.)?

Nach einem Monat haben Sie jede Menge Material angesammelt, das Ihnen zeigt, wie und warum Sie auf Dinge reagieren. Außerdem haben Sie Ideen, was Sie in Zukunft verbessern können.

5.
SELBSTREGULATION

SICH SELBST HEILEN

»Es geht nicht darum, sich besser zu fühlen, sondern darum, besser zu fühlen.«

Gabor Maté

Würden Sie sich selbst als Perfektionisten oder Perfektionistin bezeichnen? Reagieren Sie bei Ärger eher impulsiv oder bewusst und überlegt? Vielleicht ziehen Sie sich zurück? Greifen Sie in Stressphasen zu bestimmten Nahrungsmitteln, Alkohol oder Drogen? Schämen Sie sich häufig? Wenn Sie sich hierbei wiederfinden, dann könnten die Anregungen in diesem Kapitel Ihnen nützlich sein. Selbstregulation kann man lernen – sie ist nicht jedem von Natur aus gegeben. Wenn Sie wie ich häufig mit Angstzuständen konfrontiert sind oder die oben angesprochenen Zustände auf Sie zutreffen, könnten Ihre Fähigkeiten zur Selbstregulation wahrscheinlich ein bisschen bewusste Zuwendung und Aufmerksamkeit gebrauchen.

WAS IST EIGENTLICH SELBSTREGULATION?

Selbstregulation, insbesondere emotionale Selbstregulation ist die Fähigkeit, die Intensität von Emotionen bewusst zu reduzieren und uns selbst in das »Toleranzfenster« zurückzuholen, das wir im vorigen Kapitel besprochen haben.

Typischerweise lernen wir dies von unseren Eltern oder Bezugspersonen in einem interaktiven Prozess, der Co-Regulation genannt wird. Das wird erreicht, indem die Eltern ihren Kindern eine emotional sichere Umgebung schaffen, warmherzig und ansprechbar sind und Selbstregulation durch ihr eigenes Verhalten vorleben.

Säuglinge sind darauf angewiesen, dass ihre Eltern alle Bedürfnisse erfüllen, dazu zählen Füttern, Sauberkeit und das Schaffen einer anregenden Umgebung. Als Säuglinge verlassen wir uns auch darauf, dass unsere Bezugspersonen auf unsere emotionalen Anzeichen sensibel reagieren und uns bei Unsicherheiten die Angst nehmen. Bestimmte Aspekte dieses Bedürfnisses nach Co-Regulation behalten wir beim Älterwerden bei, insbesondere während der chaotischen Pubertätszeit. Effektive Co-Regulation bereitet einen Menschen also darauf vor, gesund mit der ganzen Bandbreite intensiver Emotionen umzugehen, die einen wahrscheinlich ein Leben lang begleiten.

Unglücklicherweise erhält nicht jeder von seinen Bezugspersonen eine optimale Co-Regulation. Und von Erwachsenen – anders als von Kindern – wird bereits erwartet, dass sie wissen, wie die Dinge funktionieren, und zwar auch, wenn wir früh in unserem Leben kein Vorbild für Selbstregulation hatten. Sogar dann wird von uns erwartet, dass wir wissen, wie man am besten mit Ängstlichkeit, Wut und allen anderen Emotionen umgeht – auf eine Weise, die nicht nur sozial verträglich ist, sondern auch Wohlbefinden und Beziehungen positiv verstärkt.

WIE UND WANN IST SELBSTREGULATION NÖTIG?

Man ist nie zu alt, um seine Fähigkeit, mit schwierigen Situationen umzugehen, weiter auszubauen. Jetzt haben wir zwar keine frühen Vorbilder mehr, doch es gibt viele praktische Übungen, um Selbstregulation zu fördern.

Im vorigen Kapitel haben wir über Toleranzfenster gesprochen. Dabei haben wir gesehen, dass wir in einen Zustand der Hyper- oder Hypoerregung übergehen, sobald wir das Fenster verlassen. Für beide Zustände ist eine andere Herangehensweise zur Bewältigung nötig:

- Bei Hypererregung brauchen wir Wege zur Beruhigung – Strategien, um herunterzukommen.
- Bei Hypoerregung brauchen wir Wege zum Antrieb – Strategien, um eine gesunde Dosis von Angst (ja, so etwas gibt es!) oder Begeisterung zu erzeugen.

Beim Lesen der Übungen sehen Sie zu beiden Seiten einen Pfeil (siehe Seite 140 ff.). Der abwärts zeigende Pfeil gibt an, dass sich die Übung zum Runterkommen in aufgeregten Momenten eignet. Der aufwärts gerichtete Pfeil gibt an, dass sich die Übung zum Aufbauen in Momenten der Niedergeschlagenheit eignet. Wenn beide Pfeile an einer Übung stehen, bedeutet es, dass sie in jeder Situation verwendet werden kann. Es liegt an uns selbst zu erkennen, was wir brauchen – und die passenden Übungen in unseren Alltag zu integrieren.

Wer bereits ein gefestigtes Selbstgefühl hat, kann auch innere Signale wie Gedankenspiralen, Denkfallen (siehe Kapitel 3), flache Atmung, Magenschmerzen und andere »Symptome« wahrnehmen. Wenn wir diese erkennen, können wir die Schritte unternehmen, von denen wir aus Erfahrung wissen, dass sie uns vor der Eskalation von Gefühlen bewahren.

Wenn uns als Kind keine Co-Regulation vorgelebt wurde, haben wir als Erwachsene vielleicht Strategien entwickelt, die unseren emotionalen Zustand eher belasten statt erleichtern, dazu zählen zum Beispiel immer beschäftigt zu sein, sich übermäßig zu engagieren und zu viel zu arbeiten, Dinge aufzuschieben oder Drogen zu nehmen, um Problematisches auszublenden oder zum Betäuben.

Kurzfristig gesehen scheinen diese altbewährten Methoden harmlos zu sein, aber mit der Zeit können so Angst und Verzweiflung zunehmen. Wir können einen wichtigen Beitrag zu unserem psychischen Wohlbefinden leisten, wenn wir Fertigkeiten entwickeln, uns selbst zu heilen.

Der Körper weiß instinktiv, wie wichtig Selbstregulation ist. Hier sind einige physische Reaktionen aufgelistet, mit denen sich der Körper intuitiv von Stress und Belastung befreit und sich erholt:

- Weinen
- Lachen
- Kichern
- Zittern
- Seufzen
- Gluckern im Magen
- Hitzewellen oder Schüttelfrost
- Schwitzen
- Kribbeln
- Gähnen
- Tiefes Atmen

Um unser emotionales Wohlbefinden zu regulieren, sodass wir uns ausgeglichen fühlen, brauchen wir zunächst ein grundsätzliches Bewusstsein für unseren emotionalen Zustand und unsere individuelle Reaktion auf Reize. Das ist die Basis für Selbstregulation. Wenn wir uns selbst besser kennen, können wir einen Weg einschlagen, der sich für uns richtig anfühlt. Leider ist ausgerechnet der richtige Weg selten der bequemste.

Wenn wir unausgeglichen sind, besteht die Gefahr, dass wir unsere Grenzen überschreiten und Ja sagen, wenn wir Nein meinen. Wir verlassen uns blind auf vertraute Muster und Bewältigungsstrategien.

Wenn wir hingegen ausgeglichen sind, können wir dem Reiz alter Muster und Ähnlichem mit mehr Energie widerstehen und an dem festhalten, von dem wir denken oder wissen, dass es wahr und authentisch für uns ist.

Es ist natürlich nicht immer leicht, authentisch zu bleiben. Häufig erfordert es viel Aufmerksamkeit, insbesondere zu Beginn unserer Reise oder wenn wir von einer liebenden Person eine ablehnende Energie wahrnehmen.

Wenn wir getriggert sind oder intensiv mit dem Entwirren schwieriger Teile unseres Lebens beschäftigt sind, kommen wir dem Rahmen unseres Toleranzfensters immer näher – und manchmal lehnen wir uns auch aus dem Fenster. Deshalb ist emotionale und körperliche Besänftigung umso wichtiger.

Damit wir uns um die verletzten Teile in uns kümmern können, müssen wir zunächst Sicherheit in uns finden. Das ist nicht zu verwechseln mit Bequemlichkeit; Sicherheit heißt, dass wir wissen, wie wir uns bei Bedarf selbst entspannen können – dass wir uns darauf verlassen können, für unsere vielen körperlichen und emotionalen Bedürfnisse selbst zu sorgen.

ÜBUNGEN ZUR SELBSTREGULATION

Auf den folgenden Seiten finden Sie zahlreiche Übungen zur Selbstregulation – darunter Körperübungen (wie Atemarbeit und Wahrnehmungstechniken) und kreative Rituale. Manche eignen sich zum Beruhigen und andere zum Motivieren. Die beruhigende Praxis führt zu Ruhe, Fokus und Erdung, die motivierende zu Bewegung und Kreativität.

WENN WIR
UNAUSGEGLICHEN SIND,
IST DIE GEFAHR GRÖßER,
UNSERE GRENZEN
AUFZUWEICHEN,
INDEM WIR JA SAGEN,
OBWOHL WIR NEIN
MEINEN.

Ich möchte noch einmal betonen, dass Übungen, die sich mit inneren Körpererfahrungen befassen, von traumatisierten Menschen nur unter Anleitung eines erfahrenen Therapeuten durchgeführt werden sollten – ob mit Atemarbeit oder der Arbeit mit Sinneswahrnehmung, denn sie können mehr schaden als nutzen. Traumatisierte Personen sollten dringend einen Therapeuten um Unterstützung bei dieser Arbeit bitten.

Beim Weiterlesen werden Sie sehen, dass es viele Übungsmöglichkeiten gibt, um zur Ruhe zu kommen, zum Beispiel leichte Achtsamkeitsübungen, bei denen Sie einfach nur Ihre Umgebung wahrnehmen, und eine Reihe von kreativen Ritualen.

Gut zu wissen: Selbstregulation bedeutet nicht, ruhig zu sitzen und zu schweigen. Sie muss auch nicht zwangsläufig allein ausgeführt werden. Das Zusammensein mit anderen, die sicher und ausgeglichen sind, kann bei der Problembewältigung hilfreich sein. Lassen Sie sich beraten, wenn es nötig ist.

Und erlauben Sie Ihrer Praxis zu wachsen, sich zu bewegen, zu vertiefen und zu verändern – so wie Sie selbst.

KÖRPERÜBUNGEN

Die zahlreichen Körperübungen auf den folgenden Seiten sind im Alltag jederzeit hilfreich, aber sie sind besonders wertvoll, wenn Sie sich ängstlich, gestresst, überfordert, antriebslos, unbeteiligt, wütend, in Panik fühlen oder durch Gedanken, Verhalten, Gefühle oder Erinnerungen belastet sind.

Die Übungen können Sie aus der Vergangenheit ins sichere Hier und Jetzt bringen, das heißt, sie helfen insbesondere, wenn Sie in Situationen gefangen sind, in die Sie durch Denkfallen, Flashbacks oder dem Erwachen aus einem Albtraum geraten sind.

Bei den folgenden Körperübungen sollten Sie – sofern nicht anders angegeben – die Augen geöffnet halten und regelmäßig Ihre Sinne überprüfen. Der Körper ist das größte Portal, um sich mit dem gegenwärtigen Moment zu verbinden.

Die Übungen können überall dort ausgeführt werden, wo Sie sich sicher und wohl fühlen, auch wenn manche Menschen das Gefühl haben, dass es ihnen mehr nützt, wenn sie dabei ungestört in einem ruhigen Raum sitzen.

Nehmen Sie sich für jede Übung so viel Zeit, wie Sie haben oder sich nehmen wollen. Selbst wenn Sie nur ein paar Minuten Zeit für eine Übung haben, spüren Sie einen Unterschied, wenn Sie diese regelmäßig praktizieren.

Übungen, die bei dem/der einen gut funktionieren, funktionieren vielleicht nicht bei Ihnen. Deshalb lesen Sie die verschiedenen Übungen durch und streichen Sie die an, die Sie ansprechen oder die Ihnen den Eindruck vermitteln, dass sie zu Ihnen passen. Probieren Sie sie dann aus.

Wie bereits im vorigen Kapitel erwähnt, ist es sinnvoll, die Übungen auszuprobieren, wenn Ihr Leben gerade nicht in einer Schieflage ist. Dadurch kennen Sie die Übungen bereits und sind daran gewöhnt, das erleichtert Ihnen das Praktizieren in schwierigen Momenten.

Führen Sie Ihre Übungen so sorgfältig wie möglich durch. Das wird von Tag zu Tag unterschiedlich sein, was auch in Ordnung ist. Erlauben Sie es. Beenden Sie jede Praxis damit, dass Sie Ihre Aufmerksamkeit in den gegenwärtigen Moment zurückbringen, in den Raum, in dem Sie sind, zu den Geräuschen, den Farben, der Umgebung. Nehmen Sie sich einen Moment, um sich auf den Rest des Tages einzustimmen.

↕ *Wahrnehmungsübung 5–1*

Bei dieser erdenden Wahrnehmungsübung nehmen Sie mit Ihren Sinnen bewusst Details in Ihrer Umgebung wahr, die Sie normalerweise nicht bemerken würden. Sie können sich auf eine natürliche und achtsame Weise mit Ihrer Umgebung verbinden.

1. Nehmen Sie einen tiefen Atemzug.
2. Registrieren und benennen Sie fünf Dinge, die Sie sehen.
3. Registrieren und benennen Sie vier Dinge, die Sie anfassen können.
4. Registrieren und benennen Sie drei Dinge, die Sie außerhalb Ihres Körpers hören.
5. Registrieren und benennen Sie zwei Dinge, die Sie riechen können.
6. Registrieren und benennen Sie eine Sache, die Sie gerade schmecken können.

↕ Atemübung auf 4

Dies ist eine kurze und einfache Übung, um in Zeiten von Angst und Sorge wieder Gelassenheit in Körper und Geist zu bringen.

1. Stellen Sie Ihre Füße fest auf den Boden und richten Sie Ihre Wirbelsäule auf.
2. Atmen Sie ein und zählen Sie dabei langsam bis 4.
3. Halten Sie Ihren Atem an und zählen Sie dabei bis 4.
4. Atmen Sie aus und zählen Sie dabei bis 4.
5. Insgesamt 2 Minuten durchführen.

Sensorische Übungen

Die Fokussierung auf unsere Sinnesorgane holt uns in den gegenwärtigen Moment, insbesondere, wenn wir unsere Aufmerksamkeit nacheinander darauf richten. Beispielsweise schauen wir oft etwas an, während wir etwas anderes anfassen, oder wir hören einen Podcast, während wir gleichzeitig essen. Die meisten von uns benutzen Ihre Sinnesorgane wie Hintergrundmusik. Die Übungen erlauben uns, die Sinnesorgane als Hauptereignis zu erleben.

Sehübungen

Die drei folgenden Augen-Übungen können Ihnen helfen, Sie ins Hier und Jetzt zu bringen. Wählen Sie die Übung aus, die Ihnen am meisten zusagt, und machen Sie sie einmal am Tag.

- ↕ Lassen Sie Augen und Blick weich werden. Atmen Sie ein und folgen Sie Ihrem Atem. Nehmen Sie wahr, wie kühle Luft durch die Nase eintritt und den ganzen Weg durch Luftröhre und Bronchien bis in die Lungen nimmt. Beim Ausatmen folgen Sie der angewärmten Luft beim Verlassen des Körpers aus den Lungen, durch Bronchien, Luftröhre, Nase oder Mund. Nehmen Sie sich fünf Minuten Zeit, um Ihrem Atem so zu folgen und dabei den wunderbaren, lebenswichtigen Vorgang in Ihrem Körper anzuerkennen.
- ↓ Betrachten Sie Gegenstände in Ihrer unmittelbaren Umgebung wie Muster, Bilder, Stoffe und Möbelstücke. Richten Sie Ihren Blick auf einen Gegenstand, beobachten Sie ihn und beschreiben Sie ihn bis ins kleinste Detail in Ihrem Kopf. Bemerken Sie die Farben, Texturen, Schatten, Muster usw. Und nehmen Sie wahr, ob sich dadurch

Ihr Gefühl für den Gegenstand und den Raum, in dem Sie sich befinden, verändert.

- ⬇ Schauen Sie im Sitzen oder Stehen auf Ihre Füße. Lenken Sie Ihre Aufmerksamkeit auf die Stelle unterhalb Ihrer Fußknöchel. Wandern Sie mit der Aufmerksamkeit langsam zu den Sohlen, dann zum Spann und schließlich zu den Zehen. Nehmen Sie jeden Bereich mit seinen Empfindungen genau wahr.

Hörübungen

Die folgenden Hör-Anker können uns ins Hier und Jetzt bringen. Wählen Sie die Übung aus, die Ihnen am meisten zusagt, und machen Sie sie einmal am Tag.

- ⬍ Lassen Sie ein Lied Ihrer Wahl abspielen. Hören Sie im Sitzen oder Stehen einfach zu und konzentrieren Sie sich auf die Musik, die sich um Sie herum ausbreitet. Jedes Mal, wenn Sie das Gefühl haben, noch etwas anderes tun zu müssen, sei es aus dem Fenster oder aufs Telefon zu schauen, bringen Sie sanft Ihre Aufmerksamkeit auf die Musik zurück. Was spüren Sie beim Zuhören in Ihrem Körper? Nehmen Sie sich dieses eine Lied lang Zeit, um einfach nur zu »sein«.
- ⬇ Probieren Sie es einmal mit ASMR – die Abkürzung steht für Autonomous Sensory Meridian Response (»selbstständige sensorische Meridian-Resonanz«). Keine Sorge, wenn Sie noch nie davon gehört haben, Sie sind nicht allein. Es benennt ein angenehm kribbelndes Gefühl auf der Haut und zeigt sich auf der Kopfhaut des Hinterkopfs, entlang des Nackens, des Rückens und der Arme. Ausgelöst wird es durch akustische, visuelle oder taktile Sinnesreize wie Flüstern, Kratzen oder Tippen.

Forschungen haben gezeigt, dass etwa 20 Prozent der Weltbevölkerung starke ASMR erfahren. Auf YouTube gibt es zahlreiche Videoclips, die eine solche Reaktion provozieren können sollen. Sollte eine Art nicht bei Ihnen funktionieren, probieren Sie eine andere aus. Auch wenn die wissenschaftliche Forschung dazu noch in den Kinderschuhen steckt, deuten Erfahrungsberichte darauf hin, dass ASMR in starkem Maße entspannt, Stress abbaut und bei Schlaflosigkeit hilft.

Riechübungen

Die folgenden zwei Riechübungen können Sie tiefer in den gegenwärtigen Moment bringen, wenn Sie es benötigen. Wählen Sie die Übung aus, die Ihnen am besten zusagt, und machen Sie sie einmal am Tag.

- ⬇ Finden Sie heraus, welche Duftkerze Sie mögen, vielleicht mit erdigen Düften wie Moos und Torf, mit dem Duft von frischer Wäsche oder dem von Vanillekipferl. Setzen Sie sich an einen ruhigen Ort und entzünden Sie die Kerze. Beobachten Sie, wie das Wachs zu schmelzen beginnt. Nehmen Sie wahr, wie der Geruch Sie erreicht. Ist er gleichbleibend? Verteilt er sich? Wie würden Sie ihn beschreiben?
- ⬇ Nehmen Sie sich ein Buch, das Ihnen am Herzen liegt, und stecken Sie Ihre Nase zwischen die Seiten. Nehmen Sie beim Einatmen den Geruch der Seiten wahr. Wie riechen sie? Was empfinden Sie dabei in Ihrem Körper? Das funktioniert wunderbar mit alten oder neuen Büchern – wie Sie möchten.

Geschmacksübung

⬍ Im Folgenden finden Sie eine ausführliche Übung unter Einbeziehung des Geschmackssinns, die Sie tiefer in den gegenwärtigen Moment bringt. Zeit für mich allein + Schokolade = Erdung, mit der ich mich anfreunden kann.

1. Besorgen Sie sich Schokolade und suchen Sie sich einen ruhigen, bequemen Platz (fernab von räuberischen Schokoladenliebhabern).
2. Nehmen Sie ein kleines Stück Schokolade in die Hand.
3. Atmen Sie ein paar Momente und machen Sie sich bewusst, wie es sich anfühlt, jetzt hier zu sitzen.
4. Richten Sie Ihre Aufmerksamkeit auf die Schokolade in der Hand. Achten Sie auf die Form, die Farbe und alle Reaktionen, die sich bei Ihnen einstellen.
5. Führen Sie die Schokolade an Ihre Nase und nehmen Sie wahr, welchen Duft Sie zuerst erkennen. Ist er stärker als erwartet? Ist er fein?
6. Nehmen Sie wahr, dass Sie die Schokolade nun essen möchten und lenken Sie Ihren Fokus wieder auf das Stück in der Hand. Machen Sie sich bewusst, dass der Rest der Schokolade für später auf Sie

wartet, aber im Moment konzentrieren Sie sich nur auf dieses eine Stück, um sich zu erden.

7. Legen Sie nun das Schokoladenstück in den Mund und nehmen Sie wahr, welche Geschmäcker und Aromen auftauchen. Halten Sie es so lange wie möglich im Mund. Nehmen Sie wahr, wie es schmilzt, und erkunden Sie die Texturen und Aromen, die sich entwickeln.

8. Wenn die Schokolade verschwunden ist, richten Sie Ihre Aufmerksamkeit wieder auf Ihren Geschmackssinn. Wie stark ist der Nachgeschmack?

9. Richten Sie Ihre Aufmerksamkeit noch einmal auf Ihren Atem und Ihren Körper. Bleiben Sie hier und werden Sie sich bewusst, wie Sie sich fühlen. Fühlt es sich anders an als zu Beginn der Übung?

Haptische Übungen

Im Folgenden sind Übungen aufgelistet, die auf Berührungen basieren und Ihnen helfen, bei Bedarf voll im gegenwärtigen Moment zu sein. Wählen Sie die Übung aus, die Ihnen am meisten zusagt, und machen Sie sie einmal am Tag.

- 🠉 Berühren Sie etwas in Ihrer Nähe. Können Sie es greifen? Wenn ja, dann nehmen Sie sein Gewicht wahr. Ist es schwer oder leicht? Wie ist die Temperatur? Fühlt es sich warm oder kalt an? Oder ändert es sich? Nehmen Sie die Oberfläche wahr. Wie genau und detailliert nehmen Sie alles wahr? Wenn Sie den Gegenstand ausgiebig betrachtet und erforscht haben, legen Sie ihn zurück. Spüren Sie jeder Emotion oder Sinnesempfindung nach, die Sie dabei hatten.
- 🠉 Holen Sie sich einen Eiswürfel aus dem Tiefkühler und nehmen Sie ihn in die Hand. Wie fühlt er sich zu Beginn an? Kalt natürlich, und wie noch? Wie lange dauert es, bis er zu schmelzen beginnt? Ändert sich Ihre Empfindung, wenn er zu schmelzen beginnt? Fühlt es sich in jedem Bereich der Hand gleich an? Konzentrieren Sie sich auf die Temperatur und wie es sich an Ihren Fingerspitzen anfühlt, dann auf dem Handrücken, dann auf den Handflächen. Mit Eis in der Hand wird unsere Aufmerksamkeit schnell und effektiv in den gegenwärtigen Moment gelenkt, weil die Kälte von Eis sofort alle Aufmerksamkeit auf sich zieht.

- 🠉 Tauchen Sie Ihre Hände in ein Becken mit kaltem Wasser und nehmen Sie Ihre Empfindungen wahr. Wenn es Ihnen angenehm ist, dann legen Sie Ihre Hände abwechselnd in dieses kalte und in warmes Wasser. Nehmen Sie den Unterschied zwischen den Empfindungen wahr, den die beiden Erfahrungen auslösen.

🠉 *Tapping-Übung*

Wenn wir uns im Zustand der Hypoerregung befinden (siehe Seite 125 f.) brauchen wir manchmal eine Körpertechnik, die uns »aufweckt«, um erhöhtes Bewusstsein und Leben in den Körper zu bringen. Die als »Tapping« (EFT oder Emotional Freedom Techniques, »Techniken für emotionale Freiheit«) bekannte Technik ist eine einfache und effektive Methode, die jederzeit angewendet werden kann.

Im Folgenden wird eine solche Tapping-Praxis beschrieben, die mehr Bewusstsein in den ganzen Körper bringt.

1. Beginnen Sie damit, den linken Handrücken mit Handfläche und Fingern der rechten Hand sanft und fest zu klopfen, etwa zwei Taps pro Sekunde. Sie brauchen das nicht ganz exakt auszuführen oder zu messen; wichtig ist, dass Sie eine Vorstellung von der Frequenz erlangen.

2. Wenn Sie einmal Ihren Rhythmus gefunden haben, können Sie mit dem eigentlichen Tappen beginnen. Dabei klopfen Sie nach und nach etwa 30 Sekunden auf jede Hauptregion des Körpers. Nachdem Sie 30 Sekunden den Handrücken geklopft haben, klopfen Sie mit der rechten Hand zuerst auf die Oberseite des linken Unterarms, dann auf die Unterseite. Als Nächstes machen Sie dasselbe mit dem Oberarm.

3. Nun nehmen Sie sich die linke Schulter vor, dann die linke Seite der Brust und entlang der linken Körperseite. Nehmen Sie die linke Hand und klopfen Sie die Rückseite des Körpers ab, während Sie gleichzeitig mit der rechten Hand die Vorderseite abklopfen.

4. Arbeiten Sie sich nun die linke Körperseite hinab: Taille, Hüfte, Po, Oberschenkel, Wade, Fuß.

5. Nachdem Sie die linke Seite komplett abgeklopft haben, stellen Sie sich aufrecht hin und spüren Sie den Klopfimpulsen nach. Fühlt sich die linke Körperseite anders an als die rechte? Falls ja, auf welche Weise? Welche Empfindungen sind auf der linken Seite präsent und

welche auf der rechten? Mit welchen Wörtern würden Sie die jeweilige Seite beschreiben?

6. Nehmen Sie sich einen Moment Zeit und spüren Sie die Empfindungen Ihres Körpers. Wenn Sie bereit sind, dann wiederholen Sie den Vorgang mit der anderen Körperhälfte, also mit der linken Hand die rechte Seite abklopfen.
7. Nachdem Sie auch die rechte Körperseite abgeklopft haben, stellen Sie sich wieder aufrecht hin und nehmen Sie wahr, wie Ihr Körper sich anfühlt.

FÜNF-MINUTEN-PAUSE:
WAS BEDEUTET STILLE FÜR SIE?

Stellen Sie sich folgende Fragen:

- Wie sieht Stille für mich aus?
- Wie fühlt sich Stille für mich an?
- Welche Farben, Bilder, Geschmacks- und andere Empfindungen kommen mir in den Sinn, wenn ich an Stille denke?

Nehmen Sie sich Zeit, um sich die Antworten in Ihr Journal, Ihr Telefon oder was für Sie praktisch ist, zu notieren.

ACHTSAMKEITSPRAXIS

Es ist kein Zufall, dass die bislang vorgestellten Körperübungen die Praxis der Achtsamkeit einschließen. Eines der wichtigsten Ziele von Achtsamkeit ist, Ihr Bewusstsein zu schärfen, sodass es sich um Sie herum ausbreitet.

Manche Menschen empfinden einen Widerwillen beim Wort Achtsamkeit. Das ist in Ordnung und verständlich, wenn man bedenkt, dass diesem Begriff in den letzten Jahren enorm viel Aufmerksamkeit entgegengebracht wurde und er ständig im Gespräch ist.

Wenn Sie Achtsamkeit mit Skepsis begegnen, machen Sie sich keine Sorgen! Als ich meine Psychotherapeutenausbildung machte, war es für mich genauso. Als ich dies meiner Dozentin für Therapietechniken beichtete, erwiderte sie: »Großartig! Solche Studenten sind mir die liebsten. Du wirst noch den größten Nutzen daraus ziehen, wenn die Zeit gekommen ist.« Ich nickte höflich, ohne ihr groß zu glauben. Doch überraschenderweise (kann ich im Nachhinein sagen), lag sie völlig richtig. Was ich zunächst für etwas »schwammig«, »Blabla« oder »alternativ« gehalten hatte, ist nun für mich eine unverzichtbare, wertvolle tägliche Praxis.

Das ist Achtsamkeit *nicht*:

- Keine Gedanken zu haben oder sich leer zu fühlen.
- Ein Versuch, unerwünschte Erfahrungen loszuwerden.
- Nie abgelenkt zu sein.
- Sich auf Positives zu fokussieren und Unangenehmes auszublenden.
- Etwas, das nur durch Meditation und Änderung der Lebensumstände erreichbar ist.

Achtsamkeit ist vielmehr:

- Sich bewusst zu werden, welche Gefühle, Körperempfindungen und Gedanken gerade präsent sind.
- Den gegenwärtigen Moment so zu erleben, wie er ist.
- Den Geist sanft und bewusst auf die Gegenwart auszurichten, wenn (nicht falls!) er abgelenkt ist.
- Eine Möglichkeit, um besser mit unangenehmen Gefühlen, die sein dürfen, umzugehen.
- Allmählich die Dinge zu akzeptieren, wie sie sind, und nicht wie ich sie gern hätte.

Beispielsweise sitze ich draußen, während ich dies hier schreibe. Es ist ein sonniger Mittwochmorgen. Der Himmel ist blau, es weht eine leichte Brise und ein Schwarm Vögel fliegt an diesem ruhigen Tag im Herzen von Dublin City in Formation um einen Turm. Ich fühle mich von meinem gestrigen Tag erholt und für den vor mir liegenden Tag gestärkt. Und das ist auch schon Achtsamkeit. Sich auf den gegenwärtigen Moment einlassen. Eine Bestandsaufnahme von Sinnen, Körper und Geist, so wie sie sind, was sie erfahren, in diesem Moment.

Bei dieser Praxis gibt es kein richtig oder falsch. Das Ziel ist nicht, die Achtsamkeitspraxis ohne Ablenkung durchzuführen. Es geht darum, wahrzunehmen und sich sanft in den gegenwärtigen Moment zu bringen, wenn die Gedanken wandern (ich sage bewusst »wenn« die Gedanken wandern und nicht »falls«, denn es lässt sich nicht vermeiden – von niemandem!).

FÜNF-MINUTEN-PAUSE:

SEIEN SIE ACHTSAM MIT DIESEM BUCH

Können Sie dieses Buch in Ihre Achtsamkeitspraxis einbauen, da Sie nun wissen, was Achtsamkeit bedeutet? Legen Sie das Buch einfach in Ihren Schoß, lesen Sie weiter und nehmen Sie sich Zeit, Ihren gegenwärtigen Moment zu erleben, Atemzug für Atemzug, wenn es sich für Sie sicher anfühlt. Wie fühlen Sie sich dabei?

↓ *Geräusche wahrnehmen*

1. Finden Sie eine bequeme Sitzposition und schließen Sie sanft die Augen. Wenn es sich für Sie besser anfühlt, dann lassen Sie die Augen geöffnet und senken Sie Ihren Blick nach unten, der Fokus ist dabei weich.

2. Stimmen Sie sich auf die Geräusche um Sie herum ein. Nehmen Sie sie bewusst wahr. Wenn Sie drinnen sitzen, nehmen Sie die Geräusche im Raum wahr. Vielleicht hören Sie eine Uhr, das Quietschen einer Tür, Schritte in einem anderen Raum. Nehmen Sie auch die Geräusche draußen wahr, vielleicht vom Verkehr, von Vögeln, von

sprechenden Menschen, vom Wind oder vom Regen, der gegen das Fenster klopft. Nehmen Sie jedes einzelne Geräusch wahr und lassen Sie es weiterziehen, ohne bei einem Geräusch länger zu verweilen. Das Einzige, was Sie im Moment tun, ist, den Geräuschen zu lauschen.

3. Vielleicht bemerken Sie, dass Ihre Gedanken beginnen zu wandern oder an bestimmten Geräuschen hängenbleiben und sich näher dafür interessieren. Wenn Sie dies feststellen, kehren Sie sanft zurück, ohne zu urteilen – einfach nur wahrnehmen und gehen lassen. Nehmen Sie sich dafür so viel Zeit, wie Sie möchten.

↕ *Eine Einladung an die Teile des Selbst*

Heutzutage können wir schon von Glück reden, wenn wir unsere gesamte Aufmerksamkeit nur einer Aufgabe widmen, weil immer so viele Dinge gleichzeitig erledigt werden wollen. Eine Übung, die ich gern mit meinen Klienten mache, heißt: »Eine Einladung an die Teile des Selbst«.

1. Setzen Sie sich an einen ruhigen Platz oder setzen Sie Ihre Kopfhörer auf, um Meditationsmusik, Ihre Lieblingsmelodie zum Entspannen oder Lofi-Beats zu hören. Wenn es sich bequem anfühlt, schließen Sie sanft die Augen oder lassen Sie die Augen geöffnet und senken Sie Ihren Blick nach unten, der Fokus ist dabei weich.
2. Achten Sie auf Ihren Atem, so wie er ist. Wie weit dehnt er sich aus?
3. Nehmen Sie einen tiefen Atemzug und spüren Sie, wie Ihr Bauch weit wird und die Brust sich hebt.
4. Atmen Sie eine Minute lang tief ein und aus und beobachten Sie dabei Ihren Atem. Nehmen Sie wahr, wenn Ihr Geist abschweift.
5. Nun laden Sie die verschiedenen Teile Ihres Selbst ein, Ihre Aufgaben niederzulegen und in den gegenwärtigen Moment zu kommen. Ein Teil in Ihrem Geist ist vielleicht mit der Arbeit beschäftigt, ein anderer denkt an den Weg zum Büro, und wieder ein anderer eilt voraus und überlegt, was Sie später machen werden, was Sie zu Abend essen, was Sie am Wochenende mit den Kindern unternehmen oder welchen Film Sie am Abend anschauen wollen.
6. Erkennen Sie jeden Teil für das an, was er tut, und laden Sie alle ein, ins Hier und Jetzt zu kommen. Dabei sollten sie wissen, dass sie jederzeit an ihren Ort zurückkehren dürfen. Gibt es Teile, die bereit-

willig kommen? Gibt es Teile, die sich dagegen sträuben? Vermeiden Sie jede Form von Urteil oder Kritik, laden Sie einfach nur ein und nehmen Sie wahr.

7. Nehmen Sie sich ein paar Momente dafür Zeit, und wenn Sie sich bereit fühlen, öffnen Sie sanft die Augen.

⬇ *Ein Tee-Ritual*

»Ich habe keine Zeit« oder »Ich habe zu viel zu tun« sind Sätze, die oft aus meinem Mund kamen. Ich hatte ständig das Gefühl, dass in meinem Tag zu wenig Raum war, um abzuschalten oder mir wegen X, Y oder dem gefürchteten Z einen Moment Zeit für mich zu nehmen (auch wenn ich es immer irgendwie schaffte, abends für ein paar Stunden auf meinem Handy zu scrollen oder in die neueste Serie einzutauchen).

Es gelang mir jedoch nicht, mir Zeit für mich selbst zu nehmen, sodass ich allmählich immer unausgeglichener wurde, der Stress zunahm und ich meine Mitmenschen wegen der trivialsten Dinge attackierte.

Eines Abends, als ich mich mal wieder darüber beklagte, wie schwierig ich ein Seminar fand, sagte eine liebenswerte, aber direkte Mitstudentin zu mir: »Wie kann es sein, dass du keine Zeit hast, wenn du dir morgens vier Tassen Tee machst?«

Sie wollte sich nur über mich lustig machen, aber ich vernahm ihre Botschaft klar und deutlich. Ich hatte Zeit; ich hatte sie mir nur nicht richtig eingeteilt.

Ich verfing mich in der Geschichte, was ich tun *sollte*, anstatt mich darauf zu konzentrieren, was ich brauchte.

Dann begann ich, auf einfache Weise mehr Präsenz, Langsamkeit und Stille in mein Leben zu bringen, indem ich das Teekochen zu einem Ritual machte.

Tee- oder Kaffeekochen gehört zu den Aktivitäten, die wir normalerweise im Autopiloten durchführen. Überlegen Sie mal. Können Sie sich daran erinnern, wann Sie das letzte Mal den Wasserkocher eingeschaltet haben? Können Sie sich noch an etwas anderes aus diesem Moment erinnern? Wenn es Ihnen so geht wie mir bis dahin, waren Sie in Gedanken wahrscheinlich schon mit Ihrem vollen Vormittagsprogramm beschäftigt, oder mit den Dingen, die auf Ihrer To-do-Liste stehen oder mit der peinlichen Äußerung von vor zehn Jahren oder mit dem Snack, den Sie nebenher naschen.

Dabei ist achtsames Teezubereiten und -trinken eine simple meditative Praxis, die jedem von uns zugänglich ist – eine scheinbar banale tägliche Aktivität, deren Charakter sich komplett ändern kann, wenn sie achtsam ausgeführt wird. Und keine Sorge, falls Tee nicht das Getränk Ihrer Wahl ist, es funktioniert auch mit Kaffee, Kräutertee, Kakao oder jedem anderen Getränk.

So können Sie aus einer einfachen Handlung ein körperliches Ritual machen:

1. Schalten Sie den Wasserkocher ein und seien Sie einfach nur da. Wenn andere Gedanken oder Ablenkungen auftauchen, kommen Sie sanft in den gegenwärtigen Moment zurück. Sie haben gerade nichts anderes zu tun. Sie brauchen nirgendwo sonst zu sein.
2. Legen Sie einen Teebeutel in Ihren Lieblingsbecher.
3. Wenn das Wasser kocht, gießen Sie es in den Becher. Hören Sie, wie das Wasser auf den Teebeutel trifft, während sich der Becher füllt.
4. Beobachten Sie, wie der Teebeutel sich aufbläht und sich mit Wasser füllt.
5. Nehmen Sie die Farbe des Wassers wahr – verändert sie sich schnell oder langsam? Können Sie die Farbe benennen?
6. Beobachten Sie die Formen, die der aufsteigende Dampf bildet.
7. Setzen Sie sich mit Ihrem Tee an einen ruhigen Platz.
8. Atmen Sie tief durch die Nase ein und durch den Mund aus. Stellen Sie sich vor, dass der Atem bis zu Ihren Zehen fließt, und beim Ausatmen stellen Sie sich vor, wie Stress und Anspannung den Körper verlassen.
9. Spüren Sie den Becher unter Ihren Fingerspitzen. Wie fühlt er sich an? Ist er glatt oder rau?
10. Halten Sie den Becher unter Ihre Nase. Was riechen Sie? Sie brauchen kein Tee-Sommelier zu sein. Es ist in Ordnung, wenn Sie die feinen Nuancen von Jasmin und Tabak nicht erschnuppern können. Nehmen Sie nur wahr, was jetzt da ist. Riecht der Tee süßlich? Malzig? Blumig?

11. Nehmen Sie wahr, wie sich der Becher an Ihren Lippen und der erste Schluck Tee anfühlen. Spüren Sie bei jedem Schluck die Wärme des Tees, der von Ihrem Mund durch die Kehle in den Magen rinnt.
12. Entspannen Sie sich, trinken Sie und genießen Sie mit jedem Schluck die Sinneserfahrung in diesem Moment.

↓ Einwickeln

Die folgende einfache und effektive Entspannungsübung ist bei meinen Klienten sehr beliebt. Sie werden gleich sehen, warum! Wenn Sie möchten, stellen Sie sich den Timer auf 15 Minuten ein oder arbeiten Sie einfach so lange damit, wie Sie Zeit haben.

1. Legen oder setzen Sie sich irgendwo ruhig und bequem hin und wickeln Sie sich in eine Bett- oder Wolldecke.
2. Während Sie eingewickelt sind, lenken Sie Ihre Aufmerksamkeit auf das kuschelige und gemütliche Gefühl wie in einem Kokon.
3. Wenn der Geist abschweift oder Gedanken hochkommen, dann kämpfen Sie nicht dagegen an. Lenken Sie Ihre Aufmerksamkeit wieder sanft in den gegenwärtigen Moment, das Empfinden der Decke und das Gefühl, in einem sicheren Hafen geschützt zu sein.

↓ Dankbarkeit zeigen

Viele Studien belegen, dass Dankbarkeit und deren Integration in unseren Alltag dazu führen kann, dass wir weniger gestresst und somit gesünder sind, und außerdem den Blick auf das Positive im Leben lenken können, was sonst in der Hektik unserer Tage leicht übersehen wird.

1. Finden Sie einen ruhigen, bequemen Ort, an dem Sie sitzen, reflektieren und in Ihr Journal oder Ihren Laptop schreiben können.
2. Nehmen Sie sich Zeit, um an all die Dinge zu denken, für die Sie heute dankbar sind. Das könnte sein: das Wetter, ein freier Tag, Ihre Gesundheit, bestimmte Freundschaften … Die Dinge auf Ihrer Liste können so allgemein oder individuell sein, wie Sie möchten.
3. Versuchen Sie, mindestens eine Sache hinzuzufügen, die Sie heute ganz persönlich betrifft. Das könnte die Freude darüber sein, dass der erste Schluck Kaffee heute Morgen Ihre Seele berührt hat, oder

der Wind zwischen Ihren Fingern, als Sie heute Abend nach Hause gekommen sind. Nehmen Sie sich Zeit, an Details zu denken und schreiben Sie sie auf.

4. Lesen Sie nun Ihre Notizen und danken Sie innerlich jeder einzelnen Erfahrung dafür, dass Sie sich heute in Ihrem Leben gezeigt hat. Legen Sie gern Ihre Hände auf Ihr Herz, wenn es Sie unterstützt.

5. Wenn Sie fertig sind, bringen Sie Ihre Aufmerksamkeit in den gegenwärtigen Moment. Wie fühlt es sich an, Dankbarkeit zu praktizieren? Was nehmen Sie in Ihrem Körper wahr? Atmen Sie tief und seien Sie, nur für einen Moment, mit nichts anderem beschäftigt, als dankbar zu sein.

KREATIVE RITUALE

Mit einem Filzstift, Buntstift oder Pinsel etwas zu Papier zu bringen, ist nicht nur eine weitere großartige Möglichkeit, um sich zu besänftigen und zu entspannen, sondern auch, um Gedanken und Emotionen auszudrücken.

Und keine Sorge, wenn Sie kein Picasso oder Goethe sind! Kreative Praktiken können sehr befreiend sein, unabhängig von Ihren künstlerischen Fähigkeiten! Für den Pinselstrich oder den Tintenfluss gibt es keine Regeln. Denken Sie nicht zu viel nach, je weniger, desto besser. Lassen Sie sich einfach auf den kreativen Prozess ein und seien Sie sich sicher, dass Botschaften in Ihnen auftauchen werden, wenn Sie bereit sind, sie zu sehen.

↑ *Zurück in die Zukunft*

Nehmen Sie Stift und Papier und schreiben Sie einen Brief von Ihrem Zukunfts-Ich in zwei Jahren an die Person, die Sie jetzt sind. Beschreiben Sie Ihr Leben in zwei Jahren so detailliert wie möglich! Berichten Sie auch über Ihre Mitmenschen, Dinge, die Sie getan haben, Hoffnungen, die Sie hatten und Realität wurden, und wie Ihr Leben aussieht, wenn Sie Ihr wahres Ich leben. Wie sieht Ihr Tagesablauf aus? Wie fühlt es sich an? Welchen mitfühlenden Rat könnte Ihr Zukunfts-Ich Ihrem gegenwärtigen Ich geben?

↑ *Himmlische Inspiration*

Manchmal brauchen wir eine gesunde Dosis Realitätsflucht und Fantasie, um Energie zu tanken und ins Gleichgewicht zu kommen. Tagträumen und Geschichtenerzählen sind alles andere als nutzlose Ablenkungen, es sind elementare menschliche Aktivitäten, durch die wir uns lebendig, motiviert und geerdet fühlen.

Anstatt vor dem Fernsehen abzuhängen, nehmen Sie Papier und Stift oder Ihren Laptop und schauen Sie, wohin Ihr Gedankenfluss Sie mit einer der folgenden Schreibübungen führt. Versuchen Sie, nicht zu viel nachzudenken. Lassen Sie sich einfach überraschen.

- Die Sterne am Abendhimmel funkelten …
- Die letzten Strahlen der Sommersonne verschwanden aus dem Blickfeld …
- Die Sonne ging wie immer auf. Es gab keinen Hinweis darauf, dass heute der Tag war, den ich schon immer herbeigesehnt hatte …

↑ *Ein Beruhigungsmittel kreieren*

Es kann sehr wirkungsvoll sein, ein Bild vor Augen zu haben, das für Ruhe steht. Gleichzeitig kann es uns daran erinnern, einen tiefen Atemzug zu nehmen, wenn wir überfordert oder verängstigt sind. Ein eigenes, selbst gestaltetes »Beruhigungsmittel« kann ein schöner Anker sein.

1. Atmen Sie tief ein, halten Sie den Atem an und atmen Sie aus. Was empfinden Sie beim tiefen Ausatmen? Kommt Ihnen dabei ein Symbol, ein Bild oder eine Farbe in den Sinn? Vielleicht das Meer, ein Buch, die Sonne, ein Stuhl …?
2. Zeichnen Sie mit dem, was Sie gerade zur Hand haben, diese Vision auf – so abstrakt oder naturgetreu, wie Sie möchten. Nehmen Sie sich dafür so viel Zeit, wie Ihnen zur Verfügung steht.
3. Hängen Sie Ihr fertiges Bild so auf, dass Sie es gut sehen können.
4. Immer, wenn Sie das Bild sehen, betrachten Sie es als Einladung zur Besänftigung und Erdung und als ein Beruhigungsmittel in stressigen Momenten. Es ist eine Einladung, um bis vier einzuatmen, bis vier den Atem anzuhalten und bis vier auszuatmen.

HIER EINE SANFTE
ERINNERUNG:
DENKEN SIE
AN EINE SACHE, FÜR DIE
SIE IM MOMENT
DANKBAR SIND.

⬆ Sonnentropfen

1. Nehmen Sie sich ein leeres Glas, das Ihnen gefällt.
2. Immer, wenn Ihnen etwas Gutes, Aufbauendes oder Erfreuliches passiert, schreiben Sie es auf ein Stück Papier. Sie brauchen nicht ins kleinste Detail zu gehen, ein Hinweis zum Erinnern daran reicht aus.
3. Während Sie Ihre Erfahrung niederschreiben, visualisieren Sie die Farbe und Freude dieses Moments. Nehmen Sie wahr, wie die Freude beim Schreiben aufs Papier fließt und Sie dadurch wachsen lässt, sodass die Freude noch stärker wird. Ihre Notizen können so einfach oder detailliert, so knapp oder ausführlich sein, wie Sie möchten – von der Fahrt in den Urlaub bis zum ersten Knistern des Herbstlaubs unter Ihren Füßen.
4. Legen Sie die Zettel, oder, wie ich sie gern nenne, Ihre »Sonnentropfen« in das Glas.
5. Nun können Sie jedes Mal, wenn Sie einen schlechten Tag haben, zwei oder mehr »Sonnentropfen« herausziehen und lesen. Lassen Sie sich von dem positiven Gefühl, das aus diesen Erinnerungen hochkommt, durchfluten.

⬇ Darraghs Hund

Auf meinem Instagram-Profil @TheMindGeek hatte ich meine Follower gebeten, mir mitzuteilen, wie Sie sich selbst Sicherheit geben, wenn Sie Angst haben. Mein langjähriger Freund Darragh hinterließ einen Kommentar, der bei vielen Menschen gut ankam:

> *Vor Kurzem habe ich damit begonnen, meine Angst wie einen Hund zu betrachten, der am Fenster steht und bellt. Dabei macht er aus einer Mücke einen Elefanten. Ich gebe ihm das Gefühl, gehört zu werden, und dadurch weiß er, dass er seine Aufpasseraufgabe gut erledigt hat.*

Wenn Sie sich wie Darragh Ihre Angst als Hund vorstellen, wie sähe dann Ihr aufgeregter Hund aus? Zu welcher Rasse gehörte er wohl, wie hieße er? Was könnten Sie zu Ihrem Hund sagen, wenn er beginnt zu bellen?

Wenn Sie sich das nächste Mal ängstlich fühlen, überlegen Sie, wie Sie Ihr verstörtes Haustier für die Aufgabe bestätigen könnten, die es für Sie erledigt hat – und vielleicht könnten Sie mit ihm auch, falls nötig, vor die Tür gehen, um frische Luft zu schnappen?

↑ *Art Attack: Home Edition*

Für diese Übung benötigen Sie einen Bogen Papier (am besten DIN A3), einen Pappteller und Acrylfarben in Tuben. Zeit zum Improvisieren!

1. Drücken Sie die Farben auf den Pappteller. Nehmen Sie so viele Farben, wie Sie mögen, setzen Sie die einzelnen Farbtupfer aber getrennt voneinander auf den Teller.
2. Nehmen Sie nun den Teller und beginnen Sie, ihn zu einer Seite zu schwenken und zu drehen. Beobachten Sie dabei, wie die Farben ineinander verlaufen und hübsche Muster bilden.
3. Lassen Sie die Farben auf das vorbereitete Papier tropfen.
4. Bewegen Sie dabei den Teller, wie Sie möchten.
5. Betrachten Sie nun das Motiv auf dem Papier. Möchten Sie noch etwas hinzufügen? Möchten Sie mit den Fingerspitzen etwas ändern oder alles so lassen, wie es ist? Tun Sie intuitiv, was sich für Sie richtig anfühlt, es zählen nur die Farbe und Sie.
6. Wenn Sie fertig sind, betrachten Sie Ihr Bild und atmen Sie dabei ein paar Mal tief ein und aus. Wie fühlen Sie sich jetzt? Fühlen Sie sich anders als zuvor? Alle Gefühle sind erlaubt.

FÜNF-MINUTEN-PAUSE:

IDENTIFIZIEREN SIE IHRE WIDERSTÄNDE

Es ist gar nicht so einfach zu lernen, sich selbst zu beruhigen und zu regulieren. Körper und Geist wollen immer den Weg des geringsten Widerstands gehen – das ist bequem und vertraut. Daher ist es völlig normal, dass es sich zunächst wie ein Kampf anfühlt, wenn wir beginnen, neue Praktiken einzuführen.

Widerstand ist nicht nur normal, er ist sogar ein Zeichen dafür, dass Sie ein altes Muster berührt haben, das aufgelöst werden kann. Das Ziel ist dabei, sich weder selbst zu überwinden noch schwierige Emotionen ganz zu vermeiden. Vielmehr geht es darum, das leichte Unbehagen beim Wachstum bewusst wahrzunehmen. Denken Sie daran und gehen Sie weiter …

SICH SELBST ZU REGULIEREN IST UMSO SCHWIERIGER, WENN …

ES IHNEN ALS KIND NICHT VORGELEBT WURDE.

SIE ÜBERARBEITET, KRANK ODER AUSGEBRANNT SIND.

SIE STÄNDIG DENKEN, DASS ANDERE MENSCHEN SICH ÄNDERN SOLLTEN.

SIE SICH ZUM REFLEKTIEREN KEINE ZEIT NEHMEN KÖNNEN.

SIE NUR UNGERN NEUE BEWÄLTIGUNGSSTRATEGIEN LERNEN.

TÄGLICHE ÜBUNGEN

Nehmen Sie sich am Ende des Tages fünf Minuten Zeit, um über die folgenden Themen nachzudenken.

Wenn Körper und Geist sich sträuben, betrachten Sie es als Gelegenheit, sich selbst zu fragen:

- Welche Widerstände könnten mir im Wege stehen? Wie könnte ich diese Widerstände überwinden?
- Wie kann ich meinen Gedanken und meinem Körper Verständnis entgegenbringen? Gibt es etwas, das ich sie wissen lassen möchte?
- Warum ist es wichtig, dass ich lerne, mich selbst zu regulieren? Kann ich das so formulieren, als würde ich es zu einem Kind sagen?

Nach einem Monat haben Sie dann eine Fülle an Material, um zu verstehen, welche Hindernisse Ihrer regelmäßigen Praxis im Wege stehen, welche Bedürfnisse Sie täglich haben, was Sie von Ihren neu erworbenen Bewältigungsstrategien erwarten sowie eine kleine Erinnerung daran, warum Selbstregulation für Sie wichtig ist.

6. GRENZEN SETZEN

SELBSTLIEBE PRAKTIZIEREN

> **»Verantwortung zu tragen bedeutet, nicht andere für sich denken, sprechen und bestimmen zu lassen.«**
>
> *Adrienne Rich*

Der Begriff »Selbstliebe« wird heutzutage häufig verwendet – so häufig, dass seine Bedeutung etwas unklar und verzerrt ist. Deshalb ist es vollkommen verständlich, wenn Sie mit den Augen rollen oder Ihnen das Konzept »egal« ist. Durch den überstrapazierten Gebrauch und die Kommerzialisierung dieses Begriffs kann die Unterscheidung zwischen echter Selbstliebe und »Hashtag-Selbstliebe« schwierig sein. Dennoch sollten wir sie nicht übergehen, denn echte Selbstliebe spielt in unserem Leben eine wichtige Rolle für unser Wohlbefinden.

DIE VERBINDUNG ZWISCHEN GRENZEN UND SELBSTLIEBE

Wenn man an Selbstliebe denkt, kommt einem das Setzen von Grenzen nicht unbedingt als Erstes in den Sinn, und doch ist es einer der effektivsten Wege, um für sich selbst und andere gut zu sorgen. Wenn wir verstehen, dass Grenzen sowohl unseren eigenen sicheren Raum als auch den anderer definieren, aufrechterhalten und ehren, sind wir in der Lage, uns selbst zu lieben.

Wir grenzen uns ab – emotional, psychisch, energetisch oder körperlich. Grenzen schützen uns, helfen uns, uns in Beziehungen sicher zu fühlen, und sie zeigen anderen Menschen, wie wir uns unseren Umgang wünschen. Indem wir an unseren Grenzen festhalten, schützen wir uns selbst vor Burn-out, schädlichen Verhaltensweisen und Ablehnung. Gleichzeitig erlaubt es uns, ein Gefühl von Eigenverantwortlichkeit aufrechtzuerhalten und unsere Identität, unsere Gedanken und unser Verhalten von anderen zu unterscheiden.

Um Grenzen auf gesunde Weise zu setzen, müssen wir Verantwortung für unser Handeln und unsere Gefühle übernehmen und gleichzeitig sicherstellen, dass wir nicht die emotionale Last oder die emotionale Arbeit anderer auf uns laden.

Vorteile von Grenzen

- Sie geben uns Sicherheit.
- Sie ermöglichen uns, Verantwortung für das zu übernehmen, was zu uns gehört und zwar nur zu uns.
- Sie erlauben anderen, die Verantwortung für sich zu übernehmen.
- Sie verbessern die Qualität unserer Beziehungen.
- Sie verbessern unsere Beziehung zu Nähe.
- Sie helfen zu vermeiden, dass wir uns manipuliert, nachtragend oder unbeachtet fühlen.
- Sie helfen uns zu bestimmen, wen wir wie weit in unser Leben eindringen lassen möchten.
- Sie helfen uns, klar zwischen unseren eigenen Gefühlen, Gedanken, unserer Identität und denen anderer Menschen zu unterscheiden.
- Sie zeigen vorbildhaft den Kleinen (und auch Erwachsenen), wie sie es verdienen, behandelt zu werden.

GRENZEN VERSTEHEN

Wir lernen etwas über Grenzen, indem sie uns in unserer Kindheit vorgelebt werden und indem wir uns unser ganzes Leben lang mit Freunden austauschen. Wenn unsere Eltern sich keine gesunden, schützenden Grenzen gesetzt haben, haben wir selbst eventuell auch Schwierigkeiten, uns abzugrenzen. Ebenso legen manche Familien oder Kulturen großen Wert auf Individualismus und viel persönlichen Raum, wohingegen anderswo größerer Wert auf die Gemeinschaft und das Kollektiv gelegt wird.

Wir neigen dazu, unbewusst das in jungen Jahren vorgelebte Muster zu übernehmen, bis wir erstmals einem Menschen begegnen, der andere Vorstellungen von Grenzen hat. Wenn wir beispielsweise viel Energie darauf verwenden, die Bedürfnisse anderer zu erfüllen, so wie unsere Bezugsperson es während unserer Kindheit getan hat, dann kann es für uns ein ziemlicher Schock sein, wenn wir in einer ähnlichen Situation jemanden sagen hören: »Ich kann (oder will) das nicht tun. Ich hatte eine anstrengende Woche, darum nehme ich mir am Wochenende Zeit zum Ausruhen.« Unsere innere Reaktion ist vielleicht blankes Entsetzen. Wie kann man nur so reagieren? Weil die Person erschöpft ist?! Seit 2006 bin ich ununterbrochen erschöpft und sage trotzdem zu/nicht ab!

Deshalb kann es sich für uns manchmal verletzend anfühlen und starke Emotionen hervorrufen, wenn eine Person ihre eigenen Bedürfnisse respektiert, indem sie bestimmte Grenzen setzt oder Wünsche äußert. Dies kann uns ermutigen, unseren eigenen Grenzen etwas mehr Sorge und Aufmerksamkeit zu schenken.

Die Eingangstür absichern

Als visueller Lerntyp liebe ich alle Arten von Metaphern, die mir das Verständnis eines Konzepts erleichtern. Um unsere Definition von Grenzen zu verdeutlichen, kann es hilfreich sein, sie sich als Haustür zu verbildlichen.

Wenn wir unsere Eingangstür weit geöffnet haben (d. h. keine Grenzen haben), kann alles und jeder eintreten, nach Belieben verweilen, herantragen und mitnehmen, was ihm gefällt. Das heißt, es bleibt anderen überlassen zu vermuten, was für uns in Ordnung sein könnte.

Wenn wir jedoch die Tür schließen (d. h. feste Grenzen ziehen), müssen die Menschen an der Tür klopfen oder klingeln, damit wir wissen, dass sie da sind. Wir können wählen, wen oder was wir hineinlassen und wen oder was wir draußen lassen möchten. So haben wir die Möglichkeit zu sagen: »Ich habe jetzt gerade keine Zeit« oder »Ja, komm rein«, je nachdem, wie die Umstände gerade sind, anstatt Situationen zu riskieren, in denen wir nicht sein wollen.

FÜNF-MINUTEN-PAUSE:

GRENZEN EINSCHÄTZEN

Um besser abschätzen zu können, wie und wo Sie Ihre Grenzen setzen, stellen Sie sich die folgenden Fragen:

- Habe ich Probleme, Nein zu sagen?
- Fühle ich mich schuldig oder schäme ich mich, wenn ich für jemand anderen etwas nicht tun kann?
- Gebe ich zu viel von mir preis?
- Empfinde ich Grenzen als egoistisch oder schamlos?
- Versuche ich, Dinge für andere zu regeln?
- Übernehme ich Verantwortung für andere?
- Habe ich Schwierigkeiten, Entscheidungen zu treffen?
- Tue ich Menschen einen Gefallen und ärgere mich später darüber?
- Bin ich ein »Retter«/eine »Retterin«?
- Mache ich häufig andere dafür verantwortlich, wie ich mich fühle oder wie ich reagiert habe?
- Fühle ich mich oft ausgenutzt?
- Ist es für mich schwierig zu erkennen, wo meine Gedanken und Gefühle enden und wo die anderer beginnen?
- Mache ich mir oft Sorgen darüber, dass ich andere enttäuschen könnte?
- Bin ich erschöpft, nachdem ich mit bestimmten Menschen zusammen war?

Wenn Ihre Antwort auf viele Fragen Ja lautet, dann brauchen Ihre Grenzen sehr wahrscheinlich etwas Aufmerksamkeit und liebevolle Betreuung.

ARTEN VON GRENZEN

Es gibt drei Arten von Grenzen:

- starre
- durchlässige
- klare

Starre Grenzen

Starre Grenzen funktionieren wie Wände, die andere draußen lassen und uns fest im Griff haben. Wenn unsere Grenzen starr sind (und die Haustür geschlossen ist), fällt es uns wahrscheinlich schwer, andere um Hilfe zu bitten, und wir haben vermutlich Probleme mit Nähe und engen Beziehungen.

Wenn Sie sich selbst darin erkennen, könnten Sie über Ängste nachdenken, die aufkommen, wenn Sie jemanden hereinlassen, oder sich selbst so sehen, wie Sie sind.

Durchlässige Grenzen

Bei durchlässigen Grenzen ist die Eingangstür sperrangelweit geöffnet oder sogar ausgehängt, wenn es darum geht, Menschen eintreten zu lassen. Wir erzählen zu viel Persönliches über uns selbst, kämpfen damit, Nein zu sagen, oder fühlen uns für die Emotionen anderer verantwortlich. Häufig akzeptieren wir respektloses Verhalten, auch wenn wir es nicht wollen, und haben Angst, nicht gemocht zu werden.

Wenn Sie sich in dieser Beschreibung wiederfinden, dann wäre es für Sie vielleicht gut, Ihre Grenzen zu anderen zu stärken. Sie könnten darüber nachdenken, welche Gründe Sie davon abhalten, sich selbst klare Grenzen zu setzen.

Klare Grenzen

Menschen mit klaren Grenzen liegen mit ihrem Schutzkonzept irgendwo zwischen den beiden oben beschriebenen Extremen. Sie können ohne Schuldgefühl Nein sagen. Sie kommunizieren ihre Wünsche und Bedürfnisse offen und sie wählen, wen sie hereinlassen möchten. Sie machen keine Kompromisse bei ihren Werten und akzeptieren im Gegenzug die Entscheidungen anderer.

Wie bei den meisten Dingen, liegt auch hier der Schlüssel in der Ausgewogenheit. Wir sollten sicherstellen, dass wir weder in der Starre gefangen sind noch unter durchlässigen Grenzen leiden. In der Anfangsphase beim Abstecken von Grenzen ist es besser, zur starren als zur durchlässigen Variante zu tendieren. Starre Grenzen sind nicht zwangsläufig unklar; in manchen Situationen können sie sogar sehr nützlich sein. Wenn wir zum Beispiel ein dominantes Elternteil hatten, das uns immer sagte, was wir zu tun haben, uns erniedrigte oder unter Druck setzte, ist es sinnvoll, dass wir sehr selektiv sind und starre Grenzen haben, mit wem wir unsere Sicht teilen wollen.

Manche Grenzen können offensichtlicher sein als andere, etwa, wie viel Zeit wir mit jemandem verbringen oder wie viel Persönliches wir jemandem anvertrauen möchten. Andere Grenzen sind uns so lange nicht deutlich, bis wir sie überschritten haben. Diese eher subtilen Grenzen könnten beispielsweise beinhalten, wie viele Nachrichten und soziale Medien wir konsumieren, wie lange wir bereit sind, anderen Menschen zuzuhören, die sich Luft machen oder ihren Schmerz teilen, wie wir damit umgehen, wenn ein Familienmitglied über ein anderes herzieht oder wenn eine Freundin oder ein Freund immer wieder unangekündigt auftaucht.

In allererster Linie kommt das Verständnis für die benötigten Grenzen von Ihnen selbst.

HÄUFIGE DENKFEHLER BEI ABGRENZUNGEN

Wenn Sie bislang immer Angst hatten, Nein zu sagen, oder das Gefühl hatten, dass ein Nein unpassend wäre, dann sind Sie nicht allein. Der Wunsch nach »Frieden« – koste es, was es wolle – wird oft durch Signale hervorgerufen, die wir irgendwann in unserer Kindheit verinnerlicht haben. Sollten Sie Bedenken haben, dass Grenzen Ihren Beziehungen schaden, machen Sie sich keine Sorgen. Wollen wir einen Blick auf Mythen oder Fehleinschätzungen werfen, die uns davon abhalten, unsere Grenzen zu kommunizieren und einzuhalten.

Mythos 1: Grenzen entfernen uns von Menschen

Die am weitesten verbreitete Fehleinschätzung über Grenzen ist die Vorstellung, dass man Menschen damit abblockt. Ironischerweise geschieht genau das Gegenteil: Auf lange Sicht schaffen Grenzen Verbindung und Nähe, sei es in Freundschaften, Partnerschaften, innerhalb der Familie oder anderswo. Das geschieht, weil Grenzen Vertrauen und Respekt für uns und andere ausdrücken.

Wenn wir klare Grenzen setzen, indem wir bestimmten Personen oder Situationen erlauben, durch unsere Eingangstür hineinzukommen und zu entscheiden, wie lange sie bleiben dürfen, respektieren wir unsere eigenen Bedürfnisse und sorgen für unsere psychische Gesundheit. Gleichzeitig erkennen wir dabei an und geben zu, dass nicht jede Beziehung in unserem Leben zu unserem Wohlbefinden beiträgt.

Mythos 2: Grenzen sind egoistisch

Grenzen zu setzen, kann sich egoistisch anfühlen, wenn wir uns sehr viel um andere kümmern und den Frieden in unseren Beziehungen aufrechterhalten wollen. Aber jede Beziehung braucht Grenzen, um gesund und ausgeglichen zu sein. Die einzigen, die uns das Gefühl vermitteln, dass Grenzen egoistisch seien, sind Menschen, die davon *profitieren*, wenn wir keine haben.

Abgrenzungen sind sowohl für andere als auch für uns hilfreich, da sie den anderen deutlich zu verstehen geben, was uns wichtig ist, wer wir sind und wo unsere Toleranz endet. Wenn man zu allem Ja sagt, fühlt es sich vielleicht für den Moment gut an, aber wenn wir uns mit Verpflichtungen überfordert fühlen und unfähig sind, Versprechen zu halten, kann es sowohl für uns selbst als auch andere enttäuschend sein. Und wir können sogar anfangen, zu bereuen und uns zu ärgern, dass wir überhaupt gebeten werden, etwas zu tun.

Es mag zwar im ersten Moment unfreundlich klingen, eine Einladung und Bitte abzulehnen, doch im Grunde genommen kommen wir den Menschen damit entgegen, weil wir ein reines Gewissen und noch ausreichend Energie haben.

Manchmal ist ein Nein der größte Ausdruck von Liebe.

Mythos 3: Grenzen sagen anderen, was sie tun sollen

In jeder Beziehung können wir uns klare Grenzen wünschen, aber es ist nicht das gleiche wie um eine Veränderung zu *bitten* oder sogar zu *verlangen* oder jemandem zu sagen, was er tun muss. In diesem Sinne ist es also wirklich eine Fehleinschätzung, dass Grenzen Setzen rechthaberisch oder fordernd sei.

Beispielsweise können wir unserer Schwester vorschlagen, dass sie eine Therapie beginnen möge, und hoffen, dass sie dem Wunsch nachkommt. Aber wir können es nicht verlangen. Wie in jeder respektvollen Beziehung unter Erwachsenen hat die andere Person das Recht Ja oder Nein zu sagen oder kann einen Kompromiss vorschlagen.

Anderen Menschen seine Grenzen mitzuteilen, bedeutet, dass Sie darum bitten, Ihre Grenzen zu respektieren, und macht deutlich, was Sie tun, wenn Ihrer Bitte nicht nachgegangen wird. Eine Grenze könnte zum Beispiel sein: »Wenn du weiterhin so über unsere Eltern sprichst, möchte ich einen Schlussstrich unter dieses Gesprächsthema ziehen« oder »Wenn du weiter so mit mir sprichst, verlasse ich den Raum.«

Achten Sie jedoch darauf, dass Ihre Grenzen nicht die Ängste eines anderen antasten und ausnutzen, das kann schnell zu einer Form der Manipulation führen. Im Gegensatz zu Manipulation hat das Setzen gesunder Grenzen nichts mit Kontrolle oder Macht über andere zu tun. Es geht um Entscheidungen für Ihr eigenes Verhalten und Ihr Leben. Darum sollte der Fokus von Grenzen darauf gerichtet sein, worüber wir tatsächlich die Kontrolle haben, nämlich über unser eigenes Handeln. Es ist wichtig, diese Unterscheidung zu verstehen.

Mythos 4: Abgrenzungen sind nicht familientauglich

Familien sind komplexe Systeme, in denen Grenzen oft sehr wichtig sind. Einer der problematischsten Mythen zum Thema Familie ist, dass wir unfreundliche Worte und Verhaltensweisen mancher Menschen einfach hinnehmen müssen, nur weil »sie Familie sind«.

Familienzugehörigkeit ist kein Freifahrtschein für respektloses oder missbräuchliches Verhalten. Wenn wir ein ähnliches Verhalten außerhalb der Familie nicht akzeptieren, warum dulden wir es dann von unseren Geschwistern, Eltern oder anderen Verwandten?

Die meisten Menschen werden dazu erzogen, die Familie zu respektieren, und das verlangt von ihnen, dass sie sich zu gewissen Themen auf die Zunge beißen und das Verhalten anderer nach dem Motto »so sind sie halt« erdulden. Oder gewisse Personen müssen mit Samthandschuhen angefasst werden, damit die Harmonie stimmt. Grenzen sind jedenfalls auch in gut funktionierenden Familien nötig. Wenn Sie sich abgrenzen, wachsen Sie sowohl innerhalb als auch außerhalb der Familie, und Sie distanzieren sich von den Erwartungen anderer.

»FAMILIE«
IST WEDER EINE
RECHTFERTIGUNG
NOCH EINE
ENTSCHULDIGUNG FÜR
UNZULÄNGLICHES
VERHALTEN.

UNSER VERHÄLTNIS ZU GRENZEN

Grenzen sind in jeder Beziehung von zentraler Bedeutung, manche sind dabei komplex, andere eher einfach; einige lassen sich nur schwer akzeptieren, andere lassen sich schwer anwenden und verteidigen.

Bevor wir uns ansehen, wie man Grenzen setzt, erinnern Sie sich daran, dass es keinen Grund für Schuld, Scham oder Egoismus gibt, wenn man sich abgrenzt.

Beim Bilden von Grenzen haben Sie die Wahl:

- Vorübergehendes Unbehagen statt lang anhaltendem Groll
- Sich selbst respektieren statt sabotieren
- Wohlergehen statt Burn-out
- Authentische Beziehung statt »Verstecken« hinter einer Maske, um anderen zu gefallen

GRENZEN SETZEN

Grenzen sind etwas sehr Persönliches und daher für jeden Menschen unterschiedlich. Sie verändern sich auch im Laufe eines Lebens. Da es kein allgemeingültiges Rezept zum Abgrenzen gibt, hoffe ich, dass Ihnen die folgenden Schritte für den Anfang helfen:

1. Grenzen identifizieren

Es versteht sich von selbst, dass man nur gute Grenzen setzen kann, wenn man sich darüber im Klaren ist, wie sie aussehen und wo sie stehen sollen. Für manche Menschen kann das eine schwierige Hürde sein, insbesondere, wenn sie als Kinder kein Vorbild für gesunde Grenzen hatten. Infolgedessen erkennen viele von uns gar nicht, dass eine Grenze überschritten wurde, bis wir uns in irgendeiner Form unwohl oder unausgeglichen fühlen.

Eine gute Möglichkeit, eine Grenze zu identifizieren, ist, sich an ein Ereignis zu erinnern, bei dem man Frustration, Ärger, Unbehagen oder Ablehnung erfahren hat, weil eine Grenze überschritten wurde. Wie haben Sie sich dabei körperlich gefühlt? Hatten Sie Herzrasen? Ein gerötetes Gesicht? Haben Sie gezittert? Überlegen Sie, was Sie akzeptieren können und was nicht. Was können Sie tolerieren und was nicht? Sie können Ihre Grenzen erkennen, indem Sie sich auf die Botschaften Ihres Körpers und Geistes einlassen und von ihnen lernen.

2. Konsequenzen erwägen

Beim Setzen von Grenzen gibt es eine Konsequenz oder Handlung, zu der Sie bereit sind, wenn Ihre Grenze von jemandem überschritten wurde. Wenn Sie sich für eine Grenze entschieden haben, kann es nützlich sein, sie kurz zu Papier zu bringen, ergänzt durch eine mögliche Konsequenz oder Konsequenzen. Dadurch sollte geklärt werden, was geschieht, falls die Grenze nicht geachtet wird.

Häufig wird unterschätzt, dass es bei der Liebe darauf ankommt, generell und insbesondere bei Grenzüberschreitungen, unser Wort zu halten – mit allen angekündigten Konsequenzen. Unsere Grenzen einzuhalten, mag sich hart anfühlen, aber tatsächlich trägt es dazu bei, Beziehungen aufleben zu lassen und uns vor einem Leben in Groll, passiver Aggression oder Feindseligkeit zu bewahren.

Dies sind Beispiele für ausgesprochene Grenzen, ergänzt durch Konsequenzen:

- Ich fühle mich nicht wohl, wenn du schlecht über andere Menschen redest. Wenn das weiterhin passiert, gehe ich früher.
- Wenn du weiter auf diese Art mit mir redest, lege ich auf.

- Wenn du weiterhin ignorierst, was ich sage, gehe ich davon aus, dass du gar keine gute Zeit mit mir verbringen möchtest. Ich gehe nach Hause.
- Wenn du unsere Pläne in letzter Minute zunichtemachst, bin ich verletzt und enttäuscht über deine Entscheidung. In Zukunft teile ich dir mit, wie sich das für mich anfühlt, damit ich die Last nicht alleine trage.
- Ich bin bereit, mit dir über eine Lösung zu reden. Ich bin nicht bereit, mit dir über meine Gefühle zu diskutieren. Wenn du nicht in der Lage bist, jetzt mit mir eine Lösung zu finden, verschieben wir es auf einen späteren Zeitpunkt, bis sich alles beruhigt hat.

Konsequenzen zeigen anderen Personen, was passiert, wenn Ihre Grenze überschritten wird. Es ist am besten, ein Ultimatum zu vermeiden, aber ganz ehrlich – was sind Sie bereit durchzuziehen? Es ist auch gut, kleine Veränderungen zuzulassen – die Sanktion für eine Grenzüberschreitung muss nicht in Stein gemeißelt sein, aber die Grenzen müssen klar sein.

Viele Menschen bleiben bei dem Versuch stecken, Konsequenzen aus überschrittenen Grenzen zu ziehen. Das kann dazu führen, dass sie Energie dafür aufwenden, um anderen Grenzen schmackhaft zu machen, was dazu führt, dass eine Grenze nicht dort ist, wo sie sein sollte. Am besten ist es, Konsequenzen freundlich, aber bestimmt zu formulieren; wir zeigen unsere Liebe nicht nur durch Worte, sondern auch durch Taten.

ES TUT MIR LEID
~~DASS~~
~~DU~~
~~DICH~~
~~SO~~
~~FÜHLST~~

3. Grenzen kommunizieren

Wenn man eine Grenze kennt, ist es großartig, aber das nützt wenig, wenn wir sie nicht verteidigen, weil wir sie anderen nicht mitteilen oder in die Denkfalle tappen: »Das brauche ich nicht extra zu sagen. Das sollten sie wissen.«

Wie jede andere Fertigkeit auch, erfordert das Kommunizieren von Grenzen Übung. Klar und selbstsicher zu sein, ist nicht jedermanns Sache, deshalb fangen Sie klein an und arbeiten Sie an Ihrer Fertigkeit – mit Menschen, die Sie nicht kennen. Wenn es beispielsweise bei der Essensbestellung einen Fehler gab, teilen Sie dies dem Kellner klar und freundlich mit. Wenn ein Bekannter Sie etwas Persönliches fragt, worüber Sie nicht sprechen möchten, sagen Sie Nein. Wenn an der Kasse zu viel abgerechnet wurde, sagen Sie es dem Kassierer. Wenn Sie auf Instagram Direktnachrichten erhalten, in denen Sie aufgefordert werden, in Aktien zu investieren, oder jemand Ihnen schreibt: »Hi Baby. Wollen wir chatten?«, dann blockieren Sie sie. Diese kleinen Interaktionen mit Fremden ohne großes Risiko sind eine gute Möglichkeit, um unser Durchsetzungsvermögen zu trainieren.

Sobald wir uns sicherer fühlen, unsere Meinung zu sagen, können wir unser wachsendes Selbstvertrauen auch in unseren engen Kreis tragen. Der Schlüssel, um mit Familie und Freunden über unsere Grenzen zu sprechen, ist, dass wir klar, direkt und respektvoll sind.

»Nein« ist bereits ein vollständiger Satz, aber wenn wir in der Situation sind, glauben wir uns manchmal in Erklärungsnot – nicht immer, aber manchmal. Achten Sie darauf, sich nicht zu rechtfertigen, wenn es nicht nötig ist. Sagen Sie so viel oder wenig, wie es Ihnen angenehm ist – ohne negativen Beiklang.

Es kann hilfreich sein, »ich«-Sätze zu verwenden, zum Beispiel: »Wenn du mich zurückweist, bin ich traurig. Wenn das wieder passiert, mache ich dich darauf aufmerksam. Und wenn es sich nicht ändert, verlasse ich das Zimmer. Was ich jetzt von dir brauche, ist zu wissen, ob du mir zuhörst und mich hörst.« Sätze wie diese schaffen sowohl Vertrauen als auch Selbstrespekt.

Wenn Sie anderen Ihre Grenzen mitteilen, wissen diese Bescheid und fühlen sich gleichzeitig ermutigt, auch ihre Grenzen zu kommunizieren. Wenn es sich für Sie sicher anfühlt, könnten Sie dieses Thema mit einer engen Freundin oder einem engen Freund besprechen und erforschen, wo Ihrer beider Grenzen liegen.

FÜNF-MINUTEN-PAUSE:

SCHAFFEN SIE IHRE EIGENE GRENZE IM »ICH«-SATZ

Benutzen Sie die untenstehenden Formulierungen, um Ihre Grenzen zu formulieren.

- Ich fühle mich [Emotion], wenn du [Verhalten].
- Wenn dies weiterhin geschieht, werde ich [Konsequenz].
- Was ich brauche ist, [Bedürfnis].

4. Die Grenze aufrecht halten

Die letzte Phase – Respektieren oder Aufrechthalten Ihrer Grenzen – ist oft die größte Herausforderung, weil sowohl Stärke als auch Konsequenz erforderlich sind, wenn andere diese Grenzen zu überschreiten drohen.

Letztendlich werden Grenzen immer ausprobiert und getestet. Selbst nachdem wir darüber mit allen Konsequenzen gesprochen haben, wird es immer Menschen in unserem Leben geben, die bewusst oder unbewusst versuchen, sie zu missachten.

Ein gewisses Maß an Gegenwehr ist normal, besonders von denen, die es gewohnt waren, unsere ehemals nicht formulierten Grenzen zu überschreiten. Der Trick ist, die Gegenwehr vorauszusehen und sie einfach als Test zu betrachten, der es Ihnen ermöglicht, Ihre Grenzen zu sichern. Ihr Selbstwertgefühl und Ihre Selbstachtung werden es Ihnen am Ende danken.

Wenn wir zu unserer Eingangstür-Analogie zurückkehren: Leute, die an die Tür kommen, versuchen weiterhin, nach Belieben einzutreten, bis sie feststellen, dass die Tür wirklich geschlossen ist. Jedes Mal, wenn wir unsere eigenen Grenzen nicht verteidigen, indem wir die Tür offenstehen lassen, geben wir anderen die Erlaubnis, nach Belieben einzutreten. Wenn wir selbst unsere eigenen Grenzen nicht respektieren, warum sollten sie es tun?

Die gute Nachricht ist, dass Sie beim Aufrechterhalten einer Grenze anderen die Möglichkeit geben, ihre Erwartungen in Bezug auf Sie zu ändern, und Sie erhöhen dadurch Ihr Selbstvertrauen.

Häufige Reaktionen auf neuerdings benannte Grenzen von nahestehenden Personen:

- »Du hast dich verändert.«
- »Ich vermisse die alte/den alten [Ihr Name].«
- »Du bist aber empfindlich.«
- »Du bist wirklich egoistisch.«
- »Ich bin enttäuscht von dir.«
- »Da hat wohl jemand zu viel Fernsehen geguckt.«

Wenn bestimmte Personen immer wieder gegen Ihre kommunizierten Grenzen anrennen, denken Sie daran, dass wir andere Menschen nicht ändern können. Was wir ändern können, ist, wie wir selbst mit Menschen umgehen. In manchen Fällen kann es deshalb nötig sein, die Konsequenzen für Grenzüberschreitungen neu auszurichten.

Sollte jemand wiederholt Ihre Grenzen verletzen, könnte dies bedeuten, dass Sie für eine Weile – oder für immer – von dieser Beziehung Abstand nehmen sollten. Es kann sehr verzwickt sein, Grenzen zu definieren und durchzusetzen, insbesondere bei Familie und Partnerschaften. Wenn es Ihnen allein nicht gelingt, suchen Sie sich Unterstützung.

Das Gespräch mit einer vertrauenswürdigen Freundin oder einem vertrauensvollen Freund kann Ihnen helfen, die Knoten verworrener Situationen zu lösen. Haben Sie jedoch das Gefühl, dass es Sie nicht weiterbringt, dann nehmen Sie therapeutische Hilfe in Anspruch.

Wenn es Ihnen extrem schwerfällt, eine Grenze zu verteidigen, überdenken Sie, warum Sie diese Grenze ursprünglich gesetzt haben. Erinnern Sie sich, dass Sie sie für Ihr Wohlergehen brauchen, egal, was andere sagen.

Klare Grenzen sind nicht nur ein Zeichen für gesunde Beziehungen mit anderen; sie sind auch ein Zeichen dafür, dass Sie eine gesunde Beziehung zu sich selbst haben – Selbstrespekt, Selbstwert und Selbstliebe.

Manchmal liegt es an uns, die allerletzte Konsequenz zu ziehen – weggehen und einen gesünderen Weg zu wählen. Nichts kommuniziert Ihre Grenze besser, als sie zu leben.

FÜNF-MINUTEN-PAUSE:

GRENZEN RESPEKTIEREN

Bei Grenzen geht es darum, auf Ihre Gefühle zu achten und sie zu respektieren. Wenn Sie feststellen, dass Sie selbst Ihre eigenen Grenzen permanent nicht beachten, oder wenn andere Personen sie ständig überschreiten, dann fragen Sie sich:

- Was genau tue ich/tut die Person?
- Was möchte ich in dieser Situation tun?
- Worüber habe ich Kontrolle?

GRENZEN ÄNDERN UND ANPASSEN

Grenzen können sich ändern. Wenn wir einige Zeit an uns gearbeitet haben, sehen wir, ob die Grenzen uns dienen oder uns behindern. In neun von zehn Fällen müssen sie geändert werden, weil wir noch daran arbeiten, unsere Wunden zu heilen. Unsere Grenzen unterstützen uns dabei. Nur weil Sie einer Grenze entwachsen sind, heißt es nicht, dass die Grenze in der ersten Phase falsch war.

Abgrenzungen, die sich in einer Beziehung richtig anfühlen, passen nicht unbedingt in eine andere. Bestimmte Situationen und Beziehungen, wie in schwierigen Familien oder mit problematischen Kollegen, verlangen eher starre Grenzen. Gleichzeitig können Sie in Beziehungen mit anderen, wie mit guten Freunden, mehr Weichheit und Flexibilität als richtig empfinden. Nehmen Sie sich Zeit, um herauszufinden, was sich für Sie richtig anfühlt.

Indem wir mehr über uns selbst lernen und immer mehr Übungen zur Selbstregulation (siehe Kapitel 5) in unser Leben einbauen, können wir uns immer mehr auf unsere eigenen Bedürfnisse und Grenzen einlassen, ohne dass wir uns überfordert oder kalt fühlen.

Es ist wichtig, dass Sie sich selbst Zeit nehmen, bevor Sie Ihre Grenzen ändern, besonders bei traumatischen Erfahrungen. Sie tun mit Abstand das Beste für sich, wenn Sie sich selbst Zeit geben. Wenn Sie versuchen, zu schnell zu heilen, kann es in einer Katastrophe enden. Sicherheit geht vor und steht über allem.

Stellen wir fest, dass unsere Grenzen und unsere Verletzlichkeit dauerhaft respektvoll geachtet werden, können wir sie ein wenig lockern – als Zeichen des Vertrauens. Ebenso könnte es sinnvoll sein, Grenzen zu lockern, wenn wir das Gefühl haben, dass wir uns von Menschen, um die wir uns sorgen und denen wir eigentlich vertrauen, immer weiter entfernen – insbesondere, wenn uns bewusst wird, dass wir anstatt einer gesicherten Eingangstür einen unüberwindlichen Schutzwall errichtet haben!

Nehmen Sie sich in Ihrem Wachstums- und Veränderungsprozess geduldig Zeit und schulen Sie Ihr Urteilsvermögen – Tag für Tag, Moment für Moment.

DIE SPRACHE FÜR UNSERE GRENZEN

Manchmal können Grenzen in einem einfachen Satz ausgesprochen werden, dann wiederum ist eher ein ausführliches Gespräch nötig.

Auf den folgenden Seiten finden Sie Beispielsätze für bestimmte Situationen, etwa besondere Anlässe oder Urlaub, für Familie und Freunde, für unsere Partner und Partnerinnen und für Konflikte.

Wenn Sie die Beispielsätze lesen, mögen Ihnen viele ein wenig sonderbar oder förmlich erscheinen. Sie sind einfach nur als Vorschläge oder Ausgangspunkte gedacht. Letztendlich kommt es auf Sie als Individuum an, was Sie daraus machen und welche Inhalte und Wörter passen.

Beim Lesen der Beispiele formulieren Sie gern Sätze, die zu Ihrem Sprachstil passen, in eigenen Worten, und sprechen Sie sie laut aus, um Sie mit Ihrer Stimme zu hören und zu prüfen, ob sie authentisch klingen.

Abgrenzungen bei besonderen Anlässen und Urlaub

Zu bestimmten Zeiten im Jahr gibt es besonders viele Verpflichtungen und Einladungen. Vielleicht liegen solche gerade hinter Ihnen, und Sie haben das Bedürfnis nach Ruhe und Zeit für sich. Oder Sie versuchen noch, mit ihnen klarzukommen. Anstrengende Zeiten mit vielen gesellschaftlichen Verpflichtungen können wirklich unsere Grenzen strapazieren.

Könnten manche der folgenden Sätze zu Ihrer Situation passen und in Ihnen nachschwingen? Wenn ja, dann formulieren Sie sie für Ihre Zwecke in Ihren eigenen Worten um.

- Danke für die Einladung. Ich sage schon mal im Voraus: Ich kann nur bis 20.30 Uhr bleiben.
- Ich denke, das solltest du besser mit [Person] besprechen. Ich möchte mich nicht einmischen.
- Ich verbringe meine Zeit gern mit dir, aber wenn du weiter über [Thema] auf diese Weise sprichst, werde ich gehen.
- Ich fühle mich nicht wohl, darüber zu sprechen. Können wir das Thema wechseln?
- Ich kann nicht über Nacht bleiben, aber ich freue mich sehr, Zeit mit dir zu verbringen.
- Ich kann gerade nicht. Ich gehe in mein Zimmer, um etwas Ruhe zu haben.
- Nein, danke. Ich habe schon genug getrunken.
- Ich würde das gern nachholen/fortführen, aber jetzt ist es zu spät. Wie wäre es stattdessen mit [Tag/Uhrzeit]?

Abgrenzungen bei Familie und Freunden

Sich von den Menschen abzugrenzen, die uns am nächsten stehen, ist häufig besonders heikel, weil die Personen unseres engsten Kreises auf einzigartige Weise Licht auf unsere verletzten, unbewussten Teile unseres Selbst werfen. Sie können sich und Ihre Mitmenschen vor unnötiger Frustration, Verwirrung und Angst bewahren, wenn Sie gute Grenzen setzen.

Könnten manche der folgenden Sätze zu Ihrer Situation passen und bei Ihnen etwas auslösen? Wenn ja, dann formulieren Sie sie für Ihre Zwecke in Ihren eigenen Worten um.

- Ich weiß das zu schätzen, aber ich würde mich gern selbst darum kümmern. Ich sage dir Bescheid, wenn ich Hilfe brauche.

- Ich fühle mich nicht wohl, wenn du über [Thema] sprichst. Ich würde gern über etwas anderes reden.
- Ich bin nicht auf der Suche nach Vorschlägen. Wenn du gerade Zeit hast, würde ich mich über dein Zuhören freuen.
- Ich würde mich sehr gern mit dir weiter unterhalten, aber ich muss für meine Arbeit morgen ausgeruht sein. Lass uns etwas für einen Tag ausmachen, an dem wir beide Zeit haben. Nach [Uhrzeit] ist es schlecht für mich.
- Ich rede sehr gern mit dir, aber ich habe nicht jeden Tag dafür Zeit. Können wir vereinbaren, dass wir jeden [bestimmter Tag] und [bestimmter Tag] miteinander sprechen?
- Ich verstehe, dass du frustriert bist, aber ich bin nicht bereit, zuzuhören, wenn du so über [Person] sprichst.
- Ich weiß, dass du dir Sorgen machst, aber wir haben uns für eine Erziehung entschieden, mit der wir beide leben können. Ich fände es gut, wenn du das respektierst.
- Ich verstehe, was du meinst, aber ich muss Entscheidungen treffen, die für mich passen. Wenn du das respektieren kannst, kann ich weiter mit dir darüber sprechen.

Abgrenzungen bei Partnern

Wenn Sie Ihrer Freundin, Ihrem Freund, Partner, Partnerin, Frau, Mann, Lebensgefährtin oder Lebensgefährten Grenzen setzen, dann definieren Sie, womit Sie sich wohlfühlen und wie Sie behandelt werden möchten.

Über Grenzen kann man immer und überall sprechen. Ein einfaches »Ich mag es sehr, wenn du …« oder »Ich fühle mich nicht wohl, wenn wir …« kann ein guter Weg sein, um ein Gespräch über Grenzen zu eröffnen.

In gesunden Beziehungen respektieren die Partner gegenseitig ihre Grenzen, aber weil wir alle nur Menschen sind, macht jeder mal einen Fehler und geht zu weit. Es ist wichtig, solche Fehltritte als Gelegenheit zu ergreifen, um ein offenes, ernsthaftes Gespräch zu führen, in dem wir uns entschuldigen und die Dinge wieder geraderücken.

Wenn Sie Angst haben, mit Ihrem Partner oder Ihrer Partnerin über Grenzen zu reden, weil sie möglicherweise mit Wut oder Gewalt reagieren könnten, dann machen Sie sich bewusst, dass dies ein Zeichen dafür sein könnte, dass die Beziehung in irgendeiner Weise missbräuchlich ist. Sollten Sie das Gefühl haben, dass dies der Fall ist, überlegen Sie, eine gute Freundin/einen guten Freund ins Vertrauen zu ziehen oder sich professionelle Hilfe zu suchen.

Wenn Ihnen ein Gespräch mit der Partnerin oder mit dem Partner leichtfällt, könnten manche der folgenden Sätze zu Ihrer Situation passen und Sie könnten sich von ihnen angesprochen fühlen. Wenn dem so ist, dann formulieren Sie sie für Ihre Zwecke in Ihren Worten um.

- Ich finde es schön, dass wir uns gegenseitig in den sozialen Medien folgen. Aber mit einem gemeinsamen Profil oder dem Austausch unserer Passwörter fühle ich mich nicht wohl.
- Ich mag es, wenn wir uns küssen, aber ich würde es in der Öffentlichkeit gern etwas einschränken. Können wir darüber reden?
- Ich tausche mich gern tagsüber mit dir aus, aber ich kann dir nicht mehrmals pro Stunde Nachrichten schreiben. Wenn du mir eine Nachricht schickst, dann melde ich mich in der Pause oder nach der Arbeit bei dir zurück.
- Ich wohne sehr gern mit dir zusammen, aber ich brauche auch Zeit für mich. Können wir darüber reden, wie wir das umsetzen können?
- Heute bin ich wirklich müde. Könntest du dich ums Abendessen kümmern?
- Wenn ich von der Arbeit nach Hause komme, würde ich mich gern eine halbe Stunde ausruhen, bevor wir uns unterhalten. Könnten wir uns darauf einigen?
- Ich fände es schön, wenn wir abends gemeinsam Zeit ohne unsere Handys verbringen würden. Könnten wir eine Zeit vereinbaren, in der wir sie beiseitelegen?
- Ich finde es super schön, wenn wir das Wochenende miteinander verbringen, aber ich würde auch gern Freunde treffen und meine Familie sehen. Lass uns darüber sprechen, wie wir das vereinbaren können.

Abgrenzungen in Konflikten

Wenn in Konfliktsituationen die Emotionen außer Kontrolle geraten, kann es leicht passieren, dass wir in alte Kommunikationsmuster zurückfallen. In diesen Momenten ist es besonders wichtig, wirklich zuzuhören und gehört zu werden, sehen und gesehen zu werden, innezuhalten und anzuerkennen.

Eines der wichtigsten Gespräche in der Partnerschaft thematisiert Grenzen und die Art, wie Konflikte ausgetragen und gelöst werden können. Die folgenden Beispiele lassen sich auf alle Beziehungen in Ihrem Leben übertragen.

Könnten manche der folgenden Sätze zu Ihrer Situation passen und fühlen Sie sich davon angesprochen? Wenn ja, dann formulieren Sie sie für Ihre Zwecke in Ihren Worten um.

- Ich brauche gerade etwas Zeit zum Überlegen, bevor wir vernünftig weiterreden können. Ich komme in 20 Minuten zurück.
- Ich würde das Gespräch jetzt gern kurz unterbrechen und stattdessen ein wenig Händchen halten.
- Ich fühle mich sehr dünnhäutig. Könntest du bitte etwas leiser sprechen?
- Ich bin nicht sicher, ob ich verstehe, was du meinst. Könntest du das bitte in anderen Worten ausdrücken, damit ich es besser verstehe?
- Ich verstehe, dass du gerade wütend bist, aber es ist nicht in Ordnung, so mit mir zu sprechen. Wenn du so weiterredest, verlasse ich das Zimmer.
- Wenn du dich und mich weiterhin auf diese Weise behandelst, werde ich für die Zukunft alle Möglichkeiten in Betracht ziehen, einschließlich einer Trennung.
- Ich verstehe, dass du frustriert bist, aber kritisiere mich bitte nicht auf diese Weise. Es ist verletzend, respektlos und lenkt vom eigentlichen Thema ab.
- Wir kommen immer wieder auf diesen Punkt zurück, ohne irgendwelche Fortschritte zu machen. Können wir für eine Weile darüber nachdenken, worum es hier wirklich geht?
- Ich fühle mich nicht gehört. Ich möchte, dass du mir zeigst, dass du mich verstanden hast, bevor wir fortfahren.

GRENZEN FÜR MICH

Abgrenzungen sind nicht nur für die Beziehung mit anderen wichtig, wir brauchen sie auch für uns selbst. Sie helfen uns, unser Verhalten zu hinterfragen und Entscheidungen zu treffen, auch wenn deren Umsetzung nicht einfach ist.

Es ist sicherlich schwierig, sich selbst Grenzen zu setzen, wenn die Bezugsperson keine gesunden Grenzen vorgelebt hat oder ihre/seine Reaktionen und Regeln widersprüchlich waren.

Wenn Grenzen von klein auf nicht existierten oder extrem starr waren, können wir uns als Erwachsene so fühlen, dass sie uns entweder kontrollieren oder uns etwas vorenthalten. Darüber hinaus können bestimmte psychische Probleme und Abhängigkeiten dazu führen, dass wir uns nicht in der Lage dazu fühlen, uns selbst Grenzen zu setzen.

Es gibt viele Gründe, warum es schwierig ist, uns selbst Grenzen zu setzen, dennoch geben uns positive Selbstgrenzen ein Gefühl von Sicherheit und Struktur – die Grundlage für gesundes »Reparenting«, was wir im nächsten Kapitel (Kapitel 7) besprechen werden.

Beispiele für selbstgesetzte Grenzen:

- Zweimal am Tag die Zähne putzen
- Jeden Tag einen Podcast hören
- Die tägliche Bildschirmzeit regulieren
- Nicht mehr als zwei Tassen Kaffee pro Tag trinken
- Nur einmal pro Woche Alkohol trinken
- Sich vom Spiegel fernhalten
- E-Mails von der Arbeit nicht am Wochenende bearbeiten
- Sich aus Klatsch und Tratsch raushalten
- Vor dem Zubettgehen das Gesicht waschen
- Regelmäßig zu einer bestimmten Uhrzeit ins Bett gehen

Der Schlüssel zum Erfolg sind kleine schrittweise Veränderungen. Seien Sie in Ihrem Lernprozess sanft zu sich selbst und erwarten Sie keine

Perfektion – das ist kontraproduktiv. Wenn Sie unrealistisch oder zu streng mit sich selbst ins Gericht gehen, führt das nur zu Verärgerung und Scham. Bei Misserfolg hinterfragen Sie die Gründe dafür und versuchen Sie, mit Interesse und Mitgefühl herauszufinden, was Sie brauchen.

Sich selbst und anderen Grenzen zu setzen ist eine Fertigkeit, die Mut und Kommunikation erfordert – und die nur durch Übung geformt und verfeinert werden kann. Deshalb üben Sie weiter …

DIE VIER SÄULEN ZUM UMGANG MIT ÜBERSCHRITTENEN GRENZEN

Liebe ist einfach. Liebesbeziehungen sind schwierig. Und wenn eine Grenze mit einem Partner/einer Partnerin, Freund/Freundin oder Familienmitglied überschritten wird und nichts dagegen unternommen wird, kann dies allmählich die Qualität der Beziehung dauerhaft beeinträchtigen. Meistens überschreiten Menschen unbewusst und ohne böse Absicht unsere Grenzen, aber ob es bewusst ist oder nicht, das Resultat ist dasselbe. Wenn eine Grenze überschritten wurde, ist es wichtig, konstruktiv und heilsam damit umzugehen – und so machen wir das:

1. *Erkennen*

Nehmen Sie wahr, was passiert, wenn Sie erkennen, dass eine von Ihnen gesetzte Grenze überschritten wurde. Bevor Sie die Gefühle benennen, beobachten Sie die Empfindungen in Ihrem Körper. Wie fühlt sich Ihre Brust an? Wie fühlt sich Ihr Bauch an? Sind Ihre Hände vielleicht kalt? Oder ist Ihnen heiß? Welche Gedanken tauchen auf? Vielleicht Dinge wie »Sie respektieren mich nicht«, »Ich bin nur eine Nörglerin«, »Niemand hört mir zu«? Üben Sie sich darin, jeden einzelnen Gedanken vorsichtig und mit Interesse wahrzunehmen. Wenn Sie die Signale von Körper und Geist empfangen haben, beginnen Sie, sie zu identifizieren und die Emotionen zu benennen. Wenn Sie auf diese Weise Informationen beobachten, beschreiben und sammeln, hilft es Ihnen später, mit anderen über Ihre Grenzen zu reden.

2. *Regulieren*

Nachdem Sie die Botschaften von Körper und Geist wahrgenommen haben, nehmen Sie sich einen Moment Zeit und atmen Sie tief durch. Mit etwas Abstand zwischen der Reaktion (Ihren reflexartigen Gedanken und Verhaltensweisen) und der Antwort (wie wir in der Situation gern kommunizieren würden) verstehen Sie besser, was in Ihnen vorgeht, und Sie sind eher in der Lage, sachlich darüber zu sprechen.

Wie oft haben Sie in der Vergangenheit schon spontan etwas gesagt, nur um es später zu bereuen oder sich darüber zu ärgern, dass Sie nicht etwas anderes gesagt haben? So lästig, unbequem und beunruhigend es auch sein kann, wenn jemand eine Ihrer Grenzen überschreitet, erhalten Sie dadurch die Gelegenheit, etwas über sich selbst zu lernen. Nehmen Sie sich also möglichst etwas Zeit, um Ihre Reaktion zu überdenken, setzen Sie sich hin und schreiben Sie sie in Ihr Journal. Oder nehmen Sie ein paar tiefe Atemzüge, um Ihre Emotionen so gut wie möglich einzuordnen – schauen Sie, was durch diesen Zeitgewinn herauskommt.

3. Neu errichten

Im nächsten Schritt ist es wichtig wahrzunehmen, wie genau Ihre Grenze verletzt wurde und welche Grenze nun wiederhergestellt werden muss.

Dabei ist es wichtig zu überlegen, was Sie machen und sagen wollen, wenn diese neu errichtete Grenzen beim nächsten Mal überschritten wird. Bei der Arbeit mit Klienten höre ich oft: »Also, ich habe das jetzt gesagt. Deshalb werden sie es hoffentlich nicht wieder tun.« An mir liegt es zu fragen: »Und wenn sie es doch tun, wie reagieren Sie dann?« So sehr wir uns nach einem Gespräch auch wünschen, dass eine Grenze automatisch eingehalten und respektiert wird, ist dies eher die Ausnahme von der Regel.

In manchen Fällen ist die Grenzüberschreitung durch Freunde oder Familie eine Art Test für Sie, ob gewollt oder ungewollt.

Es ist eine gute Übung für Sie, wenn Sie akzeptieren, dass Sie im Lauf der Zeit Grenzen immer wieder neu errichten müssen, weil sie irgendwann überschritten werden. So gewappnet ist eine Überschreitung keine Überraschung für Sie und Sie fühlen sich wohler, wenn Sie sie ansprechen.

Wenn Sie jedoch nicht ansprechen, was Sie stört, dann können Sie auch keine Veränderung erwarten. Menschen sind Gewohnheitstiere, deshalb müssen Grenzen wahrscheinlich zwei-, dreimal oder sogar noch öfter neu gezogen werden. Es hängt von Ihnen ab, wie oft Sie bereit sind, Ihre Grenzen neu zu markieren. Aber wenn sie regelmäßig übersehen und verletzt werden, ist es vielleicht an der Zeit für den nächsten Schritt: das »Überdenken« von Beziehungen.

4. Überdenken

Wenn eine Ihrer Grenzen nach einer deutlichen Aussprache konsequent weiterhin missachtet wird, könnte es an der Zeit sein, die Beziehung zu dieser unachtsamen Person neu zu bewerten oder zu »überdenken«, schließlich schenken Sie ihr eine Menge Zeit und Energie.

Der Schlüssel zum Abgrenzen liegt im Respekt vor sich selbst und vor anderen. Sie sind die einzige Person, die für sich selbst eintreten kann. Wenn jemand Ihnen wiederholt ein ungutes Gefühl vermittelt, ist es nicht egoistisch, wenn Sie darüber nachdenken, wie viel Zugang er oder sie in Ihr Leben verdient. Das schließt Familienmitglieder mit ein.

Das kann besonders schwierig sein, wenn Sie mit der Person zusammenleben, sich sehr um sie sorgen oder wenn sie eine Autorität darstellt. Wir müssen herausfinden, welche Entscheidungsmöglichkeiten wir haben und für den Moment die beste Option für uns wählen. Dabei sollten wir uns selbst respektieren und unserem Bauchgefühl vertrauen.

Derartige Entscheidungen sind nicht leicht, denn sie können jede Menge Ungemach mit sich bringen. Aber das Leben ist eben kompliziert, und das Verletzen von Grenzen verlangt nach klaren Entscheidungen. Bitte glauben Sie nicht, dass Sie diesen Prozess allein bewältigen müssen. Sie können sich immer jemanden suchen, der Ihnen dabei zur Seite steht, das Beste zu finden und zu tun, ob es eine gute Freundin, ein guter Freund, eine Therapeutin oder ein Therapeut ist.

EIGENE GRENZÜBERSCHREITUNGEN WIEDERGUTMACHEN

Wir haben bereits über Grenzverletzungen gesprochen, ebenso wichtig ist es jedoch auch, wie wir unsere eigenen Grenzüberschreitungen »reparieren« – ob sie beabsichtigt waren oder nicht. Wenn wir die Grenze eines anderen übertreten, können wir auf zweierlei Weise reagieren:

1. Uns aufrichtig entschuldigen.
2. Das Gespräch suchen.

WENN JEMAND STÄNDIG AN IHREN GRENZEN RÜTTELT, ERINNERN SIE SICH DARAN, DASS SIE NIEMANDEN ÄNDERN KÖNNEN, ABER SIE KÖNNEN ÄNDERN, WIE SIE MIT JEMANDEM UMGEHEN.

Aufrichtig entschuldigen

Viele von uns haben irgendwann in ihrem Leben schon einmal die Frustration einer »Pseudo-Entschuldigung« erfahren – dabei wird die persönliche Verantwortung abgeschoben und als Entschuldigung getarnt.

Beispiele für Pseudo-Entschuldigungen:

- »Es tut mir leid, dass du dich so fühlst.«
- »Es tut mir leid, ABER ...«
- »Ich hab's nicht so gemeint!«
- »Ich bin auch nur ein Mensch!«
- »Ich bin der Böse.«
- »Tut mir leid, dass ich das gesagt habe, aber du hast mich auch provoziert!«
- »Ich bin einfach nur müde und hatte einen schlechten Tag.«

Im Gegensatz dazu sollte eine echte, von Herzen kommende Entschuldigung – ob in Bezug auf Grenzen oder etwas anderes – ...

- anerkennen, warum die Person verletzt ist.
- die volle Verantwortung für das eigene Verhalten übernehmen.
- Verantwortung übernehmen, anstatt sie zu übertragen und zurückzuweisen.
- nicht von einer Verteidigung oder Rechtfertigung begleitet sein.
- nicht dazu führen, dass der andere sich noch schlechter fühlt.

Wenn jemand seinen Ärger uns gegenüber ausdrückt, ist er sehr häufig verletzt, zum Beispiel wegen der Überschreitung einer wichtigen Grenze.

In diesem Fall liegt es in der Verantwortung dieser Person, die Verletzung anzuerkennen und uns auf respektvolle Weise mitzuteilen. Sobald sie sich dazu entscheidet, haben wir die Chance, uns für das Geschehene angemessen zu entschuldigen.

Denken Sie daran, dass eine »Pseudo-Entschuldigung« (wie die oben erwähnten) nicht viel Trost schenkt und wenig mehr tut, als uns vor einer gehörigen Portion Scham zu bewahren. Deshalb ist es wichtig, dass Sie so offen, ehrlich, echt, mutig und verletzlich wie möglich beim Entschuldigen sind.

Sich zu entschuldigen bedeutet auch nicht, sich selbst zu verunglimpfen oder sich mit Schuldgefühlen zu plagen. Ein leichter Anflug von Scham kann uns vielleicht zentrieren; es ist natürlich und eigentlich sogar gut, sich ein wenig schlecht zu fühlen, wenn man jemanden verletzt hat. Es bedeutet, dass Sie sich sorgen. Eine Entschuldigung hat die Macht, uns wieder mit der Person zu verbinden, die verletzt wurde.

Statt eine aufrichtige Entschuldigung als Schwäche abzutun, ist es wichtig, sie als demütige und großzügige Geste zu verstehen. Sie hat die Macht, sowohl alte als auch frische Wunden zu heilen. Deshalb lohnt es sich immer, sich von ganzem Herzen zu entschuldigen.

Das Gespräch suchen

Jeder Mensch ist anders, und hat deshalb auch andere Grenzen. Wenn Sie sich nicht sicher sind, wo die Grenzen einer Person liegen oder ob Sie sie überschritten haben, dann fragen Sie nach. Nicht jeder möchte gern ein Gespräch zu diesem Thema anschneiden, aber das heißt nicht zwangsläufig, dass sie nicht dazu bereit sind, mit Ihnen zu reden, wenn Sie es ansprechen.

Indem Sie die Initiative für ein Gespräch ergreifen, können Sie viel mentale Energie sparen, anstatt sich auf ein kognitives und emotionales Versuch-und-Irrtum-Spiel einzulassen, bei dem jeder versucht, die unausgesprochenen Grenzen des anderen zu erraten.

Wenn Sie Dinge besprechen und eine Person besser kennen, bekommen Sie mit der Zeit ein Gespür für ihre Grenzen und deren Bedeutung. Dabei werden Sie in manchen Bereichen mit Ihrer Einschätzung schiefliegen. Ein offenes Gespräch darüber und eine Lösung, die für Sie beide gut ist, anstatt nur für einen von Ihnen, wird der Beziehung langfristig zugutekommen.

Auch wenn manche Grenzen schwierig zu besprechen sind und einige Auseinandersetzungen sich nur schwer wiedergutmachen lassen, wird es Ihnen auf lange Sicht viel Schmerz ersparen, wenn Sie Ihre Verletzlichkeit zeigen, indem Sie frühzeitig den Dialog eröffnen.

TÄGLICHE ÜBUNGEN

Nehmen Sie sich am Ende des Tages fünf Minuten Zeit, um über das Folgende nachzudenken:

- Bei welchen Dingen hätte es sich heute befreiender angefühlt, Nein oder Ja zu sagen?

  (Z.B. Nein zum Wochenendplan, Ja bei der Unterstützung eines Projekts)

- Welche Grenzen würden mir allgemein oder in diesem Moment helfen?

  (Z.B. ein Zeitlimit in den sozialen Medien)

- Wenn ich bereits mit gesunden, klaren Grenzen leben würde, wie würde sich das anfühlen? Schreiben Sie Ihre Antwort in der Gegenwartsform.

  (Z.B. Ich fühle mich gestärkt. Ich fühle mich voller Vertrauen. Ich fühle mich freudig. Ich fühle mich ausgeglichen.)

- Welche Affirmation hilft mir, meine eigenen Grenzen in Zukunft zu respektieren?

  (Z.B. Ich verdiene es, Grenzen zu setzen, die mir nützen; ich sorge gut für mich selbst und meine Beziehungen, indem ich meine Grenzen einhalte; siehe Seite 184f., wenn Sie Anregungen für das Formulieren von Affirmationen suchen.)

Nach einem Monat haben Sie eine Fülle von hilfreichen Informationen zum Umgang mit Grenzen in Ihrem Leben angesammelt. Außerdem haben Sie Ideen, wie Sie so positiv wie möglich weitermachen, um bestens für sich zu sorgen.

7. REPARENTING

SICH SELBST UNTERSTÜTZEN

> **»Wenn Sie glauben, dass Sie erleuchtet sind, dann verbringen Sie eine Woche mit Ihrer Familie.«**
>
> *Ram Dass*

Traditionell wurde der Begriff »Reparenting« im Rahmen der Psychotherapie verwendet, wenn ein Therapeut die Rolle eines Elternteils für den Klienten übernahm, der in seiner Kindheit eine dysfunktionale oder sogar missbräuchliche Behandlung erfahren hatte.

So wie das Bewusstsein der Gesellschaft über sich selbst immer mehr zunimmt, hat auch der Prozess des Reparenting über das Therapeutengespräch hinaus Bedeutung erlangt. Mit dem Begriff wird nun ausgedrückt, dass ein Mensch sich bewusst dafür entscheidet, eine liebevolle Mutter und ein liebevoller Vater für sich selbst zu sein, um die Wunden seines inneren Kindes zu heilen, die vielleicht immer noch nicht vernarbt sind. Der Prozess wird auch als Nachbeelterung oder Neubeelterung bezeichnet.

WAS IST MIT »INNEREM KIND« GEMEINT?

Vielleicht haben Sie schon einmal den Begriff »inneres Kind« gehört, die Augen verdreht und gedacht: »Was für ein Geschwafel!« Ich kann das verstehen, denn solche Begriffe sind heutzutage so stark verbreitet, dass sie schon fast klischeehaft klingen. Aber meine Hoffnung ist, dass für uns alle klar wird, was mit dem »inneren Kind« gemeint ist, wenn wir uns näher damit beschäftigen.

Jeder von uns wird von Geburt an beeinflusst – durch die wichtigen Menschen um uns herum und die Ereignisse, in die wir verwickelt sind. Als Kinder nehmen wir sehr viel von Freundinnen und Freunden, Familie, Lehrerinnen und Lehrern, Bezugspersonen und allen anderen auf. Und obwohl wir nicht alles Erlebte und Gehörte bewusst wahrnehmen oder erinnern, speichern wir diese Erfahrungen in unserem Unbewussten und in unserem Körper ab.

Viele dieser unbewussten »Ablagerungen« beeinflussen uns noch als Erwachsene – als Teil des inneren Kindes, dessen frühe Wunden noch nicht geheilt sind, und die deshalb gesehen, gehört und bedingungslos geliebt werden wollen. Man kann sagen, dass das innere Kind in jedem von uns das Echo des Kindes ist, das wir einst waren – und häufig braucht es dringend unsere Fürsorge und unser Mitgefühl.

WAS BEINHALTET REPARENTING?

Reparenting bedeutet, nach innen zu schauen, um die früheren unerfüllten Bedürfnisse, Sorgen, Erinnerungen und Geschichten des inneren Kindes aus unserer jetzt reifen Sichtweise als Erwachsene zu erforschen. Wir tun dies, um unserem inneren Kind andere Blickwinkel zu eröffnen als die ursprünglichen. Dadurch bekommen wir die Möglichkeit, in unserem jetzigen Leben auf Trigger in einer hilfreicheren Weise zu reagieren (siehe Kapitel 4 zur Funktionsweise von Triggern).

Reparenting ist gleichzeitig eine Reise des Lernens und Verlernens. Als Kinder mussten wir *lernen*, was wir brauchten (und nicht bekamen) – und heute müssen wir lernen, wie wir uns das beschaffen. Dafür müssen wir einschränkende Gedanken, Gefühle und Glaubenssätze verlernen, die sich in unseren frühen Jahren unbewusst zu unserer Vorstellung von Sicherheit, Liebe und Selbstwert herausgebildet haben.

Auch wenn es hilfreich sein kann, diese Reise unter der Anleitung einer Therapeutin oder eines Therapeuten zu unternehmen, hat jeder von uns die Fähigkeit, selbst auf diese Reparenting-Reise zu gehen, wenn wir dazu bereit sind.

WARUM ELTERN FÜR UNS SELBST SEIN?

Wenn in unserer Kindheit tiefe Bedürfnisse nicht gestillt wurden oder wir ein Trauma erlebten, kann ein unbewusster Teil von uns in der Entwicklung stecken bleiben, sodass wir selbst als Erwachsene nicht in der Lage sind, die Überzeugungen und Muster zu überwinden, die sich damals um diese Ereignisse herum gebildet haben.

Wenn dies geschieht, selbst wenn wir uns nach außen als voll funktionstüchtige Erwachsene zeigen, ist unser inneres Kind immer noch verängstigt, kämpft innerlich und braucht jede Menge Energie, um mit den vergangenen Erfahrungen zurechtzukommen.

Wird zum Beispiel der junge, verletzliche Teil von uns im Erwachsenenleben getriggert, etwa durch einen bestimmten Tonfall, der uns an ein negatives Erlebnis aus der Kindheit erinnert, reagieren wir wahrscheinlich aus der damals entstandenen Verletzung heraus, mit all der Erkenntnis und Weisheit, die wir in dem damaligen Moment hatten – und das war in diesem zarten Alter wahrscheinlich nicht allzu viel.

Beispielsweise könnten wir feststellen, dass wir mit einer wütenden Person so freundlich wie möglich sprechen, damit sie nicht noch ärgerlicher wird. Oder wir ziehen uns aus einer unangenehmen Situation zurück, um zu »verschwinden« und uns selbst zu schützen, anstatt uns dem auszusetzen und anzusprechen, was uns nicht behagt.

Indem wir lernen, uns selbst Mutter oder Vater zu sein, geben wir unserem inneren Kind, was es braucht, um sich im Hier und Jetzt sicher und geborgen zu fühlen. Das heißt, wir brechen das Bedürfnis auf, das alte Muster fortzuführen, wie zum Beispiel nett zu jemandem zu sein, der uns missbraucht, oder sich nicht sicher zu fühlen, die eigene Meinung zu sagen. Wenn wir das Muster aufbrechen, kann dieser Teil des inneren Kindes sich allmählich entspannen und in die bewusste, selbstsichere Person integriert werden, die wir heute sind.

Kurz gesagt, durch Neubeelterung bilden wir neue Muster. Deshalb ist Reparenting für die meisten Menschen ein äußerst wirksamer Heilungsprozess.

Es ist wichtig, uns daran zu erinnern, dass wir alle unvollkommen sind und von unvollkommenen Menschen großgezogen wurden. Der Prozess des Reparenting bedeutet deshalb in keinster Weise, mit dem Finger auf jemanden zu zeigen, ist keine Schuldzuweisung an unsere Bezugspersonen.

Stattdessen ist Reparenting ein Mittel, um …

- die Erfahrungen, die wir durchlebt haben, zu verstehen und zu akzeptieren.
- die Wunden zu heilen, die wir früh im Leben erfahren haben, und die wir immer noch in uns tragen (wie klein sie auch sein mögen).
- einschränkende Gedanken zu überwinden, die wir uns in frühen Jahren gebildet haben.
- neue Denk- und Verhaltensmuster zu kreieren, die es uns erlauben, uns in Richtung eines glücklicheren und gesünderen Gefühlslebens zu bewegen.

Wahrscheinlich würden Sie von einer Reise zum Reparenting profitieren, wenn …

- Sie ungesunde Muster in Ihren Beziehungen erkennen.
- Sie in einer unbeständigen Umgebung aufgewachsen sind.
- eine Bezugsperson unzuverlässig, missbräuchlich oder in Ihrer Kindheit abwesend war.
- es Ihnen schwerfällt, Grenzen zu setzen und einzuhalten.
- Sie dazu neigen, es immer allen recht machen zu wollen.
- Sie Ihren Selbstwert von der Meinung anderer abhängig machen.
- Sie denken, dass Selbstliebe Luxus ist.
- Sie zu negativem Selbstgespräch neigen.
- es Ihnen schwerfällt, Entscheidungen zu treffen, aus Angst jemanden zu enttäuschen.

DIE GLAUBENSSÄTZE
UND MUSTER
AUS UNSERER KINDHEIT
BLEIBEN IN UNS,
BIS WIR BEGINNEN,
SIE ZU HINTERFRAGEN.

DIE INNEREN ELTERN KENNENLERNEN

Ob wir uns dessen bewusst sind oder nicht, in vielerlei Hinsicht sind wir bereits Eltern für uns selbst – und zwar insofern, als dass wir für unsere eigenen Bedürfnisse verantwortlich sind. Ich verstehe, wenn sich das für einige befremdlich anhört. Zur Veranschaulichung sehen wir uns am besten ein paar Beispiele an.

Wenn Sie hungrig sind, wer kauft oder macht Ihnen Essen? Wenn Sie einen neuen Mantel brauchen, wer geht und kauft einen? Wenn Sie sich traurig fühlen, wer sitzt dann – immer – an Ihrer Seite, bis es vorbei ist? Die Antwort auf alle Fragen ist: natürlich Sie – es sei denn, Sie haben eine Partnerin oder einen Partner, Freunde oder Familie, die bei solchen Dingen auch helfen.

Die meiste Zeit ist uns nicht bewusst, dass wir für uns selbst eine Elternrolle übernehmen. Und deshalb ist uns auch nicht bewusst, was für eine Art von Eltern wir für uns sind.

Wenn wir ohne Bewusstsein agieren und die Verhaltensweisen unserer tatsächlichen Bezugspersonen nur spiegeln, verstärken wir leider möglicherweise unbewusste Überzeugungen, die sich in unserer Kindheit herausgebildet haben und die vielleicht nicht ideal waren.

Der heilsame Trick beim Reparenting besteht darin, dass wir uns unserer Rolle als Eltern gegenüber unserem inneren Kind bewusst werden und aufgrund der Bedürfnisse unseres inneren Kindes aktiv entscheiden, welche Art von Eltern wir sein wollen.

FÜNF-MINUTEN-PAUSE:

DIE INNEREN ELTERN ANALYSIEREN

Um herauszufinden, welche Art von Eltern Sie im Moment für sich selbst sind, nehmen Sie sich einen Augenblick Zeit, um sich die folgenden Fragen zu stellen:

- Verhalte ich mich wohlwollend und mitfühlend gegenüber meinem inneren Kind? Unterstütze ich es? Spreche ich gütig mit mir selbst, feiere mich und erfülle mir meine grundlegenden Bedürfnisse?
- Oder bin ich als Eltern abweisend und kritisch? Oder möglicherweise sogar abwesend und desinteressiert? Vielleicht vernachlässige ich meine eigenen Bedürfnisse und fokussiere mich mehr auf das Negative als auf das Positive und/oder unterdrücke ich meine Gefühle?

Wie auch immer die Antworten lauten: Ist das die Art von Eltern, die ich auch zukünftig für mich sein möchte?

DIE ANALOGIE VOM GOLDFISCHGLAS

Auf den folgenden Seiten finden Sie Vorschläge, wie Sie Ihre Reise zum bewussten Reparenting antreten können. Es könnte hilfreich sein, wenn Sie sich zuvor ein mit Wasser gefülltes Goldfischglas mit einem darin schwimmenden Fisch vorstellen. Der Fisch repräsentiert den Erwachsenen, der Sie heute sind, und das Wasserglas Ihre frühen Kindheitserfahrungen.

Es lässt sich nicht vermeiden, dass sich im Lauf der Zeit, während Sie darin schwimmen, ungesunder Schmutz ansammelt. Abhängig von Ihren frühen Erfahrungen kann das Wasser in diesem Stadium bereits ziemlich verdreckt sein.

Stellen Sie sich nun vor, dass Sie den Schmutz aus dem Wasser herausfiltern, bis es wieder schön klar ist (der Reinigungsprozess repräsentiert, wie Sie neue gesunde Elterngewohnheiten für Ihr inneres Kind entwickeln).

Beim Filtern klären Sie nicht nur das Wasser, Ihnen wird auch bewusst, wie wichtig die Wasserqualität ist, sodass Sie eine erneute Verschmutzung vermeiden möchten – sowohl durch Sie selbst als auch durch andere, die ihren Dreck in Ihr Glas fallen lassen.

Die Goldfischglasanalogie ist eine visuelle Erinnerung daran, wie die frühen Erinnerungen sich auch auf uns als Erwachsene auswirken. Wir können uns jedoch jederzeit dafür entscheiden, das Wasser zu säubern, um den Fisch wieder leicht und frei schwimmen zu lassen (das heißt, dass unser Erwachsenen-Selbst den Alltag wieder mit mehr Leichtigkeit und Freude meistert).

FÜNF-MINUTEN-PAUSE:

DAS GOLDFISCHGLAS REINIGEN

Nehmen Sie sich einen Moment Zeit, um das Wasser in Ihrem eigenen Goldfischglas zu analysieren. Wie sieht es aus? Wie fühlt es sich an, darin zu schwimmen? Fragen Sie sich selbst:

Habe ich etwas getan, oder tue ich etwas, was das Wasser verschmutzt?

Habe ich anderen Menschen erlaubt, das Wasser zu verschmutzen?

Welche kleinen Veränderungen würden mir helfen, um das Wasser zu klären?

Bevor wir beginnen, sollten Sie wissen:

- Reparenting ist ein langsamer, fortlaufender Prozess, der für jeden, der sich darauf einlässt, Vorteile bringt. Geduld und Mitgefühl sind dabei Ihre besten Verbündeten.
- Unterwegs machen Sie wahrscheinlich Fehler, schließen Sie jetzt schon Frieden damit. Es ist in Ordnung. Es geht nicht um die Verletzung, es geht um die Heilung.
- Reparenting kann eine Herausforderung sein. Holen Sie eventuell einen Therapeuten oder eine Therapeutin mit ins Boot.
- Es ist in Ordnung, wenn jetzt noch nicht der richtige Zeitpunkt für Sie ist, um zu beginnen. Lesen Sie die Anleitung und seien Sie gewiss, dass hier alles steht, wenn Sie sie brauchen.

VERBINDUNG ZUM INNEREN KIND

Einige Möglichkeiten, wie wir uns mit dem inneren Kind verbinden können (oder das Wasser im Goldfischglas klären), sind:

- Visuelles Erinnern
- Spielen!
- Einen Brief an das innere Kind schreiben
- Wohlwollend mit sich selbst sprechen

Diese Techniken werden wir gleich nacheinander kennenlernen.

Zunächst sollten Sie bedenken, dass die Arbeit mit dem inneren Kind für Körper und Geist eine Herausforderung darstellen kann. Ich kann nicht oft genug betonen, wie wichtig es ist, den Prozess langsam und behutsam anzugehen.

Spüren Sie in sich hinein und fragen Sie sich: Habe ich gerade genug Energie, um mich damit zu beschäftigen? Wie fühlt sich mein Körper an? Was ist meine Intention? Habe ich den Raum, um das zu halten, was bei mir Wohlwollen hervorruft?

Fahren Sie nur fort, wenn Sie sich sicher fühlen, dass Sie den Raum und die Kraft haben, sich selbst mit der nötigen Liebe und dem erforderlichen Wohlwollen zu versorgen. Jedes Mal, wenn Sie eine Übung zum inneren Kind auf den folgenden Seiten abgeschlossen haben, visualisieren Sie, wie Sie Ihr inneres Kind wieder in die Wärme und Fürsorge Ihres liebevollen Herzens aufnehmen, sodass es nicht ungeschützt ist, während Sie in Ihren Alltag zurückkehren.

Visuelles Erinnern

Eine effektive Möglichkeit, sich mit Ihrem inneren Kind zu verbinden, ist eine Zeitreise in die Kindheit, indem Sie ein Foto Ihres jüngeren Selbst als Inspiration verwenden.

1. Suchen Sie ein Foto oder mehrere von sich selbst als Baby, Kleinkind oder junges Kind heraus.
2. Betrachten Sie das Foto für eine Weile in Ruhe, um wiederzuentdecken, wie ihr jüngeres Selbst aussah.
3. Nehmen Sie wahr, was bei Ihnen während des Betrachtens an die Oberfläche steigt, zum Beispiel: Welche Körperempfindungen tau-

chen auf? Welche Gefühle spüren Sie? Diese Arbeit kann schwierig sein, deshalb nehmen Sie sich Zeit. Denken Sie daran, dass es oft leichter fällt, Mitgefühl für andere zu haben statt für uns selbst. Schließlich haben wir unser inneres Kind lange ignoriert.

4. Erlauben Sie Ihren Gefühlen, sich zu zeigen, ohne sie zu kritisieren oder gar abzulehnen. Wir brauchen sie nicht genau zu verstehen oder genau zu wissen, warum sie auftauchen. Begegnen Sie jedem einzelnen einfach nur mit Fürsorge und Wohlwollen.

Das Ziel ist es, auf einer gewissen Ebene zu erkennen, dass wir uns erlauben dürfen, einfach nur zu sein – was auch immer hochkommt – und unserem inneren Kind das Mitgefühl zu zeigen, nach dem es sich so sehr sehnt.

Spielen!

Sich in Ihrem Erwachsenenleben Zeit für Dinge zu nehmen, die Sie als Kind gern taten, ist eine der unterschätztesten Formen, die uns auf dem Weg der Heilung zur Verfügung stehen. Wenn wir uns Zeit für unsere geliebten Kinderspiele freihalten, fühlt sich unser inneres Kind gesehen, gehört und geachtet. Spielen ist im Erwachsenenleben ebenso wichtig wie in unserer Kindheit.

1. Setzen Sie sich mit Block und Stift gemütlich hin und notieren Sie, was Ihnen als Kind Freude gemacht hat.

2. Erlauben Sie sich, in Erinnerungen und Tagträumen zu schwelgen, und überlegen Sie: Was habe ich sehr gern gemacht? Ihre Antwort kann alles Mögliche beinhalten von Lesen, Filme anschauen, über bestimmte Sportarten oder Spiele zu machen, mit bestimmtem Spielzeug spielen, Zeit mit bestimmten Menschen oder Tieren verbringen, etwas Bestimmtes lernen bis hin zum Lieblingsessen.

3. Seien Sie so allgemein und so genau, wie Sie können, und schreiben Sie alles auf, was Ihnen in den Sinn kommt. Die Liste darf die ganze Seite füllen.

4. Suchen Sie sich aus der Liste eine Sache heraus, die Sie gern »wiederbeleben« würden. Wenn Sie zum Beispiel gern schwimmen gegangen sind, könnten Sie das diese Woche unternehmen? Wenn Sie gern auf Bäume geklettert sind, dann überlegen Sie, ob es in Ihrer Nähe eine Kletterhalle oder einen Kletterpark gibt. Wenn Sie gern gemalt haben, könnten Sie sich dafür Zeit nehmen oder eine Mal-

schule in der Nähe besuchen? »Wiederbeleben« könnte für die eine Person so aussehen, dass sie am Strand Sandburgen baut oder aus vollem Herzen singt, für eine andere Person könnte es sein, dass sie wieder etwas Kunsthandwerkliches herstellt, eine Tanzparty im Schlafzimmer veranstaltet, die Harry-Potter-Bücher noch einmal liest (oder ein anderes Lieblingsbuch aus der Kindheit) oder irgendetwas anderes macht, was ihr in den Sinn kommt und Spaß verspricht.

5. Vielleicht haben Sie anfangs Einwände dagegen, mehr Spiel in Ihr Leben zu bringen, wie zum Beispiel »Das kann ich nicht«, »Ich habe andere Verpflichtungen« oder »Für so etwas habe ich keine Zeit.« Werfen Sie Ihre Bedenken über Bord.

6. Lassen Sie sich darauf ein, was Sie empfinden, wenn Sie für Ihr inneres Kind ausgelassen spielen. Halten Sie die Erfahrung in Ihrem Journal fest. Nutzen Sie Ihre Aufzeichnungen, um zu erforschen, ob ein Gefühl von Peinlichkeit oder Albernheit aufgekommen ist. Es ist normal, wenn Sie sich zu Beginn etwas unsicher oder dumm vorkommen. Machen Sie einfach weiter und seien Sie offen für alles.

Einen Brief an das innere Kind schreiben

Wenn Sie etwas Zeit mit Ihrem 4-jährigen Selbst verbringen könnten, was würde es sagen?

Wie wäre es mit Ihrem 8-jährigen oder 12-jährigen Selbst? Sie verbinden sich auf sehr wirkungsvolle Weise mit Ihrem inneren Kind, wenn Sie ihm einen Brief schreiben, weil Sie es anerkennen und mit ihm in Interaktion treten.

1. Setzen Sie sich mit Stift und Papier an einen gemütlichen, sicheren Ort, wo Sie sich öffnen können.

2. Nehmen Sie sich ein paar Momente, um sich zu erden, visualisieren Sie sich selbst als das wohlwollende, gütige Elternteil, das Sie als Kind gebraucht haben, und lassen Sie Ihre Liebe und Ihr Mitgefühl für Ihr inneres Kind frei fließen.

3. Schreiben Sie nun einen Brief, mit dem sich das Kleine sicher und geborgen fühlt. Das kann eine Erinnerung an glückliche Momente beinhalten, eine Entschuldigung, es könnte auch ein Versprechen sein oder einfach nur die Erklärung, dass Sie eine stärkere Verbindung zu Ihrem inneren Kind aufbauen möchten. Dabei gibt es kein Richtig oder Falsch, und niemand wird über Sie urteilen.

4. Fragen Sie Ihr inneres Kind beim Schreiben, was es fühlt und was es in diesem Moment braucht, und lassen Sie Ihren Brief davon geleitet sein. Wenn Sie während des Prozesses emotional berührt sind, ist es völlig in Ordnung. Erlauben Sie sich eventuelle Tränen ohne Scham; seien Sie stattdessen stolz auf Ihren Mut, sie fließen zu lassen, und auf das stärkende und einfühlsame Elternteil, das Sie jetzt für sich sind.

Nachdem Sie diesen ersten Brief an Ihr inneres Kind geschrieben haben, möchten Sie nach einer Weile vielleicht noch mehr schreiben. Bitte tun Sie das, wenn es sich für Sie richtig anfühlt.

Vielleicht spüren Sie auch, dass Ihr inneres Kind Ihnen zurückschreiben möchte, weil es etwas zu sagen hat oder Fragen stellen möchte. Lassen Sie es zu, wenn der Wunsch auftaucht. Wenn Sie Ihre nicht dominante Hand zum Schreiben benutzen, wird die logische Seite des Gehirns umgangen. Das kann Sie dazu bringen, mehr in die Gefühlswelt des inneren Kindes einzudringen. Erforschen Sie, ob Sie als Kind bei bestimmten Verhaltensweisen mit Enttäuschung und Ärger konfrontiert wurden, und bringen Sie zum Ausdruck, wie sich das Kind dabei gefühlt hat.

Wenn das der Fall ist, sollten Sie in weiteren Briefen, die Sie an Ihr inneres Kind schreiben, dafür sorgen, dass Sie Ihrem jüngeren Selbst Geduld, Raum, Liebe und Wohlwollen entgegenbringen – Dinge, die es braucht.

Wenn Sie eine Brieffreundschaft mit Ihrem inneren Kind aufbauen, schaffen Sie einen Raum, in dem Heilung und Transformation wirkungsvoll stattfinden können.

Wohlwollend mit sich selbst sprechen

Kinder glauben häufig, dass sie sich Liebe verdienen müssten, indem sie gute Noten schreiben oder sich auf erwünschte Weise verhalten. Ihre Eltern haben Ihnen vielleicht nicht gesagt, dass Sie es verdienen, geliebt zu werden, unabhängig von Leistung und Verhalten.

So erschütternd das für das Kind, das wir waren, und den Erwachsenen, der wir jetzt sind, sein kann, haben wir dennoch die Chance, als Erwachsene zu sagen, was das Kind so dringend hören wollte. Es gibt viele Dinge, die Ihr inneres Kind von einem wohlwollenden Erwachsenen in einem ruhigen, verständnisvollen Tonfall hören sollte.

MEIN LIEBES INNERES KIND,

ICH WEIß, DASS DU
VERLETZT WURDEST.

ICH MÖCHTE DICH
WISSEN LASSEN, DASS DU
GELIEBT WIRST.
NICHTS IST AN DIR FALSCH +
DU BIST GENUG,
SO WIE DU BIST.
DU BIST SICHER,
DAS VERSPRECHE ICH DIR.

Nährende Worte für Ihr inneres Kind:

- »Ich habe dich lieb.«
- »Du bist beschützt.«
- »Es tut mir leid.«
- »Danke schön.«
- »Ich freue mich, mit dir zu spielen.«
- »Du bist sicher.«
- »Ich höre dich und ich bin stolz auf dich.«
- »Es ist in Ordnung, wenn du dich so fühlst.«
- »Du hast es nicht verdient, dass dir das passiert.«
- »Du bist genug. Du bist mehr als genug.«

FÜNF-MINUTEN-PAUSE:

DAS INNERE KIND NÄHREN

Fragen Sie sich selbst mehrmals im Lauf des Tages, wenn Sie zum Beispiel morgens in den Spiegel schauen, Kaffee kochen oder zur Arbeit fahren:

- Was möchte mein inneres Kind gerade am dringendsten von mir hören?

Dann sagen Sie liebevolle passende Worte zu sich selbst, entweder laut oder im Kopf. Ihre ureigene Fähigkeit zu lieben, ist der Schlüssel für Ihre Heilung und Ihr Wachstum.

SICHERHEIT KULTIVIEREN

Sicherheit ist sowohl in Beziehungen mit anderen als auch zu uns selbst ein wichtiger Bestandteil des Reparenting und ein Ausgangspunkt, um unsere emotionalen Wunden zu heilen, die wir in unserer Kindheit erlitten haben.

Eine Frage, auf die ich immer wieder zurückkomme – auf meiner persönlichen Reparenting-Reise und bei der Arbeit mit Klienten –, lautet:

»Haben wir uns sicher gefühlt, als wir jung waren?«

Wenn kein körperlicher Missbrauch vorlag, ist die übliche Antwort: »Ja, natürlich. Ich war sicher.« Auf körperlicher Ebene mag das stimmen. Aber wie sieht es auf emotionaler Ebene aus?

Erst wenn wir uns emotional sicher fühlen, fühlen wir uns in der Lage, unser authentisches Selbst vollständig auszudrücken und selbst die verletzlichsten Teile unseres Selbst zu zeigen.

Wie emotional sicher wir uns als Kinder fühlten, zeigt sich darin, wie sicher wir uns fühlten, wenn wir …

- Gefühle zeigten.
- unsere Meinung ausdrückten.
- unsere Ziele und Träume teilten.
- ehrlich unsere Ängste aussprachen.
- nicht immer eine Antwort hatten.
- Fehler machten.
- Zuneigung suchten.
- weinten und traurig waren.
- um Hilfe baten.
- Fragen stellten.
- spielten und uns verstellten.
- Nein sagten.

FÜNF-MINUTEN-PAUSE:

EIN GEFÜHL FÜR EMOTIONALE SICHERHEIT HERSTELLEN

Nehmen Sie sich einen Moment Zeit, um zu überdenken, wie sicher Sie sich emotional als Kind fühlten, indem Sie sich die folgenden Fragen stellen:

- Konnte ich meine Meinung sagen, ohne Angst haben zu müssen, dass ich körperlich oder verbal zurechtgewiesen wurde? Konnte ich über ein heikles Thema sprechen, ohne befürchten zu müssen, dass ich gedemütigt werde?
- Was passierte, wenn ich weinte?
- Was passierte, wenn ich aufgeregt oder traurig war?
- Was passierte, wenn ich um Hilfe bat oder Nein sagte?

Wenn ein Kind sich emotional oder körperlich unsicher fühlt, sucht es möglicherweise unbewusst nach einem Funken oder einer Illusion von Sicherheit, indem es später im Leben eines der folgenden Rollenmuster übernimmt:

- Die Überfliegerin oder der Überflieger
- Die Familientherapeutin oder der Familientherapeut
- Das gute Kind
- Das Elternteil
- Der Spaßvogel
- Der Rebell

Vielleicht finden Sie sich in einer dieser Rollen wieder, die Sie innerhalb der Familie übernommen haben und auch heute gelegentlich noch übernehmen – wie Ihre Alltagssituation auch jetzt sei.

Sicherheit in unseren Beziehungen

Wir pflegen viele verschiedene Arten von Beziehungen in unserem Leben: Familie, Freundschaften, Kollegen, Partnerschaften. Wie die Dynamik auch sein mag, das Miteinander kann sich entweder emotional gesund und »sicher« oder ungesund und »unsicher« anfühlen.

Eine der Rollen unseres bewussten neuen Elternteils achtet darauf, mit wem unser inneres Kind seine Zeit verbringt. Schließlich möchten alle guten Eltern sicher sein, dass Ihre Kinder Zeit mit Menschen verbringen, die wohlwollend mit den Kindern umgehen, sodass sie sich selbst gut fühlen, das heißt, emotional sicher!

Merkmale emotional sicherer Menschen sind unter anderem:

- Akzeptierend
- Unterstützend
- Respektvoll
- Ich-bewusst
- Klar mit Grenzen
- Konsequent
- Gute Gesprächspartner*innen
- Gute Zuhörer*innen
- Verantwortlich für das eigene Handeln

Merkmale emotional unsicherer Menschen sind unter anderem:

- Launisch
- Unreflektiert
- Aufdringlich oder kontrollierend
- Ablehnend gegenüber Emotionen
- Abwehrend
- Herablassend
- Inkonsequent und unklar
- Schwer einschätzbar

Kein Mensch ist weder das eine noch das andere Extrem, also 100 Prozent emotional sicher oder 100 Prozent emotional unsicher. Noch nicht einmal wir selbst. Jeder zeigt wenigstens von Zeit zu Zeit ein Verhalten oder Merkmal, das in die unsichere Kategorie fällt.

Dennoch wäre es gut, kurz innezuhalten und sich Harmonie und Zusammenspiel in unseren persönlichen Beziehungen genauer anzusehen, in denen unsichere Umgangsweisen nicht nur singulär, sondern als wiederkehrende Muster auftauchen.

Unser Maß an Sicherheit kann häufig ganz einfach durch die »Schwingungen« definiert werden, die wir von einer anderen Person empfangen. Unser inneres Gespür sagt uns dann: »Dies ist keine Person, der ich mich anvertrauen möchte.« Oder »Dies ist keine Person, der ich trauen sollte.«

FÜNF-MINUTEN-PAUSE:

HERAUSFINDEN, WELCHE GEFÜHLE MENSCHEN IN MIR AUSLÖSEN

Den besten Zugang zu unserer eigenen Wahrheit finden wir über unseren Körper. Wenn Sie mit einer bestimmten Person etwas Zeit verbracht haben, überlegen Sie einen Augenblick, welche Wirkung die Person auf Sie hat. Fragen Sie sich selbst:

- Wie fühlt sich mein Körper in Gegenwart dieser Person an?
- Fühle ich mich sicher und zufrieden oder besiegt und »down«, nachdem wir uns verabschiedet haben?
- Was muss sein, damit ich mich in Beziehungen sicher fühle?
- Was könnte dazu beitragen, dass ich mich in *dieser* Beziehung sicherer fühlen würde?

Es ist wichtig hervorzuheben, dass wir in einer Beziehung, in der akuter Missbrauch herrscht, kein Gefühl von Sicherheit entwickeln können. Das gilt auch für Beziehungen, in denen einmal Missbrauch herrschte, selbst wenn es jetzt nicht mehr der Fall ist.

Ein Gefühl von Sicherheit zu entwickeln, braucht Zeit und Übung. Auf den nächsten Seiten sind eine Reihe von Möglichkeiten aufgeführt, die helfen, Ihr Gefühl von emotionaler Sicherheit in Beziehungen ohne Missbrauch aufzubauen.

Gedanken zurückhalten, statt unterbrechen

Wir entwickeln in Beziehungen emotionale Sicherheit, wenn wir uns die Mühe machen, uns gegenseitig aktiv zuzuhören. Das geschieht, wenn man seine Aufmerksamkeit ausschließlich auf die andere Person richtet – ohne Mobiltelefon, Laptop, Fernsehen. Wenn Sie Blickkontakt herstellen, wenn Sie sich Ihres Gesichtsausdrucks bewusst sind, wenn Sie die andere Person – ob Partner/Partnerin, Freund/Freundin, Familienmitglied oder wer auch immer – ermutigen, sich mitzuteilen, halten Sie Ihre eigenen Gedanken zunächst zurück und lassen Sie die Person ausreden.

Neugierig sein statt urteilen

Wenn eine andere Person etwas sagt, dem wir nicht zustimmen, kann es sehr schwierig sein, nicht zu urteilen. Aber die nüchterne Wahrheit ist: Wir urteilen, weil uns das, was wir hören, nicht gefällt. Das macht unser Gegenüber nicht falsch oder zu einem schlechten Menschen. Die Person drückt etwas aus, das sich für sie wahr anfühlt. Wir können keine emotionale Sicherheit aufbauen, wenn wir immer nur kritisieren.

Außerhalb von missbräuchlichen Beziehungen, in denen Menschen versuchen, Sie zu manipulieren oder zu kontrollieren, versuchen Sie, mit Neugier zu reagieren, anstatt jemanden mit Urteilen und Kritik niederzumachen.

Dies können Sie erreichen, indem Sie Rückfragen stellen, sodass Sie besser verstehen, woher die Meinung kommt, bevor Sie sich zu einer möglichen Antwort entschließen. Denken Sie daran, dass Sie der anderen Person durch solche Interaktionen zu verstehen geben, dass Sie sich um sie sorgen und sie Ihnen etwas bedeutet – das macht es Ihnen leichter, Ihr Urteil zurückzuhalten.

Zurückhaltung praktizieren statt reagieren

Sich emotional sicher zu fühlen bedeutet auch, dass wir etwas teilen können, ohne Angst vor Demütigung oder Verletzung zu haben, selbst wenn es eine schmerzhafte Wahrheit ist. So liegt es auch in Ihrer Verantwortung, Selbstregulation zu praktizieren, wenn ein geliebter Mensch etwas mit Ihnen teilt, selbst wenn ein schwieriges Thema angeschnitten wird.

Dazu gehört, dass wir in der Lage sind, uns zurückzunehmen, anstatt im Eifer des Gefechts aus der Haut zu fahren. Für den Anfang brauchen Sie nur eine einzige Sekunde. Wenn Sie sich eine Sekunde zurückhalten können, dann schaffen Sie auch zwei. Aus zwei machen Sie drei und so weiter. Unsere Reaktion in solchen Situationen signalisiert der anderen Person, was unserer Meinung nach in Ordnung ist. Wir haben die Macht, ihr Raum für sich selbst zu geben oder sie durch Urteilen zum Schweigen zu bringen, sodass sie sich schlecht fühlt.

Akzeptieren statt verteidigen

Studien des renommierten Gottman Institute haben ergeben, dass zwei Drittel aller Streitereien von Paaren zu keiner Lösung führen. Wenn Sie also das nächste Mal in eine Diskussion verstrickt sind, versuchen Sie doch einmal, statt Ihren Partner oder Ihre Partnerin zu überzeugen, dessen oder deren Sichtweise zu *verstehen*, ohne die andere Meinung ändern zu wollen oder Ihre eigene zu verteidigen.

Wenn beide Parteien bereit sind, den Standpunkt des oder der anderen auf diese Weise zu akzeptieren, anstatt sich in Details zu verbeißen, die wir als falsch oder abwegig empfinden, kann es auf das Gefühl von Sicherheit innerhalb der Beziehung Wunder wirken.

Anstatt mit »Ich weiß nicht, warum du das denkst« zu reagieren, probieren Sie es mit einem Satz der Akzeptanz, wie zum Beispiel: »Es fühlt sich für mich nicht gut an, das zu hören/Ich bin mir nicht sicher, ob ich dir zustimme, aber ich verstehe, was du sagst.«

Kommunizieren statt in sich hineinfressen

Emotionale Sicherheit ist ein Thema, über das es sich lohnt, mit den Menschen in Ihrem Umfeld zu sprechen. Um ein entsprechendes Gespräch in Gang zu bringen, könnten Sie über diesen Teil des Buchs reden.

So kann es zum Beispiel sehr hilfreich sein, Ihre Lieben wissen zu lassen, welche Verhaltensweisen Ihnen Sicherheit geben und welche nicht. Ein weiteres wichtiges Thema in Bezug auf die emotionale Sicherheit kann »Grenzen« sein, so wie es in Kapitel 6 beschrieben wurde. Ein offenes Gesprächsthema könnte zum Beispiel sein, dass wir uns nicht wohl oder »sicher« fühlen, wenn über eine bestimmte Person oder ein bestimmtes Thema auf bestimmte Art und Weise geredet wird.

Oft kommt es durch verinnerlichte Gewohnheiten zu Unstimmigkeiten. Sich emotional sicher zu fühlen und vertrauen zu können, setzt voraus, dass wir unsere Verletzlichkeit zeigen, indem wir so mutig sind, offen über unsere Erfahrungen und Bedürfnisse zu sprechen.

Sicherheit in uns selbst kultivieren

Nachdem wir nun erkannt haben, wie wichtig es für den Prozess des Reparenting ist, in unseren Beziehungen emotionale Sicherheit zu entwickeln und zu fördern, ist es allerdings ebenso wichtig, das Bedürfnis nach emotionaler Sicherheit in uns selbst zu verstehen. Hier finden Sie für den Anfang eine Reihe von Möglichkeiten:

Anker identifizieren

Wenn Sie ein gutes Gespür dafür haben, was sich für Sie in Ihren verschiedenen Lebensbereichen sicher und unsicher anfühlt, dann können Sie diese Übungen als Anker benutzen, um das Gefühl von Sicherheit, wann immer nötig, zu stärken. Also:

1. Nehmen Sie sich ein Blatt Papier und einen Stift.
2. Dann überlegen Sie eine Weile, um anhand der folgenden Fragen herauszufinden, was zu Ihrem Gefühl von Sicherheit beiträgt.

Wann fühle ich mich in meinem Körper sicher?

Wann fühle ich mich in einer Beziehung sicher?

Wann fühle ich mich finanziell sicher?

Wann fühle ich mich geerdet?

Wann fühle ich mich unsicher? Wie macht sich das körperlich bemerkbar?

Was kann ich für meine emotionale Sicherheit tun, wenn ich mich unsicher fühle?

Was würde allgemein mein Gefühl von Sicherheit in meinem Leben erhöhen?

Vieles, was uns ein sicheres Gefühl gibt, ist glücklicherweise leicht zugänglich oder herbeizuführen. Dazu gehört zum Beispiel ein Gespräch mit einer nahestehenden Person, frische Luft schnappen oder sich Zeit fürs Haustier nehmen. Für andere Dinge müssen wir uns vielleicht ein bisschen mehr anstrengen – entweder, weil es »Beziehungsanker« sind, bei denen andere Personen (wie Freunde, Eltern oder Therapeutin/

Therapeut) involviert sind, oder »geplante« Anker, für die eine vorausschauende Planung, Geduld oder Zeit erforderlich sind.

Beispiele für leicht zugängliche Anker:

- Atemarbeit
- Zeit mit dem Haustier
- Spaziergang oder Aufenthalt in der Natur
- Soziale Verpflichtungen reduzieren

Beispiele für Beziehungsanker:

- Gespräch mit nahestehender Person
- Kinobesuch oder Treffen mit einer Freundin/einem Freund
- Eine therapeutische Sitzung

Beispiele für geplante Anker:

- Ändern eines Verhaltensmusters
- Geld sparen
- Eine toxische Umgebung meiden

Versprechen einhalten

Ebenfalls zum Reparenting gehört, dass man lernt, sich selbst zu vertrauen. Eine einfache Möglichkeit besteht darin, sich selbst regelmäßig kleine Versprechen zu geben, die man auch einhält.

Vielleicht fühlt es sich nicht wie eine große Sache an, wenn man sagt »Morgen mache ich X, Y oder Z« und entscheidet sich dann aus irgendeinem Grund, es doch nicht zu machen.

Bei wiederholtem Vorkommen hat dieses Verhalten allerdings starke Auswirkungen, weil die kleinen Versprechen, die Sie nicht halten, einen großen Vertrauensverlust verursachen – in Sie selbst sowie in Ihr Gefühl, gehört und geschätzt zu werden.

Indem Sie regelmäßig kleine Versprechen einhalten, können Sie Ihr Selbstvertrauen aufbauen, Ihr Vertrauen und Ihren Selbstwert stärken und Ihrem inneren Kind beweisen, dass Ihr Wort wirklich zählt.

Wenn Sie feststellen, dass Sie kleine Eigenversprechen immer wieder brechen, könnte es ein Zeichen dafür sein, dass diese etwas abgespeckter sein sollten oder dass es im Moment nicht die richtigen Versprechen für Sie sind. In dem Fall ist es am besten, sie zu überprüfen und anzupassen.

Unsichere innere Verhaltensweisen erkennen

Ab und zu legt jeder »unsichere« emotionale Verhaltensweisen an den Tag. Deshalb ist es wichtig, unsichere Verhaltensweisen zu identifizieren, wenn man sich emotional sehr sicher fühlen möchte. Man kann einen hilfreichen Einblick in tiefgreifende Probleme erhalten, wenn man erkennt, welche Verhaltensweisen nur sporadisch und welche regelmäßig auftreten.

Wenn Sie eine unsichere Verhaltensweise erkannt haben, wie einen Arzttermin zu verschieben, bei Stress Drogen zu nehmen oder dem Ex/der Ex eine Nachricht schicken, wenn Sie sich einsam fühlen, sind folgende Fragen sinnvoll:

Was könnte sich hinter diesem Verhalten verbergen?

Welches meiner Bedürfnisse wird nicht erfüllt?

Wie kann ich besser auf das Bedürfnis eingehen?

Wie kann ich mich in Momenten beruhigen, in denen ich mich unsicher fühle?

Fühle ich mich dazu in der Lage, mit der anderen Person über meine Empfindungen zu sprechen?

Falls ja, wie kann ich es anstellen, dass sie mir zuhört?

Wie möchte ich mich nach dem Gespräch fühlen? Was würde das zur Folge haben?

Es würde Ihnen nicht helfen, sich zu schämen, wenn Sie an sich selbst unsichere Verhaltensweisen wahrnehmen. Das Erkennen eines solchen Verhaltens ist vielmehr ein Zeichen von wachsender Selbsterkenntnis auf Ihrer Reise zum Selbst und bietet Gelegenheit, sanft zu sich selbst zu sein, sich verantwortlich zu fühlen und Ihr Verhalten so auszurichten, dass es sich für Sie authentischer und hilfreicher anfühlt.

REPARENTING ALS FORM DER SELBSTLIEBE

Reparenting ist im Kern eine Form von Selbstliebe, weil beide Phänomene uns lehren, für unsere eigenen Bedürfnisse einzustehen – als kleines Kind, das wir einst waren, und als Erwachsene heute. Zur Selbstliebe gehört, dass wir uns der Muster und Glaubenssätze in unseren Gedanken und unserem Verhalten bewusster werden und jeden Tag Entscheidungen treffen, die unserem eigenen Interesse und dem Interesse unserer Beziehungen am besten dienen. Der Prozess des Reparenting fühlt sich wie eine langsame Heimkehr an.

Jeder von uns kennt sich selbst am besten (sogar besser als unsere Therapeutin oder unser Therapeut). So wie liebevolle und achtsame Eltern die Bedürfnisse ihrer Kinder wahrnehmen, wissen Sie bewusst oder unbewusst eine Menge über Ihr inneres Kind und was es braucht. Wenn Sie regelmäßig in sich gehen und Ihre Bedürfnisse erspüren, verfeinern Sie Ihr Wissen und versichern Ihrem inneren Kind, dass Sie gut für es sorgen.

Wenn Sie zum Beispiel bemerken, dass Sie hungrig sind, dann überlegen Sie, was Sie für ein Kind in dieser Situation tun würden. Würden Sie ihm sagen, dass es noch zwei Stunden durchhalten soll oder würden Sie ihm einen Snack anbieten, damit der erste Hunger gestillt ist und es bis zum Abendessen warten kann. Wenn Sie sich erschöpft oder überfordert fühlen, überlegen Sie, was Sie für ein Kind tun würden, das sich so fühlt. Würden Sie ihm sagen »Schade« oder »Reiß dich zusammen« und es zwingen weiterzumachen? Oder würden Sie ihm zuhören und dafür sorgen, dass es sich entspannen kann. Was ist, wenn das Kind einen Fehler macht? Würden Sie mit ihm schimpfen und es ständig damit aufziehen oder würden sie es mitfühlend daran erinnern, dass Fehler zum Leben gehören, es für seinen Mut loben und fragen, was es daraus gelernt hat?

BEISPIELE FÜR KLEINE TÄGLICHE VERSPRECHEN:

- UM 8 UHR AUFSTEHEN
- MORGENS 5 MINUTEN MEDITIEREN
- KURZER SPAZIERGANG NACH DEM FRÜHSTÜCK
- ZEHN SEITEN IN MEINEM AKTUELLEN BUCH LESEN
- VOR DEM ZUBETTGEHEN 10 MINUTEN INS JOURNAL SCHREIBEN
- ETWA UM 22 UHR INS BETT GEHEN

FÜNF-MINUTEN-PAUSE:

ANGEWOHNHEITEN ETABLIEREN

Als Teil Ihrer Reparenting-Selbstliebe-Praxis empfehlen sich diese Angewohnheiten:

- Fragen Sie sich regelmäßig: »Was brauche ich in diesem Moment?«
- Üben Sie sich darin, dieses Bedürfnis ohne Schuldgefühle zu befriedigen.

Als Elternteil sind Sie zwar oft körperlich in der Lage, etwas zu erledigen, aber das bedeutet nicht, dass Sie dazu auch jederzeit bereit sind. Deshalb nehmen Sie sich immer Zeit, um zu beurteilen, wie Sie sich gerade fühlen und wofür Sie gerade den Raum und die Energie haben.

Manchmal geraten wir in Situationen, in denen man eben durchhalten muss, unabhängig davon, wie man sich fühlt. Doch Situationen, die von tröstenden Worten mit dem Eltern-Ich nicht profitieren, sind letztendlich wahrscheinlich eher selten. Je mehr Sie Ihr inneres Kind wahrnehmen, desto mehr nehmen Sie Ihr Selbst wahr.

Die Kunst der Selbstdisziplin

Ein weiteres Puzzleteil in der Reparenting-Praxis ist Selbstdisziplin. Wir werden nicht mit der Fähigkeit geboren, unsere Impulse zu kontrollieren und uns zu disziplinieren; das lernen wir in der Kindheit – im Elternhaus, im Schulsystem und bei sonstigen Aktivitäten. Wenn wir dies nicht in der Kindheit auf angemessene, vernünftige Weise lernen, kann unser Verhältnis zu Selbstdisziplin im Erwachsenenleben etwas verkorkst sein.

Wenn unsere erste Bezugsperson zum Beispiel unzuverlässig, abwesend oder sehr nachgiebig war, sind unsere Entscheidungen als Erwachsene möglicherweise impulsiv, und wir suchen nach sofortiger Anerkennung und Bedürfnisbefriedigung statt leicht diszipliniert auf eine etwas verzögerte Anerkennung zu warten. Wenn die Bezugsperson hingegen dominant oder grausam war, könnten wir ins andere Extrem verfallen, bei der Selbstdisziplin in Selbstbestrafung mündet. Auf verpasste Chancen, in der Kindheit etwas zu lernen, reagiert jeder unterschiedlich.

Wenn unsere Hauptbezugspersonen jedoch klare, gesunde Regeln liebevoll durchsetzten, dann haben sie uns ein gutes Vorbild für Selbstdisziplin im späteren Leben geliefert. Dazu gehören zum Beispiel, zuerst das Zimmer aufräumen und dann darf draußen gespielt werden, vor dem Fernsehen Klavierspielen üben oder zuerst die Hausaufgaben erledigen, bevor es ans Handy geht.

FÜNF-MINUTEN-PAUSE:

BEWERTEN SIE IHRE PERSÖNLICHE DISZIPLINERFAHRUNG

Um herauszufinden, wie es um Ihre aktuelle Beziehung zur Selbstdisziplin steht, stellen Sie sich die folgenden Fragen:

- In welchen Bereichen spielte Disziplin eine Rolle in meiner Kindheit?
- Wie hat meine Hauptbezugsperson Regeln durchgesetzt? Klar und liebevoll? Mal so, mal so? Gab es gar keine Regeln? Dominant? Oder etwas anderes?
- War das für mich ein gutes Vorbild für Selbstdisziplin?

Für Kinder ist das Ausräumen des Geschirrspülers, das Staubsaugen des Wohnzimmers oder das stundenlange Brüten über einer Hausaufgabe das Letzte, das sie gern tun. Der Reparenting-Prozess verlangt jedoch, dass wir uns in Bezug auf Disziplin neu ausrichten – dass wir sie als Möglichkeit betrachten, unsere Energie zu bündeln, geduldig zu werden und zufriedener mit unseren Entscheidungen und stolzer auf das Ergebnis zu sein.

Die Praxis der Selbstdisziplin zeigt unserem inneren Kind, dass wir uns kümmern. Wenn Sie in jungen Jahren oft allein gelassen wurden oder einen Babysitter hatten, haben Sie die elternfreien Stunden vielleicht genossen, aber unter Umständen haben Sie sich auch gefragt, wann denn Ihre Bezugsperson zurückkommt. Dasselbe gilt auch für das innere Kind. Selbstdisziplin zeigt genau das, auch wenn es Zeiten gibt, in denen das innere Kind sturmfrei hat, weiß es, dass am Ende des Tages die Eltern zurückkehren, um es zu beschützen.

Wenn Selbstdisziplin nicht Ihre Stärke ist, bedeutet es keinesfalls, dass Sie willensschwach sind. Indem Sie darüber nachdenken, wie Selbstdisziplin in Ihrer Kindheit aussah, können Sie sich neu ausrichten und täglich kleine Verträge mit sich selbst abschließen (siehe Seite 217). Dadurch können Sie das Konzept von Disziplin anders betrachten, als Sie es in Ihrer Kindheit taten (zum Beispiel als Selbstbestrafung), und Sie sind in der Lage, Disziplin einfacher in Ihr Leben zu integrieren.

WENN WIR IN EINER
CHAOTISCHEN UMGEBUNG
AUFWACHSEN, KÖNNEN WIR
INTENSIVE NÄHE
UND SICHERHEIT
FÜR GEFÄHRLICH HALTEN.

Reparenting als Mittel zur Selbststärkung

Sich selbst zu stärken oder zu nähren ist viel einfacher, als die Medien es einem weismachen wollen, insbesondere mit ständig wechselnden Hypes wie kompliziertes Superfood, teure Produkte und seltsame sportliche Praktiken. In der Tat könnte der Prozess des Reparenting an sich als wunderbar abgerundete Form von Selbststärkung betrachtet werden.

FÜNF-MINUTEN-PAUSE:

IDENTIFIZIEREN SIE DIE NÖTIGE STÄRKUNG

Die folgenden Fragen helfen Ihnen herauszufinden, welche Art von Stärkung Sie zu einem bestimmten Zeitpunkt benötigen.

- Wie gut fühle ich mich in meinem Körper?
- Wie gut fühle ich mich in meinem Geist?
- Wie gut fühle ich mich in meiner Umgebung?
- Verbinde ich mich mit anderen?
- Verbinde ich mich mit der Natur?
- Bewege ich meinen Körper so, dass es mir Freude bereitet?
- Schlafe ich genug?
- Funktioniert meine Selbstregulation?
- Trinke ich genug Wasser?
- Genieße ich mein Essen?
- Enthalte ich mir in irgendeiner Weise etwas vor?
- Fühle ich mich in meiner psychischen Gesundheit unterstützt?
- Brauche ich zusätzliche Unterstützung?

Gibt es unter den Antworten Bereiche, denen Sie mehr Aufmerksamkeit schenken könnten? Vielleicht könnten Sie länger schlafen? Oder sich zusätzliche geistige Unterstützung suchen?

Es ist wirklich wichtig, dass Selbstliebe und Selbststärkung nicht zur lästigen Pflicht werden, mit der Sie sich selbst bestrafen oder nerven. Nutzen Sie stattdessen die Antworten als Leitfaden, um auf bewusstem Wege regelmäßige Selbststärkung und Selbst-Beelterung in Ihr tägliches Leben einfließen zu lassen.

Auch wenn wir unsere Reise der Selbstfindung und Selbstverbesserung ohne Therapeuten, Psychologen oder Psychiater fortsetzen können, ist es nicht immer angeraten, insbesondere, wenn wir ein schweres Trauma erlebt haben.

Denken Sie also daran, dass Selbstliebe, Selbststärkung und Selbst-Beelterung (oder Reparenting) *für* das Selbst sind und nicht *von dem* Selbst. Auch wenn die Zeit allein uns schon gut heilen kann, suchen Sie sich auf jeden Fall Hilfe, wenn Sie sich von anderen Menschen distanziert fühlen, wenn der Weg Sie überfordert, wenn Ihnen Unterstützung fehlt oder wenn Ihre Bemühungen um Selbstliebe und Reparenting in emotionale Isolation und Re-Traumatisierung abrutschen.

Wir alle sind soziale Wesen (Sie auch, liebe Introvertierte!) und Heilung hat immer mit Beziehungen zu tun. Auch wenn es nach einer schwierigen Aufgabe klingt, sich mit anderen Menschen zu verbinden und deren Hilfe und Unterstützung anzunehmen, kann dies die beste Möglichkeit für unsere Selbstfürsorge sein, und ist damit auch gut für andere.

TÄGLICHE ÜBUNGEN

Nehmen Sie sich am Ende des Tages fünf Minuten Zeit, um über die folgenden Dinge nachzudenken:

- Auf welche Weise kann ich mich mit meinem inneren Kind verbinden? Und welche Worte braucht mein inneres Kind von mir? [z. B. du bist klug, du wirst geliebt …]
- Wie könnte ich mein Gefühl für Sicherheit im Leben stärken? [z. B. Ich kann öfter Atemarbeit praktizieren und mir mehr Zeit für meine Freunde nehmen …]
- Welchen täglichen kleinen Vertrag kann ich mit mir selbst abschließen? [z. B. Jeden Morgen gehe ich eine Runde spazieren. Spätestens um 22 Uhr lege ich mein Handy zur Seite …]
- Welche Adjektive würde ich verwenden, um meine inneren Eltern zu beschreiben? Und wie wünsche ich mir meine inneren Eltern? [z. B. stärkend, verständnisvoll, vertrauensvoll, wachsam, fürsorglich …]

Nach einem Monat haben Sie auf diese Weise eine Schatztruhe voller Informationen beisammen, mit denen Sie anfangen können, ihr inneres Kind mithilfe des Reparenting-Prozesses zu heilen. Zusätzlich erhalten Sie viele Ideen, wie genau Sie in Zukunft mit sich selbst umgehen, sodass Sie sich sicher und geliebt fühlen, wie es jeder von uns verdient.

8.
ÜBER DAS SELBST HINAUS

ZUR GUTEN FREUNDIN ODER ZUM GUTEN FREUND WERDEN

»Die Scham stirbt, wenn Geschichten an einem sicheren Ort erzählt werden.«

Ann Voskamp

Jeder macht einmal schwere Zeiten durch, und ohne Zweifel können gute soziale Verbindungen uns dabei helfen. Das heißt, dass nicht nur wir in der Lage sein sollten, andere um Hilfe und Unterstützung zu bitten, auch die anderen sollten ihre Hand nach uns ausstrecken können. Wie können wir also neben unseren eigenen Themen und Sorgen ein guter Freund oder eine gute Freundin sein für die, die wir lieben und die uns etwas bedeuten?

FREUNDEN IN DER NOT BEISTEHEN

Die meisten von uns kennen sicher einen lieben Menschen, der schon einmal mehr oder minder schwere psychische Probleme hatte. Daher wissen wir, wie schwierig es sein kann, ihn zu unterstützen. Höchstwahrscheinlich wollten Sie das Beste für ihn tun, hatten aber Bedenken, dass Sie etwas »Falsches« sagen könnten.

Als Psychotherapeutin erlebe ich häufig Partner, Freunde, Geschwister und andere Familienmitglieder, die sich an mich wenden und mich um Rat bitten, wie sie nahestehenden Menschen bei psychischen Problemen wie Angst, Depression und Traumata beistehen können.

Selbst wenn es offensichtlich ist, dass jemand eine schlimme Zeit durchlebt, kann man oft nicht einschätzen, worunter die Person genau leidet, insbesondere, wenn sie noch nicht in der Lage ist, selbst zu verstehen oder zu äußern, was sie gerade durchmacht. Sie fühlt sich wahrscheinlich außerstande, klar zu formulieren, wie man sie unterstützen kann.

Die gute Nachricht ist jedoch, dass wir eigentlich gar nicht jedes Detail kennen müssen, um die Person zu unterstützen. Im Allgemeinen ist es wichtiger, dass wir auf jemanden, der Kummer hat, mit Sensibilität und Hingabe zugehen.

Ob die bedürftige Person Partner, Partnerin, Freund, Freundin, Familienmitglied, Kollege oder Kollegin ist, es gibt viele Möglichkeiten, wie wir sie unterstützen können.

Meine Hoffnung ist, dass die Erkenntnisse in diesem Kapitel Ihnen helfen, besser zu verstehen, wie sinnvolle Unterstützung aussieht. Wenn Sie jedoch das Gefühl haben, mehr Hilfe zu benötigen, dann wenden Sie sich zur weiteren Orientierung an eine/n Therapeutin/Therapeuten.

SINNVOLLE VERSUS NICHT SINNVOLLE HILFE

Ein wesentliches Merkmal jeder guten Beziehung ist die Bereitschaft und Fähigkeit, einander auch in den schwersten Zeiten zu unterstützen. Es ist so wichtig zu wissen, dass wir uns vertrauen und uns aufeinander verlassen können.

Es ist nichts Falsches daran, dass man andere braucht. Wir haben immer in Gemeinschaften gelebt und uns zum Überleben auf andere verlassen. Gesunde Unterstützung beinhaltet gegenseitiges Geben und Nehmen – wobei alle Menschen in einer Beziehung in etwa gleichem Maße Unterstützung, Ermutigung und praktische Hilfe geben und empfangen. In gesunden Beziehungen ist es selbstverständlich, dass es phasenweise ein Ungleichgewicht gibt. Das ist besonders dann der Fall, wenn eine Person Kummer hat, sich abmüht oder in Not ist.

Entscheidend dabei ist, dass dieses Ungleichgewicht nur vorübergehend ist. Ansonsten verliert unsere Unterstützung ab einem bestimmten Punkt an Wert, und wir betreten möglicherweise ein Territorium, das in der Welt der Therapie als »Co-Abhängigkeit« bekannt ist.

Co-Abhängigkeit charakterisiert eine Beziehung, in der die Identität, der Selbstwert und die Selbstachtung einer Person von der Anwesenheit und der Anerkennung einer anderen Person abhängt. Sie ist typischerweise eine Traumareaktion auf emotionale Vernachlässigung in der frühen Kindheit oder auf ein längerfristiges Zusammenleben, in dem eine Form von Abhängigkeit bestand.

Co-Abhängigkeit stellt sich ein, wenn wir ungewollt unsere Rolle in einer Beziehung dadurch definieren, wie viel Hilfe wir dem anderen geben. In Co-Abhängigkeit gibt die Fürsorge für den anderen unserem Leben Sinn und Zweck. Ohne sie wissen wir nicht mehr, wer wir sind. »Wenn du glücklich bist, bin ich glücklich« lautet das Credo der Co-Abhängigkeit.

Menschen, die in einem Muster von Co-Abhängigkeit sind, …

- brauchen das Gefühl, gebraucht zu werden.
- können sich leer fühlen, wenn keiner da ist, der sie braucht.
- fühlen sich für den emotionalen Zustand der anderen Person verantwortlich.
- können es schwer aushalten, wenn der andere nicht da ist.
- können es schwierig finden, Grenzen zwischen sich selbst und der anderen Person zu ziehen.

SIE SIND ZU
GESUNDEN BEZIEHUNGEN
FÄHIG, DIE IHRE
AUTHENTIZITÄT FEIERN,
STATT SIE ZU
BEGRABEN.

In gesunden Beziehungen sind unsere Identität und unser Lebenssinn nicht mit dem Bedürfnis nach Unterstützung für eine andere Person verknüpft. Wir helfen einfach, weil wir es möchten.

Wenn wir auf gesunde Weise unterstützen, ...

- freuen wir uns, unsere Hilfe anzubieten, aber wir wissen auch, dass jeder in der Lage ist, allein zurechtzukommen.
- respektieren wir die Autonomie der anderen Person.
- haben wir ein gutes Gespür dafür, was in unserer Verantwortung liegt und was nicht.
- sind wir bereit, auf gewisse Dinge zu verzichten, um dem anderen zu helfen, aber die Großzügigkeit hat auch Grenzen.
- schätzen wir unsere eigenen Bedürfnisse und Wünsche so sehr, dass wir sie nicht ignorieren oder Kompromisse eingehen.
- versuchen wir nicht, die Verhaltensweisen eines anderen zu ändern, nur weil wir die Dinge üblicherweise auf andere Art regeln.

Sinnvollen Beistand anzubieten ist wunderbar, aber wenn Sie selbst in der Rolle der »Therapeutin« oder des weisen Mönchs für andere da sind, ohne dass es auf Gegenseitigkeit beruht, oder wenn Sie meinen, dass Sie sich auf Kosten Ihrer eigenen Bedürfnisse konstant für jemand anderen verausgaben, dann können Sie darauf reagieren, indem Sie klarere Grenzen ziehen (siehe Kapitel 6), Ihre Bedenken mit einer Person Ihres Vertrauens teilen und/oder eine Selbsthilfegruppe für Co-Abhängigkeit aufsuchen.

Es ist nicht immer einfach, den Unterschied zwischen einer gesunden Unterstützung und Co-Abhängigkeit zu erkennen, insbesondere, wenn wir nie eine gesunde, gegenseitig unterstützende Beziehung erfahren haben. Indem Sie sich die Zeit nehmen, mehr über Co-Abhängigkeit und gesunde Beziehungen zu lesen – beides Inhalte in diesem Buch –, beginnen Sie, ungute Muster zu verlassen. Aber wenn Sie das Gefühl haben, mehr Unterstützung zu benötigen, um alte Muster zu durchbrechen und mehr positive Beziehungen in Ihrem Leben zu etablieren, dann holen Sie sich professionelle Hilfe.

FÜNF-MINUTEN-PAUSE:

ZEIT ZUM REFLEKTIEREN

Wenn Sie die Muster von Co-Abhängigkeit bei sich erkennen, oder sich als Co-Abhängige/n auf dem Weg der Besserung sehen, dann fragen Sie sich selbst:

Auf welche Weise könnte ich die, die ich liebe, in der Form unterstützen, dass ich nicht in ihrer emotionalen Welt untergehe?

Andere Fragen, denen wir nachgehen sollten, wenn wir co-abhängige Momente erkennen oder vermuten, sind:

- Halte ich Abstand oder gebe ich Ratschläge?
- Gebe ich mich selbst auf, meine eigenen Wünsche oder meine eigenen Bedürfnisse?
- Bin ich ehrlich oder schränke ich mich ein?
- Habe ich wirklich die Zeit und Energie dafür?
- Habe ich in dieser Angelegenheit meine eigenen Bedürfnisse erkannt und ausgesprochen?
- Was könnte mein altes Muster getriggert haben?
- Woran kann ich mich selbst in diesem Moment erinnern?

SINNVOLLE UNTERSTÜTZUNG ANBIETEN

Wenn wir uns sicher sind, dass wir in gesunden, ausgewogen abhängigen Beziehungen mit geliebten Menschen sind, gibt es viele Möglichkeiten, um eine gute Freundin oder ein guter Freund zu sein und ihnen zu helfen.

Einige der besten Möglichkeiten, um andere zu unterstützen, sind:

- Sich informieren
- Den Raum halten
- Ansprechen, aber respektvoll
- Assistieren, nicht insistieren
- Sich Gedanken um die eigenen Gedanken machen

Jeden Punkt schauen wir uns auf den nächsten Seiten noch genauer an. Bitte beachten Sie jedoch, dass die folgenden Ratschläge nur für Beziehungen gelten, die weder co-abhängig sind noch eine Form von Missbrauch beinhalten.

Wenn Sie sich dabei erwischen, dass Sie einen Partner/eine Partnerin, ein Familienmitglied oder jemand anderen unterstützen wollen, der in irgendeiner Weise missbräuchlich ist, nehmen Sie bitte professionelle Hilfe in Anspruch. Schmerzen und Nöte sind keine Rechtfertigung für Manipulation, Aggression oder Gewalt.

Sich informieren

Unsicherheit kann eine Menge Stress verursachen. Wenn wir uns über die psychischen Probleme eines geliebten Menschen informieren – sei es Trauma, Angst, Depression oder ein anderer behandlungsbedürftiger mentaler Gesundheitszustand –, können wir diese Unsicherheit vermindern und haben gleichzeitig die Möglichkeit, dem betroffenen Menschen mehr Hintergrundwissen zu vermitteln und dadurch hoffentlich mehr sinnvolle Unterstützung zu leisten.

Wenn Sie zum Beispiel einer Person mit Depressionen beistehen, kann es hilfreich sein zu wissen, dass Sie bestimmte Sätze vermeiden sollten, wenn Sie über diesen Zustand sprechen. Ebenso gibt es Themen, die sich in Bezug auf Angst und bipolare Störungen nicht bewährt haben, sodass man sie besser meiden sollte. Schlagen Sie die Hintergründe in verlässlichen Quellen nach oder suchen Sie sich professionelle psychotherapeutische Unterstützung.

Weiter hinten finden Sie Informationen über Traumata, die Sie als Ausgangspunkt für Ihre Weiterbildung betrachten können. Als Psychotherapeutin begegne ich fast täglich traumatisierten Menschen. »Trauma« ist ebenfalls ein Wort, das Verwirrung stiften kann, denn dieser Begriff wird häufig mit Kriegsveteranen assoziiert. Aber er geht weit darüber hinaus. Weiter unten finden Sie einige Informationen, die Ihr Verständnis von Traumata erweitern. Auch wenn diese Ratschläge sich auf Traumata beziehen, können sie auch bei Menschen mit anderen Problemen angewendet werden.

Vielleicht möchten Sie diesen Abschnitt auch Betroffenen oder nahestehenden Menschen zeigen und sie um Feedback bitten, was für sie infrage kommt und was nicht. Nehmen Sie sich auch gern die Zeit weiterzulesen, wenn Sie einfach nur Ihr Verständnis erweitern und vertiefen möchten.

Traumata verstehen

Im psychologischen Zusammenhang ist ein Trauma eine heftige innere Reaktion auf ein Ereignis, dass unsere Fähigkeit zur Verarbeitung und Bewältigung überfordert. Es beeinflusst unser Denken, Fühlen, Wahrnehmen sowie Verarbeitungsprozesse und beeinträchtigt uns körperlich, sozial, emotional und psychisch.

Wenn wir das Wort Trauma hören, denken wir vielleicht automatisch an etwas Körperliches (auch Blutergüsse oder Schnittwunden fallen in der Medizin unter Traumata) oder assoziieren den Begriff, wie oben erwähnt, mit Kriegsveteranen. Jedoch ist jedes belastende Ereignis (eine psychische »Verletzung«), das einen negativen Einfluss auf unsere Fähigkeit zur Verarbeitung und Bewältigung hat, ein Psychotrauma – im Folgenden immer nur Trauma.

In der Psychologie unterscheidet man dann zwischen Schocktrauma und Entwicklungstrauma, um den Prozess und die Dauer der Ursache zu beschreiben.

Schocktraumata (Trauma-Typ I) sind singuläre dramatische Erfahrungen, die einem Menschen das Gefühl von Hoffnungslosigkeit und Machtlosigkeit geben, etwa eine Naturkatastrophe, sexuelle Gewalt, ein Terroranschlag oder ein Verkehrsunfall.

Entwicklungstraumata (Trauma-Typ 2) sind wiederkehrende psychische Verletzungen, die für sich genommen möglicherweise nicht so gravierend erscheinen, sie verursachen aber chronischen Stress mit einer ernstzunehmenden und schwächenden Wirkung auf unsere Fähigkeit zur Bewältigung. Beispiele für Entwicklungstraumata sind eine Scheidung (»Rosenkrieg«), Vernachlässigung in der Kindheit, erlittenes Mobbing, finanzielle Probleme oder anhaltender emotionaler Missbrauch.

Der Übergang zwischen Stress und Trauma ist fließend. Übermäßiger Stress fordert einen hohen Tribut, der zu einem komplexen Trauma führen kann.

Beide Traumatypen sind gleichermaßen ernst zu nehmen. Ein Trauma geht meist einher mit einem grundlegenden Gefühl von Bedrohung und einem empfundenen Mangel an Sicherheit. Für jeden Menschen ist es unterschiedlich und für die traumatisierte Person kann das Ausmaß eines Traumas nicht durch Kategorien definiert werden, auch wenn die Unterteilung der klinischen Begriffe für Therapeuten sinnvoll ist.

Körperliche Symptome eines Traumas drücken sich unter anderem aus durch Müdigkeit, Konzentrationsschwierigkeiten, eine empfindliche Schreckreaktion (die uns dazu veranlasst, regelmäßig zu zucken oder zu springen), Veränderungen des Menstruationszyklus und Autoimmunerkrankungen wie rheumatoide Arthritis, entzündliche Darmerkrankungen, Schlaflosigkeit, Depression und Angstzustände.

Auf sozialer Ebene kann ein Trauma bewirken, dass man anderen kaum vertraut. Wir können uns von unserem täglichen Leben abgeschnitten fühlen und merken, dass wir häufig gereizt auf andere reagieren. Wir beginnen möglicherweise, uns zu isolieren, und vermeiden es, Freunde zu treffen. Und/oder wir fühlen uns in der Öffentlichkeit überfordert, sind überkritisch gegenüber uns selbst und anderen.

Die emotionale Folge eines Traumas kann sich darin äußern, dass wir uns über kleinste Details sorgen und uns quälende Gedanken machen. Wir können vielleicht das Bedürfnis nach einem großen, spontanen Wandel verspüren. Wir erleben möglicherweise ein Gefühl von Sinnlosigkeit, wodurch sich unsere Tage leer und unausgefüllt anfühlen. Und/oder wir haben eventuell das Gefühl, dass wir andere Menschen enttäuschen und sind von starken Zweifeln geplagt.

Ein Trauma beeinflusst das Gehirn auf komplexe Weise. Drei der am besten erforschten Veränderungen im Gehirn betreffen die Amygdala (Angstzentrum), den präfrontalen Cortex (Denkzentrum) und den anterioren cingulären Cortex (Emotionsregulationszentrum). Bei einem Psychotrauma sind Denk- und Emotionsregulationszentrum möglicherweise beeinträchtigt, sodass das Angstzentrum überaktiviert ist. Deshalb finden traumatisierte Menschen es oft schwierig, sich zu konzentrieren, bei einer Sache zu verweilen oder sich selbst zu beruhigen, während sie sich gleichzeitig unkontrolliert, gereizt oder nervös fühlen und Gefahren vermuten.

Zu den Symptomen eines Traumas können daher gehören: Flashbacks, Schlaflosigkeit, Albträume, Verlust des Zeitgefühls, Dissoziation, Derealisation (eine dauerhafte abnorme oder verfremdete Wahrnehmung der Umwelt, sodass sie irreal erscheint), Gefühl von Abgeschnittensein, erhöhte Nervosität, Störungen beim Erinnerungsvermögen.

Was eine Person lediglich stört oder verletzt, kann eine andere traumatisieren und umgekehrt. Auch wenn wir alle innere Wunden haben, sind wir nicht alle traumatisiert.

Das Verständnis der Auswirkungen eines Traumas auf einen Menschen ist für die Behandlung der Störung bedeutsamer als die Ursache. Es gibt keine Definition oder Person, die die Erfahrung, die Erinnerung, die Tragweite der Erfahrung und das traumatische Empfinden aufheben kann. Ein Trauma ist und bleibt ein Trauma und unabhängig von der Erfahrung verdient es unseren Respekt, unser Mitgefühl und unsere Empathie.

Den Raum halten

Möglicherweise haben Sie den Ausdruck »den Raum halten« schon einmal gehört. Vielleicht von einem Freund oder einer Freundin, die zum ersten Mal eine Therapie macht, oder in den sozialen Medien. Aber was bedeutet er wirklich?

Einfach gesagt bedeutet »den Raum halten«, einer anderen Person Raum zu geben oder den Moment auf diese andere Person auszurichten – ob Sie telefonieren, bei einem Kaffee zusammensitzen oder präsent sind und zuhören, ohne zu urteilen.

Den Raum zu halten heißt mehr, als sich auf die Zunge zu beißen und nicht zu unterbrechen. Es bedeutet, dass Sie Ihre Meinungen ausblenden und anderen erlauben, im weit geöffneten Raum auszusprechen, was sie gerade beschäftigt. Manchmal braucht es nur ein offenes Ohr, manchmal ein kleines Gespräch. Ein anderes Mal bedeutet es, gemeinsam in Stille dazusitzen.

Den Raum zu halten bedeutet, dass wir unser Bedürfnis nach Kontrolle aufgeben und eine andere Person bei ihren Erlebnissen, ihren Gedanken und momentanen Bedürfnissen begleiten, ohne dass wir ihr unsere eigene Geschichte, unser Wissen oder unsere Struktur überstülpen.

FÜR JEMANDEN DEN RAUM ZU HALTEN BEDEUTET:

- WIR HÖREN ZU UND BEOBACHTEN, OHNE ZU URTEILEN.
- WIR LEHNEN NICHT AB ODER BESTEHEN AUF ETWAS. WIR SIND FÜR ALLES OFFEN.
- WIR GRÄTSCHEN NICHT MIT LÖSUNGEN ODER UNSEREN EIGENEN ERFAHRUNGEN DAZWISCHEN.
- WIR VERSUCHEN NICHT ZU RETTEN, EIN PROBLEM ZU LÖSEN ODER EINE ANDERE PERSPEKTIVE ANZUBIETEN.
- WIR SIND PRÄSENT UND NEHMEN ALLES AN, LASSEN »MÜSSEN« BEISEITE.

Das klingt nach sehr viel und das ist es auch. Es kann jemandem schwer fallen, den Raum zu halten, aber es ist an sich kein komplexes Konzept, und vielleicht ist es etwas, das Sie schon beherrschen. Wenn Sie zum Beispiel ein Mensch sind, dem Fremde in der Warteschlange ihr Herz ausschütten, dann wissen Sie wahrscheinlich bereits, wie man zuhört, ohne zu kritisieren oder zu versuchen, jedes Problem zu lösen.

Den Raum zu halten, kann so einfach sein. Dennoch scheinen viele von uns Probleme zu haben, für nahestehende Menschen den »Raum zu halten«. Das liegt vor allem daran, dass wir ihnen so nahe sind. Es ist in der Tat schwierig, eine gesunde Distanz, Objektivität und emotionalen Raum aufrecht zu halten. Diesen Beziehungen begegnen wir mit Vorwissen und Voreingenommenheit – Faktoren, mit denen es ein wenig heikler ist, den Raum zu halten.

FÜNF-MINUTEN-PAUSE:

DEN EIGENEN RAUM ERKENNEN

Überlegen wir einen Moment lang, wie viel Raum andere unserem Empfinden nach für uns im täglichen Leben halten. Wie oft haben Sie das Gefühl, dass Sie offen und sicher über persönliche Dinge reden können, ohne ein noch so unterschwelliges Urteil zu befürchten?

Wenn Sie in Therapie sind oder einen Freund/eine Freundin oder einen Partner/eine Partnerin haben, die es verstehen, den Raum zu halten, dann geschieht es wahrscheinlich häufig. Doch leider ist das bei vielen Menschen nicht der Fall. Erst, wenn wir einmal erfahren haben, wie wertvoll dieser Raum ist, realisieren wir, was wir vermissen. Nach seiner Anwesenheit erkennen wir seine Abwesenheit.

Normalerweise wird uns nicht beigebracht, wie wir den Raum halten. Und für die meisten Menschen – insbesondere für die mit Geschwistern – sind Momente von individuellem Raum, der nur ihnen gewidmet ist, rar oder etwas Wertvolles zu besonderen Gelegenheiten. Den Raum zu halten ist eine wertvolle Fertigkeit, die erlernt werden muss.

Je geübter wir darin werden, voll präsent zu sein und unsere Meinungen für eine Weile auf dem Seitenstreifen zu parken, desto mehr bekommen wir ein Gespür dafür, wann vorsichtige Ratschläge angebracht sind, und wann wir unsere Gedanken besser zurückhalten. Zum Beispiel könnten wir unsere Meinung kundtun, wenn eine Person danach fragt oder sie sich so verloren fühlt, dass sie gar nicht weiß, worum sie bitten soll. Auf der anderen Seite tun wir besser daran, uns zurückzuhalten, wenn unsere Ratschläge, so behutsam sie auch formuliert sein mögen, bei der Person ein Gefühl von Unzulänglichkeit oder Dummheit hinterlassen.

Es lohnt sich übrigens immer, sich selbst zu fragen, ob man Lösungen vorschlägt, um anderen den Schmerz zu erleichtern oder ob man damit nach Erleichterung für ein eigenes Unbehagen sucht. Die Probleme eines anderen können alle möglichen unbequemen Gedanken und Emotionen in einem aufkommen lassen, man sollte sich darum unbedingt Zeit nehmen, sie zu betrachten.

Wenn wir für andere den Raum halten, ist das wie ein vorsichtiger Tanz, den wir lernen müssen. Es erfordert Übung, Fehltritte und ein bisschen Demut, die Bereiche auszumachen, in denen sich jemand besonders verletzlich fühlt, und man muss unterscheiden lernen, ob man etwas anbietet oder sich lieber zurückhalten sollte. Aber es lohnt sich, den Tanz immer wieder zu üben, weil er anderen mehr hilft, als wir meistens denken.

Ansprechen, aber respektvoll

Leider ist es sehr verbreitet, psychische Krankheiten explizit und implizit zu stigmatisieren. Das implizite Stigma zeigt sich daran, dass wir ungern die Schmerzen eines anderen wahrhaben wollen – weil wir uns unwohl fühlen oder aus Angst, ihn oder sie zu beschämen. Auch wenn wir das Herz vielleicht am rechten Fleck haben, führt das Vermeiden von Gesprächen über die psychische Gesundheit nur dazu, das Stigma und die damit verbundene Scham zu vergrößern.

Wenn ein Freund wegen Bauchschmerzen zum Arzt geht, fragen wir ihn anschließend, wie es ihm ergangen ist. Doch bei einer Therapiesitzung oder einem Termin mit einem Psychiater kommen wir meist nicht so schnell zur Sache. Lassen Sie sich auf Ihre Liebsten ein. Schicken Sie eine Nachricht. Fragen Sie nach, wenn Sie unter sich sind. Zu Beginn mag es sich merkwürdig anfühlen, aber das ist in Ordnung. Die meisten guten Gespräche beginnen so. Erlauben Sie der Person, um die Sie sich sorgen, darüber zu sprechen, was in ihr vorgeht, selbst wenn sie sich aufregt. Und geben Sie ihr Bestes, um geerdet und ruhig zu bleiben und einfach nur zuzuhören.

Wenn der geliebte Mensch nicht bereit ist, über seine Erfahrungen zu reden, dann besteht ungeachtet seiner Wünsche kein Bedarf, dies zu verlangen oder ihn weiter zu bedrängen. Respektieren Sie seine Grenzen. Er braucht vielleicht Zeit für sich, um seine Gedanken und Gefühle zu sortieren. Als Faustregel gilt: Es ist gut, Unterstützung anzubieten und noch einmal anzubieten. So wird klar, dass Sie da sind, wenn Hilfe benötigt wird, ohne dass Sie darauf bestehen.

Das könnte so klingen:

»Du siehst heute fertig aus. Möchtest du darüber reden?«

Wenn die Antwort Nein lautet, könnten Sie hinzufügen: »Bist du sicher? Ich bin jedenfalls da, wenn du mich brauchst« oder »Du weißt ja, dass du mich jederzeit anrufen kannst, wenn du das Gefühl hast, dass du ein offenes Ohr oder ein Gespräch brauchst.«

Wenn die Antwort immer noch Nein lautet, dann hören Sie auf.

Indem Sie zweimal Ihre Hilfe anbieten, machen Sie ein starkes Angebot für Verbindung und setzen ein klares Zeichen, dass Sie offen und bereit sind zuzuhören, dass Sie sich Sorgen machen und da sind, wenn Sie gebraucht werden.

Wenn die geliebte Person sich dann entscheidet, darüber zu sprechen, was in ihr vorgeht, seien Sie achtsam und gehen Sie nicht davon aus, dass sie von Ihnen einen Rat haben möchte oder dass Sie für sie etwas in Ordnung bringen sollen (siehe Abschnitt »Den Raum halten«, wenn Sie mehr darüber wissen möchten).

Wenn jemand, den Sie kennen, sich gerade nicht gut fühlt und Sie vermuten, dass er oder sie leidet, ist es nicht so einfach, ein Gespräch darüber zu beginnen, was los ist. Wenn man sich gegenübersitzt, könnte es sogar bedrohlich wirken, vielleicht eignet sich eine Nachricht oder eine E-Mail. Es gibt keine »perfekte« Zeit, um ein Gespräch über die psychische Gesundheit zu eröffnen, aber im Idealfall nehmen Sie sich eine Stunde oder mehr Zeit, sodass Sie nicht unter Zeitdruck geraten und die Unterhaltung vorzeitig abbrechen müssen.

In der Fünf-Minuten-Pause hinten finden Sie Anregungen, die Ihnen helfen auszudrücken, was Sie bei der Person wahrgenommen haben und warum Sie sie ansprechen.

WICHTIGE DINGE
VERSCHIEBEN WIR GERN
AUF MORGEN.
ERÖFFNEN SIE
STATTDESSEN HEUTE
EIN GESPRÄCH
ÜBER PSYCHISCHE
GESUNDHEIT.

Machen Sie sich keine Sorgen, wenn Sie sich etwas unwohl dabei fühlen. Das ist Teil des Prozesses und hält nicht an. Oft heben wir uns den nächsten Tag für unsere besten Absichten auf. Suchen Sie stattdessen heute schon das Gespräch.

FÜNF-MINUTEN-PAUSE:

DAS GESPRÄCH SUCHEN

Manchmal wollen wir helfen, aber es fehlen uns einfach die (richtigen) Worte. Hier finden Sie einige Vorschläge, wie Sie ein Gespräch über die psychische Gesundheit einer nahestehenden Person eröffnen können. Lesen Sie die Beispiele und ergänzen Sie sie nach Belieben.

- In den letzten [Zeitraum] habe ich bemerkt, dass du dich wütend/traurig/unkonzentriert/gestresst/… fühlst.
- Mir ist aufgefallen, dass du in der letzten Zeit gar kein Interesse mehr an [etwas, was du genießt] hast/kaum schläfst/dein Essen nicht anrührst/mehr trinkst als sonst …
- Es ist mir peinlich/Ich komme mir etwas dumm vor/Ich bin etwas nervös/besorgt, dieses Thema anzusprechen.
- Ich sage das, weil ich mir Sorgen um dich mache /Angst habe/ ich möchte, dass du weißt, wie wichtig du mir bist/ich nicht weiß, was ich tun oder sagen soll/ich nicht weiß, ob du schon einmal mit jemandem über deine Gefühle gesprochen hast/es unsere Beziehung beeinträchtigt …
- Ich würde dir gern helfen, damit du dich unterstützt fühlst/mit dir etwas mehr darüber sprechen/mit einem Arzt reden/mit einem Therapeuten sprechen/eine Selbsthilfegruppe ausfindig machen/einen Plan machen. Gibt es etwas, das ich tun kann, um dir zu helfen?

Wenn die nahestehende Person zu einem Gespräch bereit ist, sollten Sie, wie bereits im Abschnitt über Traumata erwähnt, bestimmte Sätze oder Ausdrücke vermeiden, die wir vielleicht aus Frustration oder falsch verstandener Liebe sagen und sich negativ auf die Person auswirken können – auch wenn wir es gut meinen. Wir wollen ihr schließlich Geborgenheit und Fürsorge zukommen lassen.

Versuchen Sie deshalb folgende Sätze zu *vermeiden*:

- »Es ist ja nicht so schlimm.«
- »Das ist deine eigene Schuld.«
- »Es könnte schlimmer sein.«
- »Du würdest das nicht durchmachen, wenn Gott denken würde, dass du damit nicht klarkommen könntest.«
- »[Name der Person] ist noch schlimmer dran als du.«
- »Du wirkst gar nicht angstvoll/depressiv.«
- »Das Leben ist ungerecht, nicht wahr?«
- »Mit dir ist alles in Ordnung.«
- »Das ist nur in deinem Kopf.«
- »Du solltest mehr rausgehen.«
- »Reiß dich zusammen/Komm drüber hinweg/Schau nach vorn.«
- »Sei einfach optimistisch/glücklich!«
- »Nur gute Schwingungen.«
- »Hast du es schon einmal mit [aktueller Gesundheitstrend] versucht?«
- »Also – Shakespeare schrieb König Lear in einer Pandemie.«

Stattdessen reagieren Sie mit Wertschätzung und Wohlwollen, was so klingen könnte:

- »Es ist in Ordnung, sich so zu fühlen.«
- »Es ist sicher schwer, in dieser Situation etwas Positives zu sehen.«
- »Es muss nicht immer einen Silberstreif am Horizont geben.«
- »Du bist mir wichtig.«

- »Ich liebe dich.«
- »Du bist nicht verrückt und du bist nicht allein. Ich bin da.«
- »Vielleicht verstehe ich es nicht, ich möchte es verstehen.«
- »Es tut mir leid, dass es dir so schlecht geht.«
- »Ich kann auf mich selbst aufpassen. Deshalb brauchst du dir keine Gedanken darüber zu machen, dass dein Leiden eine Last für mich ist.«
- »Du bist keine Last!«

Assistieren, nicht insistieren

Wenn Sie jemandem sinnvoll beistehen, heißt das, die Eigenheiten der Person anzuerkennen und zu verstehen, dass genau diese Eigenarten zu Entscheidungen führen, die wir nicht unbedingt selbst treffen würden. Auch wenn wir helfen wollen und Dinge und Situationen anders regeln, empfiehlt es sich, immer zu überlegen, ob die eigenen Worte irgendwelche »Weisheiten« beinhalten, ob Sie »assistieren« oder »insistieren«.

Unser Weg ist möglicherweise nicht der richtige. Deshalb ist es wichtig, Ihren Nahestehenden zu erlauben, eigene Entscheidungen zu treffen und andere Erfahrungen als wir zu machen.

Wenn jemand, um den wir uns kümmern, Schwierigkeiten hat oder leidet, ist es nur allzu verführerisch, dieser Person Lösungsvorschläge zu machen, um sie zu retten und zu erlösen. Auch wenn wir uns damit vielleicht leichter fühlen, kann es bei der anderen Person dazu führen, dass sie sich isoliert fühlt (»Mein Problem belastet sie. Es ist sicher besser, wenn ich es nicht mehr erwähne.«), minderwertig fühlt (»Sie glauben, dass ich es nicht selbst schaffe.«) und/oder mehr emotionalen Schmerz erleidet. Wenn es uns nicht gut geht, brauchen wir immer eher jemanden, der einfach nur zuhört. Wir wollen niemanden, der »insistiert«, uns »wiederherzustellen«; wir wollen nur wissen, dass sie sich sorgen. Genau das wird uns »assistieren«.

Wenn wir unsere Fürsorge mit offenem Ohr und Aufmerksamkeit anbieten, kommen wir viel weiter als mit möglichen Lösungen oder Wegen, um die andere Person aus ihrer Situation »herauszuholen«.

Einen Freund oder eine Freundin zu begleiten oder ihm/ihr zu »assistieren«, kann genauso zielführend sein, wie zu wiederholen, was er oder sie gesagt hat – weil es für Klarheit sorgt. Es kann einfach schon ausreichen, Fragen zu stellen, ohne zu versuchen, ihn oder sie von eigenen Entscheidungen abzubringen. Es kann eine Einladung ins Kino, zu einem Spaziergang oder auf einen Kaffee sein, selbst wenn wir davon ausgehen, dass die Einladung ausgeschlagen wird. Schauen Sie, was sich in diesem Moment richtig anfühlt.

Wenn Sie dennoch das Gefühl haben, dass ein Rat gut wäre, fragen Sie die Person zunächst, ob sie Ihre Meinung hören möchte. Wenn Sie zustimmt, äußern Sie sich – ohne Hoffnung oder Absicht. Seien Sie geduldig. Wir müssen nicht die ganze Geschichte kennen, um unsere Hilfe anzubieten. Für viele ist es schon hilfreich, einfach nur da zu sein, vielleicht möchten sie sich zu einem späteren Zeitpunkt öffnen.

Selbstverständlich gibt es Situationen, in denen wir intuitiv wissen, dass es im besten Interesse einer geliebten Person (und vielleicht auch von anderen) liegt, dass wir etwas sagen, besonders wenn es die körperliche und emotionale Sicherheit anderer betrifft. Hören Sie auf Ihr Bauchgefühl und schulen Sie Ihr Urteilsvermögen.

Wenn Sie befürchten, dass jemand in Gefahr ist, missbraucht wird oder sich das Leben nehmen könnte, dann sprechen Sie so schnell wie möglich mit jemandem, dem Sie vertrauen, Ihrer Hausärztin/Ihrem Hausarzt oder einer Therapeutin/einem Therapeuten. Auf psychische Probleme spezialisierte Hilfsorganisationen wie die Diakonie sind rund um die Uhr erreichbar.

Manchmal reicht unsere Unterstützung als Freundin oder Freund jedoch nicht aus. Wenn ein Nahestehender auch nach Wochen und Monaten immer noch am Limit ist, zögern Sie nicht, ihn oder sie dazu zu ermutigen, sich Hilfe bei einem Therapeuten/einer Therapeutin zu suchen. Sie könnten anbieten, dabei behilflich zu sein, wenn es nötig ist. Dabei gilt es auch, schwierige Entscheidungen zu treffen, Sie könnten mit der betroffenen Person darüber beraten.

Gedanken um die eigenen Gedanken machen

Einige von uns mögen sehr erfahren darin sein, andere zu betreuen, zum Nachteil des eigenen Wohls. Wenn Sie in diese Kategorie fallen, haben Sie vielleicht das Gefühl, dass es ein Vertrauensbruch sei, mit jemand anderem über die Unterstützung einer nahestehenden Person zu sprechen. Doch sich »Gedanken um die eigenen Gedanken« zu machen ist etwas ganz anderes! Es ist so wichtig, dass Sie mit jemandem über Ihre eigenen Gefühle sprechen, weil Sie andere damit unterstützen – so stellen Sie sicher, dass es Ihnen selbst gut geht.

Nehmen wir zum Beispiel Psychotherapeuten. Die meisten Therapeutinnen und Therapeuten sind selbst in Therapie und besuchen außerdem Supervisionen und Workshops mit Kollegen. Als Behandelnde müssen unsere Tanks immer gefüllt sein, damit wir in der Lage sind, mit vielen Klienten, die große Schwierigkeiten haben, zusammenzusitzen und den Raum für sie zu halten.

Abgesehen von Therapeuten riskiert jeder Mensch, der andere unterstützt und dabei selbst nicht in der besten Verfassung ist, zusammenzubrechen und sich schlecht zu fühlen, wenn er weiterhin all der Fürsorge und Aufmerksamkeit nachkommt, die andere von ihm wünschen.

Es leuchtet ein, dass wir sicherlich nicht in der besten Position sind, für die Angstzustände und den Stress anderer den Raum zu halten, wenn wir selbst voll von Angst und Stress sind. Wir können keine Ressource mit anderen teilen, die uns selbst fehlt.

Durch Selbstfindung lernen wir, wie wir anderen eine sinnvolle Stütze sein können. Während wir aktiv heilen, wird uns zwangsläufig hier und da ein Ausrutscher passieren. Der Heilprozess erfordert, dass wir uns selbst nicht kritisieren, wenn wir stolpern, und uns stattdessen wieder aufrichten und uns nach dem Sturz selbst versorgen.

FÜNF-MINUTEN-PAUSE:

REGELMÄẞIGER CHECK-UP

Es ist wichtig, dass Sie regelmäßig in sich hineinspüren und den Zustand Ihrer eigenen psychischen Gesundheit überprüfen. Stellen Sie sich gelegentlich die folgenden Fragen:

Wie geht es mir?

- Gibt es etwas, das ich im Moment brauche?
- Wie schlafe ich? Wie ist mein Appetit?
- Was brauche ich, um ausgeglichener und präsenter zu sein?
- Wie sind heute meine emotionalen Kapazitäten?
- Welche Veränderungen brauche ich eventuell, um meine Tage so zu strukturieren, dass ich mich selbst besser fühle?

Es sollte Ihnen nicht schaden, wenn Sie anderen helfen, deshalb stellen Sie sicher, dass Sie auch Zeit für sich haben.

- Finden Sie Ihr eigenes Unterstützungssystem.
- Stecken Sie Ihre Grenzen ab.
- Respektieren Sie Ihre Grenzen.
- Nehmen Sie sich Zeit, Ihre eigenen Gefühle zu verarbeiten.
- Führen Sie ein Journal, meditieren Sie oder tun Sie etwas anderes, um innerlich zur Ruhe zu kommen.
- Nehmen Sie sich Zeit für Dinge, die Ihnen Spaß machen.

Es ist wirklich wichtig, jederzeit zu wissen, wozu wir in der Lage sind – ohne Schuld und Scham. Nur wenn wir kontinuierlich unsere eigenen Bedürfnisse verstehen, an erste Stelle setzen und achten – als Teil unserer niemals endenden Reise zur Selbstfindung –, können wir uns selbst in die Lage versetzen, anderen in Zeiten der Not unsere Hilfe und Unterstützung anzubieten.

AUF LANGE SICHT
HELFEN WIR AM BESTEN,
WENN WIR UNSERE
GRENZEN + UNSERE
VERANTWORTUNG
ALS FREUNDIN/FREUND
GLEICHERMAßEN
RESPEKTIEREN.

TÄGLICHE ÜBUNGEN:

- Habe ich heute Beispiele für sinnvolle oder nicht sinnvolle Unterstützung gegeben oder bei jemandem gesehen? [z. B. Ich habe eine Freundin gefragt, ob Sie meine Meinung zu einem Thema hören möchte, mit dem sie sich gerade beschäftigt, und habe es respektiert, als sie ablehnte …]
- Wie haben heute andere für mich den Raum gehalten? Wie hat sich das angefühlt? [z. B. Mein Partner hat mich nach der Arbeit angerufen und gefragt, wie mein Tag war. Ich fühle mich gesehen und geliebt …]
- Wie kann ich die obigen Antworten für meine eigene weitere Fürsorge nutzen? [z. B. Auf kleine Dinge, wie einen Anruf, kommt es an. Das kann ich bei Freunden öfter berücksichtigen …]
- Was brauche ich für meine eigene psychische Stabilität, während ich andere unterstütze? [z. B. Es ist wichtig, dass ich mir für meinen Lieblings-Podcast Zeit nehme. Es ist wichtig für mich, dass ich morgens einen Spaziergang mache …]

NACHWORT

Und nun sind wir am Ende angelangt! Oder ist es vielmehr ein Anfang? Der Anfang Ihrer zukünftig lebenslangen Reise der Selbstfindung, bei der Sie lernen, wer Sie sind und wer Sie sein möchten.

Ob Sie dieses Buch von vorn bis hinten gelesen haben oder nur an einigen Stellen reingeschaut haben, ich hoffe, dass Sie ein paar neue Erkenntnisse gewinnen konnten.

Abschied nehmen war noch nie meine Stärke. Und in der Eile, damit der Moment schnell vorüber ist, vergesse ich oft etwas, das ich gern geteilt hätte – ein Gefühl, Dankesworte, einen Gedanken. Dieses Muster möchte ich mit Ihnen nicht wiederholen! Hier sind also die letzten drei Gesichtspunkte, die ich gern mit Ihnen teilen möchte. Ich hätte mich geärgert, wenn ich sie vergessen hätte.

1. Seien Sie milde zu sich selbst

Ich meine es ernst. Sie verdienen eine nachhaltige Reise. Verausgaben Sie sich nicht, indem Sie alles auf einmal entdecken und anwenden wollen. Ärgern Sie sich nicht über sich selbst, wenn einige Teile dieses Buches sich für Sie jetzt noch nicht richtig anfühlen. Kommen Sie darauf zurück, wenn es passt. Auch ich mühe mich ab, sträube mich, mache mir etwas vor und vermeide manchmal etwas. Ich bin weit von »meinem höchsten Selbst« entfernt. Ich habe noch nicht einmal großes Interesse daran, dieses Ideal anzustreben, aber ich bin auf dem Weg und lerne dabei. Wir gehen also zusammen die Straße entlang, entdecken Wege, besser mit den Dingen umzugehen, wenn es schwierig wird – mit Liebe und Mitgefühl im Herzen für alles, was wir lernen und tun.

2. Haben Sie keine Angst, um Hilfe zu bitten

Es gibt eine alte irische Redensart – *Giorraíonn beirt bóthar* –, die bedeutet: »Zwei Menschen kürzen den Weg ab«, und ich glaube fest daran. Deshalb haben Sie also bitte nie das Gefühl, Sie müssten die Reise der Selbstentwicklung allein antreten. Vor einigen Jahren brauchte ich professionelle psychologische Unterstützung. Meine erste Erfahrung war weder positiv noch angenehm, aber bis heute bin ich dankbar, dass ich nicht aufgegeben habe. Stattdessen habe ich weitergesucht und eine wunderbare Therapeutin gefunden, mit der ich drei Jahre gearbeitet habe. Es ist nicht übertrieben, wenn ich sage, dass ohne sie dieses Buch nicht existieren würde.

Ohne sie würde ich nicht das »ich« sein, das ich heute bin. Eine schlechte Erfahrung sollte man nicht verallgemeinern mit »Psychische Unterstützung taugt nichts«. Sehen Sie sich also weiter nach der Hilfe um, die Sie brauchen – entweder von Nahestehenden, Selbsthilfegruppen oder anerkannten Therapeuten (siehe die Liste »Weitere Hilfsangebote«). Und wenden Sie sich auf jeden Fall an Ihr privates Netzwerk von Unterstützerinnen und Unterstützern, wenn Sie sich leer fühlen.

3. Selbstfindung ist ein lebenslanger Prozess, und mehr als das, sie ist eine lebenslange Chance

Entdecken, verändern und wachsen wird für Sie niemals aufhören, auch wenn Sie ein bestimmtes Alter oder ein bestimmtes Stadium auf Ihrer Reise der Selbstfindung erreicht haben – und das ist gut so. Ich möchte, dass Sie mit Entdeckungen leben, ich möchte, dass Sie mit Gefühlen leben. Aber was ich vor allem möchte, ist, dass Sie mit Neugier leben. Sie verdienen es, ein Leben zu leben, das alle Formen von Unvollkommenheit umarmt. Sie verdienen es, ein Leben zu leben, in dem es weder an Weite noch an Tiefe fehlt. Sie verdienen es, ein Leben voller Möglichkeiten zu genießen, die vor Ihnen liegen.

Das ist Ihr Moment. Wenn Sie ihn zulassen. Wenn Sie die Arme für ihn öffnen.

Sind Sie dabei?

WEITERE HILFSANGEBOTE

Um mehr von mir und meiner Arbeit zu sehen, finden Sie mich auf Instagram unter @TheMindGeek. Kommen Sie vorbei und sagen Sie Hallo!

Die folgende Sammlung wird Ihnen helfen, Ihr Wissen über bestimmte Themen zu erweitern und Organisationen, die unterstützen können, kennenzulernen.

INTERNETSEITEN

www.deutsche-depressionshilfe.de

www.psychenet.de

www.gesundheitsinformation.de/wege-zur-psychotherapie-wo-gibt-es-hilfe.html

www.instahelp.me

www.therapie.de/psyche/info

www.therapeutenfinder.com

APPS

Calm

Headspace

HINWEIS

Die deutschen Krankenkassen bieten sogenannte Präventionskurse an, die der Gesundheitsvorsorge ihrer Versicherten dienen und sie für ihre Gesunderhaltung motivieren und stärken. Man erlernt Fähigkeiten, die man selbstständig anwenden und in den Alltag integrieren kann. Jede Krankenkasse übernimmt einen Teil der Kosten, den genauen Anteil und die genauen Bedingungen können Sie bei Ihrer Krankenkasse erfragen.

Dazu zählen sowohl Kurse zur Förderung der Beweglichkeit als auch zur Stärkung geistiger Fähigkeiten.

BÜCHER

Levine, Amir und Heller, Rachel, Attached, 2019, Bluebird

O' Morain, Padraig, Daily Calm, 2019, Yellow Kite

Perry, Philippa, Das Buch, von dem du dir wünschst, deine Eltern hätten es gelesen (und deine Kinder werden froh sein, wenn du es gelesen hast), 2020, Ullstein

Stanley, Elizabeth A., Widen the Window, 2019, Yellow Kite

Van der Kolk, Bessel, Verkörperter Schrecken: Traumaspuren in Gehirn, Geist und Körper und wie man sie heilen kann, 2019, G. P. Probst Verlag

SONSTIGES

Nach allem, was ich gesagt habe, habe ich für mich herausgefunden, dass folgende Ressourcen bei mir am besten funktionieren:

Ein Therapeut oder eine Therapeutin, dem oder der ich vertraue

Eine gute Freundin oder ein guter Freund

Ein gutes Buch, in das ich flüchten kann

Eine starke Tasse Tee

Eine Umarmung von meiner Partnerin

Ein Journal oder ein Blatt Papier, um meine Gedanken festzuhalten

Seien Sie bitte so achtsam, diese grundlegenden Strategien nicht aus dem Blick zu verlieren.

DANKSAGUNG

Dieses Buch ist mehr als ich selbst. Es setzt sich aus der Weisheit all derer zusammen, die mein Herz berührt haben und die an meiner Seite waren. Ohne euch würden diese Worte hier nicht stehen.

An meine Verlobte Claire Kennelly, du hast mich nicht nur während der trübsten Phasen unterstützt, sondern mir auch eine Schreibecke in unserem kleinen Apartment eingerichtet, sodass ich auch an den dunkelsten Tagen im Kerzenschein arbeiten konnte. Danke für deinen unerschütterlichen Glauben an mich, wenn ich meinen verloren hatte. Ich kann mir niemand anderen vorstellen, mit dem ich diese Pandemie-Schreiberfahrung hätte durchstehen können. Ich liebe dich so sehr.

Louise Eccles, ich weiß, dass ich dich immer wieder zitiert habe, und ich tue es noch einmal. In ihrem Buch *American Wife* schreibt Curtis Sittenfeld: »Sie war der Grund, warum ich zur Leserin wurde, und eine Leserin zu sein war das, was mich am meisten zu meinem Selbst geformt hat.« Ich werde nie vergessen, wie du mir dieses Buch als erstes Buch für meine Sammlung geschenkt hast und damit meine Liebe zum geschriebenen Wort geweckt hast. Es war mein erstes Zuhause, mein erster sicherer Ort und ist es bis heute. Danke für deine unermüdliche Unterstützung, und dass du jedem, der sich glücklich schätzen kann, in deinem Leben eine Rolle zu spielen, eine wahre Freundin bist.

Lisa Crosby, du warst meine Cheerleaderin bei dieser ganzen Sache. Ich kann dir wahrhaftig nicht genug danken. Die Leute unterschätzen gern die Notwendigkeit für Begeisterung und Neugier, die du mir vorbehaltlos entgegengebracht hast. Du warst immer bereit, mir zuzuhören, wenn meine Unsicherheit stieg – bei aufgewärmtem Kaffee und Puddinggebäck. Ich danke dir für deinen Weitblick und dass du mich an meine Vision erinnert hast.

An meine Brüder Brian, Martin und Paddy. Endlich etwas, worauf man seine Teetasse abstellen und den wackeligen Tisch mit stützen kann. Danke für all das Gelächter, die Fürsorge, die Memes, den Tatendrang und den Stolz des großen Bruders auf die kleine Schwester.

An meine Eltern. Mum, ich glaube, es gibt keine einzige Kassiererin und keinen Kassierer in Louth, die oder der nicht weiß, dass ich ein Buch geschrieben habe – und die Vorbestellungen im Verlag laufen gut. Dad, so viel von dem, was ich erreichen konnte, habe ich deiner unendlichen

Großzügigkeit zu verdanken und dem beständigen Ziel, dass das Glück deiner Kinder über allem steht. Das ist für mich nicht selbstverständlich. Ich danke euch beiden für absolut alles.

Adam und Ben, hier drin ist kein Pokémon, aber in zehn Jahren entdeckt ihr hier vielleicht etwas, was euch neugierig macht. Wenn nicht, dann lest oben nach, wie eure Onkel dieses Buch wahrscheinlich benutzen. Ich habe trotzdem vor, es noch in den nächsten Jahrzehnten zu verschenken.

Ger Minogue, ohne dich wäre ich nicht die, die ich bin. Du hast mein Leben verändert, so wie das vieler anderer Menschen auch. Du bist das Rückgrat dieses Buchs. Aus tiefstem Herzen danke ich dir.

Áine Moriarty, du bist die erste Person, der ich erzählt habe, dass ich eines Tages ein Buch schreiben möchte. Du hast mir als Siebenjährige geglaubt und mich seitdem immer wieder nach meinem Roman gefragt. Danke für deine Freundschaft – ohne dich wären die Dinge anders gelaufen. Ozeane trennen uns, aber ich trage dich jeden Tag in meinem Herzen.

Ann Gleeson, du bist mein Heilmittel für alle Forschungs-Unpässlichkeiten! Danke für deine Begleitung, die Bauchschmerzen und die Whisky-Nächte. Ohne dich wäre ich nicht in diesem Job. Becky Kehoe, ich bräuchte ein ganzes Buch, um aufzuzählen, was ich dir alles verdanke. Aber ich fasse mich kurz: Danke, Gummibärchen, ich liebe dich so sehr! Aisling Hoey, ich danke dir! Wil Wright, danke für deine Zuverlässigkeit, deine Standhaftigkeit, deinen Humor und vor allem dafür, dass du nach Dublin zurückgekommen bist. Es war ein trostloses Jahr ohne dich. Tu das nie wieder.

Marie und Eliza Kennelly, zwei der besten Stärkungsmittel. Eure Unterstützung bedeutet für mich die Welt. Ich bin euch ewig dankbar, dass ihr in meinem Leben seid und ich euch nun Familie nennen kann.

Sarah Williams, meine Agentin. Wo soll ich anfangen? Ohne dich wäre das alles nicht annähernd so weit gekommen, wie es ist (Untertreibung des Jahrhunderts!). Du bist pure Magie, und ich bin so happy, dass du das Risiko mit mir eingegangen bist.

Zennor Compton, ich danke dir für deine Engelsgeduld, deinen genauen Blick, deine Weisheit, deine Zuversicht – und dafür, dass du mich nicht gleich beim ersten Entwurf aufgegeben hast. An das gesamte Team von Cornerstone, ihr habt jedes geschriebene Wort äußerst sorgfältig und aufmerksam behandelt. Danke, dass ihr meine Worte aufgenommen und ihnen ein Zuhause gegeben habt.

An jede Einzelne und jeden Einzelnen, der @TheMindGeek auf Instagram folgt, die und der den Account zu dem gemacht hat, was er ist. Danke für jedes like, share, comment, follow … Es blieb nicht ungesehen und ohne Anerkennung. Ihr seid ebenso ein Teil dieses Buchs wie ich. Und ja, ich kann immer noch nicht fassen, was passiert ist.

Und zu guter Letzt, aber nicht zuletzt: Missy. Ich weiß, dass jeder davon überzeugt ist, dass sein Hund der beste ist, aber du bist es wirklich. Du hast mir gezeigt, was bedingungslose Liebe ist. Mögen wir alle diese Liebe erfahren. Ich schätze mich glücklich, in deinem Leben in der ersten Reihe gestanden zu haben. Du hast alle Meilensteine meines Lebens begleitet und es ist schwierig, dich bei diesem nicht dabei zu haben. Danke für deine achtzehn Jahre. Ich vermisse dich, mein Mädchen, jeden Tag.

REGISTER

Abgrenzungen *siehe auch* Grenzen
- Besondere Anlässe und Urlaub 179
- Familie und Freunde 180 f.
- Konflikte 183
- Partnerinnen und Partner 181 f.

Achtsamkeit 146
- Geräusche wahrnehmen (Übung) 148 f.
- Eine Einladung an die Teile des Selbst (Übung) 149 f.
- Tee-Ritual (Übung) 150 ff.
- Einwickeln (Übung) 152
- Dankbarkeit zeigen (Übung) 152 f.

Affirmationen
- Affirmationsmedizin 99
- Definition 96 f.
- Eigene Affirmation schreiben 101
- Erwartungen 99 f.
- für Skeptiker 97 f.
- Leben 102
- Mutmacher 101, 103 f.
- Schlüsselelemente 98 f.
- Selbstgespräch heilen 94
- Solo-Zeit 38
- Tägliche Affirmation wählen 100
- Vorschläge 100
- Angewohnheiten etablieren 221
- Selbstdisziplin 221 ff.

Angst 9, 13, 30, 34 f.

Anderen helfen 238, 244, 247, 251

Anker 35
- beim desorientierten Bindungsverhalten 60–65
- Entscheidungen 199
- Gehirn 119
- Grenzen 166 f., 180 f.
- Hypererregung 125 ff., 129 f.
- Identifizieren 36
- Innerer Mobber 92
- Innere Stimme 77
- Katastrophisieren (Denkfalle) 89
- »Muss«-Denken (Denkfalle) 83 f.
- Schuldzuweisungen (Denkfalle) 84 f.
- Selbstgespräch 95, 101
- Selbstregulation 134 ff., 139, 141, 154, 156
- Sicherheit 211
- Stressreaktionen 120 f.
- Toleranzfenster 124
- Trigger 108, 110
- Unverarbeitet 37, 124

Angst, als Hund vorstellen (Darraghs Hund, kreatives Ritual) 156

Ängstliches Bindungsverhalten 49–54, 37, 38–43, 39, 46
- Heilen 53
- Herausbildung 51
- Sicherheit suchen 52
- Typische Aussagen 51
- Verhaltensweisen 50, 52

Anker 35 f., 142, 216 f.

Anrufen 52, 118, 245

Ansprechen von psychischen Krankheiten 244–249

Antrieb 135, 139

Aristoteles 16

Art Attack (kreatives Ritual) 157

Assistieren, nicht insistieren 249 f.
Atemtechnik auf 4 (Körperübungen) 141
Authentizität 7, 16, 137, 170, 179, 210, 218, 235
Autonomous Sensory Meridian Response (ASMR) 142

Bedürfnisse 51, 53–60, 65, 71, 113 f., 121, 159, 163 f., 166, 168, 178, 197, 201 f. 218 f., 236 f, 252
Bewerten 78, 178
Beziehungen *siehe auch* Bindungen
- Sicherheit 212 f.
Bindungen 45–71
- Ängstliches Bindungsverhalten 49–54
- Bindungsstile erkunden
- Desorganisiertes Bindungsverhalten 60–65
- Persönlichen Bindungsstil herausfinden 69
- Sicheres Bindungsverhalten 65–70
- Sicherheit suchen 52 f., 57 f., 59
- Tägliche Übungen 71
- Vermeidendes Bindungsverhalten 54–60
Bindungsstil herausfinden 69

Co-Abhängigkeit 233 f., 236 f.

Dankbarkeitsübung 152 f.
Darraghs Hund (kreatives Ritual) 156
Dass, Ram 196
Denkfallen 80–89
- Emotionales Argumentieren 80, 88
- Gedankenlesen 80, 82 f.
- Katastrophisieren (Schwarzmalerei) 80, 88 f.
- »Muss-Denken« 80, 83 f.
- Schuldzuweisungen (Denkfallen) 80, 84 f.
- Schwarz-Weiß-Denken 80, 87
- Wahrsagen 80 f.
Depression 79, 126, 129, 232, 238, 240, 257
Disziplin, Selbst- 221–223

Eifersucht 50, 52, 54, 68, 124
Ein Beruhigungsmittel kreieren (kreatives Ritual) 154
Eine Einladung an die Teile des Selbst (Achtsamkeitsübung) 149 f.
Einwickeln (Achtsamkeitsübung) 152
Eltern, innere 96 f., 197, 201 f., 206 f., 212, 227
Emerson, Ralph Waldo: *Selbstständigkeit* 41
Emotionale Sicherheit herstellen 211
Emotionales Argumentieren (Denkfallen) 80, 88
Entscheidungen, Seien Sie sich bewusst 31
Entschuldigungen 68
Entschuldigungsverhalten 68
- Aufrichtig entschuldigen 187 ff.
Erstarrungsreaktion (Stressreaktion) 119, 120
Essstörungen 125

Familie
- Grenzüberschreitung 185 ff.
- Selbstverlust 22, 27
Fluchtreaktion (Stressreaktion) 119, 120
Freunde 232–254

- Abgrenzung 180
- Eigenen Raum erkennen 243
- Gespräche 244 ff.
- Grenzen 252 f.
- Helfen in der Not 232 f.
- Raum halten 241 ff.
- Regelmäßiger Check-up 252

Gedanken um die eigenen Gedanken machen 238, 251–253
Gedanken zurückhalten 214, 244
Gedanken, Beobachten Sie Ihre 113
Gedankenlesen (Denkfallen) 80, 82 f.
Geräusche wahrnehmen (Achtsamkeitsübung) 148 f.
Geschichten über uns selbst 74–77
- Unterstützung
- Freunde 232–238, 245, 250 ff., 254
- Grenzen 177
- Internetseiten 257
- Reparenting 225 f.
- Selbstgespräch 95
- Selbstregulation 139
- Suchen 255 f.
- Trigger 108, 119, 121
Geschmacksübung (Körperübungen) 143 f.
Gespräch suchen 190
Goldfischglas, Analogie vom 202 f.
Grenzen 10 f., 67, 70, 108, 118, 122, 137 f., 161–192, 199, 212, 215, 234, 236, 245, 252 f.
- Ändern 178 f.
- Anpassen 178 f.
- Arten von 166 f.
- Aufrecht halten 176 f.
- Denkfehler bei 167 ff.
- Eigene 184 f.
- Einschätzen 165
- Identifizieren 172
- Kommunizieren 175 f.
- Respektieren 178
- Setzen 170 f.
- Umgang mit überschrittenen Grenzen 185–188
- und Selbstliebe 162
- Unser Verhältnis zu 170
- Verletzungen von 172 ff.
- Verstehen 163 f.
- Verteidigen 170, 175 ff.
- Vorteile von 163

Haptische Übung (Körperübungen) 144 f.
Hier und Jetzt 141
Hilfe anbieten 244 f.
Himmlische Inspiration (kreatives Ritual) 154
Hörübungen (Körperübungen) 142
Hypererregung 125, 129, 135
Hypoerregung 125, 129, 135, 145

Informieren zum Unterstützen 238 f.
Innere Eltern *siehe* Eltern, innere
Innere Stimme *siehe* Stimme, innere
Innerer Kritiker *siehe* Mobber, innerer
Innerer Mobber *siehe* Mobber, innerer
Innerer Monolog 35
Inneres Kind *siehe* Kind, inneres

Journal 11, 32, 40, 113, 115, 118, 146, 152, 186, 206, 220, 252, 258
Jung, Carl G. 30, 108

Kampfreaktion (Stressreaktion) 119 f.
Katastrophisieren (Denkfallen) 80, 88 f.
Kind, inneres 65, 70, 196 f., 202, 204–209, 212, 219, 221, 227 f.
- Brief schreiben 204, 206
- Nähren 209
- Sicherheit kultivieren 210 f.
- Spielen 205
- Sprechen mit 207 ff.
- Verbindung zum 204
- Visuelles Erinnern 204 f.
Kommunizieren statt in sich hineinfressen 215
Konflikte, Abgrenzungen 183
Kontrolle 24, 37, 57, 62, 68, 70, 85, 89, 111, 114, 125, 129, 169, 178, 183 f., 212, 214, 221, 240 f.
Körper, Achten Sie auf Ihren 112 f.
Körperübungen
- Atemtechnik auf 4 (Körperübungen) 141
- Geschmacksübung (Körperübungen) 143 f.
- Haptische Übung (Körperübungen) 144 f.
- Hörübungen (Körperübungen) 142
- Riechübungen (Körperübungen) 143
- Sehübungen (Körperübungen) 141 f.
- Tapping-Übung (Körperübungen) 145 f.
- Wahrnehmungsübung (Körperübungen) 140
Kreative Rituale 153–157
- Art Attack: Home Edition 157
- Darraghs Hund 156
- Ein Beruhigungsmittel kreieren 154
- Himmlische Inspiration 154
- Sonnentropfen 156
- Zurück in die Zukunft 153
Kritiker, innerer *siehe* Mobber

»Muss«-Denken (Denkfallen) 80, 83 f.
Maté, Gabor 116
Meditation 37, 40, 147, 149
Merkhilfen für schwierige Situationen 41 f.
Milde zu sich selbst sein 255
Missbrauch 24, 47 f., 57, 61, 92, 121, 169, 182, 196, 198 f., 210, 213 f., 238 f., 250
Mitgefühl, Widerstand gegenüber 94 ff.
Mobber, innerer 91 ff.
- Affirmationen 96 f.
- Beobachten 93
- Eltern 96
- Kennenlernen 92 f.
- Reflektieren 97
- Selbstgespräch 93 f.
- Widerstand 95 f.
Mobbing 47, 57, 239
Möglichkeiten erkennen 34
Moment für mich 39
Morgenritual 38
Muster
- Affirmationen 97
- Anker 217
- Beziehungen 213
- Bindungen 53, 56 f.
- Co-Abhängigkeit 234, 236 f.
- Denkfallen 80, 90
- Durchbrechen 60

- Erkennen 11, 59, 64
- Erlernte 12, 25
- Gehirn 79
- Grenzen 163, 183
- Hinterfragen 200
- Reagieren 35, 39
- Reparenting 197 ff., 219
- Rollen 211
- Selbstregulation 137
- Unbewusste 12

Neugierig sein 7, 10, 34, 48, 54, 59, 80, 214

Personalisieren (Denkfallen) 80, 89 f.

Reagieren 13, 35, 79, 113, 117 ff., 122, 125, 130, 134, 197, 214 f., 236, 240, 248
Rechtfertigungen 171
Reflexion 53, 94, 97, 114, 158, 237
Reparenting 195–228
- Brief ans innere Kind schreiben 205 f.
- Eltern für uns selbst sein 197 ff.
- Form der Selbstliebe 219
- Goldfischglas 202 f.
- Innere Eltern 201 f.
- Inneres Kind 196 f.
- Mittel zur Selbststärkung 225 f.
- Sicherheit in Beziehungen 212 f.
- Sicherheit kultivieren 210 f.
- Spielen 205 f.
- Tägliche Übungen 227 f.
- Verbindung zum inneren Kind 204
- Visuelles Erinnern 204 f.
- Was beinhaltet Reparenting? 197
- Wohlwollend mit sich selbst sprechen 20 ff.

Rich, Adrienne 162
Riechübungen (Körperübungen) 143
Rollen 18, 22, 27, 74, 211 f.

Schuldzuweisungen (Denkfallen) 80, 84 f., 198
Schwarz-Weiß-Denken (Denkfallen) 80, 87
Schwarzmalerei *siehe* Katastrophisieren
Sehübungen (Körperübungen) 141 f.
Selbst, Über das Selbst hinaus 231–254
- Ansprechen, aber respektvoll 244 f.
- Assistieren, nicht insistieren 249 f.
- Ansprechen, aber respektvoll 244–250
- Das Gespräch suchen 247
- Den Raum halten 241–244
- Freunden beistehen 232 f.
- Gesunde Beziehungen 235
- Regelmäßiger Check-up 252
Sich Gedanken um die eigenen Gedanken machen 251
Sich informieren 238 f.
Sinnvolle Unterstützung anbieten 237–250
Sinnvolle vs. nicht sinnvolle Hilfe 233 f., 236
- Verantwortung 253
- Tägliche Übungen 254
- Traumata verstehen 239 ff.
- Zeit zum Reflektieren 237
- Selbstdisziplin 221 ff.
- Selbstfindung 15–42
- Das Selbst 18
- Erkennen und Benennen 32
- Familie 24

- Möglichkeiten erkennen 34
- Moment für mich 39
- Partnerschaft 24
- Rollenänderung 27
- Selbstverlust 21 f., 28

Sich mit anderen verbinden 38
Solo-Zeit 37 f.
Spaß 33
Spickzettel 40
Spielen 33
- Tägliche Übungen 41 f.
- Trauma 26 f.
- Trauer 25 f.
- Unterstützenden Text erstellen 35 f.
- Verdrängung 28 ff.
- Wer bin ich? 16
- Wiederverbinden 31
- Selbstfürsorge 38
- Selbstgespräch 73–105
- Affirmationen 96–102
- Denkfallen 78–90
- Erste-Hilfe-Koffer 101
- Geschichten über uns selbst 74–77
- Heilen 94–104
- Innerer Mobber 91 ff.
- Innere Stimme 77 f.
- Mutmacher 101–104
- Tägliche Übungen 105

Selbstheilung *siehe* Reparenting
Selbstliebe 118, 162, 177, 199, 219, 221, 226
siehe auch Grenzen
siehe auch Reparenting
Selbstreflexion 40
Selbstregulation 133
- Achtsamkeitspraxis 146–157
- Körperübungen 139–146
- Kreative Rituale 153 f.
- Physische Reaktionen 136

Sensorische Übungen 141
- Tägliche Übungen 159
- Übungen 137–146
- Wann ist Selbstregulation nötig? 135 ff.
- Was ist Selbstregulation 134

Selbststärkung 225 f.
Selbstverlust
- Anzeichen 21
- Trigger 22
- Verdrängungsstrategien 28–31
- Sensorische Übungen 141–144
- Geschmacksübung (Körperübungen) 143 f.
- Haptische Übung (Körperübungen) 144 f.
- Hörübungen (Körperübungen) 142
- Riechübungen (Körperübungen) 143
- Sehübungen (Körperübungen) 141 f.
- Tapping-Übung (Körperübungen) 145 f.

Sicheres Bindungsverhalten 65–70
- Entwickeln 69 f.
- Kennzeichen 68
- Menschen mit 67

Sonnentropfen (kreatives Ritual) 156
Spielen 33, 204 ff., 209
Spüren Sie in sich hinein (Fünf-Minuten-Pause) 32, 48
Stille 146, 150, 241
Stimme, innere 77 f.
Stressreaktionen 118–127
- Erstarrungsreaktion 120 f.
- Fluchtreaktion 120

- Kampfreaktion 119
- Umgang 124
- Unterwerfungsreaktion 121
- Zweck
Sucht 47, 125

Tägliche Übungen 9, 11, 41, 71, 105, 130, 159, 191, 227, 254
Tapping-Übung (Körperübungen) 145 f.
Tee-Ritual (Achtsamkeitsübung) 150 ff.
Toleranzfenster 124, 126–129
- Größe 126
- Überprüfen 127
Trauer 22, 24 ff., 30
Trauma
- Ausdrücke vermeiden 248
- Bindungsstile 61
- Bindungsverhalten 64
- Definition 26 f., 108
- Freunde 232 f., 238
- Gehirn 118 f.
- Grenzen 179
- Kindheit 25, 126, 197
- Reaktion 119, 121, 233
- Sich informieren 238 f.
- Symptome 241
- Therapie 108, 117. 139, 226
Trigger 22, 109, 115, 118
- Überforderung 117
- Verstehen 239 f.
- Wertschätzung und Wohlwollen 248 f.
Trigger 22, 49, 70 f., 83, 108–130
- Arten 109
- Erkennen 108, 112
- Fragen an Ihre Trigger 118
- Heilen 115
- Identifizieren 109
- Konflikte 111
- Stressreaktionen verstehen 118
- Tägliche Übungen 130
Toleranzfenster 124, 126–129
- Verstehen 112

Überforderung 108, 117, 125 f.
Überzeugungen
- Beobachten 13
- Bindungsverhalten 53
- Innere Eltern 201
- Innere Stimme 78
Überwinden 197
Unausgeglichenheit 130, 137 f., 150, 172
Unterbrechen 183, 214, 241
Unterstützender Text 35 f.
Unterwerfungsreaktion (Stressreaktion) 119, 121
Urteilen 149, 207, 214 f., 241 f.

Verantwortung 67 f., 70, 84, 89, 95, 103, 162 f., 165, 189, 214, 236, 253
Verbinden mit anderen 38 f.
Vergrößern 127
Vermeidendes Bindungsverhalten 54–59
- Bindungskreis 63
- Heilen 59, 64 f.
- Herausbildung 57
- Menschen mit 56
- Sicherheit suchen 57 f.
- Reaktion auf Liebe 64
Verhaltensweisen erkennen 59 f.
Versprechen 220
- Inneres Kind 206
- Einhalten 168, 217
- Sich selbst geben 217 f.
- Tägliche Versprechen 220

Verteidigen 68, 215
Verurteilen 27, 54 f., 78, 95, 124
Voskamp, Ann 232

Wahrnehmungsübung (Körperübungen) 140
Wahrsagen (Denkfallen) 80 f.
Widerstand 19, 31, 65, 94, 157, 159
Wohlwollend zu sich selbst sein 92, 202, 204, 206 f., 212
Wut 13, 32 f, 61, 65, 68, 84, 92, 103 f., 119, 124 ff., 129, 135, 139, 181, 183, 198, 247

Zeit für sich selbst 37–39
Zurück in die Zukunft (kreatives Ritual) 153
Zurückhaltung praktizieren 214

Timo Roller

Einzigartiges Israel

Das Heilige Land zwischen Bibel und Politik

hänssler

Hänssler-Buch
Bestell-Nr. 394.832
ISBN 978-3-7751-4832-0

Internet: www.haenssler.de
E-Mail: info@haenssler.de
Umschlaggestaltung: Jürgen Röhm, Wildberg-Sulz
Titelbild: Timo Roller, Wildberg-Sulz
Layout: MORIJA medien, Wildberg-Sulz
Druck und Bindung: CPI – Ebner & Spiegel, Ulm
Printed in Germany

Inhaltsverzeichnis

Israel ist einzigartig! ... 7
Land und Leute ... 11
Der Staat Israel ... 12
Die Geografie Israels ... 16
Sprache und Kultur ... 31
Wirtschaft, Bildung und Soziales ... 41
Das politische System ... 51
Geschichte ... 59
Historisches zwischen Bibel und Archäologie ... 60
Die Zeit der Bibel ... 63
Diaspora und Zionismus ... 84
Nahostkonflikt ... 103
Ursachen des Konflikts ... 104
Kriege und Krisen ... 107
Friedensverhandlungen ... 118
Wer sind die Palästinenser? ... 137
Propagandakrieg ... 148
Was bringt die Zukunft? ... 157
Heiliges Land ... 161
Im Brennpunkt der Religionen ... 162
Der Judenstaat ... 167
Christliche Pilger ... 168
Der Islam ... 180
Weitere Religionen ... 186
Judentum ... 191
Jüdische Vielfalt ... 192
Der Jüdische Glaube ... 200
Jüdische Feste und Gegenstände ... 203
Im Licht der Bibel ... 227
Glaubwürdigkeit der Bibel ... 228
Juden und Christen ... 240
Prophetie wird Geschichte ... 243

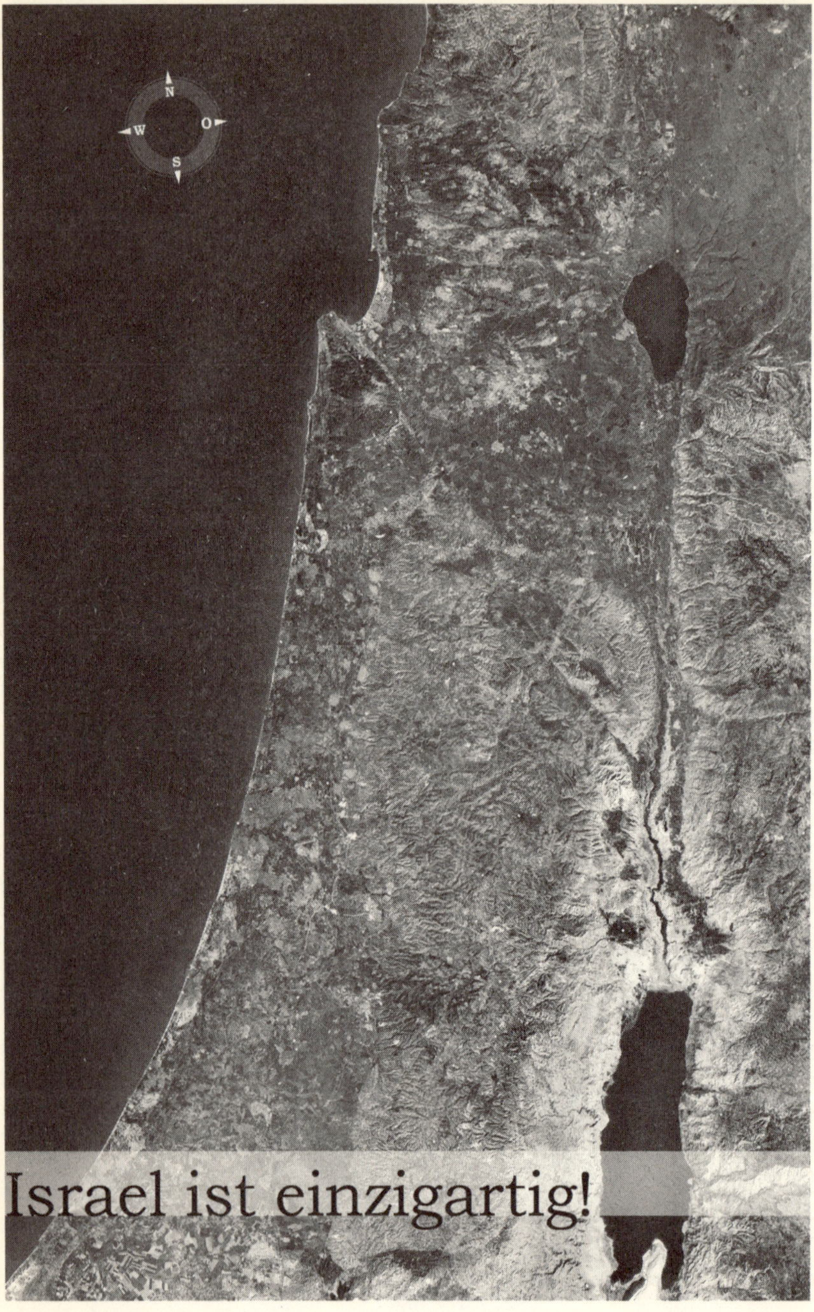
N
W
O
S
Israel ist einzigartig!

Israel ist einzigartig!

»Deutschland und Israel verbinden besondere, einzigartige Beziehungen«[1], formulierte Bundeskanzlerin Angela Merkel am 18. März 2008 in ihrer Rede vor der Knesset. Und nicht nur die Beziehungen zwischen unseren Ländern sind einzigartig – mit all ihren schattigen und lichten Seiten –, sondern insbesondere Israel selbst: seine Geografie, seine Geschichte, sein Schicksal, seine Berufung.

Vor 60 Jahren wurde am 14. Mai 1948 (5. Ijar 5708) die Unabhängigkeit des modernen Staates Israel verkündet:

»Im Lande Israel entstand das jüdische Volk. [...] Hier schuf es eine nationale und universelle Kultur und schenkte der Welt das Ewige Buch der Bücher. Durch Gewalt vertrieben, blieb das jüdische Volk auch in der Verbannung seiner Heimat in Treue verbunden. Nie wich seine Hoffnung. Nie verstummte sein Gebet um Heimkehr und Freiheit. [...]

Am 29. November 1947 fasste die Vollversammlung der Vereinten Nationen einen Beschluss, der die Errichtung eines jüdischen Staates im Lande Israel forderte. Sie rief die Bewohner des Landes auf, ihrerseits zur Durchführung dieses Beschlusses alle nötigen Maßnahmen zu ergreifen. Die damalige Anerkennung der staatlichen Existenzberechtigung des jüdischen Volkes durch die Vereinten Nationen ist unwiderruflich.

Gleich allen anderen Völkern ist es das natürliche Recht des jüdischen Volkes, seine Geschichte unter eigener Hoheit selbst zu bestimmen. Demzufolge haben wir, die Mitglieder des Nationalrates, als Vertreter der jüdischen Bevölkerung und der zionistischen Organisation, heute, am letzten Tage des britischen Mandats über Palästina, uns hier eingefunden und verkünden hiermit kraft unseres natürlichen und historischen Rechtes und aufgrund des Beschlusses der Vollversammlung der Vereinten Nationen die Errichtung eines jüdischen Staates im Lande Israel – des Staates Israel. [...]

Der Staat Israel wird der jüdischen Einwanderung und der Sammlung der Juden im Exil offenstehen. Er wird sich der Entwicklung des Landes zum

1 *Internetseite der Bundesregierung: http://www.bundesregierung.de/Content/DE/Rede/2008/03/2008-03-18-rede-merkel-vor-der-knesset.html*

Wohle aller seiner Bewohner widmen. Er wird auf Freiheit, Gerechtigkeit und Frieden im Sinne der Visionen der Propheten Israels gestützt sein. Er wird all seinen Bürgern ohne Unterschied von Religion, Rasse und Geschlecht, soziale und politische Gleichberechtigung verbürgen. Er wird Glaubens- und Gewissensfreiheit, Freiheit der Sprache, Erziehung und Kultur gewährleisten, die Heiligen Stätten unter seinen Schutz nehmen und den Grundsätzen der Charta der Vereinten Nationen treu bleiben. [...]

Wir wenden uns – selbst immitten mörderischer Angriffe, denen wir seit Monaten ausgesetzt sind – an die in Israel lebenden Araber mit dem Aufrufe, den Frieden zu wahren und sich aufgrund voller bürgerlicher Gleichberechtigung und entsprechender Vertretung in allen provisorischen und permanenten Organen des Staates an seinem Aufbau zu beteiligen.

Wir bieten allen unseren Nachbarstaaten und ihren Völkern die Hand zum Frieden und zu guter Nachbarschaft und rufen zur Zusammenarbeit und gegenseitigen Hilfe mit dem selbstständigen jüdischen Volk in seiner Heimat auf. Der Staat Israel ist bereit, seinen Beitrag bei gemeinsamen Bemühungen für den Fortschritt des gesamten Nahen Ostens zu leisten.

Unser Ruf ergeht an das jüdische Volk in allen Ländern der Diaspora, uns auf dem Gebiete der Einwanderung und des Aufbaus zu helfen und uns im Streben nach der Erfüllung des Traumes von Generationen – der Erlösung Israels – beizustehen.

Mit Zuversicht auf den Fels Israels setzen wir unsere Namen zum Zeugnis unter diese Erklärung, gegeben in der Sitzung des zeitweiligen Staatsrates auf dem Boden unserer Heimat in der Stadt Tel Aviv. Heute am Vorabend des Sabbat, dem 5. Ijar 5708, 14. Mai 1948.«[2]

Wenn man diese Worte Ben Gurions mit denen des Propheten Jesaja vergleicht – 2500 Jahre liegen dazwischen – kann man angesichts der Größe Gottes, wenn man sie dahinter erkennen will, nur staunen: »Ich werde deine Kinder aus dem Osten holen und dich aus dem Westen sammeln. Zum Norden sage ich: ›Gib her!‹ Und zum Süden: ›Halte niemanden zurück! Bring meine Söhne aus der Ferne, meine Töchter aus allen Winkeln der Erde.‹« (Jesaja 43,5–6)

---

2 *Israel in Kürze – Der Staat Israel. Botschaft des Staates Israel in Deutschland: 1998*

1998 war ich zum ersten Mal in Israel, zusammen mit einem guten Freund und Studienkollegen, Frank Ugele. Voller Begeisterung nahmen wir uns vor, als Semesterarbeit eine CD-ROM über Israel zu machen – mit allen wichtigen Informationen, die wir finden konnten. Und: aus biblischer Perspektive. Ein weiterer Mitstudent, Stefan Buchali, ließ sich zur Mitarbeit gewinnen. So entstand die Urversion von »Einzigartiges Israel« als Projekt im Wintersemester 1998/1999 an der Hochschule der Medien in Stuttgart.

Nach einer sehr guten Bewertung durch unseren Professor und ersten Gesprächen beim Hänssler Verlag beschlossen wir, die CD auf den Markt zu bringen. Im Oktober 1999 veröffentlichten wir dann »Einzigartiges Israel 1.0«. Ein Kontakt mit der »Konferenz Evangelikaler Publizisten« (KEP) in Wetzlar führte dazu, dass dem neuen Dienst »israelnetz.com«, der im April 2000 startete, eine »Lightversion« unserer CD-ROM als Basisinfo im Internet zur Verfügung stand.

»Einzigartiges Israel« wurde mehrmals aktualisiert – bis zur Version 1.4 im Jahr 2003. »Einzigartiges Israel 2.0« war seit langem geplant, doch die vielfältigen Änderungen die nötig gewesen wären und der damit verbundene Zeitaufwand waren aus verschiedenen Gründen lange Zeit nicht zu realisieren. Seither hat sich einiges getan: Arafat ist gestorben, Israel hat sich aus dem Gazastreifen zurückgezogen und die Hamas regiert dort nun, 2006 hat im Libanon ein neuer Krieg stattgefunden und vieles ist nicht mehr so, wie es war.

Dieses Buch bringt nun – auf dem aktuellen Stand von 2008 – die wichtigsten Inhalte der CD-ROM in anschaulicher und leicht verständlicher Form. Sie finden darin jede Menge Informationen über das heilige Land Israel, das Judentum, den Nahostkonflikt und die Bibel. Es werden Zusammenhänge aufgezeigt und Hintergründe beleuchtet, um die komplexe Thematik für jeden begreifbar zu machen.

Dem Buch liegt eine CD-ROM mit der aktuellsten digitalen Version von »Einzigartiges Israel« bei: barrierefrei konzipiert und vom programmtechnischen Ballast aus zehn Jahren Entwicklungszeit befreit. Unter der Oberfläche operieren von nun an (X)HTML und CSS im modernen Stil. Die Inhalte sind natürlich ebenfalls auf dem heutigen Stand und vertiefen viele Bereiche, die im Buch nur zusammenfassend erklärt werden. So finden Sie auf der CD zum Beispiel die Biografien sämtlicher Staatspräsidenten und Regierungschefs, detaillierte Erläuterungen zu Kultur, Wissenschaft und Wirtschaft sowie die bewährten Panoramafilme in höherer Auflösung und informative Filmclips. Starten Sie die CD-ROM durch Doppelklick auf die Datei »start.html«. Verweise aus dem Buch finden Sie ganz einfach über den Menüpunkt »Buchverweise« in der rechten Seitenleiste unter »Sonderseiten«.

Warum »Einzigartiges Israel«? Im Zeitalter von Wikipedia mag diese Frage berechtigt sein. Doch der Unterschied zu Wikipedia ist bedeutend: »Einzigartiges Israel« erhebt nicht den Anspruch, einen neutralen Standpunkt (NPOV) zu vertreten. Wie den Diskussionsseiten der Wikipedia teilweise zu entnehmen ist, ist dies in manchen Themengebieten auch schlicht unmöglich. Und dazu gehört der Nahostkonflikt, bei dem unterschiedliche politische und religiöse Interessen einfach nicht miteinander in Einklang zu bringen sind.

»Einzigartiges Israel« ist nicht neutral, fühlt sich aber der Objektivität und Wahrheit verpflichtet. Allerdings unter der Vorgabe, dass Gott existiert und die Bibel sein Wort ist. Diesen Standpunkt nimmt es nicht als fundamentalistische Vorgabe, sondern versucht, ihn an entsprechenden Stellen kritisch zu hinterfragen. Die biblischen Aussagen zur Menschheitsgeschichte, zu heilsgeschichtlichen Zusammenhängen und zu Ereignissen in der Zukunft haben sich aber bisher nach meinen Erkenntnissen als wahr erwiesen.

Herzlich danke ich all jenen Israelkennern und -freunden, die »Einzigartiges Israel« in den letzten Jahren mitgestaltet, gefördert und begleitet haben, allen voran natürlich meinen Mit-Autoren der ersten Version, Stefan Buchali und Frank Ugele. Ich danke denjenigen von ihnen, die Zeit gefunden haben, für dieses Buch ein kurzes Statement abzugeben, was das Heilige Land für sie so einzigartig macht. Und natürlich ein besonderes Dankeschön an die Mitarbeiter im Verlag, die erneut ein etwas ungewöhnliches Projekt mit mir realisiert haben.

Timo Roller

Wildberg-Sulz, April 2008

Land und Leute

Der Staat Israel

Flagge und Emblem

Symbolträchtig: die Flagge Israels und das offizielle Emblem.

Bereits 1897, beim Ersten Zionistischen Kongress in Basel, war die Flagge des heutigen Israels zu sehen. Danach wurde die »Zionistenflagge« zu sämtlichen Zionistischen Kongressen gehisst.

David Wolffsohn, der berühmte Zionistenführer, der 1905 die Nachfolge Theodor Herzls als Präsident der Zionistischen Weltorganisation antrat, war an ihrer Entstehung maßgeblich beteiligt: »Auf Geheiß unseres Leiters Herzl kam ich nach Basel, um die Vorbereitungen für den Zionistischen Kongress zu treffen, für seinen erfolgreichen Verlauf zu sorgen und Verleumdern keine Chance zu geben. Eines der zahlreichen Probleme, die mich beschäftigten, enthielt etwas von der Substanz des jüdischen Problems: Mit welcher Flagge sollten wir die Kongresshalle schmücken? ... Dann kam mir ein Gedanke. Wir haben eine Flagge – sie ist blau-weiß. Der Tallit (Gebetsschal), den wir beim Gebet umlegen: dies ist das Symbol. Diesen Tallit wollen wir aus seinem Beutel nehmen und ihn vor den Augen Israels und der ganzen Welt entrollen. Und so bestellte ich eine blau-weiße Fahne mit dem Davidstern. So entstand unsere Nationalflagge, die über der Kongresshalle wehte. Und niemand zeigte Verwunderung oder fragte, wo sie herkam oder wie sie entstand.«[3]

Das offizielle Emblem des Staates, für das man sich im Jahre 1949 entschied, ist die Menora, der siebenarmige Leuchter als historisches Symbol des jüdischen Volkes, wie es auf dem Titus-Bogen in Rom zu sehen ist. Die Menora wird von zwei Olivenzweigen umrankt, die unten durch die Inschrift Israel in hebräischer Schrift verbunden sind. Die Olivenzweige versinnbildlichen die uralte Friedenssehnsucht des jüdischen Volkes. Seit der Zeit, in der eine Taube – die ausgesandt wurde, um Land zu finden – mit einem Olivenzweig im Schnabel zu Noahs Arche zurückkehrte, ist dieser gleichbedeutend mit Frieden (1. Mose 8,11).[4]

Nationalhymne »Hatikwa«

»Die Hoffnung«, wie Hatikwa übersetzt heißt, ist seit 1897 das »Nationallied« der zionistischen Bewegung. Entstanden ist sie aus Elementen eines alten europäischen Volksliedes. Die ursprüngliche Melodie wurde auch im bekannten Stück »Die Moldau« von Bedrich Smetana aus dem Jahr 1874 verarbeitet. Der Text für die Nationalhymne stammt von Naphtali Herz Imber. Die deutsche Übersetzung lautet:

Die Hoffnung
»Solange noch im Herzen drinnen,
Eine jüdische Seele wohnt.
Und nach Osten hin, vorwärts,
Das Auge nach Zion schaut.
Solange ist unsere Hoffnung nicht verloren,
die uns zweitausend Jahre verband:
Zu sein ein freies Volk, in unserem Land,
im Lande Zion und in Jeruschalajim!«

---

3 *Zitiert in: Die Flagge Israels. Presse- und Informationsabteilung der Botschaft des Staates Israel in Deutschland*

4 *Einige Abschnitte aus dem Kapitel Land und Leute wurden mit freundlicher Erlaubnis Texten der Botschaft des Staates Israel in Deutschland entnommen.*

Israel unter den Nationen

Seit 1949 ist Israel Mitglied der Vereinten Nationen. Doch die Spannungen zwischen Israel und den Nationen waren nie zu übersehen. Viele Länder hielten sich jahrzehntelang auf kritischer Distanz von dem neugegründeten Staat.

Seit seiner Gründung ist Israel bestrebt, zu allen Nationen der Welt gute Beziehungen aufzubauen. Die Jahrhunderte der Verfolgung, das Trauma des Holocausts und der jahrzehntelange arabisch-jüdische Konflikt in wacher Erinnerung, zielt die israelische Außenpolitik darauf ab, Frieden in dieser Region zu schaffen, die Sicherheit Israels zu schützen und die Zusammenarbeit mit allen Nationen zu fördern.

Nach der Madrider Friedenskonferenz im Oktober 1991 haben 61 Staaten ihre diplomatischen Beziehungen zu Israel erneuert bzw. erstmals aufgenommen; 23 weitere Staaten folgten nach der Unterzeichnung der Prinzipienerklärung zwischen Israel und der PLO im September 1993. Israel unterhält weltweit zu 162 Staaten diplomatische Beziehungen. Diese Zahl ist vergleichsweise gering, da die meisten muslimischen Staaten den Staat Israel ablehnen.

Die geografisch Israel am nächsten liegenden Staaten, also die arabischen Nachbarländer, unterhalten in der Mehrzahl keine diplomatischen Beziehungen; teilweise wird sogar der Kriegszustand mit Israel aufrechterhalten und öffentlich die Vernichtung Israels gefordert.

Der Import von israelischen Waren ist in Bahrain streng verboten. Daher war der Angestellte einer großen Werbeagentur in Dubai schockiert, als er in seinem Apple-Computer eine Pufferbatterie mit der Aufschrift »Made in Israel« entdeckte. Daraufhin wurde Apple Middle East eingeschaltet, um eine Lösung für dieses »Problem« zu finden.[5]

Die Beziehungen einiger wichtiger Nationen zu Israel werden auf der CD näher beleuchtet: **114-nationen**[6]

5 *Quelle: Apple weltpolitisch verwickelt. www.macwelt.de: 16.4.2003*

6 *Bitte auf der CD-Version den Menüpunkt »Buchverweise« rechts unter »Sonderseiten« anwählen und die dortigen Anweisungen befolgen.*

Was macht Israel so einzigartig?

Frank Ugele, *Medieningenieur und Mit-Autor von Einzigartiges Israel 1.0:*

»In den Meinungen über Israel nehme ich nur drei Richtungen wahr: Verbundenheit, Gleichgültigkeit, Hass. Was für ein Spiegel für die Nationen der Welt! Leben wir Menschen unsere Beziehung zu Gott nicht genauso wie die Nationen zu Israel?

Israel ist und bleibt der Augapfel Gottes. Wer auf Israel schaut, schaut auf Gott. Wer tiefer schaut, wird auch mehr über Gott erfahren.«

»Wir bieten allen unseren Nachbarstaaten und ihren Völkern die Hand zum Frieden«, verkündete David Ben-Gurion 1948 in der Unabhängigkeitserklärung.

Die Geografie Israels

23 mal wird Israel im Alten Testament als das Land beschrieben, »in dem Milch und Honig überfließen«, Hesekiel nennt es überdies »das beste Land der Welt«. (Hesekiel 20,15) Im Talmud lesen wir: »Zehn Maß Schönheit kamen in die Welt; das Land Israel (Jerusalem) nahm neun und der Rest der Welt eines.« Und auch heute behaupten Menschen aus vielen Ländern nach einem Besuch im Gelobten Land: »Israel ist das faszinierendste Land der Welt!«

Was lässt dieses Land so unwiderstehlich erscheinen? Ist es das Klima, die Natur oder die Landschaft, die auf engstem Raum eine enorme Vielseitigkeit und gewaltige Gegensätze aufweist? Ist es die kulturelle Vielfalt, die weit in die Vergangenheit reichende Geschichte oder einfach der Glanz des Allerhöchsten, der sich in Israel widerspiegelt?

Auf Weltkarten ist Israel nur als schmaler Strich zu finden. Dafür aber nahezu im Zentrum aller Karten westlicher Kartografie. Israel misst an der längsten Stelle 470 Kilometer und ist maximal 135 Kilometer breit. Das Land umfasst eine Fläche von 27.800 Quadratkilometern und entspricht damit in etwa dem Bundesland Hessen. An der schmalsten Stelle ist Israel nur 50 Kilometer breit. Zu der Zeit, als Judäa und Samaria, das sogenannte »Westjordanland«, noch nicht zum Staat Israel gehörten, war das Land auf Höhe von Tel Aviv gerade mal 12 Kilometer breit. Begrenzt wird Israel im Norden vom Libanon, im Nordosten von Syrien, im Osten von Jordanien, im Südwesten von Ägypten und im Westen vom Mittelmeer. In Vorderasien bildet der junge Staat eine religiöse, politische, wirtschaftliche und aufgrund der Fruchtbarkeit ökologische Insel.

Die Landesgrenzen Israels sind umstritten: Der Status des Westjordanlandes und der des Gazastreifens sind noch nicht endgültig. Zwar verwaltet die Palästinensische Autonomiebehörde einige wichtige Städte wie Jericho, Hebron, Bethlehem und Nablus sowie den kompletten Gazastreifen, aber die militärische Hoheit über die »besetzten« Gebiete hat Israel. Auch die Golanhöhen im Nordosten werden international nicht Israel zugesprochen, obwohl das 1967 von Syrien eroberte Gebiet 1981 annektiert wurde und inzwischen von fast 40.000 Israelis (davon die Hälfte Drusen) besiedelt ist.

Geografisch gehört das kleine Land am Mittelmeer zum asiatischen Kontinent. Israel liegt am Knotenpunkt von Asien, Europa und Afrika. Nicht zuletzt aufgrund dieser strategisch bedeutenden Lage war und ist das Land der Bibel durch die Jahrhunderte heiß umkämpft.

Hauptstadt des Staates Israel ist Jerusalem. Auf internationaler Ebene ist die umstrittene und vor 1967 geteilte Stadt aber aufgrund der UN-Resolution 478 nicht anerkannt, denn die Palästinenser beanspruchen »Al-Quds« (Jerusalem) ebenfalls als Hauptstadt eines künftigen Staates Palästina. Diplomatische Vertretungen befinden sich in Tel Aviv.

Die Altstadt Jerusalems ist das religiöse Zentrum des Landes. Hier tummeln sich auf wenigen Hektar Fläche die drei wichtigen Religionen mit ihren Heiligtümern: Judentum, Christentum und Islam. Die Grenzen der Altstadt, zu der auch der Tempelberg gehört, gehen in der Hauptsache auf das 16. Jahrhundert zurück.

Flora und Fauna

Seevögel am Strand des Mittelmeeres sind nur ein Beispiel für die vielfältige Tier- und Pflanzenwelt im Heiligen Land.

Die größte Vielfalt und Konzentration der Fauna und Flora auf dem Teilkontinent Vorderasien findet sich in Israel. Durch jahrhundertelange Ausbeutung ökologischer Schätze verödete das Land. Unter römischer, islamischer und christlicher Herrschaft wurden Wälder rücksichtslos vernichtet, auch aus kriegstaktischen Gründen. Die ersten jüdischen Einwanderer fanden ein zum größten Teil aus Steppe bestehendes Land vor. Die Trockengebiete boten nur spärliches Grün und die Feuchtgebiete bestanden aus unzugänglichem und mit Malaria verseuchtem Sumpf. Erst in den letzten Jahrzehnten konnten mit großem Arbeitseifer, unterstützt durch vermehrte Regenfälle, großartige Landschaften entstehen. Große Teile stehen in Reservaten unter Naturschutz.

Wasser

Da Israel am Rande eines Wüstengürtels liegt, hatte es seit jeher unter Wassermangel zu leiden. Archäologische Ausgrabungen im Negev haben gezeigt, dass bereits vor Tausenden von Jahren Techniken zur Sammlung, Speicherung und Weiterleitung von Regenwasser in Gebrauch waren. Jährlich stehen Israel aus sich regenerierenden Quellen ca. 1,7 Milliarden Kubikmeter Wasser zur Verfügung. Davon werden 75 Prozent zur Bewässerung verwendet, der Rest ist für den privaten und industriellen Gebrauch.

Zu den Wasserquellen des Landes gehören der Jordan, der See Genezareth und einige kleinere Flusssysteme. Die Kontrolle der Golan-Höhen ist für die Wasserversorgung Israels sehr wichtig. Der See Genezareth liefert ein Drittel des Trinkwassers in Israel. Nahezu alle Zuflüsse des Sees entspringen auf den Golan-Höhen.

Die Mehrheit der Israelis ist nicht bereit, den Golan aufzugeben, da sie nicht glauben, dass die Trinkwasserversorgung aufrechterhalten würde, wenn die Golan-Höhen nicht unter israelischer Verwaltung stehen. Gestärkt wird diese Befürchtung durch die Erinnerung an das Jahr 1964, als Syrien den Versuch unternahm, durch einen Kanal das gesamte Wasser umzulenken, das von der Wasserscheide aus in Richtung Israel fließt. Die Gefahr konnte nur mit Waffengewalt abgewendet werden.

Küstenebene

In Israel ist auf geografisch kleiner Fläche eine große Vielfalt an Landschaftsbildern zu finden: Berge und Ebenen, fruchtbare Täler und Wüsten, sogar Skipisten und Badestrände liegen nur wenige Autostunden voneinander entfernt.

In der Breite kann das Land vom Toten Meer im Osten bis zum Mittelmeer im Westen mit dem Auto in etwa 90 Minuten durchquert werden. Von Metulla im Norden bis Elat an der Südspitze ist man etwa neun Stunden unterwegs. Dazwischen finden sich vier geografische Zonen, von denen drei parallel von Nord nach Süd verlaufen. Die vierte ist das große Trockengebiet in der Südhälfte des Landes.

Die Küstenebene verläuft parallel zum Mittelmeer und erstreckt sich von der Grenze zum Libanon bis zur ägyptischen Grenze. Sie besteht aus einem schmalen Sandstrand, der nur im Norden bei Haifa vom Kap Karmel und bei Rosch HaNikra von Kalk- und Sandsteinklippen unterbrochen wird.

Bergland

Mehrere Bergzüge durchziehen das Land von Norden nach Süden:

Samaria und Judäa

Zwischen der Jesreel-Ebene und dem Toten Meer befindet sich das Bergland von Samaria und Judäa. Das gesamte Gebiet wurde von den Neueinwanderern als öde Wüsten- und Steppenlandschaft vorgefunden. In biblischer Zeit war das Land stark bewaldet. Seit der Besatzung durch die römischen Imperatoren verlor es seine Fruchtbarkeit. Lediglich Olivenhaine überdauerten fast 2000 Jahre und bis heute können die uralten silbergrünen Bäume bestaunt werden.

In den letzten Jahrzehnten wurden die Haine und Wälder wieder dichter, unterstützt durch Neuanpflanzungen der jüdischen Siedler und den zunehmenden Regen. In den Naturschutzgebieten finden Antilopen, Hyänen, Wildkaninchen, Raubvögel, Wölfe, Störche und Leoparden Schutz.

Galiläisches Bergland

Das Bergland von Galiläa steigt auf 500 bis 1200 Meter über dem Meeresspiegel an. Es schließt sich nahtlos an die westlichen Ausläufer des Golan an. Kleine, beständig Wasser führende Flüsse und relativ üppiger Niederschlag machen dieses Gebiet zur ganzjährig grünen Region und beliefern Israel mit Wasser. Die Bewohner Galiläas arbeiten in der Landwirtschaft, dem Fremdenverkehr und in der Leichtindustrie.

Die Jesreel-Ebene, die zwischen den Bergen Galiläas und Samarias liegt, ist die Kornkammer des Landes. Hier haben sich viele genossenschaftliche Landwirtschaftsbetriebe in Form von Kibbuzim und Moshawim eine Existenz aufgebaut.

Golan

Im Nordosten erheben sich die Golanhöhen auf einer Fläche von 70 mal 24 Kilometern. An der höchsten Stelle ragt der Berg Hermon 2814 Meter in die Höhe. Die Jordanzuflüsse Dan und Banyas liefern einen Großteil von Israels Trinkwasser. Auf den Hochplateaus und Hängen des Golan gedeihen Obst, Zitrusfrüchte, Wein, Kartoffeln, Salat, Gemüse und Baumwolle. Ausgedehnte und mit vielen Kräutern bewachsene Wiesen bieten Weideflächen für Viehzucht und Milchproduktion. 70 Prozent der Golanhöhen sind als Naturschutzgebiet erschlossen.

Aufgrund der Vermittlungsversuche zwischen Israel und Syrien Anfang des Jahres 2000 war der Golan in politischer Hinsicht einmal mehr zum zentralen Thema geworden. Welche Rolle spielt der Golan, dass Syrien nicht einmal mit dem Erhalt eines Teils der Golan-Höhen einverstanden gewesen wäre? Was macht dieses Gebirge für Israel so wertvoll, dass es dieses um des »Friedens« willen nicht an seinen Nachbarn abgeben will?

Eine sichere Versorgung Israels mit Trinkwasser ist, wie bereits erwähnt, zu einem großen Teil abhängig von der Herrschaft über den Golan. Aber auch aus militärstrategischer Sicht ist der Golan unverzichtbar: Viele Israelis sind der Ansicht, dass ein israelischer Golan den Frieden sichert und berufen sich auf die über 40 Jahre, in denen der Golan von Israel besetzt wird. Seit dem Sechstagekrieg 1967 ist die Grenze mit Syrien die ruhigste Grenze Israels.

In der Zeit von der Staatsgündung Isarels bis zur Eroberung der Golanhöhen stiftete Syrien dauerhaften Unfrieden, Unruhe und Unsicherheit. Staatspräsident El Assad veranlasste unzählige Raketenangriffe auf israelische Ansiedlungen rund um den See Genezareth, die viele Opfer forderten. Erst nach der Eroberung kehrte Ruhe ein und die Bewohner fühlen sich heute weitgehend sicher, obwohl viele Terroranschläge der vergangenen 15 Jahre wohl über den Knotenpunkt Syrien gelaufen sind.

Ihre gegenwärtige Stellung auf dem Golan ermöglicht der israelischen Armee (Zahal) eine strategisch günstige Position. Diese ist in den topografischen Gegebenheiten begründet. Im Süden bilden die Flüsse Jarmuk und Raqqad eine effektive Barriere für Panzerfahrzeuge und Infanterie. Dadurch werden hier nur wenige Stützpunkte zur Grenzsicherung benötigt.

Im Norden und Osten bilden die Gebirgszüge vom Hermon bis zum Saki eine Verteidigungslinie. Diese Landschaftsstruktur ermöglicht der syrischen Armee nur an einigen wenigen Pässen eine Chance zum Einbruch. Eine syrische Truppenkonzentration kann rasch erkannt werden und Gegenmaßnahmen können eingeleitet werden.

Die israelische Truppenpräsenz nur 60 Kilometer vor Damaskus stellt eine ständige Abschreckung gegenüber einer syrischen Aggression dar und schafft so eine gewisse strategische Balance.

Auf dem Golan gibt es eine Reihe von jüdischen Ansiedlungen. Etwa 18.000 Juden wohnen in zehn Kibbuzim, neun Moshawim, zwei Dörfern und einer Stadt. Etwa 17 000 Drusen wohnen ebenfalls in dieser Gegend. Von den insgesamt 1158 Qudratkilometern Fläche des Golan inklusive Berg Hermon sind 21 Prozent (246 Quadratkilometer) zum Naturschutzgebiet erklärt worden. 500 Quadratkilometer auf dem Golan sind Weideland. Etwa 80 Quadratkilometer Fläche werden von den jüdischen Bewohnern als Ackerland bestellt. Die Drusen bebauen etwa 20 Quadratkilometer Land. Angebaut werden Getreide, Zitrusfrüchte, Gemüse, Wein und Wildbeeren.

Auf dem Berg Bental kann man durch Besichtigung von Wehranlagen, die Darstellung stilisierter Soldaten und die Aussicht nach Syrien die strategische Bedeutung der Golanhöhen besonders gut nachempfinden.

Den 2,1 Millionen Touristen, die jährlich das Hochplateau besuchen, werden etwa 1000 Fremdenzimmer angeboten. Zu den Attraktionen zählt die Berglandschaft mit ihren Flusstälern, Wasserquellen und Wäldern und die einzigartige Möglichkeit, in Israel im Winter Ski zu fahren. Museen, archäologische Stätten und ehemalige Kriegsschauplätze bilden ebenfalls Anziehungspunkte.

Auf dem Golan sind etwa 6000 Menschen beschäftigt. Sie arbeiten im öffentlichen Dienst, in der Landwirtschaft, im Tourismus, im Handel und in industriellen Betrieben, die im Wesentlichen auf dem Gebiet der Kunststoffverarbeitung, Ernährung, Elektronik, Metallverarbeitung, Kommunikation und Wissenschaft tätig sind. Jährlich wird hier ein Umsatz von 1,6 Millionen NIS (Neue Israelische Schekel, etwa 400.000 EUR) erwirtschaftet.

Der Jordangraben

Der Jordangraben teilt sich in fünf Abschnitte auf. Er ist ein Teil des syrisch-afrikanischen Grabenbruchs. Durch den Druck der asiatischen und afrikanischen Erdplatten gegeneinander schiebt sich an dieser Stelle eine Platte unter die andere. Der Graben lässt sich von Syrien bis nach Ostafrika verfolgen.

Quellgebiet bis zum See Genezareth

Der Jordan wird im Wesentlichen durch die drei Quellflüsse Dan, Banyas und Hazbani gebildet. Die Quellen befinden sich in den Ausläufern des Hermon-Gebirges. Alle drei Flüsse vereinen sich im Hule-Tal.

Das saubere und kalte Quellwasser fließt in den See Genezareth. Er ist der größte Süßwassersee und zugleich das größte Trinkwasserreservoir Israels. Er liegt 212 Meter unter dem Meeresspiegel, ist 8 Kilometer breit und 21 Kilometer lang. In dem bis zu 50 Meter tiefen Wasser tummelt sich eine große Vielfalt an Fischen.

Am »Yam Kinneret«, wie er auf Hebräisch heißt, erlebt man eine vielfältige Tierwelt: Wildschweine, Sumpfratten, Nattern, Hyänen und mehr als 100 Vogelarten leben im Schilf und den Büschen am Ufer des Sees. Unter den Vögeln, die hier ihre Nistplätze haben, sind auch der Königsfischer, der Bienenfresser, Wildgänse, Störche, Pelikane und Flamingos. Zweimal im Jahr rasten viele Millionen Vögel in der Gegend, um dann nach Europa oder Afrika zu ziehen.

Touristen und Kurgäste finden am See Genezareth ein großes Angebot an touristisch interessanten Orten. Viele biblische Stätten des Neuen Testaments, aber auch die reizvolle Landschaft, laden hier zum Pilgern ein. Mehrere heiße Quellen – zum Beispiel in Tiberias und Hamat Gader – und der infolge der niedrigen Lage höhere atmosphärische Druck machen diese Gegend zu einem viel besuchten Kurort.

Jordantal vom See Genezareth bis zum Toten Meer

Der Jordan schlängelt sich gemächlich vom See Genezareth bis zum Toten Meer. Er legt auf einer Distanz von 250 Kilometern tatsächlich einen Weg von etwa 330 Kilometern zurück.

Je nach Jahreszeit verwandelt er sich vom kleinen Bach zum reißenden Fluss. Auf den ersten 20 Kilometern flussabwärts setzt sich die Fauna und Flora des Sees Genezareth fort. Dann beginnt allmählich die Wüste. Das Wasser wird zunehmend angereichert mit Mineralien und Schlamm. Die infolge der Hitze eintretende Verdunstung und wasserintensive Landwirtschaft entlang der Ufer erhöht die Salzkonzentration des Jordanwassers. Ab etwa der Hälfte seiner Reise ist der Jordan biologisch tot. An den Ufern zeigen sich die steppenähnlichen Berghänge Samarias und Jordaniens.

Das Tote Meer

Am Toten Meer hat das Wasser praktisch die Endstation erreicht. Der am tiefsten gelegene Binnensee der Erde hat keinen Abfluss. Der Salzsee liegt etwa 400 Meter unter dem Meeresspiegel, wobei der Wasserspiegel von Jahr zu Jahr sinkt (seit den 1980er Jahren um jährlich etwa einen Meter). Dies hat zwei Gründe: 75 Prozent des Jordanwassers werden durch umfangreiche Wasserprojekte vonseiten Israels und Jordaniens entnommen. Zudem erzeugt das tropische Klima eine starke Verdunstung. Aufgrund der tiefen geografischen Lage hält sich die Luft hier lange auf und erwärmt sich durch Sonneneinstrahlung und Reibung besonders stark. Das ganze Jahr über herrschen Temperaturen von durchschnittlich 30 Grad Celsius. Kälter als 18 Grad wird es nicht.

Das »Yam Hamelach« (hebr. »Salzmeer«) ist 78 Kilometer lang und 17 Kilometer breit. Im nördlichen tieferen Teil ist das Wasser bis zu 400 Meter tief. Darunter befinden sich Ablagerungen, die über 1000 Meter in die Tiefe reichen. Der südliche Teil des Toten Meers weist nur noch eine Tiefe von wenigen Metern auf. Aufgrund des fallenden Pegels hat es sich inzwischen an der Stelle, an der die Lisan-Halbinsel vom Ostufer in das Tote Meer hineinreicht, geteilt, sodass die Halbinsel heute eine Landbrücke bildet. Die Ufer beider Hälften sind acht Kilometer voneinander entfernt.

Das Wasser im Toten Meer enthält pro Liter 270 Gramm Salz. Es ist damit achtmal »salziger« als gewöhnliches Meerwasser. Zu den hauptsächlich enthaltenen Salzen gehören Magnesiumchlorid, Natriumchlorid (Kochsalz), Kalziumchlorid, Magnesiumbromid und Kalziumsulfat.

Im Toten Meer gedeihen weder Pflanzen noch Tiere. Allerdings hat man vor einigen Jahren gewisse Mikroorganismen entdeckt, denen die höchste in Gewässern auftretende Salzkonzentration wohl nichts anhaben kann. Am Ufer begnügen sich einige Palmen und kleinere Steppengewächse mit dem kargen Boden. Die schwefelhaltigen Thermalquellen am südlichen Westufer werden heute von Bade- und Kurgästen aus aller Welt besucht. In Newe Zohar, En Boqeq, En Gedi und kleineren umliegenden Ansiedlungen werden Heilkuren gegen Hautkrankheiten und rheumatische Beschwerden angeboten.

Zahlreiche Hinweise warnen vor den Gefahren des Toten Meeres: Man sollte das extrem salzige Wasser auf keinen Fall in den Mund oder in die Augen bekommen.

Das Baden im Toten Meer ist eine einzigartige Erfahrung. Wegen des hohen Salzgehalts trägt das Wasser den menschlichen Körper und man kann auf dem Rücken liegend Zeitung lesen. Das Wasser brennt jedoch auch sehr stark in kleinen Wunden oder wenn es in die Augen gelangt. Es ist daher nicht ratsam und sogar gefährlich, den Kopf unter Wasser zu tauchen.

Als etwa zwischen 2350 und 2000 v. Chr. Sodom und Gomorra durch Schwefel und Feuer vernichtet wurden, versanken elf weitere Städte im Salzmeer. Nach 1. Mose 13,10 war dieses Gebiet zuvor fruchtbar. Daran erinnert heute fast nichts mehr. In einer bizarren Salzsäule im Felsmassiv Har Sedom glaubt man, »Lots Frau« (1. Mose 19,1–29) zu erkennen. Über den Verbleib der untergegangenen Städte gibt es verschiedene Spekulationen: Manche vermuten die Ruinen im südlichen Teil des Toten Meeres, andere gehen davon aus, dass die Überreste durch ein Erdbeben oder einen Erdrutsch spurlos ausgelöscht wurden. Archäologische Kandidaten für Sodom und Gomorra sind die Ausgrabungsstätten Bab edh-Dhra und Numeira in Jordanien, Städte aus der Bronzezeit, in denen Bitumen- und Erdöl-Ablagerungen gefunden wurden. Eine Theorie besagt daher, dass Gaseinschlüsse zur biblischen Brandkatastrophe geführt haben könnten.

Die Bevölkerung am Toten Meer lebt vom Fremdenverkehr und von den Dead Sea Works Ltd. Diese Gesellschaft nutzt das reichste Minerallager der Welt zur Förderung von Tafelsalz, Brom und anderen Salzen. Der sinkende Wasserpegel blockiert die Förderung zunehmend. Deshalb gibt es bereits Pläne, über ein Rohr- und Wasserleitungssystem das Tote Meer mit dem Mittelmeer zu verbinden und so den ursprünglichen Pegel wiederherzustellen. Umweltschutzorganisationen warnen allerdings vor einem solchen massiven Eingriff in die natürlichen Gegebenheiten.

Arava-Wüste

Südlich des Toten Meeres bergaufwärts schlägt die Arava die Brücke zum Roten Meer. Das etwa 200 Kilometer lange Tal zeichnet sich aus durch seine Fruchtbarkeit trotz geringen Niederschlages und hohen Temperaturen: Ein Resultat von hoch entwickelten Anbautechniken und künstlicher Bewässerung. Die Arava-Wüste ist keine reine Sandwüste, sondern eher eine Steppe. Die Vegetation besteht im Wesentlichen aus dorrigen Büschen, Akazien, Tamarisken und Palmen. Am Ende des Tales befindet sich wieder auf Meereshöhe das beliebte Ferien- und Badeparadies Eilat am Roten Meer.

Die Wüste Negev

Der Negev umfasst etwa die Hälfte der Gesamtfläche Israels, jedoch leben dort nur acht Prozent der Bevölkerung. Diese besiedeln überwiegend den industriell und landwirtschaftlich erschlossenen nördlichen Teil. Beer Sheva gilt als Hauptstadt des Negev.

Weiter südlich wird der Negev zu einer Halbwüste mit niedrigen Sandsteinhügeln und Ebenen, durchzogen von zahlreichen Schluchten und trockenen Flussbetten, den sogenannten Wadis. Diese können sich in den Wintermonaten zu reißenden Sturzbächen verwandeln.

Noch weiter südlich zeigt sich der Negev als Berglandschaft mit nackten und schroffen Felsformationen und Kratern. Die Hochebenen sind übersät mit Geröll. Bei Elat, an der Südspitze des Negev, ragen schroffe Berggipfel aus grauem und rotem Granit, umgeben von ausgedorrten Schluchten.

Klimazonen

Israel lässt sich in mehrere Klimazonen einteilen. Das kleine Land, das am Knotenpunkt dreier Kontinente liegt, bietet Wetterextreme, die von Schneefällen im Bergland bis zu extrem heißen Trockenwinden im Wüstengebiet reichen. Die Regenzeit von November bis Mai bringt dem Norden relativ viel Regen, während der Süden fast das ganze Jahr über niederschlagsfrei bleibt.

Bevölkerung

Das öffentliche Leben in Israel ist geprägt von Gegensätzen. Es sind Extreme, die dem Zusammenleben seine Form geben. Auf einer kleinen geografischen Fläche mit großer Bevölkerungsdichte treffen Kapitalismus und Sozialismus, enge religiöse Ausrichtung und Weltoffenheit, nomadische Naturverbundenheit und hochtechnisierte Arbeitsplätze, Traditionsbewusstsein und Fortschrittsglaube aufeinander.

Ungefähr 90 Prozent der Einwohner Israels leben in mehr als hundert urbanen Zentren, von denen einige an historischen Stätten der Antike errichtet wurden. Mehr als 6 Prozent der Gesamtbevölkerung sind Mitglieder der landwirtschaftlich-kooperativen Siedlungen – den Kibbuzim und Moshawim.

Insgesamt leben heute etwa 7,2 Millionen Menschen in Israel (Stand Ende 2007[7]). Die Bevölkerung setzt sich zusammen aus etwa 76 Prozent Juden und 24 Prozent Nichtjuden. Knapp 20 Prozent sind israelische Araber, davon sind über 80 Prozent Moslems und jeweils etwas über 8 Prozent Christen beziehungsweise Drusen.

Nicht in diesen Zahlen enthalten sind die etwa drei Millionen Palästinenser (Araber), die im Westjordanland und im Gazastreifen leben.

Stadtleben

Israels Großstädte sind:

- **Jerusalem**, die Hauptstadt des Landes
- **Tel Aviv**, Israels Industrie-, Handels-, Finanz- und Kulturzentrum, 1909 als erste jüdische Stadt der Neuzeit gegründet
- **Haifa**, wichtiger Mittelmeerhafen und Industriezentrum im Norden
- **Beer Sheva**, die größte Stadt im Süden
- **Tiberias**, Touristenzentrum am See Genezareth
- **Elat**, Touristenparadies am Roten Meer

Auf der CD finden Sie Panoramafilme von Jerusalem, Haifa und Elat: **7-interaktiv.** Kurzinformationen zu den größeren Städten gibt es ebenfalls auf CD: **142-stadtleben**

Über 90 Prozent der Israelis leben in mehr als 100 Städten. Einige Städte befinden sich an bekannten historischen Stätten und tragen noch ihre ursprünglichen Namen, so Jerusalem, Beer Sheva, Nazareth, Ashkelon, Akko,

7 *Quelle: Central Bureau of Statistics*

Safed und Tiberias. Ihre Altstädte sind heute Teil neuer, sich ausbreitender Städte.

Viele vor der Unabhängigkeit gegründete Dörfer wie Chadera, Petach Tikwa, Netanya und Rechowot haben sich allmählich zu Ortschaften und größeren Städten entwickelt. Weitere Städte sind in den ersten Jahren der Unabhängigkeit hauptsächlich in wenig besiedelten Gebieten erbaut worden, um die schnell wachsende Bevölkerung aufzunehmen.

Die Gebäude in den Städten sind meist aus Stein, Beton und Stuck. Die in unterschiedlichen Stilen erbauten Gebäude reichen von restaurierten Häusern aus vergangenen Jahrhunderten und Wohnhäusern aus der Zeit vor der Unabhängigkeit bis hin zu schnell erbauten Wohnsiedlungen zur Unterbringung der vielen Menschen, die nach der Errichtung des Staates ins Land strömten. In den Wohn- und Geschäftsgebäuden sowie den institutionellen Bauten der letzten Jahrzehnte kommen moderne Planungskonzepte deutlich zum Ausdruck. Die meisten Wohngebiete sind getrennt von den Gewerbe- und Industriegebieten und haben ausgedehnte, gepflegte Parkanlagen und viele Spielplätze innerhalb der Stadtgrenzen.

Der Überseehafen in Elat am Roten Meer.

Landleben

Rund 10 Prozent der Bevölkerung Israels lebt in ländlichen Gebieten. Dort leben sie in landwirtschaftlichen Siedlungsformen – den Kibbuzim und den Moshawim – oder in einem der vielen Dörfer des Landes. 17 Prozent der israelischen Landbevölkerung sind Araber und Drusen und bilden etwa 9 Prozent der gesamten nichtjüdischen Bevölkerung Israels.

Auch heute noch leben zahlreiche Familien in der Siedlungsform, die so typisch für die Gründerzeit des jüdischen Staates ist: dem Kibbuz. Etwa 270 dieser landwirtschaftlichen Kollektivsiedlungen gibt es in Israel, wie hier der Kibbuz Nof Ginosar am See Genezareth.

Die Häuser und das Land sind in Privatbesitz, die Landwirte bestellen ihre eigenen Felder und vermarkten ihre Erzeugnisse selbständig. In den letzten Jahren sind die Dörfer größer geworden und die Landwirtschaft ist verstärkt mechanisiert worden. Außerdem wurde an einigen Orten Leichtindustrie angesiedelt, um zusätzliche Arbeitsplätze in der Umgebung zu schaffen.

Die meisten der 110.000 arabischen Beduinen Israels sind keine Nomaden mehr. Etwa 60 Prozent haben einen festen Wohnsitz. Andere behalten zwar ihre traditionelle Lebensform bei, halten sich jedoch meist in einem festen Gebiet auf.

Sprache und Kultur

Das Land Israel ist ein junger Staat mit langer Geschichte, mit Tradition und einer kulturell aktiven, heterogenen Bevölkerung. Hier trifft der Osten auf den Westen, Gegenwart und Vergangenheit berühren sich und verschiedenartige Ideologien und Anschauungen prägen die Lebensstile.

Das viertausend Jahre alte jüdische Erbe, mehr als ein Jahrhundert des Zionismus – die »Sammlung der Zerstreuten« – und sechs Jahrzehnte als moderner Staat haben eine einzigartige israelische Kultur hervorgebracht.

Als großes Einwanderungsland und Gesellschaft der zweiten Generation gibt es in Israel Kreativ-Schaffende, die sich den vielen verschiedenen kulturellen und sozialen Strömungen verpflichtet fühlen: Die Traditionen jeder Gruppe stehen dabei nicht nur in ständigem Wettstreit miteinander, sondern haben sich auch mit der jüngeren Geschichte des Landes und dem Leben im Nahen Osten auseinanderzusetzen. Die fortwährende Suche nach kultureller Identität findet ihren Ausdruck in der Kreativität, die sich in einer bunten Vielfalt von Kunstformen äußert und von einem Großteil der Bevölkerung geschätzt wird.

Die hebräische Sprache

Die kanaanäisch-althebräische Schrift, aus der sich allmählich die bis heute übliche hebräische Quadratschrift entwickelte, kann bis ins 11. Jahrhundert v. Chr. nachgewiesen werden. Jüdische Traditionen besagen, dass Hebräisch die ursprüngliche Sprache vor der Sprachenverwirrung nach dem Turmbau zu Babel gewesen sei.

Nach der Rückkehr der Juden aus dem babylonischen Exil wurde das Althebräische durch die aramäische Staatssprache zurückgedrängt und war zur Zeit Christi im Volk Israel erloschen. Dennoch blieb Hebräisch die Sprache der Religion.

Im zweiten Exil der Juden wurde Hebräisch immer seltener gesprochen, da die Juden die Sprachen ihrer Exilländer annahmen. Um die korrekte Aussprache des Hebräischen zu erhalten, entwickelten jüdische Schriftgelehrte, die sogenannten Masoreten, im 7. Jahrhundert n. Chr. in Tiberias ein Vokalpunktierungssystem. Sie versahen die Masora (die gesammelte jüdische Überlieferung des korrekten hebräischen Textes des Alten Testaments) mit Strichen und Punkten über und unter den Buchstaben und legten so die Aussprache der Vokale fest.

Hebräisch blieb jedoch eine Sprache, die hauptsächlich noch im Synagogengottesdienst und im Gebet verwendet wurde. In den Exilländern entstanden Mischsprachen. Die Juden der Diaspora kann man in zwei Hauptgruppen einteilen: die Aschkenasim, wie die nord- und osteuropäischen Juden bezeichnet werden (»Erez Aschkenas« hebr. für »Deutschland«) und die Sefardim , die die Gruppe der spanischen und orientalischen Juden darstellen (»Sefarad« hebr. für »Spanien«). Die Aschkenasim entwickelten das »Jiddisch«, eine Kombination aus Deutsch und Hebräisch, Polnisch und Hebräisch oder Russisch und Hebräisch. Die Sefardim sprachen »Ladino«, das sich aus alt-spanischen, arabischen und hebräisch-aramäischen Elementen zusammensetzt.

Die Wiederbelebung der hebräischen Sprache begann parallel zur zionistischen Bewegung. Elieser Ben Yehuda, Sohn eines litauischen Rabbiners, machte es sich zur Aufgabe, das Hebräische wieder zu einer lebendigen Sprache zu machen. Er reiste 1881 nach Palästina und nahm seiner Frau Deborah, die er dort heiratete, das Versprechen ab, zu Hause ausschließlich hebräisch zu sprechen. Auch Gäste hatten hebräisch zu sprechen oder zu schweigen. Die Familie Ben Yehudas war somit die erste hebräische Familie seit fast 2000 Jahren.

Ben Yehuda starb 1922, als er lediglich sechs Bände seines hebräischen Wörterbuches herausgegeben hatte. Der Rest des heute siebzehn Bände umfassenden »Ben-Yehuda-Hebräisch-Wörterbuches« wurde nachträglich aus seinen Notizen zusammengestellt. Ben Yehuda ging vom Alten Testament aus und verwendete einzelne Wörter, um aus ihnen moderne Begriffe zu formen. So wurde z. B. das hebräische Wort für Elektrizität (= chaschmal) aus dem Wort für »Blinkendes Kupfer« aus der Vision des Propheten Hesekiel (Hesekiel 1,4) abgeleitet.

Eine komplette Biografie Yehudas ist auf der CD zu finden: **151-sprache**

Hebräisch wird von rechts nach links geschrieben. Neuhebräisch (= Iwrith) ist die Amtssprache des Staates Israel.

Manche hebräische oder jiddische Ausdrücke werden heute noch im Deutschen verwendet:

»Schlamassel« (Unglück) – »masal« (Glück)
»Schmiere« stehen – »schmira« (Wache) stehen
»Pleite« machen – »plejta« (Flucht)
»Moos« – »ma'oth« (kleine Münzen)
»gutbetucht« – »betuach« (sicher)
»Kaff« – »kfar« (Dorf)
»Knast« – »knas« (Strafe)
»dufte« – »tow« (gut)
»meschugge« – »meshugah« (verrückt)
»Maloche« – »Malakha« (Arbeit, Werk)
eine »Macke« haben – »Maka« (Schlag)

Medien

Für die israelische Bevölkerung ist es sehr wichtig, über die Ereignisse in Israel, dem Nahen Osten und der ganzen Welt informiert zu sein. So bilden die stündlichen Radionachrichten, die abendlichen Fernsehnachrichten und das Lesen von mindestens einer Tageszeitung für die meisten Israelis einen festen Bestandteil ihres gewohnten Tagesablaufs.

Israels Verpflichtung zur Pressefreiheit gilt für alle Kommunikationsmedien. Lediglich in Fragen der nationalen Sicherheit gibt es eine Zensur. Zwölf hebräische und mehrere fremdsprachige Zeitungen erscheinen regelmäßig. Zudem gibt es mehr als tausend verschiedene Zeitschriften, von denen sich viele an spezielle Interessengruppen wenden.

Musik

Israel ist eines der aktivsten Musikzentren der Welt. Ein blühendes klassisches Musikleben basiert auf dem Talent zahlreicher Komponisten und Tausender von Berufsmusikern. Durch die Einwanderungsgesellschaft ist in Israel ein einzigartiges und dynamisches Genre der Volksmusik entstanden.

Lieder

Singen ist ein Teil des täglichen Lebens in Israel. Israels Lieder werden bei vielen öffentlichen und privaten Veranstaltungen sowie bei internationalen Gesangswettbewerben vorgetragen. Beliebte israelische Volkslieder haben einen unverwechselbaren Stil. In ihnen verbinden sich vielfältige ethnische Idiome mit hebräischer Lyrik. Viele dieser Volkslieder haben zur Entstehung von Volkstänzen geführt, die im ganzen Land – bei Jugendlichen genauso wie bei Älteren – sehr beliebt sind.

Pop- und Rockmusik

In der modernen israelischen Gesellschaft hat auch moderne, westlich geprägte Unterhaltungsmusik ihren festen Platz, die sich aber oftmals mit orientalischen Klängen vermischt. Musiker wie Arik Einstein, Shlomo Artzi, Matti Caspi, Shalom Hanoch und Yehudit Ravitz zählen zu den bekannten Interpreten, ebenso wie die beliebten Bands wie Kaveret, Mashina, Atraf, Etnix und Haverim shel Natasha.

Pop- und Rockmusik ist auch bei der israelischen Jugend sehr beliebt. Besuch einer Band aus Deutschland: »Normal Generation?«.

International war sicherlich Ofra Haza die berühmteste Künstlerin, die am 23. Februar 2000 im Alter von nur 42 Jahren an Aids verstorben ist. »Im Nin'alu« war 1988 ein Welthit, der in Deutschland auf den 1. Platz der Hitparade kletterte. Mit der bekannten Band »Sisters of Mercy« nahm sie 1992 »Temple of Love« auf. Als letztes bedeutendes Projekt ihrer Karriere wirkte sie am 1998 veröffentlichten Soundtrack des Zeichentrickfilms »Der Prinz von Ägypten« mit.

1993 trat sie bei der Nobelpreisverleihung von Rabin, Peres und Arafat auf, zwei Jahre später bei der Begräbniszeremonie von Jitzhak Rabin.

Dana International gewann 1998 im englischen Birmingham den Eurovision Song Contest mit ihrem Song »Diva«. Die Teilnahme der transsexuellen Sängerin, die eigentlich ein Mann ist, sorgte in konservativen Kreisen für einige Aufregung. In den Jahren 1978 und 1979 hatte Israel mit den Gruppen Izhar Cohen & Alpha Beta sowie Milk & Honey diesen Wettbewerb bereits zweimal gewonnen.

Klassische Musik

Bereits nach dem Ersten Weltkrieg nahm die Musik einen wichtigen Platz im kulturellen Leben der jüdischen Gemeinde ein. Doch erst in den 1930er Jahren erhielt die Musik auf professionellem Niveau einen entscheidenden Impuls dadurch, dass Hunderte von Musiklehrern und Musikstudenten, Komponisten, Instrumentalisten und Sängern sowie Tausende von Musikliebhabern in das Land Israel strömten.

Museen

Es gibt etwa 120 Museen in Israel, die eine jährliche Besucherzahl von beinahe zehn Millionen verzeichnen können. Ob groß oder klein, ob im Kibbuz oder in der Stadt, die Museen in Israel sind wahre Schatzkammern der Archäologie, Ethnografie und israelischen Geschichte, der alten und modernen Kunst, der einfachen und anspruchsvollen Kunsthandwerke.

Hier im Buch werden nur die drei wichtigsten Museen vorgestellt. Einige weitere finden Sie auf CD, dazu auch datailliertere Informationen über Yad Vashem und »die Gerechten unter den Völkern«: **154-museen**

Holocaust-Gedenkstätte Yad Vashem

Das Yad-Vashem-Museum in Jerusalem ist dem Andenken und der Erinnerung an die sechs Millionen jüdischen Opfer des Holocaust gewidmet. Es besteht aus einer Kunstgalerie, dem Saal der Namen, der Allee der Gerechten unter den Völkern, einem Archiv, der zentralen Gedenkhalle mit den Namen der nationalsozialistischen Todeslager auf dem Boden, dem Kinder-Gedenk-Pavillon und dem Tal der Zerstörten Gemeinden.

Die Halle der Erinnerung mit der Gedenkflamme für die Opfer des Holocaust und den Namen der 22 größten Konzentrationslager.

Israel-Museum

Das Israel-Museum in Jerusalem, das 1965 als Nationalmuseum Israels gegründet wurde, umfasst in mehreren Hauptabteilungen unter anderem: Ausstellungen über die verschiedenen jüdischen Diaspora-Gemeinden, Kunstgalerien, eine archäologische Abteilung mit Kunstwerken von prähistorischen Epochen bis zum 15. Jahrhundert n. Chr., einen Skulpturengarten mit über 60 Werken sowie den »Schrein des Buches« mit seltenen Bibelmanuskripten, darunter die Qumran-Schriftrollen.

Diaspora-Museum (Bet Hatefutsoth)

Das Diaspora-Museum liegt auf dem Gelände der Universität von Tel Aviv. Es wurde 1978 gegründet. Unter Verwendung modernster Techniken und audiovisueller Displays wird die Geschichte der jüdischen Diaspora-Gemeinden in aller Welt im Laufe der Jahrhunderte nachgezeichnet. In diesem Museum, das kein Museum mit herkömmlichen Artefakten ist, sind die Ausstellungen nach Themen geordnet. Jedes Stockwerk verfügt über ein eigenes Lehr- und Informationszentrum. Zeitlich begrenzte Sonderausstellungen zu den verschiedenen jüdischen Themen, ein audiovisuelles Panorama der jüdischen Geschichte, ein breites Spektrum von Bildungs- und Kulturprogrammen und Wanderausstellungen werden regelmäßig angeboten.

Bildende Künste

Seit dem Beginn des 20. Jahrhunderts hat die Kunst in Israel eine kreative Ausrichtung entwickelt, die von verschiedenen Faktoren beeinflusst ist. Die Begegnung zwischen Ost und West, das Land an sich und seine Entwicklung und stilistischen Trends aus den Kunstzentren im Ausland haben hier einen Beitrag geleistet.

In der Malerei, Bildhauerei, Fotografie und anderen Kunstformen ist stets die abwechlungsreiche Landschaft Israels ein äußerst beliebtes Motiv. Abgebildet werden zum Beispiel die Bergterrassen und Berggrate mit ihren dynamischen Linien- und Formenspielen, die Ausläufer des Negev mit ihrer überwiegend graugrünen Vegetation und dem transparenten, hellen Licht in verschieden Farbeffekten oder das Meer und der Sand mit ihrem Oberflächenspiel. Insgesamt bilden die heimischen Landschaften und die Angelegenheiten und politischen Ereignisse des Landes Israel das Hauptthema der israelischen Kunst und machen sie auf diese Weise einzigartig und unverwechselbar.

Literatur

Voraussetzung für die Entwicklung der Literatur des Landes war die fast hundert Jahre dauernde Wiederbelebung des Hebräischen nicht nur als Umgangssprache, sondern auch als ausdrucksvolle Sprache der Literatur. Israelische Autoren und Dichter befassen sich eingehend mit den Gegebenheiten und Geschehnissen im Land, aber ebenso mit weltumfassenden Themen. In den Werken spiegelt sich der Wandel des Landes und die Entwicklung der Gesellschaft in ihrer komplexen Vielschichtigkeit wider.

Jährlich werden etwa 2500 Titel veröffentlicht. Hinzu kommen noch Neuauflagen von Klassikern sowie importierte Bücher, die alle in den vielen Buchläden des Landes angeboten werden. Ungefähr 1000 Bibliotheken bieten Leih- und Informationsdienste an. Mobile Büchereien betreuen abgelegene Gebiete. Die alle zwei Jahre veranstaltete Internationale Buchmesse bringt Tausende von Besuchern nach Jerusalem, und in jedem Frühjahr verwandelt die »Woche des Hebräischen Buches« Plätze und Parkanlagen in lebhaft besuchte Büchermärkte.

Tanz

Im Gemeinschaftsleben und im religiösen Leben des jüdischen Volkes wird der Tanz seit biblischen Zeiten als Ausdruck der Freude betrachtet. Er ist bis heute fester Bestandteil von Festen sowie von religiösen und nationalen Feiern. Der zeitgenössische Tanz in Israel hat sich in zwei Richtungen entwickelt: Einerseits ist der Volkstanz, aus der Zeit der ersten Siedler, die ihr altes Heimatland wieder aufbauten, weiterentwickelt worden. Andererseits hat sich der Kunsttanz im kulturellen Leben Israels fest etabliert. Es gibt Tanzdarbietungen, die von professionellen Choreografen inszeniert und von ausgebildeten Tänzern aufgeführt werden.

Der israelische Volkstanz ging aus einer Verschmelzung von jüdischen und nichtjüdischen Volkstanzformen aus vielen Teilen der Erde hervor.

Theater

Das Theater in Israel setzt sich aus zeitgenössischen und klassischen, einheimischen und importierten, experimentellen und traditionellen Elementen zusammen. Die Theaterszene ist sehr lebendig. Sechs professionelle Repertoire-Theater und Dutzende von regionalen und Amateur-Ensembles treten im ganzen Land vor einem begeisterten Publikum auf. Vielen neuen Bühnenautoren gelingt der Durchbruch, wenn sie ihre Werke auf dem »Festival des Alternativen Theaters« vorstellen, das jedes Jahr in der Kreuzfahrerstadt Akko stattfindet. Außerdem findet alljährlich im Frühling in Jerusalem ein »Internationales Festival des Puppentheaters« statt.

Film

Die Filmgeschichte Israels hat seit ihren Anfängen in den 1950er Jahren bedeutende Entwicklungen durchgemacht. Der Export von israelischen

Filmen nimmt von Jahr zu Jahr zu. Immer mehr israelische Filme haben im Ausland Erfolg und ausländische Produktionen und Koproduktionen werden zunehmend in Israel gedreht. Das Israelische Filmzentrum, das der Industrie- und Handelskammer untersteht, unterstützt die Filmproduktion sowohl einheimischer als auch ausländischer Produzenten und bietet berufliche Kontakte oder auch finanzielle Förderung an.

Was macht Israel so einzigartig?

Bernt Mörl, *Teamleiter Aseba e.V. Deutschland, www.aseba.de:*

»Israel – meine Besuche dort und die Israel-Shows von Aseba – sind ein Teil meiner Lebensgeschichte geworden. Diese Erlebnisse wurden mir ein Segen, für den ich besonders dankbar bin.

In aktuellen Geschehnissen, im Bibelstudium und durch Kontakte nach Israel sehe ich Gottes Wirken in der Weltgeschichte, die Erfüllung der biblischen Prophetien und dass die Realität nicht nur aus dem Sichtbaren und Materiellen besteht.

Dieses kleine Land Israel, dort in der Mitte des Nahen Ostens, ist und bleibt einzigartig. Jeder Besuch versetzt einen neu ins Staunen: Menschen, die trotz immer neuen Rückschlägen auf eine Friedenslösung hoffen und deren Existenz von einem starken Überlebenswillen geprägt ist; ein Land mit phänomenaler Schönheit, die einen als Besucher und Fotograf in Atem hält; ein Volk, dessen Geschichte provoziert, weil es aufzeigt, das Gott existiert und Jesus Christus als Mensch in diesem Land lebte. ›So wie die Berge Jerusalem umgeben und schützen, so umgibt und schützt der HERR sein Volk, jetzt und für alle Zeit‹ – so steht es in Psalm 125,2.

Die Bibel – Gottes ewig gültiges Wort – zeigt sein Handeln auf. Dies wird an den Prophezeiungen und an diesem kleinen Volk der Juden deutlich. Die Bibel ist das einzige Buch der Menschheit, in dem detaillierte Informationen über Vergangenheit, Gegenwart und Zukunft der Weltgeschichte, über das Leben im Diesseits und Jenseits enthalten sind. Und diesem auserwählten Volk Israel ist eine besondere Rolle darin zugedacht.

Ich hoffe, dass uns dieses Buch immer wieder in Erinnerung ruft: Israel ist nicht nur auserwähltes Volk, sondern Gottes Zeiger an der Weltenuhr. Nicht die Politik, die großen Industriekonzerne oder die Medien bestimmen das Wesentliche in der Welt – sondern der allmächtige Gott.«

Wirtschaft, Bildung und Soziales

Wirtschaft

Israel gehört zu den am weitesten entwickelten Industrieländern. 2007 lag das Land mit einem Bruttoinlandsprodukt pro Kopf von 33.300 Dollar weltweit an 22. Stelle.

Die außerordentliche Wirtschaftsleistung konnte trotz einer Reihe beträchtlicher Herausforderungen erreicht werden:

- Aufrechterhaltung der nationalen Sicherheit, wofür annähernd 10 bis 15 Prozent des Bruttosozialprodukts aufgewendet werden.
- Eingliederung einer großen Zahl von Einwanderern, dem Daseinszweck des jüdischen Staates.
- Aufbau einer modernen Infrastruktur als Grundlage für das Wachstum der Wirtschaft.
- Bereitstellung von öffentlichen Versorgungsdiensten für die Bevölkerung des Landes, wobei die Schwächeren der Gesellschaft besonders berücksichtigt werden müssen.

Landwirtschaft

Die Geschichte der israelischen Landwirtschaft ist die Chronik eines langen und harten, aber erfolgreichen Kampfes gegen Wasserknappheit, unfruchtbare Böden und widrigste Umstände. Als die Juden Ende des 19. Jahrhunderts mit der Wiederbesiedlung ihrer alten Heimat begannen, galten ihre ersten Anstrengungen der Urbarmachung des öde gewordenen Landes.

Seit der Unabhängigkeit Israels im Jahr 1948 vergrößerte sich die landwirtschaftliche Gesamtanbaufläche um 260 Prozent auf etwa 445.000 Hektar. Die künstlich bewässerten Flächen konnten um das Achtfache auf etwa 243.000 Hektar erweitert werden. Israel deckt heute den größten Teil seines

Lebensmittelbedarfs aus eigener Produktion. Die wichtigsten Importgüter in diesem Bereich sind Getreide, Ölfrüchte, Fleisch, Kaffee, Kakao und Zucker.

Industrie

Der dynamische und breit gefächerte industrielle Sektor des heutigen Israel entwickelte sich aus Kleinbetrieben, die vor hundert Jahren zur Herstellung landwirtschaftlicher Geräte und Verarbeitung landwirtschaftlicher Produkte eingerichtet wurden. Anreize zum Aufbau einer eigenen Industrie gab der Zweite Weltkrieg, als die alliierten Streitkräfte in der Region Versorgungsgüter benötigten, vor allem Kleidung und Konserven.

Die eigentliche Entwicklung der modernen Industrie begann jedoch erst Anfang der 1960er Jahre, da im ersten Jahrzehnt nach der Staatsgründung der Ausbau der Landwirtschaft und der Aufbau der Infrastruktur im Vordergrund standen.

Die israelische Industrie konzentriert sich vor allem auf Industriegüter mit hohem Mehrwert, die das wissenschaftliche Kreativitäts- und technologische Innovationspotenzial des Landes nutzbar machen. Diese Strategie bietet sich angesichts der hoch qualifizierten Arbeitskräfte des Landes und einem Mangel an Rohstoffen an. Bis in die 1970er Jahre machten traditionelle Industriezweige wie Lebensmittelverarbeitung, Textilien und Mode, Möbel, Dünger, Pestizide, Pharmazeutika, Chemikalien sowie Gummi, Kunststoff- und Metallerzeugnisse den größten Teil der Industrieproduktion des Landes aus.

Im Laufe der letzten Jahrzehnte machte sich die israelische Industrie auf den Gebieten medizinische Elektronik, Agrartechnologie, Telekommunikation, Feinchemikalien, Computerhardware und -software sowie Diamantenschneiden und -schleifen einen internationalen Namen.

Die höchsten Wachstumsraten verzeichnet der kapitalintensive Hochtechnologie-Sektor, der neben hoch qualifiziertem Personal und hoch entwickelten Produktionstechniken erhebliche Forschungs- und Entwicklungsinvestitionen erfordert. Schon 1995 wurden zum Beispiel über 90 Prozent der für Forschung und Entwicklung ausgegebenen 650 Millionen Dollar von Hochtechnologie-Firmen zur Verfügung gestellt.

Baugewerbe

In den ersten Jahren des Staates betrug der Anteil des Wohnungsbaus an der Gesamtproduktion des Baugewerbes 84 Prozent. Später sank er auf 70 bis 75 Prozent und kletterte erst 1991 wieder auf 86 Prozent, um die Bedürfnisse einer neuen Einwanderungswelle zu decken. Dementsprechend stieg die Gesamtproduktion im Baubereich 1990/91 steil an. Die Zahl der jährlich fertiggestellten Wohneinheiten schwankte seither zwischen 33.000 und 83.000.

Eine Baustelle an einer Straße in Jerusalem: Der helle Kalkstein ist charakteristisch für Israels Hauptstadt.

Fremdenverkehr

2007 kamen etwa zwei Millionen Touristen ins Land, verglichen mit 35.000 im Jahr 1948, 118.000 im Jahr 1960, 441.000 im Jahr 1970, 1,18 Mio. 1980 und 1,34 Mio. 1990. Im Millenniumsjahr 2000 kamen über 2,6 Millionen Besucher ins Heilige Land, der Großteil davon vor Oktober, als die Al-Aqsa-Intifada begonnen hatte. Infolge der Unruhen brach die Zahl der Israel-Reisenden 2001 stark ein: Im ersten Halbjahr kamen nur 600.000 Besucher, über 50 Prozent weniger als im selben Zeitraum des Vorjahres. Für 2002 zählte das Zentrale Statistikamt lediglich 862.000 Gäste. Zahlreiche Hotels, Restaurants und Geschäfte in Israel mussten aufgrund der anhaltenden Flaute im Tourismusbereich schließen und Tausende Menschen verloren ihre Arbeit. Später hat sich die Branche wieder erholt, die Zahl der Besucher ist aber immer in starkem Maße abhängig von der momentanen Konfliktsituation.

Maschinen der israelischen Fluggesellschaft »EL AL« auf dem internationalen Flughafen Ben-Gurion in Lod bei Tel-Aviv.

Angelockt werden die Touristen von Israels geografischer Vielfalt, seinen archäologischen und religiösen Stätten, dem fast uneingeschränkten Sonnenschein und den modernen Urlauberparadiesen am Mittelmeer, am See Genezareth, am Roten Meer und am Toten Meer. Fast 90 Prozent der Touristen kommen aus Europa und Nord- und Südamerika, der Rest aus der übrigen Welt, darunter auch Besucher aus arabischen Ländern.

Was macht Israel so einzigartig?

Fritz und Lydia Schanz, *Reisebüro »Tour mit Schanz«, Wildberg, www.tour-mit-schanz.de:*

»Einzigartig haben wir Israel erlebt, als wir im Jahre 1976 zum ersten Mal dieses Land besuchten. Nur 30 Jahre nach dem Ende des Holocaust – dem Versuch der Vernichtung des jüdischen Volkes durch unser Volk – fanden die ersten Begegnungen statt zwischen dem religiösen Sportverband ELIZUR (›Mein Gott ist ein Fels‹) und dem CVJM-Eichenkreuz in Württemberg. Und wir waren mit dabei.

Während des Krieges geboren und nach Kriegsende zur Schule gegangen, waren die Geschehnisse während des Dritten Reiches in den Schulen für uns noch ein Tabu. Erst in Israel wurden wir damit konfrontiert. Wir trafen auf Familien, die uns auf dieses Thema angesprochen haben, uns aber gleichzeitig sagten, dass uns keine Schuld treffe, weil wir ja noch Kinder gewesen seien. Allerdings wollten sie wissen: ›Was wird in Deutschland getan, damit so eine Katastrophe nicht mehr geschieht?‹ Das hat uns motiviert, uns mit unserer deutschen Geschichte auseinanderzusetzen. Außerdem bekamen wir einen ganz neuen Zugang zur Bibel.

Einzigartig haben wir die Gastfreundschaft in den religiösen Familien erlebt. Sie haben uns gleich großes Vertrauen entgegengebracht, indem sie uns die streng koschere Küche anvertrauten, uns hervorragend versorgten, uns mit in ihre Synagogen nahmen, an Gesprächen über die Bibel teilnehmen ließen und uns vollen Familienanschluss gewährten. Wir haben erlebt, dass ein Freund sein Auto an unsere Gruppe verlieh, während er selbst an der Haltestelle auf den nächsten Bus wartete.

Einzigartig haben wir dann bei vielen Besuchen und Studienreisen die Entwicklung des Landes erlebt: Straßen wurden gebaut, Städte und Dörfer vergrößert und verschönert, Hunderttausende von jüdischen Einwanderern wurden integriert. Das Land wurde bewässert und heute blüht und grünt die Wüste zu großen Teilen. Ganz Israel ist ein offenes und gastfreundliches Land – so erleben es alle Teilnehmer unserer Studienreisen.

Einzigartig haben wir Israel im Ausnahmezustand erlebt: Im Golfkrieg im Februar 1991 waren wir mit einer Solidaritätsgruppe dort, um dem Gebot Jesu sinngemäß zu folgen: ›Ihr habt mich besucht, als ich in Bedrängnis war.‹ Israel war in großer Bedrängnis, als Saddam Hussein täglich Raketen ins Land schoss, die große Zerstörung anrichteten. Zudem drohte der Irak mit Senfgas. Es gab damals keine Touristen mehr im Land – nur Journalisten, die morgens kamen und abends das Land verließen. Wir wurden von mehreren Politikern empfangen und Israelis jubelten uns zu: ›Eine deutsche Gruppe, das ist in diesen Zeiten wie eine Fata Morgana!‹ Trotz seiner gut ausgerüsteten Armee hat Israel damals stillgehalten und nicht zurückgeschlagen. Alle sind tapfer mit Gasmaske und Spritze gegen Senfgas im Umhängekarton ihren täglichen Pflichten nachgegangen. Auch wir waren damit ausgestattet.

Einzigartig erleben wir bis heute, wie Gott hinter seinem Volk steht.«

Informationen über das Finanzsystem und die Infrastruktur Israels gibt es auf CD: **162-finanzen-infrastruktur**

Erziehung und Bildung

Im Talmud heißt es: »Die Welt wird vom Atem eines Kindes in der Schule getragen«.

Bildung und Erziehung sind ein kostbares Erbe in Israel. Gemäß der Tradition vorheriger Generationen wird der Bildung auch in der heutigen israelischen Gesellschaft ein fundamentaler Stellenwert beigemessen. Sie wird als Schlüssel zur Zukunft angesehen. Das israelische Erziehungssystem hat es sich zur Aufgabe gemacht, die Kinder zu verantwortungsbewussten Mitgliedern einer demokratischen, pluralistischen Gesellschaft zu erziehen, in der Menschen mit unterschiedlichen ethnischen, religiösen, kulturellen und politischen Hintergründen und Prägungen zusammenleben können.

Dieses Erziehungssystem basiert auf den Werten des Judentums, der Liebe zum Land Israel und den Prinzipien der Freiheit und Toleranz. Ziel ist es, den Schülern ein umfassendes Wissen auf einem hohen Niveau zu vermitteln, wobei besonders viel Wert auf naturwissenschaftliche und technologische Kenntnisse gelegt wird, da diese für die fortdauernde Entwicklung des Landes sehr entscheidend sind.

Herausforderungen

Bereits zum Zeitpunkt der Staatsgründung im Jahre 1948 existierte ein voll funktionierendes Bildungssystem, das von der jüdischen Gemeinschaft während der britischen Mandatszeit aufgebaut worden war. Die allgemeine Unterrichtssprache war Hebräisch. Seit der Staatsgründung stand das Schulsystem immer wieder vor der enormen Herausforderung, eine große Anzahl von immigrierten Kindern aus über 70 verschiedenen Ländern zu integrieren. Bis heute kommen jährlich Einwanderer aus den unterschiedlichsten Teilen der Welt nach Israel.

Es wurden spezielle Programme entwickelt, um den Immigrantenschülern den Einstieg zu erleichtern. Konkret gehören dazu die Erstellung von Lehrplanhilfen sowie die Einführung von kurzfristigen Klassen, in denen die Schüler mit Inhalten bekannt gemacht werden, die sie in ihren Herkunftsländern nicht gelernt haben (z.B. hebräische Sprache oder jüdische Geschichte). Es wurden spezielle Ausbildungskurse für Lehrer eingerichtet, in denen sie auf die Arbeit mit Immigrantenschülern und ihren unterschiedlichen kulturellen Hintergründen vorbereitet werden. Zudem werden Schulungen für immigrierte Lehrer angeboten, um deren Anstellung im israelischen Erziehungssystem zu erleichtern.

Gleichzeitig ist das Ministerium für Erziehung in Zusammenarbeit mit den erziehungswissenschaftlichen Instituten an den israelischen Universitäten in ein laufendes Projekt eingebunden, bei welchem traditionelle Unterrichtsmethoden mit modernen pädagogischen Praktiken wie Gleichbehandlung der Geschlechter, Aufwertung der gesellschaftlichen Stellung des Lehrers, Erweiterung humanistischer Lehrpläne und Förderung von wissenschaftlichen und technologischen Studien in Einklang gebracht werden. Ein Schlüsselaspekt dieser Politik ist es, gleiche Bildungsmöglichkeiten für alle Kinder zu schaffen.

Wissenschaft

»Wissenschaftliche Forschung und ihre Leistungen sind heute nicht mehr nur eine abstrakte Beschäftigung einiger Intellektueller ... sondern ein ganz zentraler Faktor ... im Leben jedes zivilisierten Volkes ...«[8]

Israel ist ein kleines Land in der weiten Welt der Wissenschaft und Technologie. Um seine internationale Wettbewerbsfähigkeit zu steigern, hat Israel, wie viele andere kleine Länder auch, seine Strategien und Ziele in Bezug auf seine wissenschaftlichen und technologischen Aktivitäten klar und deutlich definiert.

Israel hat sich vorgenommen, im gesamten Spektrum der wissenschaftlichen Disziplinen solide Qualität auf internationalem Niveau zu bieten. Gleichzeitig sollen Hochleistungszentren aufgebaut werden, in denen besonders an Bereichen geforscht wird, die für die Entwicklung des industriellen Sektors besonders bedeutsam sind.

Die internationale Kooperation spielt dabei eine große Rolle, denn sie fördert die Ausweitung der wissenschaftlichen Ressourcen und Fachkenntnisse, die Israel zur Verfügung stehen. In der Technologie bemüht sich Israel

8 *David Ben-Gurion 1962, zitiert in: Israel von A-Z. Hänssler: 1997*

um Hochleistung durch Spezialisierung. Die technologischen Forschungen werden auf eine begrenzte Zahl von Fachgebieten konzentriert.

Der prozentuale Anteil von Forschern an der Gesamtbevölkerung Israels, gerade im Bereich Naturwissenschaft und Technologie, sowie der Anteil der Forschungs- und Entwicklungsarbeit am Bruttoinlandsprodukt gehören zu den höchsten Zahlen weltweit. Im Verhältnis zur Gesamtzahl der Arbeitskräfte besitzt Israel mit Abstand den größten Anteil von publizierenden Autoren im Bereich der Naturwissenschaften, Ingenieurwissenschaften, Landwirtschaft und Medizin.

Sport

Das Teddy-Kollek-Stadion in Jerusalem.

Neben den auch in Deutschland üblichen Sportarten wie Fußball, Tennis, Volleyball und Leichtathletik sind in Israel auch typisch angelsächsische wie Rugby und Kricket beliebt.

Sportliche Großveranstaltungen ziehen viele Zuschauer an: So nehmen jedes Jahr Tausende von Israelis und Besucher aus dem Ausland am Jerusalem-Marsch, dem See Genezareth-Schwimmen (bei dem der See Genezareth durchquert wird) und verschiedenen Marathonläufen teil.

Der Marathon scheint für die Israelis eine Sportart zu sein, bei der es zu besonderen Kuriositäten kommt: Der aus Äthiopien stammende israelische Marathonläufer Haile Satajin erreichte bei den olympischen Spielen 2004 in Athen Platz 20, war allerdings aufgrund eines Missverständnisses im antiken Panathinaikon-Stadion eine zusätzliche Runde gelaufen und war deshalb zunächst nur auf Rang 28 eingestuft worden. Bei den Leichtathletik-Weltmeisterschaften 2007 in Osaka war Satajin mit 52 Jahren der mit Abstand älteste Teilnehmer und erreichte mit 2:22 Stunden einen beachtlichen 19. Platz. Auch für Olympia 2008 hat er sich wieder qualifiziert.

Der Lauf 2004 in Athen wurde außerdem durch einen seltsamen Zwischenfall überschattet: Der führende Brasilianer Vanderlei de Lima wurde nach 37 Kilometern von einem offenbar geistig Verwirrten angerempelt, an dessen Rücken auf einem Transparent zu lesen war: »Israel ist die Erfüllung der Prophetie, heißt es in der Bibel«. Olympiasieger wurde der Italiener Stefano Baldini, de Lima blieb die Bronzemedaille.

Während der Spiele in Athen hat Israel übrigens die erste olympische Goldmedaille überhaupt gewonnen: Gal Fridman gewann im Windsurfen.[9]

Gesundheits- und Sozialwesen

Die medizinische Versorgung in Israel genügt höchsten Standards. Eine hohe Qualität der medizinischen Mittel und der Forschungsarbeit, die moderne Einrichtung der Krankenhäuser und eine beeindruckende Pro-Kopf-Versorgung mit Ärzten und Fachärzten sind kennzeichnend für das Gesundheitswesen Israels. Folgen dieser guten Versorgen sind die niedrigen Zahlen im Bereich der Kindersterblichkeit (6,8 pro 1000 Geburten) und die hohe Lebenserwartung (80,9 Jahre für Frauen, 76,7 Jahre für Männer). In Israel ist das Recht jedes Menschen auf medizinische Versorgung, vom frühen Kindesalter bis ins hohe Alter, gesetzlich abgesichert. Die Aufwendungen des Landes für das Gesundheitswesen (8,4 Prozent des Bruttosozialproduktes) sind vergleichbar mit denen anderer westlicher Länder.

9 *Quellen: Marathon: Israeli dreht Zusatzrunde – Geistig Verwirrter stört Führenden. www.israelnetz.de: 30.8.2004; http://osaka2007.iaaf.org; Wikipedia*

Magen David Adom

Der »Magen David Adom« bzw. der »Rote Davidstern« ist die israelische Variante des Roten Kreuzes. Mit einer Gruppe von sieben Ärzten und einem einzigen Behandlungsraum wurde die Hilfsorganisation 1930 in Tel Aviv ins Leben gerufen. Eine zweite Gruppe von Ärzten nahm ein Jahr später in Haifa ihren Dienst unter dem Roten Davidstern auf, drei Jahre später folgte eine Gruppe in Jerusalem. 1935 entstand daraus eine nationale Organisation, die der Zivilbevölkerung und der Hagana, dem Vorgänger der Israelischen Verteidigungsarmee, medizinische Dienste leistete. Von 1936 bis 1939, während des arabischen Aufstandes, führte er mehrere Male ein Erste-Hilfe-Training für die Hagana durch und behandelte die Verwundeten. Im Zweiten Weltkrieg arbeitete der Rote Davidstern im Rahmen der israelischen Zivilverteidigung als Arm der jüdischen Legion der britischen Streitkräfte.

Der »Magen David Adom« war lange Zeit kein gleichberechtigtes Mitglied der internationalen Organisation, der 189 Rotkreuz- und Rothalbmondstaaten angehören. Die Aufnahme des Roten Davidsterns wurde verweigert, obwohl sich Israel seit 50 Jahren um einen Beitritt bemüht. Offiziell lag die Ablehnung daran, dass der Stern nicht eines der festgelegten Schutzzeichen in den Genfer Konventionen war. Im Dezember 2005 wurde aber ein Zusatzprotokoll zu den Genfer Konventionen angenommen, das den Eintritt der Israelis in die internationale Bewegung ermöglichte. Voraussetzung ist allerdings, dass Magen David Adom bei internationalen Hilfseinsätzen und militärischen Konflikten ein neues »neutrales« Symbol verwendet: den Roten Kristall. Auf israelischem Gebiet kann der Rote Davidstern weiterhin verwendet werden, im Ausland kann nach Absprache der Stern im neuen Emblem integriert sein.

Das politische System

Ein demokratischer Staat

Israel ist eine parlamentarische Demokratie mit gesetzgebender, vollziehender und rechtsprechender Gewalt nach dem Grundsatz der Gewaltenteilung. Dadurch werden Kontrolle und Gleichgewicht innerhalb des Systems gewährleistet.

Die Regierung ist der Knesset gegenüber verantwortlich und muss deren Vertrauen besitzen. Die politischen Entscheidungsbefugnisse der Regierung sind sehr weitreichend und betreffen alle wichtigen Bereiche des Lebens. An der Spitze der Regierung steht der Ministerpräsident. Gegenwärtiger Ministerpräsident ist Ehud Olmert, nachdem sein Vorgänger Ariel Scharon seit Januar 2006 im Koma liegt.

Staatspräsidenten

Der Staatspräsident (hebr. »nasi«) ist das Oberhaupt des Staates Israel. Seine Amtszeit beträgt fünf Jahre, er kann einmal wiedergewählt werden. Das Amt des Präsidenten symbolisiert die Einheit des Staates über parteipolitische Grenzen hinweg. Zu seinen Aufgaben, die im Wesentlichen repräsentativer und formeller Art sind, zählen unter anderem die Unterzeichnung der von der Knesset verabschiedeten Gesetze und Verträge oder auch Begnadigungen.

Israels Präsidenten seit der Staatsgründung:

- Chaim Weizmann (1949–1952)
- Jitzhak Ben-Zwi (1952–1963)
- Zalman Shazar (1963–1973)
- Ephraim Katzir (1973–1978)
- Jitzhak Navon (1978–1983)

- Chaim Herzog (1983–1993)
- Ezer Weizman (1993–2000)
- Moshe Katsav (2000–2007)
- Shimon Peres (seit 2007)

Biografien aller Präsidenten Israels finden Sie auf CD: **172-praesidenten**

Knesset

Die Knesset ist die gesetzgebende Körperschaft in Israel. Ihren Namen und die Zahl ihrer Abgeordneten (120) übernahm sie von der Knesset Hagedola (»Große Versammlung«), der unter Esra und Nehemia im 5. Jahrhundert v. Chr. in Jerusalem einberufenen jüdischen Ratsversammlung.

Eine neue Knesset tritt nach Parlamentswahlen zusammen, in denen die Verteilung der Sitze bestimmt wird. Während der ersten Sitzung verpflichten sich die Abgeordneten der Knesset, ihr Amt treu und gewissenhaft auszuüben. Außerdem werden der Vorsitzende der Knesset und seine Stellvertreter gewählt. Die Knesset wird alle vier Jahre neu gewählt, kann sich jedoch bereits vor Ende der Legislaturperiode selbst auflösen oder vom Ministerpräsidenten aufgelöst werden. Bis zur Bildung einer neuen Knesset nach Neuwahlen bleibt die alte mit allen Rechten im Amt.

In der Knesset hält das Parlament seine Sitzungen ab.

Regierung

Alle bisherigen Regierungen Israels kamen aufgrund von Koalitionen mehrerer Parteien zustande, da noch nie eine Partei genügend Sitze in der Knesset errang, um allein eine Regierung bilden zu können.

Der neugewählte Ministerpräsident, der mit der Regierungsbildung beauftragt ist, muss innerhalb von 45 Tagen nach Veröffentlichung der Wahlergebnisse der Knesset eine Kabinettsliste zur Billigung und den Entwurf eines Regierungsprogramms vorlegen.

Die Amtsperiode der Regierung beträgt, ebenso wie die Legislaturperiode der Knesset, normalerweise vier Jahre. Sie kann jedoch durch Tod oder Rücktritt des Ministerpräsidenten bzw. durch ein Misstrauensvotum der Knesset verkürzt werden. Der Ministerpräsident und die Minister einer abtretenden Regierung bleiben so lange im Amt, bis eine neue Regierung ihre Amtsperiode antritt.

Wenn der Ministerpräsident aufgrund von Tod (oder wie im Falle Ariel Scharons einer Krankheit), Rücktritt, Amtsanklage oder eines Misstrauensvotums der Knesset sein Amt nicht mehr weiterführen kann, bestimmt die Regierung eines ihrer Mitglieder (das ebenfalls Mitglied der Knesset sein muss) zum amtierenden Ministerpräsidenten. Diesem werden alle Rechte, die mit diesem Amt verbunden sind, übertragen, außer dem Recht, die Knesset aufzulösen. Die anderen Minister kommen ihren Pflichten weiter nach, bis ein neuer Ministerpräsident gewählt ist und sein Amt antritt.

Israels Ministerpräsidenten seit der Staatsgründung:

- David Ben-Gurion (1948–1953)
- Moshe Sharett (1954–1955)
- David Ben-Gurion (1955–1963)
- Levi Eshkol (1963–1969)
- Golda Meir (1969–1974)
- Jitzhak Rabin (1974–1977)
- Menachem Begin (1977–1983)
- Jitzhak Shamir (1983–1984)

- Shimon Peres (1984–1986)
- Jitzhak Shamir (1986–1992)
- Jitzhak Rabin (1992–1995)
- Shimon Peres (1995–1996)
- Benjamin Netanjahu (1996–1999)
- Ehud Barak (1999–2001)
- Ariel Scharon (2001–2005)
- Ehud Olmert (seit 2006)

☞ Biografien aller Ministerpräsidenten Israels finden Sie auf CD: **174-regierung**

Polizei und Strafvollzug

Wie die Polizei in anderen Ländern auch, hat die israelische Polizei die Aufgabe, Verbrechen zu bekämpfen, den Behörden bei der Durchsetzung der Gesetze einschließlich der Verkehrsregeln zur Seite zu stehen, Hilfe bei Vorbeugungsmaßnahmen für die Sicherheit und den Schutz der Bevölkerung zu leisten und damit die Lebensqualität im Land zu wahren.

Die größte mobile Sondereinheit der Polizei ist der Grenzschutz, der vor allem für Probleme der inneren Sicherheit zuständig ist. Zu ihm gehört eine spezielle Anti-Terror-Einheit. Die häufigen Terroranschläge und die ständige Bedrohung ließen unter den betroffenen Bürgern den Ruf nach aktiver Teilnahme am Schutz ihrer Gemeinden laut werden. Darauf wurde 1974 der aus Freiwilligen bestehende Zivilschutz zur Einrichtung örtlicher Sicherheitseinheiten mit Kommandozentralen, bewaffneten Streifen und Schulungsprogammen gegründet.

Militär (»Zahal«)

Die am 31. Mai 1948 gegründeten Israelischen Verteidigungsstreitkräfte gingen aus den beiden Vorgängerorganisationen »Hagan« und »Palmach«

hervor. In Israel nennt man sie »Zahal«. Der Begriff ist abgeleitet von »Zava Hagana LeIsrael«, was übersetzt »Verteidigungskraft Israels« heißt.

Die Zahal musste das Land in fünf größeren Kriegen verteidigen und gehört damit zu den erfahrensten Streitkräften der Welt.

Die vorrangigen Sicherheitsziele der israelischen Armee sind die Verteidigung der Existenz, der territorialen Integrität und der Souveränität des Staates Israel, die Abschreckung aller Feinde sowie die Eindämmung aller Formen des Terrorismus, die eine Bedrohung für das tägliche Leben darstellen.

Strategien und Stärken

Ein prägender Lebensabschnitt für junge Israelis: der Wehrdienst.

Da es dem Land an territorialer Tiefe fehlt, gehört zur Taktik der israelischen Armee, wenn nötig die Initiative ergreifen und bei einem Angriff das Kampffeld möglichst rasch auf Feindesgebiet verlegen. Obwohl die israelischen Streitkräfte ihren Feinden zahlenmäßig immer unterlegen waren, genießen sie einen qualitativen Vorteil durch die Entwicklung moderner Waffensysteme, von denen viele in Israel entwickelt und hergestellt wurden.

Als Hauptstärke der Zahal galt von Beginn an die hohe Moral und Qualität der Soldaten. Die Mehrheit der Streitkräfte sind Reservisten, die regelmäßig zu Wehrdienst und Wehrübungen einberufen werden und im Kriegsfall oder bei Krisen schnell aus allen Teilen des Landes zu ihren Einheiten zum Einsatz gerufen werden.

Drei Dienstzweige der Zahal, Heer, Luftwaffe und Marine, sind einem gemeinsamen Oberkommando unterstellt, an dessen Spitze der dem Verteidigungsminister verantwortliche Generalstabschef mit dem Rang eines Generalleutnants steht. Er wird auf Empfehlung des Ministerpräsidenten von der Regierung für drei Jahre ernannt.

Außer im Kampfeinsatz dienen in der Armee Männer und Frauen Seite an Seite als Techniker, Funk- und Aufklärungsspezialisten, Ausbilder, Kartografen, in Verwaltung und Materialwesen, als Informatiker, Ärzte, Rechtsanwälte usw.

Seit ihrer Gründung setzt sich die Zahal aktiv für den Aufbau der Nation ein, bieten auch der Zivilbevölkerung Förder- und Aufbaukurse an und helfen bei der Eingliederung von Neuankömmlingen in die israelische Gesellschaft. In Zeiten nationaler Krisen oder in Notfällen reagiert das Militär sofort mit den erforderlichen Maßnahmen, indem es speziell ausgebildetes Personal für Sondereinsätze bereitstellt.

Soldatinnen stehen während ihres Militärdienstes zwei kostenlose Abtreibungen zu. In Israel sind Abtreibungen seit 1977 legal und die meisten Anträge werden genehmigt. Die offizielle Zahl der Schwangerschaftsabbrüche lag 2004 bei über 20.378, das entsprach 140 Abtreibungen auf 1000 Geburten. Die orthodox-jüdische Auslegung ist sich über das Thema uneins: Manche Gelehrte würden eine Abtreibung in bestimmten Fällen erlauben, andere lehnen sie grundsätzlich ab. Die Bibel verwendet als Bezeichnung für einen Embryo und ein geborenes Kind denselben Begriff: das hebräische »yeled« oder griechisch: »brephos«.[10]

Geheimdienste

Der Mossad ist der bekannteste Geheimdienst Israels. Lange Zeit war wenig über ihn bekannt und er entwickelte sich zum Mythos: faszinierend,

10 Quelle: Krista Gerloff: Abtreibungen in Israel. www.israelnetz.de: 27.4.2007

effizient, gefürchtet, sagenumwoben. Bis zum Ende der 1990er Jahre war sogar der Name des Mossad-Chefs ein Staatsgeheimnis. Seit 2002 ist Meir Dagan Leiter der Organisation.

Isser Harel, einer der Gründer des Mossad, erklärte einmal: »Kein anderes Land der Welt benötigt so dringend einen effizienten Geheimdienst. Israel ist von Feinden umgeben. Für uns ist es eine Frage des Überlebens!«

Zu den bekanntesten und wirksamsten Operationen des Mossad zählen:

- Die Entführung des ehemaligen SS-Obersturmbannführers Adolf Eichmann, der einer der Hauptorganisatoren des Holocausts war. Im Mai 1960 wurde er von Argentinien nach Israel verschleppt und zum Tode verurteilt. Dies blieb übrigens das einzige Todesurteil in Israels Rechtsgeschichte.
- Nach dem 5. September 1972, als bei den Olympischen Spielen in München elf israelische Sportler von palästinensischen Terroristen getötet worden waren, startete der Mossad unter der Bezeichnung »Operation Zorn Gottes« einen Rachefeldzug, in dessen Verlauf die Attentäter und deren Hintermänner liquidiert wurden. Allerdings kamen dabei auch Unschuldige zu Tode, zum Beispiel Ahmed Bouchiki, der mit einem Terroristen verwechselt worden war und vor den Augen seiner schwangeren Frau in Lillehammer (Norwegen) auf offener Straße erschossen wurde.
- 1981 bombardierte die israelische Luftwaffe den irakischen Kernreaktor Osirak. Damit vereitelten sie Saddam Husseins Bestrebungen, den Irak zur Atommacht zu machen. Die Informationen für den gelungenen Schlag hatte der Mossad beschafft.
- 1999 war der israelische Geheimdienst an der Festnahme des PKK-Chefs Abdullah Öcalan beteiligt.
- Der Mossad trug bei militärischen Auseinandersetzungen und Kriegen mit arabischen Feinden durch die Beschaffung wichtiger Informationen maßgeblich zur erfolgreichen Verteidigung Israels bei.
- Darüber hinaus »organisierte« der Mossad mit verschiedensten Mitteln, die auch immer wieder zu diplomatischen Verstimmungen führten, Waffensysteme, Kampfjets, U-Boote usw.

- Die Rettung oder Rückführung von Juden aus verfeindeten Ländern und die Unterstützung der Alija (Einwanderung von Juden nach Israel) gehörte immer wieder zu den Operationen des Mossad. Berühmt wurde die Befreiung von 100 jüdischen Geiseln nach der Flugzeugentführung in Entebbe (Uganda). Der Leiter der Operation, Jonathan Netanjahu, Bruder des späteren Premierministers, kam bei dem Einsatz ums Leben.

In jüngerer Vergangenheit kam der Mossad wiederholt durch Fehlschläge und Pannen in die Kritik der nationalen und internationalen Öffentlichkeit.

Es gibt zwei weitere Geheimdienste in Israel: den Inlandsgeheimdienst »Shin Bet«, der für den Schutz wichtiger Persönlichkeiten und gefährdeter Gebäude verantwortlich ist. Hauptziel ist das Aufdecken und Verhindern von Terroranschlägen.

Für die militärische Aufklärungen ist der Nachrichtendienst »Aman« zuständig. Er beobachtet die potenziellen Feinde Israels und versorgt die Regierung mit den notwendigen Informationen.

Geschichte

Historisches zwischen Bibel und Archäologie

Einführung in 4000 Jahre Geschichte

Kaum ein Land der Welt kann auf eine so lange, bewegte und gut dokumentierte Geschichte zurückblicken wie das Land Israel. Kein anderer Ort auf der Erde hat wohl mehr Herrscher gesehen und war Schauplatz so vieler Kriege wie dieser schmale Landstrich zwischen Mittelmeer und Jordan. Hier kämpften Kanaaniter, Philister, Perser, Griechen, Römer, Muslime, Kreuzritter, Türken, Franzosen, Briten und nicht zuletzt Juden. Und immer noch ist Israel Zankapfel der Nationen. Ein Blick in die Vergangenheit offenbart die Hintergründe, warum noch immer kein Frieden eingekehrt ist und sich heute noch Juden und Araber um dieses Land streiten.

Wie man auch zur Bibel stehen mag, die Geschichte des jüdischen Volkes kann bis heute nicht ohne die jüdische Religion verstanden werden und ist ohne die Existenz Gottes nicht zu erklären.

Die Erforschung der menschlichen Frühgeschichte und insbesondere die Datierung von Ereignissen aus dieser Zeit erweist sich als schwierig. Man ist auf archäologische Funde und schriftliche Überlieferungen angewiesen, die aber in manchen Gegenden oder Zeitepochen selten sind. So gibt es zwar viele sumerische und ägyptische Inschriften, doch von den Kanaanitern, die im heutigen Israel vor 4000 Jahren lebten, gibt es kaum nennenswerte schriftliche Zeugnisse.

Um eine fortlaufende Chronik zu erhalten, wurde daher versucht, gemeinsame Ereignisse in den Darstellungen der verschiedenen antiken Reiche zu identifizieren, um von diesen ausgehend Rückrechnungen anstellen zu können. Historisch gesichert und anerkannt sind derzeit alle Datierungen ab dem 7. Jahrhundert v. Chr. Bis ca. 1000 v. Chr. kann noch mit relativ großer Genauigkeit zurückgerechnet werden. Alle älteren Daten jedoch sollten nicht als unumstößlich betrachtet werden und könnten durch neue archäologische Entdeckungen schnell revidiert werden.

Auf dieser Treppe gingen die Menschen vor 3500 Jahren: ein Fund aus kanaanitischer Zeit an der Ausgrabungsstätte in Hazor.

Während die Ausgräber noch vor 50 Jahren davon ausgingen, dass man der Bibel in historischer Hinsicht vertrauen kann, glauben die meisten Archäologen heute zunächst einmal nicht an die Zuverlässigkeit der biblischen Berichte – es sei denn, die Wissenschaft fördert Beweise für deren Wahrheit zutage. Renommierte Forscher tun die Geschichten vom Auszug aus Ägypten, von der Einnahme Kanaans und auch vom sprichwörtlichen Reichtum des Königs Salomo als fromme Legenden ab. Beiträge in den Medien stellen regelmäßig wichtige Geschichten der Bibel infrage.

Am Beispiel der Eroberung Jerichos ist diese Problematik besonders deutlich bemerkbar: Funde vom Beginn des 20. Jahrhunderts haben die Vermutung nahegelegt, dass Jericho um 1200 v. Chr. zerstört wurde und bis heute ist dieser Zeitpunkt das geläufige Datum für die Eroberung durch die Israeliten. Die Bibel dagegen lässt den Leser eher eine Zeit um 1400 v. Chr. errechnen. Da nach heutigem Erkenntnisstand die Zerstörungsspuren in

Jericho und weiteren Städten des Alten Israel allerdings zeitlich nicht dem biblischen Bericht entsprechen, nehmen viele an, die Bibel idealisiere und übertreibe in ihren Erzählungen.

Aber es gibt Spuren in den ausgegrabenen Ruinen aus der Zeit um 1600 v. Chr., die zur Beschreibung des Alten Testaments sehr genau passen. Eventuelle Fehler, die bei der Datierung jener weit zurückliegenden Periode aufgetreten sein könnten, könnten die scheinbare zeitliche Differenz der Ereignisse überbrücken.

Speziell die ägyptische Chronologie enthält wahrscheinlich Ungereimtheiten von bis zu 200 Jahren. Der für die Studiengemeinschaft Wort und Wissen tätige Archäologe Dr. Peter van der Veen, der mit einigen weiteren Kollegen an diesem Problem forscht, gibt zu, dass es noch keine endgültige Lösung in Form eines vollständig schlüssigen neuen Datierungsmodells gebe, jedoch berechtigte Hoffnung in die geschichtliche Zuverlässigkeit der Bibel.

In der Zeit von David und Salomo (1000–900 v. Chr.) würde eine Korrektur der herkömmlichen Chronologie ebenfalls zu einer weiteren Bestätigung der Heiligen Schrift durch Ausgrabungen in Israel führen. Van der Veen berichtete von Funden ägyptischen Ursprungs in Jerusalem, die auf König Salomos Frau zurückzuführen sein könnten. Auch Fundamente von Davids Palast wären demnach unweit des Tempelbergs freigelegt worden.

Die Zeit der Bibel

Die Erzväter

Die Urgeschichte der Bibel erzählt die Menschheitsgeschichte von der Erschaffung der Welt über die Sintflut bis zum Entstehen des jüdischen Volkes. Sie enthält dabei einen durchgehenden Stammbaum von Adam über Noah bis Abraham.

Um 2000 v. Chr. existierten in Mesopotamien schon seit Langem erste Hochkulturen (Sumerer), Ägypten war die wichtigste Weltmacht und beherrschte viele umliegende Völker.

Die Geschichte Israels begann mit einem Mann: Abraham. Er verließ seine Heimat Ur in Chaldäa und zog mit Familie und Dienerschaft über Haran nach Kanaan, das in jener Zeit von vielen Kleinvölkern bewohnt wurde. Abraham folgte dabei einem Befehl Gottes, der Abrahams Nachkommen zu einem großen Volk machen und ihnen das Land Kanaan zum ewigen Besitz geben wollte – so berichtet es die Bibel. Abraham selbst erlebte die Erfüllung dieser Prophezeiung nicht mehr. Zu seinen Lebzeiten blieben andere Völker die Herren im Land, der Patriarch und seine Familie lebten als Nomadenvolk im Land Kanaan.

Gott schenkte Abraham und seiner Frau Sara aber in hohem Alter ihren Sohn Isaak. Und er versprach, dass dessen Nachkommen dieses Land einmal besitzen und sie zahlreich wie der Sand am Meer sein würden. Gottes Plan war, aus allen Völkern ein einziges herauszugreifen, das sein Eigentum sein sollte. Alle Völker der Erde – einschließlich Abrahams Vorfahren – waren dem Götzendienst verfallen. Sie verehrten zahlreiche Götter, deren Kultus selbst vor Menschenopfern nicht haltmachte.

Durch dieses eine ausgesonderte Volk wollte Gott alle Völker segnen und aufzeigen, wie das Leben unter seiner Herrschaft aussieht – sowohl als Staatsgemeinschaft wie auch als Individuum. Aus diesem Grund sollte dieses Volk »heilig sein«, also abgesondert von den anderen Völkern leben und mit diesen keinen näheren Kontakt pflegen, damit sie deren heidnische

Kulte und grausame Bräuche nicht übernähmen. Um ein solches Leben führen zu können, sollte Israel sein eigenes Land erhalten.

Abrahams Enkel Jakob wurde der Gründer dieses Volkes. Sein Name bedeutet »der Fersenhalter« oder »der Listige«. Sein Zwillingsbruder Esau sollte eigentlich als Erstgeborener vom Vater Isaak den Segen und das damit verbundene Erstgeburtsrecht erhalten, doch Jakob erschlich sich diesen Segen und musste vor dem mörderischen Zorn seines Bruders fliehen. Am Ort seines Exils heiratete er seine beiden Cousinen Lea und Rahel. Obwohl Jakob sich das Erstgeburtsrecht durch eine List geholt hatte, behielt er das Recht darauf.

Dieses Gemälde in einem Hotel in Ariel zeigt, wie die Menschen zur Zeit der Erzväter gelebt haben könnten. Das eindrückliche Kunstwerk wurde bei einem Selbstmordanschlag im März 2002 zerstört.

20 Jahre später kehrte er mit seiner ganzen Familie, mit 12 Söhnen und einer Tochter in seine Heimat zurück, um sich mit Esau zu versöhnen. In der Nacht vor der Begegnung mit Esau wurde Jakob von einem Unbekannten in einen Kampf verwickelt, der die ganze Nacht dauerte. Am Morgen wollte der geheimnisvolle Herausforderer gehen, aber Jakob ließ ihn nicht los, ohne von ihm gesegnet zu werden – wohl ahnend, dass er mit Gott gerungen hatte. Da segnete der Fremde Jakob und sagte zu ihm: »Du sollst

nicht mehr Jakob heißen, sondern Israel; denn du hast mit Gott und mit Menschen gekämpft und hast gewonnen.« (1. Mose 32,29)

»Israel« bedeutet »Gott kämpft«. Die Nachsilbe »El« ist die Kurzform des hebräischen Wortes für Gott. Sie befindet sich in vielen hebräischen Namen, z. B. in »Manuel«, »Gabriel« und »Michael«.

Jakobs (Israels) zwölf Söhne sind die Stammväter des israelitischen Volkes. Von ihnen kommen die zwölf Stämme, aus denen sich das Volk Israel bis heute zusammensetzt und unter denen das Heilige Land aufgeteilt wurde.

Der Stamm Levi stellt die Priester und die Tempeldiener (Leviten). Sie erhielten keinen Anteil am Land, »denn ... das Priestertum des HERRN ist ihr Erbteil« (Josua 18, 7). Stattdessen wurden ihnen 48 Städte auf den Gebieten der anderen Stämme zugeteilt. Außerdem wurden sechs Freistädte bestimmt, in denen Totschläger, also Menschen, die versehentlich jemanden getötet hatten, Zuflucht vor Bluträchern finden konnten.

Da der Stamm Levi kein Land erhielt, Israel aber unter zwölf Stämmen aufgeteilt werden sollte, teilte Gott den Stamm Josef auf und machte an seiner statt seine Zwillingssöhne Ephraim und Manasse zu Stammvätern. Somit erhielt Josef als Lieblingssohn Jakobs quasi doppelten Landanteil.

Der größte Stamm hieß Juda. Von ihm rühren die Bezeichnungen »Jude« bzw. »jüdisches Volk« her. Seine besondere Beziehung zu diesem Volk drückt Gott seither unmissverständlich dadurch aus, dass er sich als »der Gott Abrahams, der Gott Isaaks und der Gott Jakobs« bezeichnet (2. Mose 3, 6).

Noch zu Lebzeiten Jakobs zählte seine Nachkommenschaft 75 männliche Personen. Diese siedelten sich im 19. Jh. v. Chr. wegen einer Hungersnot in einer Provinz Ägyptens an. Jakobs Lieblingssohn Josef gelangte schon viele Jahre vor ihnen dorthin und war oberster Minister geworden. Im Lauf der Zeit wuchs die Zahl der Israeliten in Ägypten so sehr, dass der Pharao um seine Macht fürchtete und sie sicherheitshalber versklaven ließ.

Gott berief Mose, zum Pharao zu gehen und diesem Gottes Befehl mitzuteilen, das Volk Israel freizulassen. Da dieser sich weigerte, zwang ihn Gott durch zehn Plagen, »sein Volk«, die Israeliten, in die Freiheit zu entlassen.

Um das Jahr 1560 v. Chr. verließen 600.000 Männer mit Frauen und Kindern unter der Führung Moses das Land, um nach Kanaan zu ziehen. Sie konnten jedoch nicht auf direktem Weg wandern, da sie das Land der Edomiter, das zwischen Ägypten und Kanaan lag, nicht durchqueren durften. So zogen sie im Bogen östlich daran vorbei.

Israels Auserwähltheit blieb für das Volk bis heute eine stetige Herausforderung. Die Israeliten sind auch als abgesondertes Volk immer normale Menschen geblieben und menschlich ist es, sein Leben ohne Gott führen zu wollen.

Gott hat die Völker dieser Welt ihre eigenen Wege gehen lassen, doch sein eigenes Volk ließ er nicht los. Immer wieder musste er es durch harte Strafen zur Besinnung bringen.

Bereits kurze Zeit nachdem die Israeliten – begleitet von einer Vielzahl übernatürlicher Phänomene – Ägypten verlassen hatten, verloren sie aus Angst vor den Bewohnern des Landes Kanaan ihr Vertrauen in Gott und wollten lieber zurück in die Sklaverei, statt unter Gott in einem eigenen Land zu leben.

Zur Strafe ließ Gott das ganze Volk 40 Jahre lang in der Wüste zwischen Ägypten und Kanaan herumwandern, bis die ganze Generation, die Ägypten verlassen hatte, gestorben war. Erst die nachfolgende Generation durfte das Land in Besitz nehmen. Diese überschritt schließlich unter Josuas Führung von Osten kommend den Jordan – nachdem Mose auf dem Berg Nebo in Sichtweite zum verheißenen Land gestorben war. Unter der Führung Josuas eroberten die Nachkommen Abrahams als erstes die Stadt Jericho und nach und nach das ganze Land Kanaan. Sie nannten es »Land Israel«.

Auf dem Weg von Ägypten ins verheißene Land hatten die Israeliten von Gott am Berg Sinai die Zehn Gebote empfangen, sowie eine Vielzahl von Regelungen und Anweisungen für fast alle Aspekte des täglichen Lebens. Fernsehmoderator Peter Hahne schrieb darüber: »Die gewaltigen zehn Sätze, die der Mann Gottes von diesem Berg seinem Volk brachte, haben in der Welt tiefere Spuren hinterlassen als alle revolutionären Ideen und philosophischen Entwürfe der folgenden 3000 Jahre.«[11]

---

11 Peter Hahne: Israel erlebt, Seite 59. Hänssler, 1992

Darüber hinaus gab Gott ihnen in der Thora auch die Grundlage ihres Glaubens. Er erklärte ihnen darin, wie sie als sein Volk ihre Gottesdienste abzuhalten hätten, wie der Einzelne sich vor ihm zu verhalten habe und welche Feste das Volk zur Erinnerung an welche Ereignisse zu feiern hätte. Der Stamm Levi wurde von Gott bestimmt, den Priesterdienst zu übernehmen.

Schließlich gab er ihnen noch die Bauanweisungen für den Ort des Gottesdienstes: die Stiftshütte, ein Zelt, das als »Tempel« überall dort aufgeschlagen wurde, wo sich das Volk niederließ. Damit erhielten die Israeliten eine nationale und eine religiöse Volksidentität.

Ein Modell der Stiftshütte führt das Leben des Volkes Israel während der Wüstenwanderung vor Augen und ist Teil der Qumran- und Bibelausstellung von Alexander Schick.

Nachdem es den Jordan überquert hatte, führte das Volk Israel einen wahren Vernichtungskrieg gegen die Bewohner des Landes Kanaan und eroberte es auf blutige Weise. Dieser Krieg beruhte jedoch nicht auf niederem Aggressionstrieb. Das Alte Testament macht deutlich, dass Gott sein Volk hier benutzte, um über jene Völker Gericht zu halten. Sie hatten jahrhundertelang grausame Bräuche getrieben, für die er sie nun durch die Hand der Israeliten bestrafte:

»Macht euch nicht unrein durch all dieses! Denn durch all dieses haben die Nationen sich unrein gemacht, die ich vor euch vertreibe. Und das Land wurde unrein gemacht, und ich suchte seine Schuld an ihm heim, und das Land spie seine Bewohner aus.« (3. Mose 18,24–25)

Nach der Eroberung wurde das Land unter den zwölf Stämmen aufgeteilt. Weil jedoch die Israeliten Gott nicht gehorcht und nicht alle Bewohner des Landes vertrieben hatten, kam es zu den von Gott angedrohten Konsequenzen: »Denn wenn ihr ... euch an den Rest dieser Nationen hängt, an die, die bei euch übrig geblieben sind, und euch mit ihnen verschwägert und in ihnen aufgeht und sie in euch, dann sollt ihr mit Sicherheit wissen, dass der HERR, euer Gott, nicht fortfahren wird, diese Nationen vor euch zu vertreiben. Und sie werden euch [dann] zum Fangnetz und zur Falle werden, zur Geißel in euren Flanken und zu Stacheln in euren Augen, bis ihr aus diesem guten Land weggerafft werdet, das der HERR, euer Gott, euch gegeben hat.« (Josua 23, 12–13)

Die zwölf Stämme fanden nicht zueinander und lagen untereinander oft im Streit. Dies wurde von Nachbarvölkern immer wieder für Raubzüge ausgenutzt.

Was macht Israel so einzigartig?

Johannes Vogel, *Schulleiter Bibel-Center Breckerfeld, www.bibel-center.de:*

»Das Bibel-Center Breckerfeld ist schon seit der Gründung 1956 sehr eng mit dem Volk Israel verbunden. Israel und die Bibel gehören untrennbar zusammen. Unsere dreijährige Bibelschulausbildung beinhaltet daher sogar eine Israelstudienreise.

Zu unserem 30-jährigen Bestehen 1986 wollten wir eine besondere Aktion starten und es entstand die Idee, die Stiftshütte im Originalmaßstab nachzubauen. Als Wanderausstellung ›Expo Exodus‹ ging sie durch

Europa und wurde an sieben Orten von mehr als 370.000 Menschen besucht.

Nach einigen Jahren fragten wir uns, ob unsere Stiftshütte nicht am Originalschauplatz in Israel besser aufgehoben wäre. So fuhren wir nach Israel, knüpften Kontakte – alles schien positiv zu verlaufen, aber es ergab sich nichts daraus. Deshalb wurde die Stiftshütte eingelagert, da auch sonst für diese einzigartige Ausstellung kein Interesse mehr vorhanden war. Wir fragten: ›Gott, was willst du? Was sollen wir tun?‹

Zwei Jahre später waren wir kurz davor, die Stiftshütte in ihre Bestandteile aufzulösen, da erhielt ich einen Anruf aus Elat: Der Leiter des Nationalparkes ›Timna-Park‹, Michael Lavie (Levko), hatte von unserer Stiftshütte in Originalgröße gehört und fragte, ob er sie ausleihen könne. Durch seinen Großvater, der früher in den Synagogen Osteuropas anhand eines kleinen Modells die Geschichte der Stiftshütte erzählte, und seine eigene Bar Mizwa, an der er den Text über die Einweihung der Stiftshütte vorlesen musste, ließ Levko das Heiligtum der Israeliten nie in Ruhe. Allerdings hatte er nicht die finanziellen Mittel zur Verfügung, unsere Stiftshütte nach Israel transportieren zu lassen. Er würde sich zu einem späteren Zeitpunkt wieder bei mir melden.

Exakt eine Woche später erhielt ich wieder einen Anruf aus Elat. Der Anrufer sprach mit dem gleichen Akzent, stellte sich auch nicht mit Namen vor und erkundigte sich, ob man die Stiftshütte ausleihen könne. Ich erwiderte, dass wir doch schon vor einer Woche miteinander gesprochen hätten. Er war ganz erstaunt und meinte, dass er doch zum ersten Mal anrufe. Sein Name lautete Herby Gere und er war Leiter einer Gemeinde der südlichen Baptisten in Elat. Ich erzählte ihm von Levko, seiner Anfrage und seines Problems wegen der Finanzen. Herby erwiderte, dass er auch ein Problem hätte: Finanzen wären zwar da, aber er suche noch nach einem Aufstellplatz – den wiederum konnte der Timna-Park bieten!

Ich brachte die beiden Anrufer miteinander in Verbindung und knapp zwei Monate später saßen beide bei uns in Breckerfeld und wir besprachen die organisatorischen Fragen des Transports und der Ausstellung in Israel. Seit 1999 darf unsere Stiftshütte nun in Israel im Timna Park stehen!

Für mich war diese Fügung ein Wunder Gottes und brachte mir den Bibelvers aus Jesaja 65,24 in Erinnerung: ›Noch bevor sie rufen, werde ich ihnen antworten. Während sie mir noch ihre Bitten vortragen, will ich sie schon erhören!‹

Einheimische und Touristen aus der ganzen Welt besuchen seitdem die Stiftshütte. Wir verstehen diese Ausstellung als Zeugnis in Israel. Die Führung übernehmen Mitglieder der Gemeinde in Elat.

Haben Sie die Möglichkeit nach Israel zu fahren? Dann besuchen Sie den Timna-Park und erleben Sie, wie Gott heute noch durch die Stiftshütte zu Ihnen reden kann.«

Könige Israels

Das israelitische Volk war nach den Nachkommen Jakobs in zwölf Stämmen organisiert. Ein gemeinsamer Anführer fehlte jedoch. Nur in Notzeiten einten und regierten die sogenannten Richter das Volk. Somit waren sie immer wieder schweren Angriffen der Nachbarvölker ausgesetzt.

Erst die zunehmende Bedrohung durch das Volk der Philister, einem griechisch-stämmigen Seefahrervolk, das den Küstenstreifen des Landes bewohnte, ließ den Ruf nach einem gemeinsamen König laut werden. Ca. 1020 v. Chr. begann die allmähliche Vereinigung des Volkes und der Übergang zur Monarchie: Gott berief Saul und nach ihm David zum König. Diese beiden konnten das Reich festigen und die Feinde besiegen.

Unter dem gottesfürchtigen David erlebte das israelitische Volk zum ersten Mal seit seinem Bestehen Frieden, Wohlstand und Sicherheit über einen längeren Zeitraum hinweg.

König David konnte Israel durch erfolgreiche Feldzüge und Bündnisse mit Nachbarkönigreichen zu einer bedeutenden und anerkannten Macht in der Region ausbauen. Unter seiner Herrschaft erlebte Israel die größte Ausdehnung: von Ägypten bis an den Fluss Euphrat, der mitten durch den heutigen Irak fließt.

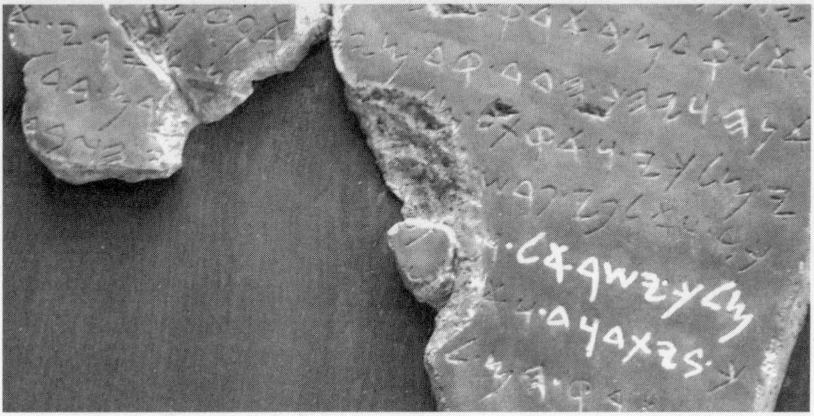

Die »Tell-Dan-Stele« wurde 1993 in Israel entdeckt und enthält eine altsyrische Inschrift, auf der David als Gründer des judäischen Königshauses erwähnt wird. Das Bild zeigt eine Nachbildung, die ebenfalls zu Alexander Schicks Bibelausstellung gehört.

David wurde jedoch nicht nur als Kriegsherr und Stratege berühmt, sondern auch durch seine Dichtkunst und seine Liebe zur Musik. Wir verdanken ihm etwa die Hälfte der in der Bibel überlieferten Psalmen.

König Davids Sohn Salomo sollte noch größeres staatsmännisches Geschick aufweisen als sein Vater. Auch er regierte zu Anfang das Land im Gehorsam Gott gegenüber.

Salomo gilt als der weiseste König, der je gelebt hat. Seine sprichwörtliche Weisheit zog Staatsmänner aus der ganzen Welt an – am bekanntesten ist sein Zusammentreffen mit der Königin von Saba. Als Davids Nachfolger baute er Handelsbeziehungen mit der gesamten damaligen Welt auf. Israel gewann unter ihm an Macht und Ansehen wie nie zuvor und nie mehr danach. Unter seiner Herrschaft wurde auch der Tempel in Jerusalem gebaut. Salomo sicherte den Frieden und die Israeliten erlebten eine wohl einmalige Periode des Wohlstands und der Sicherheit.

Der Segen, den Gott unter der Voraussetzung verheißen hatte, dass Israel ihm gehorsam sei, war so offensichtlich, dass Salomo in seiner Tempel-Einweihungsrede als Bilanz ziehen konnte: »Gepriesen sei der HERR, der seinem Volk Israel Ruhe gegeben hat, nach allem, was er geredet hat! Nicht ein einziges Wort ist dahingefallen von all seinen guten Worten, die er durch seinen Knecht Mose geredet hat.« (1. Könige 8,56)

Trotzdem ließ sich Salomo von seinen zahlreichen heidnischen Frauen zum Götzendienst und Abfall von Gott verführen. Gott bestrafte sein Handeln mit der Teilung des Reiches in ein Nord- und ein Südreich, hierauf folgte der Untergang des Nordreiches und schließlich auch der Untergang des Südreiches: »Denn zweifach Böses hat mein Volk begangen: Mich, die Quelle lebendigen Wassers, haben sie verlassen, um sich Zisternen auszuhauen, rissige Zisternen, die das Wasser nicht halten.« (Jeremia 2,13)

Selbst als Gott den Israeliten aus Gnade einen Neuanfang ermöglichte, hielt sich die Dankbarkeit in Grenzen. Nur zu schnell kamen sie wieder in die alten Bahnen zurück. Seinem Sohn Rehabeam, Davids Enkel, wurde die Herrschaft über zehn der zwölf Stämme entrissen. Nur noch der Stamm Benjamin blieb der Davidsdynastie aus dem Stamm Juda treu (1. Könige 11,30–40). Die zehn übrigen Stämme wählten einen eigenen König.

Somit existierten seit 926 v. Chr. zwei Reiche nebeneinander: Das Nordreich Israel und das Südreich Juda. Die Bevölkerung beider Reiche kehrte Gott den Rücken und verfiel den heidnischen Kulten der Nachbarvölker, insbesondere dem des Gottes »Baal«. Zudem befanden sich die beiden Reiche häufig im Krieg gegeneinander. Auch außenpolitisch gerieten beide Reiche wieder und wieder in Bedrängnis. Assyrien etablierte sich allmählich zur Weltmacht. Auch Syrien, Edom und die Philister starteten immer wieder Angriffe gegen beide Reiche, die schließlich jedoch unter assyrische Oberherrschaft gerieten und tributpflichtig wurden.

Während Juda durchgehend von der Davidsdynastie regiert wurde, herrschten im Nordreich während seines 200-jährigen Bestehens neun Dynastien, die oft nur einen einzigen König hervorbrachten. Ihre Regierungszeit wird in der Bibel meist nur äußerst knapp mit vernichtenden Worten geschildert, die meisten Herrscher wurden letztlich ermordet. Nur von einem einzigen König des Nordreiches, Jehu, sagt die Bibel, er habe getan, was dem Herrn gefiel (2. Könige 10,30).

Gott berief in dieser Zeit immer wieder einzelne Menschen zu Propheten, um die Israeliten an Gottes Gesetz zu erinnern und vor den Folgen des Ungehorsams zu warnen. Er verhieß durch sie aber auch, dass er für Israel einen Erlöser schicken werde, der sie mit ihm wieder versöhnen würde. Diese Stimmen jedoch wurden in beiden Reichen ignoriert.

Das Nordreich fand nicht mehr zurück zu Gott und wurde im Jahre 722 v. Chr. von den Assyrern erobert. Seine Bewohner wurden nach Mesopotamien verschleppt. An ihrer Stelle siedelten die Assyrer Völker aus dem Osten ihres Reiches an. Aus diesen entstand das Volk der Samariter.

Im Südreich, wo die beiden einzigen verbliebenen israelitischen Stämme Benjamin und Juda lebten, fanden einzelne Könige immer wieder zu Gott zurück. Darum hatte Gott mit ihnen mehr Geduld als mit dem Nordreich.

Doch auch Juda wurde zunehmend gottlos. Die Wiederentdeckung des Gesetzbuches Moses unter König Josia und die sofortige Umsetzung konnten Gottes Strafe nicht mehr abwenden. In den Jahren 605 bis 587 v. Chr. führte Babylons König Nebukadnezar mehrere Kriege gegen Juda und eroberte schließlich die Stadt Jerusalem, zerstörte den Tempel und verschleppte das Volk ins Exil nach Babylonien. Nur die unterste Schicht der Bevölkerung durfte im Land bleiben, um es weiterhin zu bebauen.

Jerusalem und der erste Tempel

Jerusalem ist eine der ältesten Städte der Welt. Ausgrabungen im Bereich der Gihonquelle förderten eine Ansiedlung aus dem Jahre 2800 v. Chr. zutage. Abraham begegnete während seines Nomadendaseins im Land Kanaan Melchisedek, dem Gründer und Priester-König von »Salem«, wie die Stadt damals hieß. In späterer Zeit tauchte die Stadt auf ägyptischen Ächtungstexten auf. Laut dieser Texte unterstanden die Bewohner Jerusalems ägyptischer Fronpflicht.

Als die Israeliten das Land Kanaan einnahmen (um 1520 v. Chr.), blieb ihnen Jerusalem verwehrt. Erst König David besiegte die damaligen Bewohner Jerusalems, die Jebusiter. Zwar musste er sich zunächst ihren Spott gefallen lassen: »Die Blinden und die Lahmen werden dich wegtreiben.« (2. Samuel 5,6), denn die Stadt – sie nannten sie Jebus – galt als uneinnehmbar. Doch die Tage der Jebusiter waren gezählt. Im Jahre 1004 v. Chr. eroberte David die Stadt, machte sie zur Hauptstadt Israels und gab ihr den Beinamen »Stadt Davids«.

Der älteste Teil Jerusalems, noch heute als »Davidsstadt« bekannt, war eine fast uneinnehmbare Festung. Umgeben von tief eingeschnittenen Tälern war sie nur von Norden her zugänglich. Darum wurde sie während der ersten 1500 Jahre ihrer Geschichte nur zweimal erobert.

Seit die Israeliten während ihres Auszugs aus Ägypten am Berg Sinai die Zehn Gebote und das Gesetz erhalten hatten, führten sie die Bundeslade und die Stiftshütte mit sich.

Die Bundeslade war ein vergoldeter Kasten, der die beiden Steintafeln enthielt, auf denen Gott die Zehn Gebote geschrieben hatte. Sie stand im Allerheiligsten der Stiftshütte und des späteren Tempels. Die Stiftshütte war ein Zelt, das als Ort für den Gottesdienst vorgesehen war, und immer dort aufgeschlagen wurde, wo das Volk sich niederließ; sozusagen ein mobiler Tempel.

Nach der Eroberung Jerusalems ließ David die Bundeslade und die Stiftshütte nach Jerusalem bringen und machte die Hauptstadt dadurch auch zum religiösen Zentrum. Er beschloss, anstelle der Stiftshütte einen Tempel zu bauen, doch Gott verwehrte es ihm: »Doch da sprach Gott zu mir: ›Du sollst mir keinen Tempel bauen! Denn du hast Kriege geführt und dabei viel Blut vergossen!‹« (1. Chronik 28,3)

Davids Sohn Salomo jedoch sollte in Frieden regieren und den Tempel bauen dürfen. Im Jahre 955 v. Chr. wurde der Tempel in Jerusalem von Salomo eingeweiht.

Nach der Teilung Israels blieb Jerusalem Hauptstadt des Südreiches Juda. Nachdem das Nordreich an die Assyrer gefallen war, eroberten diese innerhalb von 20 Jahren auch fast alle Städte des Südreiches, bis sie 701 v. Chr. Jerusalem belagerten.

Doch Jerusalem fiel nicht: 185.000 assyrische Soldaten starben in der Nacht vor dem Angriff durch einen von Gott geschickten Todesengel, sodass ihr König Sanherib den Befehl zum Rückzug gab. Jahre später wurde er im Tempel seiner Hauptstadt beim Beten von seinen eigenen Söhnen meuchlings ermordet. Schließlich fiel das blühende assyrische Reich an die neue Weltmacht Babylon.

587 v. Chr. waren auch Jerusalems Tage gezählt. Die Stadt wurde vom babylonischen König Nebukadnezar nach anderthalbjähriger Belagerung erobert und zerstört. Der Tempel ging in Flammen auf. Die Bundeslade ging verloren und ist bis heute nicht mehr gefunden worden. Die Bevölkerung Judas wurde ins Exil nach Babylon verschleppt.

Was macht Israel so einzigartig?

Dr. Peter van der Veen, *Bibelarchäologe und wissenschaftlicher Mitarbeiter der Studiengemeinschaft Wort und Wissen e.V., www.wort-und-wissen.de:*

»Es gibt so viele Gründe, nach Israel zu gehen: Das Land ist eben sehr abwechslungsreich und es gibt dort vieles zu entdecken – für Geologen, Naturfreunde, für Interessierte an den Kulturen des Nahen Ostens, oder aber auch für Archäologen wie mich. Dies wurde mir besonders deutlich, als wir von der Studiengemeinschaft Wort und Wissen e.V. im Oktober 2007 eine Studienreise zu den Themen Geologie und Archäologie durchführten, gleichzeitig aber auch das Land und seine Menschen kennenlernten.

Bereits als Kind wuchs mir das Land Israel ans Herz: Meine Großeltern waren große Israelfreunde und brachten mir immer wieder Souvenirs mit, die in meinem Zimmer einen besonderen Platz bekamen. Die Geschichten der Bibel faszinierten mich und ich fing später an, Theologie zu studieren. Im Laufe des Studiums wuchs das Verlangen, selbst einmal nach Israel zu reisen.

Doch erst, als ich während meiner Doktorarbeit über Inschriften aus der Zeit des Propheten Jeremia darauf angewiesen war, die relevanten Ausgrabungsstätten zu besuchen und mich mit Fachkollegen zu treffen, reiste ich 2001 zum ersten Mal ins Heilige Land. Seitdem bin ich regelmäßig dorthin zurückgekehrt. Das erste Mal, als ich mit einem Sammeltaxi in Jerusalem ankam, kam ich mir allerdings recht verloren vor: Ich wusste gar nicht so genau, wo ich war, obwohl ich die Karte Israels aus den Atlanten sehr genau kannte. Als ich ›vor den Toren Jerusalems‹ stand, sah alles so anders aus, als ich mir die Stadt in meinen ›alttestamentlichen Träumen‹ vorgestellt hatte. Es war eine Mischung aus Orientierungslosigkeit und Bewunderung über den Ort, der von so vielen biblischen Persönlichkeiten einmal betreten wurde.

Seit 2005 arbeite ich mit an einem Grabungsprojekt unmittelbar außerhalb von Jerusalem. Wir haben dort Teile einer Palastanlage und eines Palastgartens aus der Zeit der Könige Judas bis in die Zeit Nehemias freigelegt. Bei den Ausgrabungen kamen nicht nur Steine und jede Menge kleinere Scherben ans Licht, sondern auch Krughenkel mit Namen von Beamten am Hof der biblischen Monarchen Hiskia und Manasse (ca. 700–640 v. Chr.) sowie aus der Zeit Nehemias (5. Jahrhundert v. Chr.). Einer der Abdrücke erwähnt einen gewissen Hanana der Provinz Juda aus nachexilischer Zeit, der mit dem hohen Beamten Hananiah aus dem Buch Nehemia identisch sein könnte. Hier wird die Welt der Bibel lebendig.

In meiner Arbeit befasse ich mich auch mit Siegeln und Tonverschlüssen aus anderen Ortschaften der Bibel. Darunter befinden sich Stücke, deren Eigentümer man mit biblischen Personen gleichsetzen kann. Ein Fundstück nennt Baruch, den Sohn Nerias, der nach Jeremia 36 der persönliche Schreiber des Propheten Jeremia war. Darauf sind Fingerabdrücke zu erkennen, die vielleicht sogar von Baruch selbst stammen. Wenn man dieses Stück selbst in der Hand hält, dann ist es, als ob man die biblische Person leibhaftig spüren kann!

Wo man auch in Israel herumreist, die Welt von damals ist greifbar nah. Überall gibt es Ausgrabungsstätten, überall wird man an die Kultur und Vergangenheit der Bibel erinnert. Und auch über die historischen Stätten hinaus gibt es noch so viel mehr zu entdecken in diesem einzigartigen Land Israel!«

Babylon und danach

»Es kommt die Zeit, spricht der HERR, dass ich das Geschick meines Volkes Israel und Juda wenden will.« (Jeremia 30,3)

In Babylon erinnerten sich die Israeliten, die nun »Juden« genannt wurden, ihrer jüdischen Identität und bekehrten sich wieder zu Gott. Darum schenkte er ihnen nach 70-jähriger Gefangenschaft einen Neuanfang: 538 v. Chr. eroberten die Perser das babylonische Reich und erlaubten den Israeliten, ihr Land wieder aufzubauen und zu besiedeln. Juda blieb jedoch eine Provinz im Perserreich. Souveränität war den Juden seither versagt.

Die Perser unterstützten den Wiederaufbau des zerstörten Tempels, der 515 v. Chr. fertiggestellt wurde. Allerdings war dieser etwas kleiner als der erste und auch nicht mehr so prächtig. Erst Herodes der Große baute den Tempel ab 20 v. Chr. prachtvoll aus. Diese Arbeiten wurden erst lange nach seinem Tod vollendet, jedoch nur sechs Jahre vor der endgültigen Zerstörung des Tempels im Jahr 70 n. Chr.

Unter dem Schriftgelehrten Esra und dem Statthalter Nehemia wurde von 445 bis 433 v. Chr. auch Jerusalem erneut aufgebaut und mit einer mächtigen Mauer umgeben. Den Status »Hauptstadt« jedoch erhielt Jerusalem nicht mehr.

Aufstrebende Weltmächte erkannten die strategische Wichtigkeit dieses Landstrichs zwischen drei Kontinenten. Alexander der Große überrannte 332 v. Chr. Israel, nach seinem Tod zogen die Ptolemäer (ab 312 v. Chr.) ins Land, sodann die Seleukiden (ab 199 v. Chr.).

Erst im Jahre 164 v. Chr. wurde Jerusalem ein letztes Mal in der Antike souveräne Hauptstadt. Judas Makkabäus führte in den Jahren zuvor einen Aufstand gegen den Seleukidenherrscher Antiochus Epiphanes IV, der den jüdischen Glauben verboten und den Tempel geschändet hatte. Nach seinem Sieg wurde der Tempel erneut Gott geweiht und Makkabäus gründete die Hasmonäerdynastie, die Juda bis zum Einmarsch der Römer im Jahre 63 v. Chr. regierte.

In jenem Jahr nutzte der Feldherr Pompejus einen Bruderkrieg unter den Hasmonäern zur Eroberung des Landes aus und beendete damit die letzte kurze Blüte des jüdischen Volkes. Er machte Juda zur römischen Provinz Judäa. Das Gebiet westlich des Sees Genezareth nannte man fortan Galiläa. Juda ging endgültig als souveräne Nation unter. Herodes der Große wurde um 73 v. Chr. geboren und sicherte sich mit römischer Hilfe im Jahr 37 v. Chr. die Herrschaft in Judäa und machte Jerusalem zu seinem Regierungssitz. Er ließ die Ausübung des jüdischen Glaubens unbehelligt und baute großzügig den Tempel aus und erweiterte ihn um seinen Wohnsitz, die Burg Antonia. Herodes war ein großer Bauherr, aber auch ein grausamer Tyrann. Er war es, der nach Jesu Geburt alle Jungen in Bethlehem, die zwei Jahre und jünger waren, töten ließ. Nach seinem Tod kurz nach Christi Geburt teilte Kaiser Augustus sein Herrschaftsgebiet unter seinen Söhnen Archelaos, Herodes Antipas und Herodes Philippos auf.

Zeitenwende

Unter der römischen Herrschaft über Israel begann Jesus von Nazareth sein dreijähriges Wirken. Er wollte die Menschen wieder zu Gott führen, ihnen dienen und ihnen so zeigen, wie sich Gott die Menschen ursprünglich vorgestellt hatte: in Liebe und Gehorsam Gott gegenüber, und in Liebe und Achtung den Mitmenschen gegenüber (in den Worten der Bibel: »ohne Sünde«). Seine Mission war es, die Menschen mit Gott zu versöhnen. Dies predigte er und geriet darum mit einigen religiösen Führern seiner Zeit in Auseinandersetzung. Aus dem Glauben der Väter und Propheten war über die Jahrhunderte hinweg die Einhaltung der Gesetze der Mittelpunkt der Religion geworden. Durch die Perfektionierung der Gebote Gottes wollte man einem sündlosen Leben so nahe wie möglich kommen. Das Evangelium Jesu Christi war dagegen ein klares Kontrastprogramm.

Viele Juden akzeptierten seine Botschaft, erkannten in ihm den verheißenen Erlöser und Messias und gehorchten ihm. Andere wollten ihn aus dem Verkehr ziehen und brachten ihn durch die römische Justiz ans Kreuz, wo er als Unschuldiger den schändlichen Tod eines Schwerverbrechers starb. Gott jedoch bestätigte den Anspruch Jesu, der Erlöser zu sein, drei Tage später, indem er ihn von den Toten auferweckte. Die Augenzeugen dieser Ereignisse begannen unter den Juden zu predigen. Viele ließen sich von ihrer Botschaft überzeugen und unterstellten ihr Leben der Herrschaft Gottes. Damit beginnt die Geschichte der christlichen Gemeinde.

Die meisten Juden jedoch akzeptierten Jesus nicht als Erlöser, weil sie erwarteten, der verheißene Messias würde sie von der Herrschaft der Römer befreien. Sie nahmen im Jahre 66 n. Chr. die Befreiung selbst in die Hand.

Während des jüdischen Krieges 66 bis 73 n. Chr. wurde Jerusalem von den Römern belagert. Die Belagerung begann während des Passah-Festes, als sich Bewohner und Pilger in der Stadt aufhielten, über eine Million Menschen. Der jüdische Historiker und Augenzeuge des Krieges, Josephus Flavius, schreibt: »Jede Hoffnung auf Flucht und Beschaffung von Nahrungsvorräten war jetzt von den Juden gewichen, der Hunger verschlang Tausende über Tausende. Auf den Gassen häuften sich die Toten, da die Überlebenden nicht genug Kraft hatten, die Toten zu begraben, und sogar mit ihnen ins Grab fielen. Kein Trauern war in Jerusalem zu hören, denn der Hunger lähmte alle Gefühle.«[12]

Als sie die Stadt schließlich eroberten, verfielen die römischen Soldaten in einen Blutrausch. Sie metzelten alles nieder, was lebte. Obwohl der Feldherr Titus die Bauwerke erhalten wollte, steckte ein Soldat den Tempel in Brand. Die Überlebenden, die sich in den Tempel geflüchtet hatten, waren eingeschlossen und verbrannten.

Der jüdische Tempel war durch Herodes' Baumaßnahmen ein herrliches und prunkvolles Bauwerk geworden. Auch die Jünger Jesu waren vom Anblick des Tempels überwältigt: »Lehrer, sieh, was für Steine und was für Gebäude!« (Markus 13,1). Jesus dagegen ließ sich von der äußeren Pracht nicht beeindrucken, sondern sagte ihnen, was dem Tempel bevorstand: »Es wird nicht ein Stein auf dem anderen gelassen werden.« (Markus 13,2) Diese Prophezeihung erfüllte sich nach weniger als 40 Jahren. Aus geistlicher Sicht besteht ein enger Zusammenhang: Durch den einmaligen Opfertod Jesu waren die Opferungen im jüdischen Tempel zur Vergebung der Schuld fortan überflüssig geworden.

Insgesamt forderte der jüdische Krieg 1,1 Millionen Opfer. Mit den geraubten Schätzen finanzierte man in Rom den Bau des Kolosseums: »Ex manubis« – »aus der Kriegsbeute« – ist dort in einer Inschrift vermerkt worden.

Titus folgte im Jahre 79 seinem Vater auf dem Kaiserthron. Doch bereits zwei Jahre später starb er. Sein Bruder und Nachfolger ließ ihm zu Ehren einen Triumphbogen neben dem Forum in Rom errichten, den noch heute erhaltenen Titusbogen. Ein Relief des Titusbogens zeigt in einer Szene des Triumphzuges die heiligen Beutestücke aus Jerusalem: Den siebenarmigen Leuchter, den Tisch mit den Schaubroten und die Posaunen.

12 *Paul L. Maier (Hrsg.): Josephus – Ein Zeuge aus der Zeit Jesu berichtet, Seiten 359–360. Hänssler: 1994*

Der siebenarmige Leuchter aus dem zerstörten Tempel: Kriegsbeute, dargestellt auf der Innenseite des Titusbogens in Rom.

Das Forum Romanum mit dem Titusbogen sehen Sie auf der CD: **7-rom**

Der Krieg endete 73 n. Chr. mit dem Fall der Festung Massada hoch über dem Toten Meer, wohin sich die letzten jüdischen Überlebenden geflüchtet hatten. In einer mehrjährigen Belagerung schütteten die Römer eine Rampe bis zum Gipfel auf, wo sich die Festung befand. Um der Sklaverei zu entgehen, begingen die Juden am Tag vor der unausweichlichen Eroberung kollektiven Selbstmord.

Einige Jahrzehnte später bäumten sich die Juden noch ein weiteres Mal gegen die Fremdherrschaft auf. Als Vergeltung für den Bar-Kochba-Aufstand in den Jahren 132 bis 135 n. Chr. pflügten die Römer dann die Überreste Jerusalems mit einem Joch Ochsen um. Damit erfüllten sie, ohne es zu wissen, eine Prophetie aus Micha 3,12.

Anstelle von Jerusalem erbauten sie die Garnisonsstadt »Colonia Aelia Capitolina«. Sie verfolgten dasselbe Ziel wie mit der Umbenennung des Landes in »Palästina« (zu deutsch: »Philisterland«): Die Auslöschung der jüdischen Vergangenheit in den Köpfen der Menschen. Juden war das Betreten der Stadt verboten.

Nach der Zerstörung des Tempels entwickelte sich das rabbinische Judentum. Die Religion musste nun ohne den Tempel und die Opfer auskommen, was ein drastischer Einschnitt in das tägliche Leben bedeutete. In der Folgezeit wurden deshalb neben der Thora die Mischna und der Talmud immer wichtigere Werke. Die sich mit allen Aspekten des Lebens befassende jüdische Gesetzgebung wurde in der Mischna (2. Jahrhundert) kodifiziert und im Talmud (3. bis 5. Jahrhundert) ausführlich erläutert. Diese Gesetze, von denen einige in späteren Zeiten den veränderten Voraussetzungen angepasst wurden, sind noch heute für gläubige Juden verbindlich.

»Institutionelles und kulturelles Leben wurden in Anpassung an die veränderte Situation ohne das einigende Band von Staat und Tempel erneuert. Die Priester wurden durch Rabbiner ersetzt, und in Abwesenheit eines zentralen Heiligtums wurde die Synagoge zum Kern der verstreuten Gemeinden.«[13]

Dadurch behielten die Juden ihre Identität bis auf den heutigen Tag, was angesichts des harten Schicksals, das sie überall ereilte, mehr als ein Wunder ist. Jedes andere heimatlose Volk hätte sich schon längst mit seinen Gastgebervölkern vermischt oder wäre untergegangen. Denn die Juden wurden gehasst, verfolgt und waren die Sündenböcke, wo auch immer sie sich niederließen. Während der ganzen folgenden Jahrhunderte in der Diaspora erlebte so gut wie keine Generation irgendwo Ruhe.

Fast 2000 Jahre lang war das Land Israel so gut wie unbewohnt. Zwar stand es immer unter irgendjemandes Herrschaft, es war jedoch nie dauerhaft besiedelt. Von den einstmals florierenden Handels- und Hafenstädten des Königs Salomo blieben nur Trümmer. Das Land, »das von Milch und Honig überfließt«, (2. Mose 3,8) wurde eine wasserlose Wüste : »Ein wüstes Land. Eine in traurigem Schweigen versunkene Weite. Kaum ein Baum oder Strauch tauchte einmal auf.«[14] Lediglich Nomaden, Hirten und Pilger hiel-

13 *Prof. Benyamin Neuberger: Zionismus. Presse- und Informationsabteilung der Botschaft des Staates Israel in Deutschland, http://www.israel.de/botschaft/zionismus.html (Seite existiert nicht mehr)*

14 *Mark Twain, 1867, zitiert in: Peter Hahne: Israel erlebt, Seite 18. Hänssler: 1992*

ten sich dort auf, außerdem etwa ein Dutzend kleine, aber unbedeutende jüdische Gemeinwesen, die im Lauf der Jahrhunderte entstanden waren.

Was macht Israel so einzigartig?

Alexander Schick, *Buchautor und Betreiber der Qumran- und Bibelausstellung Sylt, www.bibelausstellung.de:*

»Als ich zwölf Jahre alt war, kam unser Religionslehrer mit einer Schriftrolle in den Unterricht und erzählte uns eine unglaublich spannende Geschichte. Ein Beduine habe 1947 bei der Suche nach einer entlaufenen Ziege eine Höhle entdeckt, in der alte Tonkrüge standen. Ihr Inhalt: die heute weltberühmten Schriftrollen von Qumran am Toten Meer. Unser Lehrer entrollte vor unseren staunenden Augen eine Kopie der berühmtesten aller Schriftrollen, die komplette Abschrift des Prophetenbuches Jesaja.

Der Lehrer ahnte nicht, was er damit in mir auslöste! Seit über 35 Jahren hat mich die Begeisterung für die biblische Archäologie nicht mehr losgelassen. Ich wurde mit dem ›Qumranvirus‹ infiziert.

Die Bibeltexte von Qumran sind über 1000 Jahre älter, als alle bis dahin bekannten kompletten hebräischen Bibelhandschriften und belegen, wie hervorragend Gottes Wort über die Jahrtausende überliefert worden ist. Neben zehn mehr oder minder kompletten Schriftrollen wurden in insgesamt elf Höhlen auch etwa 80.000 Fragmente entdeckt, die Forscher in mühsamer Arbeit zusammengesetzt haben. Diese antiken Schriftfunde machen uns gewissermaßen zu Zeitgenossen Jesu und helfen uns, seine befreiende Botschaft im historischen Kontext noch viel besser und eindringlicher zu verstehen.

Fast alle Orte in Israel sind ein gigantisches ›Freilichtmuseum‹, überall finden sich Steine und Ruinen, die aus biblischen Zeiten stammen. Der Israelreisende erlebt, wie sich hier das Wort erfüllt: ›Die Steine werden schreien‹ (Habakuk 2,11; Lukas 19,40). Israel hat so viel zu bieten, dass ein Besuch gar nicht ausreicht, um alles zu entdecken. Bei jedem Besuch freue ich mich auf den Augenblick, wenn befreundete Archäologen mir ihre neuesten Entdeckungen zeigen. Vor kurzem besuchten wir die grandiosen Ausgrabungen des Siloahteiches in Jerusalem, der erst im Sommer 2004 entdeckt worden ist. Hierher hatte Jesus den Blindgeborenen nach seiner Heilung geschickt (Johannes 9). Die Ausgrabungen zeigen, dass es sich dabei nicht nur um einen einfachen Teich gehandelt hat, sondern um eine Mikveh, ein jüdisches Ritualbad. In einer Mikveh musste man sich rituell waschen, um zum Tempel gehen zu dürfen. Und dies forderte Jesus von dem Geheilten. Wir durften als eine der ersten Gruppen einen sonst unzugänglichen unterirdischen Bereich betreten und standen plötzlich auf den Treppenstufen, auf denen Jesus den Blindgeborenen zum Siloahteich hinuntergeschickt hatte. Die Treppen führten einst bis direkt zum Tempelberg und die antiken Stufen sind vorzüglich erhalten. Wir alle standen staunend an dieser historischen Straße.

In den letzten Jahren konnte man oft lesen, dass die Könige David und Salomo wohl doch eher mythische Figuren und eine Erfindung der Bibel seien und keine geschichtliche Personen. Und selbst wenn sie gelebt haben sollten, dann seien sie nur kleine Hirtenhäuptlinge gewesen aber keine großen Herrscher. Hier ist es ein wichtiger Beitrag der archäologischen Forschung, dass sie immer wieder solche bibelkritischen Darstellungen widerlegt.

Seit 1966 graben israelische Archäologen im Tell Dan unweit der israelischen Nordgrenze. Der größte und bedeutendste Fund dort ist eine zerbrochene Basalt-Stele mit einer aramäischen Inschrift aus der Mitte des 9. Jahrhunderts v. Chr. Sie wurde 1993 entdeckt und erwähnt den ›König von Israel‹ und das ›[Köni]gs- Haus David‹. Dieser Fund ist ein steinerner Beweis, dass König David keine Erfindung der Bibel ist, wie einige Bibelkritiker behaupten, sondern eine historische Person! Ein Abguss dieser Tell-Dan-Stele ziert inzwischen meine Qumran- & Bibelausstellung.

Die Qumranfunde haben für mich seit einiger Zeit noch eine weitere Bedeutung und ich bin dem Beduinen unglaublich dankbar, dass er auf die Suche nach seiner Ziege gegangen ist! Im Frühjahr 2006 war unter meinen Reiseteilnehmern eine entzückende junge Frau, die nach Israel kam, um mehr über die Qumranrollen und das Land der Bibel zu erfahren. Sie eroberte sofort mein Herz und ist die große Liebe meines Lebens. Inzwischen darf ich mit meiner ›Wüstenblume‹ zusammen den Israelreisenden das Land der Bibel zeigen. Sie liebt ebenso wie ich dieses Land, die alten Steine und vor allem unseren Herrn Jesus, der in Israel lebte, wirkte, starb und auferstand. Dies ist für mich ein einzigartiges Geschenk!«

Diaspora und Zionismus

Das Römische Reich

Obwohl die Römer zwei erbitterte Kriege gegen die Juden geführt hatten, behandelten sie die verstreuten Juden mit Respekt, wo auch immer diese sich niederließen. Manchmal erhielten sie sogar einen privilegierten Status.

Konstantin der Große wurde irgendwann zwischen 272 und 285 n. Chr. geboren (an einem 27. Februar) und starb am 22. Mai 337. Von 306 bis zu seinem Tod war er römischer Kaiser, regierte allerdings erst ab dem Jahr 324 als Alleinherrscher. Konstantins Mutter Helena war Christin geworden und hatte bei einer Pilgerreise ins Heilige Land zahlreiche Kirchen gestiftet (z. B. die Geburts- und die Grabeskirche). Ihrem Einfluss wird es zu verdanken sein, dass Konstantin eine entscheidende Wende in der römischen Geschichte herbeiführte und das Christentum seinen Siegeszug in der Großmacht antrat. Kaiser Theodosius I. machte den christlichen Glauben dann im Jahr 391 zur römischen Staatsreligion und es erwachte eine neue Liebe zu Jerusalem.

Allerdings legten die damaligen Kirchenführer auch den Grundstein für den mittelalterlichen Antisemitismus in Europa: Die Erinnerung an die Ablehnung Christi durch die Juden und den jüdischen Widerstand gegen Rom ließ das Christentum zu einer Religion werden, die ihren Wurzeln im Judentum fast ganz und gar entrissen war.

395 wurde das römische Weltreich in Ostrom und Westrom geteilt. Byzanz, das heutige Istanbul, war Hauptstadt des Oströmischen (Byzantinischen) Reiches. In jener Zeit wurde Jerusalem als christliche Pilgerstätte weiter ausgebaut, viele Kirchen wurden errichtet. Die Perser jedoch eroberten Jerusalem im 6. Jahrhundert und zerstörten die Stadt.

Die Ausbreitung des Islam

»Kämpft gegen diejenigen, die nicht an Allah und den Jüngsten Tag glauben!« (Koran: Sure 9,29) Dem Islam gelten die Juden als Erbfeinde. Hier flammt noch immer der alttestamentliche Konflikt auf zwischen Abrahams älterem, aber unehelichem Sohn Ismael (Vorfahre der Araber), und Isaak (Vorfahre der Juden).

Als die Moslems Jerusalem erobert hatten, bauten sie im Jahre 691 auf dem jüdischen Tempelberg in Jerusalem den Felsendom, dessen goldene Kuppel heute das Wahrzeichen Jerusalems ist. Außerdem mauerten sie das »Goldene Tor« zu, dasjenige Stadttor, durch das nach jüdischer Vorstellung der Messias die Stadt betreten wird.

Doch obwohl der Islam sich meist durch das Schwert ausbreitete und nicht durch Worte, ging es den Juden unter der moslemischen Herrschaft meistens nicht so schlecht wie unter dem Regiment der christlichen Kirchen. Zwar gab es in islamischen Ländern wieder und wieder Judenmassaker – und auch Christenverfolgung – aber oft erlebte das Judentum Zeiten des Wohlstands und der Blüte. Auch standen den Juden dort die Wege zu hohen Staatsämtern offen, was ihnen im »christlichen Abendland« generell verwehrt war. Seit der jüdischen Neubesiedlung Palästinas im 19. und 20. Jahrhundert jedoch ist der Islam zum erbittertsten Feind des jüdischen Volkes im Nahen Osten geworden.

Die Zeit der Kreuzzüge

»Tröstet, tröstet mein Volk!, spricht euer Gott« (Jesaja 40,1) – Statt sich an diesen Auftrag Gottes zu halten, gab man im »christlichen« Abendland den Juden die Schuld an der Pest, verurteilte sie als Hexen, Brunnenvergifter und Christusmörder. Immer wieder verging sich der aufgestachelte Mob an den Juden.

Die größten Verbrechen der Christen im Mittelalter waren jedoch die Kreuzzüge und die Inquisition: 300.000 Juden lebten zu Beginn des 12. Jahrhunderts im Heiligen Land, trotz vorangegangener muslimischer Herrschaft.

Am Ende des 13. Jahrhunderts waren sie von den »Christen« mehrheitlich ausgerottet worden.

Die sieben Kreuzzüge gehören zu einem der dunkelsten Kapitel der christlich-abendländischen Geschichte. Jerusalem war seit 638 in moslemischer Hand. Schändungen christlicher Stätten, Übergriffe gegen christliche Pilger und ein Hilfegesuch des oströmischen Kaisers wegen der Zunahme türkischer Angriffe veranlassten Papst Urban II, auf dem Konzil in Clermont, Frankreich, am 27. November 1095 in einer leidenschaftlichen Rede zur Befreiung des Heiligen Landes aufzurufen: »Befreit die Heilige Stadt!«

Quer durch alle Stände folgten die Menschen seinem Aufruf – nicht zuletzt darum, weil er jedem, der im Kampf fallen würde, Sündenablass versprochen hatte. Eine Hungersnot im Jahre 1095 motivierte ebenfalls zur Auswanderung.

Von der falschen Vorstellung getrieben, das apokalyptische Heer der Offenbarung zu sein, das gegen den Antichristen kämpft, machten sich 1096 die ersten Kreuzfahrer auf. Bereits bei Konstantinopel wurden sie von den Türken besiegt. In einem zweiten Vormarsch jedoch konnte unter erfahrenen Anführern der türkische Sultan besiegt werden. Im Juni 1099 begann die Belagerung Jerusalems, die einen Monat dauern sollte.

Am 15. Juli 1099 überwanden die Kreuzfahrer die Stadtmauer. Nahezu die gesamte Bevölkerung Jerusalems wurde in der folgenden Nacht niedergemetzelt. Der Eroberer, Gottfried von Bouillon, wurde erster König von Jerusalem, »Beschützer des Heiligen Grabes«.

Um den neuen Staat zu sichern, mussten die beiden mächtigsten moslemischen Gebiete, Mesopotamien und Ägypten, voneinander isoliert werden. Dazu errichtete man östlich des Jordans eine Festungskette, die bis zum Golf von Elat reichte. Fast 200 Jahre lang konnte das Kreuzfahrerreich bestehen. 1291 fiel seine letzte Festung in Akkon. Die Herrschaft über Jerusalem wurde bereits 1187 verloren, als Sultan Saladin die Stadt eroberte. 1244 eroberten die Mamelucken das Heilige Land.

400 Jahre Teil des Osmanischen Reichs

Von 1517 bis 1917 wurde das Land Israel von den Türken beherrscht und war Teil des osmanischen Reiches. Das Heilige Land war sehr dünn besiedelt, vor Beginn der jüdischen Einwanderung lebten nur 450.000 Menschen im heutigen Staatsgebiet Israels. Davon waren 90 Prozent muslimische Araber. Unter osmanischer Herrschaft lebten zwischen 10.000 und 20.000 Juden und bis zu 40.000 meist griechisch-orthodoxe Christen in Israel. Den jüdischen und christlichen Gemeinden wurde ein hohes Maß an Autonomie gewährt, Konflikte zwischen den Glaubensgruppen gab es kaum.

Mit Beginn der jüdischen Einwanderung ab dem Jahr 1882 ging es mit dem verarmten Landstrich wirtschaftlich aufwärts. Auf diese Entwicklung hin wanderten auch zunehmend mehr Araber ein. Unter den jüdischen Zuwanderern waren viele Sepharden, Juden aus arabischen Ländern.

1917 traten die Türken an der Seite Deutschlands in den Ersten Weltkrieg ein und wurden von den Briten besiegt. Das Osmanische Reich zerfiel und die heutige Türkei blieb als Nachfolgestaat der einstigen Großmacht übrig.

Zionismus

»Wenn es jemals wieder einen Staat Israel gibt, lasse ich mich beschneiden!«, soll selbst Martin Luther über Bibelstellen geurteilt haben, die die Neuentstehung Israels vorhersagten. Dennoch: Ende des 19. Jahrhunderts begannen die Vorbereitungen für die Geburt des neuen Staates: Eliezer Ben Yehuda belebte das Hebräische von Neuem und machte es zur Alltagssprache und Theodor Herzl begründete den Zionismus.

☞ Siehe unter Land und Leute: **Die hebräische Sprache** auf Seite 31.

»Wenn ich das Haus Israel aus den Völkern sammle, unter die sie zerstreut worden sind, und ich mich an ihnen vor den Augen der Nationen als heilig erweise, dann werden sie in ihrem Land wohnen, das ich meinem Knecht Jakob gegeben habe.« (Hesekiel 28,25)

»Im Mittelpunkt zionistischen Denkens steht die Auffassung vom Lande Israel als der historischen Geburtsstätte des jüdischen Volkes und der Glaube, dass jüdisches Leben anderswo ein Leben im Exil ist.«[15]

»Zion« heisst ein Hügel in Jerusalem und der Name ist gleichzeitig das biblische Synonym für diese Stadt. Seit Jahrhunderten beenden die Juden das Passahfest mit dem sehnsuchtsvollen Ausspruch: »Nächstes Jahr in Jerusalem.« Auf Zion – auf Jerusalem – zentrierte sich das Denken, wenn die Juden 2000 Jahre lang von ihrer Rückkehr träumten. Die Bezeichnung »Zionismus« umfasst die Bewegung, die dem jüdischen Volk die Rückkehr in die Heimat ermöglichte.

»Zwei Perioden formten die jüdische Zivilisation: Die erste fand nach der Befreiung aus Ägypten statt, die zweite nach der Rückkehr aus Babylon, die dritte wird nach der Erlösung vom Exil stattfinden.«[16]

Die Idee des Zionismus ist keine Erfindung der Neuzeit. Vielmehr basiert sie auf der langen Geschichte zwischen dem jüdischen Volk und seinem Land, einer Verbindung, die vor mehr als 4000 Jahren begann.

Während der Jahrhunderte in der Diaspora hielten Juden eine feste und einzigartige Beziehung zu ihrer historischen Heimat aufrecht und bekundeten ihre Sehnsucht nach Zion in religiösen Zeremonien und in der Literatur.

Juden sind angehalten, sich während des Gebets nach Osten – Richtung Israel – zu wenden. Im Morgengottesdienst heißt es »Bringe uns in Frieden heim von den vier Enden der Erde und führe uns aufrecht in unser Land.«

Die Betenden wiederholen mehrmals »Gelobt seist du, Ewiger, der du Jerusalem erbaust« und »Gesegnet seist du, Ewiger, der seine Majestät nach Zion zurückbringt«. Zum Segen nach den Mahlzeiten gehört ein Segensspruch, der mit einem Gebet für den Wiederaufbau »Jerusalems, der

---

15 Prof. Benyamin Neuberger: Zionismus. Presse- und Informationsabteilung der Botschaft des Staates Israel in Deutschland, http://www.israel.de/botschaft/zionismus.html (Seite existiert nicht mehr)

16 Moses Hess, 1844, in seinem Buch »Rom und Jerusalem«, zitiert in: Prof. Benyamin Neuberger: Zionismus, Presse- und Informationsabteilung der Botschaft des Staates Israel in Deutschland

Heiligen Stadt, rasch und in unseren Tagen« endet. Während der Hochzeitszeremonie erhebt der Bräutigam »Jerusalem zu unserer höchsten Freude«. Bei einer Beschneidung werden die Worte »Vergesse ich dich, Jerusalem, so verdorre meine Rechte« gesprochen. Am Passafest wünscht man sich allgemein »Nächstes Jahr in Jerusalem«.

»Obwohl der Zionismus die historische Verbindung zwischen dem jüdischen Volk und dem Land Israel zum Ausdruck bringt, wäre der moderne Zionismus als eine aktive Nationalbewegung im 19. Jahrhundert wohl kaum ohne den in der Kontinuität einer jahrhundertelangen Verfolgungsgeschichte stehenden, zeitgenössischen Antisemitismus entstanden.«[17] Im Laufe der Jahrhunderte waren die Juden aus nahezu allen europäischen Ländern vertrieben worden.

Die Aufklärung brachte in Europa eine spürbare Verbesserung für die jüdische Bevölkerung. Es war mehr und mehr möglich, auch als Jude ein vollwertiges Mitglied der Gesellschaft zu sein. Juden erhielten Staatsposten, wurden Wissenschaftler und gründeten eigene Hochschulen. Viele gingen zur Armee und nahmen an der Seite ihrer jeweiligen Landsleute am Ersten Weltkrieg teil. »Jüdische Soldaten kämpften und starben an jeder Front, die sich im Weltkrieg auftat.«[18]

Zu keiner Zeit war die Assimilation so weit fortgeschritten wie im 19. und am Anfang des 20. Jahrhunderts. Nur selten war Antisemitismus in der Gesellschaft nur so latent vorhanden wie in diesen Jahren. Juden wie Karl Marx (Begründer des Kommunismus), Felix Mendelssohn-Bartholdy (Komponist), Max Liebermann (Maler), Heinrich Heine (Schriftsteller), André Citroën (Automobilproduzent), Paul Ehrlich (Chemiker und Arzt) und Albert Einstein (Physiker) prägten Politik, Kunst, Wirtschaft und Wissenschaft.

Doch am Beispiel Deutschlands ist zu sehen, wie schnell sich das Blatt wenden konnte: 31.000 jüdische Soldaten verdienten sich durch ihre Tapferkeit in der deutschen Armee das Eiserne Kreuz – nicht wenige davon verbrachten den Zweiten Weltkrieg in einem KZ.

---

17 Prof. Benyamin Neuberger: Zionismus. Presse- und Informationsabteilung der Botschaft des Staates Israel in Deutschland

18 Martin Gilbert: Das jüdische Jahrhundert, Seite 69. Bertelsmann: 2001

Das krisengeschüttelte, revolutionäre und extrem antisemitische Russland hingegen brachte schon am Anfang des 20. Jahrhunderts die erste jüdische Auswanderungswelle nach Palästina hervor.

Theodor Herzl auf einem Balkon im schweizerischen Basel 1897.

Die Geschichte der Einwanderungswellen nach Eretz Israel ist ein Beleg für die Richtigkeit der zionistischen Argumentation, dass ein jüdischer Staat im Land Israel, mit einer jüdischen Mehrheit, die einzige Lösung der »Judenfrage« ist. Die zionistische Bewegung wollte einer heimatlosen Gemeinschaft, deren Fremdheit immer wieder durch Diskriminierung hervorgehoben wurde, die Rückkehr in das historische Land Israel ermöglichen. Der Zionismus strebte nach jüdischer Einheit durch die Sammlung der im Exil lebenden Juden aus allen Ländern der Welt in der jüdischen Heimat.

Theodor Herzl, ein Wiener Jude, machte die jahrhundertealte passive religiöse Sehnsucht zu einer aktiven politischen Bewegung, als er 1896 seine Schrift »Der Judenstaat – Versuch einer modernen Lösung der Judenfrage« veröffentlichte. Darin analysierte er die Umstände, die in den vergangenen

Jahrhunderten wieder und wieder zu Judenverfolgungen führten, und die Ursachen des Judenhasses. Er kam zu dem Schluss, dass die Juden nur in einem eigenen Land sicher sein könnten. Bestärkt wurde er darin insbesondere durch die Dreyfus-Affäre während seiner Zeit als Korrespondent der Wiener Zeitung »Neue Freie Presse« in Paris.

Der französische Hauptmann Alfons Dreyfus wurde beschuldigt, geheime militärische Informationen an Deutschland weitergegeben zu haben. Weil er Jude war, wurde dieser Prozess über die Maßen hochgespielt. Als Folge trieben antisemitische Ausschreitungen schlimme Blüten. Dreyfus wurde zu lebenslanger Haft auf der Teufelsinsel verurteilt. Seine Unschuld stellte sich erst Jahre später heraus.

Der erste Zionistenkongress fand in Basel statt. Vom 29. bis 31. August 1897 nahmen 197 Repräsentanten aus 17 Staaten an dieser ersten Versammlung von Diaspora-Juden teil. Herzl hielt die Eröffnungsrede. Es schlossen sich Vorträge und Diskussionen über die Situation der Juden in der Welt, das Land Israel und die dortigen Siedlungsaktivitäten an. Ausführlich debattierten die Teilnehmer den Wortlaut des Zionistischen Programms, um schließlich der Version des Baseler Programms zuzustimmen.

Dem Baseler Programm zufolge erstrebte der Zionismus »Für das jüdische Volk die Schaffung einer öffentlich-rechtlich gesicherten Heimstätte in Palästina«.

»Fasse ich den Baseler Kongress in ein Wort zusammen – das ich mich hüten werde, öffentlich auszusprechen – so ist es dieses: In Basel habe ich den Judenstaat gegründet. Wenn ich das heute laut sage, würde mir ein universelles Gelächter antworten. Vielleicht in fünf Jahren, jedenfalls in fünfzig wird es jeder einsehen.«[19] (Theodor Herzl)

Während des Kongresses gründeten die Delegierten die World Zionist Organization, zu deren Präsident Dr. Theodor Herzl berufen wurde. Schließlich wählte man noch eine Flagge und bestimmte das Lied »Hatikva« (Hoffnung) zur Nationalhymne.

19 Theodor Herzls Tagebucheintrag nach dem ersten Zionistenkongress in Basel 1897, zitiert in: Lance Lambert: Israel – Zentrum der Weltgeschichte?, Seite 124, Hänssler: 1996

»Von der Ideologie des Zionismus erfüllt, begann der Zustrom tausender Juden in den zu dieser Zeit spärlich bevölkerten und vernachlässigten Teil des Osmanischen Reiches. Diese frühen Pioniere legten Sumpfland trocken, machten Ödland urbar, forsteten die kahlen Hänge auf, gründeten Industrien und errichteten Städte und Dörfer.«[20]

Unterstützung erhielten die Siedler von dem französischen Bankier Baron Edmond de Rothschild. Er ermöglichte die Gründung der ersten Siedlungen durch großzügige finanzielle Unterstützung. Sein Interesse galt jedoch hauptsächlich der Besiedlung und Urbarmachung des »Landes der Väter«, wie die Juden Palästina nannten. Vom Zionismus mit seiner Idee eines jüdischen Staates hielt Rothschild nichts. Im Gegenteil: Wer sich durch zionistische Aktivitäten in Palästina in Schwierigkeiten mit der türkischen Regierung brachte, konnte auf seine Hilfe nicht mehr zählen.

»Nur wenige hielten die arabische Präsenz für ein wirkliches Hindernis bei der Verwirklichung des Zionismus. Zu jener Zeit, gegen Ende des 19. Jahrhunderts, gab es keine Form eines arabischen Nationalismus, und die arabische Bevölkerung in Palästina war gering an Zahl und im Wesentlichen unpolitisch.«[21]

Während der ersten Jahrzehnte nahm der arabische Nationalismus mehr und mehr zu. Gleichzeitig stieg der Widerstand gegen eine jüdische Präsenz im ehemals islamischen Gebiet. So kam es zu den ersten Zusammenstößen, die bis heute im Nahostkonflikt andauern.

Dennoch ist der Zionismus auch 100 Jahre nach Herzl noch nicht ans Ziel gekommen: Seit 1948 hat der Zionismus seine Aufgabe darin gesehen, die »Sammlung aus dem Exil« weiterhin zu unterstützen. Doch auch heute leben noch weniger als die Hälfte aller Juden in Israel, dem einzigen jüdischen Staat der Welt.

Eretz Israel als Sehnsucht der Juden

Nahezu 1900 Jahre lang war Israel so gut wie unbewohnt. Dies änderte sich erst im Ersten Weltkrieg, als Briten und Franzosen gegen die Türken um die

20 *Israel in Kürze – Geschichte, Generalkonsulat des Staates Israel in Berlin*

21 *Prof. Benyamin Neuberger: Zionismus. Presse- und Informationsabteilung der Botschaft des Staates Israel in Deutschland*

Vormachtstellung im Nahen Osten kämpften. 1915 sicherte der britische Hochkommissar in Ägypten die Errichtung eines unabhängigen Großarabischen Reiches in Palästina zu, falls man die Türken besiegen würde.

Doch schon ein Jahr später vereinbarten der britische und der französische Unterhändler Sykes und Picot in dem nach ihnen benannten Abkommen, den Nahen Osten zwischen England und Frankreich nach Interessenssphären aufzuteilen. Palästina sollte internationalisiert werden.

Den heimkehrenden Juden kam ein unglaublicher Handel zur Hilfe, schneller ihr gelobtes Land zugesprochen zu bekommen: Während des Krieges mangelte es Großbritannien an Aceton, einem Mittel, das zur Munitionsherstellung benötigt wird. Dr. Chaim Weizmann, der Direktor des chemischen Laboratoriums der britischen Kriegsmarine und Sprecher der zionistischen Bewegung in England, entwickelte ein neues Verfahren zur Herstellung von Aceton und löste somit das Problem.

Zum Dank versprach ihm 1917 der damalige britische Außenminister James Balfour die Schaffung einer jüdischen nationalen Heimstätte in Palästina und sagte dies dem französischen Baron Edmond de Rothschild, der die zionistische Bewegung wie kein anderer finanziell unterstützte, schriftlich zu. Diese Erklärung wurde am 3. Januar 1919 auf der Pariser Friedenskonferenz vom arabischen Delegierten Emir Feisal anerkannt.

»Lieber Lord Rothschild,

ich habe die große Freude, Ihnen im Namen der Regierung Seiner Majestät die folgende Erklärung unserer Sympathie mit den jüdisch-zionistischen Bestrebungen zu übermitteln, eine Erklärung, die dem Kabinett vorgelegen hat und gutgeheißen worden ist:

Die Regierung Seiner Majestät beobachtet mit Wohlwollen die Errichtung einer nationalen Heimstätte für das jüdische Volk in Palästina und wird ihr Möglichstes tun, dieses Vorhaben zu fördern, wobei allerdings klarzustellen ist, dass nichts unternommen werden darf, was die bürgerlichen und religiösen Rechte der bestehenden nicht-jüdischen Gemeinden in Palästina oder die Rechte und den politischen Status von Juden in irgendeinem anderen Land beeinträchtigen könnte.

Ich wäre Ihnen dankbar, wenn Sie diese Erklärung der Zionistischen Vereinigung zur Kenntnis bringen könnten.

Ihr ergebener Arthur James Balfour.«[22]

»In Anerkennung der ›historischen Verbindung des jüdischen Volkes mit Palästina – dem Land Israel‹ und ›der Gründe für die Wiederherrichtung seiner nationalen Heimstätte in jenem Land‹ hat der Völkerbund 1922 Großbritannien das Mandat übertragen und es unter anderem damit beauftragt, ›solche politischen, verwaltungstechnischen und wirtschaftlichen Voraussetzungen im Land herzustellen, welche die Errichtung einer nationalen jüdischen Heimstätte gewährleisten‹«.[23]

Aus Machtinteressen brachen die Briten allerdings schnell ihr Versprechen, das ganze Mandatsgebiet Palästina an die Juden zu geben. 1922 trennte Churchill das Gebiet östlich des Jordans ab und gab es König Abdullah, der dort das autonome Emirat Transjordanien, das heutige Jordanien, errichtete. Für die Juden blieben somit nur noch 23 Prozent des ursprünglichen Gebiets übrig.

Dennoch kamen mehr und mehr Einwanderer ins Land und begannen, es zu bebauen. Tel Aviv (»Frühlingshügel«) wurde 1909 als erste jüdische Stadt der Neuzeit gegründet. Gleichzeitig kamen auch Araber ins Land, die am Aufblühen des Landes teilhaben wollten. Diese hatten zunächst wie die Juden ein friedliches Zusammenleben und Handelsbeziehungen im Sinn.

Das änderte sich jedoch schnell. In den 1920er und 1930er Jahren kam es immer wieder zu Zusammenstößen, nachdem zum Schutz der jüdischen Siedlungen vor arabischen Überfällen die jüdische Untergrundorganisation »Haganah« gegründet worden war.

Von arabischer Seite fiel und fällt immer wieder der Vorwurf, die frühen Pioniere des Zionismus hätten einfache Araber um wertvolles, fruchtbares Land betrogen. Von Einzelfällen abgesehen bestand Palästina zur Jahrhundertwende aber größtenteils aus trockener Wüste und kargem Boden, teilweise sogar aus malariaverseuchtem Sumpfgebiet. Die Verkäufer dieser Ländereien lebten zudem nicht in Palästina, sondern meist weit außerhalb, in Damaskus oder Kairo. Sie verkauften das Land in der freudigen Erwar-

22 *Israel in Kürze – Geschichte. Generalkonsulat des Staates Israel in Berlin, http://www.israel.de/botschaft/kuerze/geschichte.html (Seite existiert nicht mehr)*

23 *Israel in Kürze – Geschichte. Generalkonsulat des Staates Israel in Berlin, http://www.israel.de/botschaft/kuerze/geschichte.html (Seite existiert nicht mehr)*

tung, dass die Juden dort ohnehin wie die Fliegen wegsterben würden, sodass sie das Land zurückerhalten würden.

1929 richteten Araber ein Massaker an der jüdischen Bevölkerung Hebrons an und verjagten die Überlebenden aus der Stadt. Als es dann in den Jahren 1936 bis 1939 zu einem bewaffneten arabischen Aufstand gegen Juden und Engländer kam, änderte sich Großbritanniens Politik zugunsten der Araber, obwohl die Juden auf britischer Seite kämpften.

Mit dem »Britischen Weißbuch« begrenzte Großbritannien 1939 die jüdische Einwanderung auf 75.000 Personen innerhalb der folgenden fünf Jahre. Danach sollte ohne arabische Zustimmung keine weitere Einwanderung mehr stattfinden. So wurde den vor Hitler geflohenen Juden und den Überlebenden des Holocaust in der Stunde der größten Not jegliche Hilfe versagt. Dennoch wurden weitere 100.000 Juden von der Haganah »illegal« ins Land geschleust.

Der Holocaust

Viele Juden in Europa ließen sich von den zionistischen Bestrebungen nicht anstecken und bevorzugten es, in den Ländern ihrer Geburt zu bleiben und sich zu assimilieren. Dies wurde ihnen zum Verhängnis. Nur wenige erkannten die deutsche Gefahr rechtzeitig. Nachdem Hitlers Propagandamaschinerie angelaufen war, war es für viele zum Ausreisen zu spät. Bereits 1935 waren die meisten jüdischen Konten eingefroren. Dennoch gelang noch Tausenden, in die USA, nach Großbritannien, Südamerika oder Palästina auszuwandern.

Hitler nutzte den seit dem Mittelalter in der Bevölkerung vorhandenen Judenhass geschickt aus, um seine teuflischen Ziele zu erreichen: Geschäftsboykott, Rassengesetze, »Reichspogromnacht«. Die schließliche »Endlösung der Judenfrage« brachte sechs Millionen Menschen ein grausames Ende. Ein Drittel aller in der ganzen Welt lebenden Juden waren am Ende des Zweiten Weltkrieges tot, das europäische Judentum so gut wie ausgelöscht.

Die Konzentrationslager des Dritten Reiches sind wohl mit großem Abstand das Schrecklichste, Grausamste und Beschämendste, was Deutschland in seiner Geschichte hervorgebracht hat. Hier wurden Juden, »Zigeuner«,

Polen, Russen, politisch Andersdenkende und wer auch sonst nicht in das Schema von Hitlers Drittem Reich passte gesammelt und gefangen gehalten. Im Laufe des Krieges wurden mehrere Lager zu regelrechten Tötungsmaschinerien ausgebaut und in den Jahren 1942 bis 1945 wurden vor allem Juden systematisch und in großer Zahl vernichtet. In Gaskammern oder durch Massenerschießungen wurden Tausende, ja Millionen von Menschen getötet. Anschließend vergruben Angehörige der SS die Leichen in riesigen Massengräbern oder verbrannten sie in Krematorien zu Asche. Völkermord als industrieller Prozess, der mit deutscher Gründlichkeit durchgeführt wurde. Alles in allem gab es 20 Hauptlager mit insgesamt bis zu 2000 Nebenlagern.

In Dachau errichteten die Nationalsozialisten das erste deutsche Konzentrationslager. Bereits am 22. März 1933 wurde es »eingeweiht«. Politische Gegner, Juden, Geistliche und sogenannte »unerwünschte Elemente« sollten darin als Feinde des Staates isoliert werden. 1938 wurde das Lager vergrößert. In den Jahren 1933 bis 1945 wurden über 200.000 Häftlinge registriert. Dachau gilt im Allgemeinen nicht als Vernichtungslager, trotzdem waren die charakteristischen Merkmale eines solchen vorhanden. Diese kamen aber nur noch kurze Zeit oder gar nicht mehr zum Einsatz: Ein SS-Schießplatz, Gaskammer, Krematorium, Massengräber. Über 32 000 Menschen starben im KZ Dachau. Der Anteil an jüdischen Opfern war hier vergleichsweise »gering«.

Das ehemalige Lager in Dachau kann heute auf seiner vollen Fläche besichtigt werden. Das Krematorium, die zwei wieder aufgebauten Baracken, die Mahnmale der Juden und Christen sowie eine große Ausstellung machen den Besuch der Gedenkstätte zu einem eindrücklichen Erlebnis.

Auf der CD ist das Konzentrationslager Dachau als Panoramafilm zu sehen: **7-dachau**

Mit dem Giftgas Zyklon B wurden in den Konzentrationslagern unzählige Menschen systematisch ermordet. Das mit Blausäure getränkte Substrat wurde in luftdichten Blechdosen ausgeliefert.

Das größte Vernichtungslager war Auschwitz-Birkenau, das erst am 26. Mai 1940 in Betrieb genommen wurde und einschließlich seiner Nebenlager bis zu 155.000 Menschen fasste. Im August 1944 erreichte die Lagerbevölkerung mit 105.168 Insassen ihr Maximum. Die geschätzte Anzahl der Todesopfer allein in den Gaskammern von Auschwitz beträgt 1,1 bis 1,5 Millionen, darunter etwa eine Million Juden, Polen, »Zigeuner« und sowjetische Kriegsgefangene. Etwa 330.000 Menschen starben aus anderen Ursachen. Schon während das Lager gebaut wurde, starben unter unmenschlichen Bedingungen 10.000 sowjetische Kriegsgefangene. Auschwitz-Birkenau wurde zum berüchtigsten Mordschauplatz aller Zeiten.

Nur insgesamt etwa 200.000 Gefangene überlebten Auschwitz. Bei der Befreiung am 27. Januar 1945 durch die sowjetische Armee wurden 7000 Überlebende aufgefunden, die sich in einem erbärmlichen Zustand befanden. Kurz zuvor hatten die Deutschen 58.000 gehfähige Gefangene evakuiert.

»Hitler« ist in den palästinensischen Autonomiegebieten zum beliebten Vornamen geworden. Die Zeitung »Al Hayat al Jadida« berichtete von jungen Palästinensern namens Hitler Salach oder Hitler Abu Alrab. Diese Palästinenser seien stolz auf den Mann, der das jüdische Volk vernichten wollte.[24]

Unter dem Eindruck des Holocaust beschloss die UNO 1947, das britische Mandatsgebiet Palästina zwischen Juden und Arabern aufzuteilen. Die Juden konnten nichts anderes als akzeptierten, die Araber dagegen lehnten jegliche jüdische Präsenz im Nahen Osten ab. Am 15. Mai 1948 sollte um Mitternacht das britische Mandat enden.

Anfang April beschlossen die Zionisten, eine Nationalverwaltung mit 13 Mitgliedern und einen Nationalrat mit 37 Mitgliedern zu gründen, die nach dem Abzug der britischen Mandatsmacht die provisorische Regierung und Legislative des jüdischen Staates bilden sollten. Alle Gesetze der Mandatszeit sollten in Kraft bleiben, außer dem Weißbuch von 1939, das die jüdische Einwanderung verbot.

Am 14. Mai 1948 erklärte Israel seine Unabhängigkeit. Der neue Staat wurde sofort von den USA und der Sowjetunion anerkannt, weitere Staaten folgten. Noch am selben Tag griffen fünf arabische Staaten gleichzeitig das junge Israel an, um die Juden »ins Meer zu treiben«. Dieses Vorhaben scheiterte. Israels Armee schlug eine fünfzigfache Übermacht.

Die Einwanderung (Aliya)

In fünf großen Einwanderungswellen (hebr. »Aliya« = »Hinaufgang«) kehrten die Pioniere des Zionismus zurück ins Heilige Land.

- 1882 bis 1904 kamen in der ersten Aliya ca. 25.000 Einwanderer, hauptsächlich Flüchtlinge vor den Pogromen in Russland und Polen.
- In der zweiten Aliya, 1905 bis 1914, kamen weitere 35.000 Juden aus Polen nach Israel, unter ihnen David Ben Gurion. Sie gründeten die ersten Kibbuzim und die Stadt Tel Aviv.
- Nach dem Ersten Weltkrieg setzte die dritte Aliya ein. Sie brachte 35.000 Menschen aus Polen und Litauen nach Israel und dauerte bis 1922.

24 *Quelle: NAI/Israel heute, Januar 2008, Seite 11*

- Von 1925 bis 1930, während der vierten Aliya, kehrten 70.000 Juden in das Land ihrer Väter heim.
- Schließlich begann 1933 die fünfte und letzte Welle.

Bis 1939 das »Weißbuch« jegliche jüdische Einwanderung stoppte, waren 225.000 Juden, hauptsächlich aus Deutschland, nach Israel eingewandert. Während des Zweiten Weltkriegs versuchte die britische Mandatsmacht mit allen Mitteln, den verzweifelten Entronnenen des Holocausts die Einreise zu verwehren. Dennoch schafften es 130.000 Menschen zwischen 1939 und 1948, ins Land zu gelangen.

Als 1948 der Staat Israel gegründet wurde, war der Weg frei. In aller Welt brachen Juden auf, um in die alte Heimat umzusiedeln. Noch heute ist Israel ein Einwanderungsland. In jedem Jahrzehnt kehrten etwa eine Million Menschen in die alte Heimat zurück, die per Gesetz jedem Juden offen steht. Dieses Gesetz bestimmt, dass jeder ein Jude ist, der von einer jüdischen Mutter geboren wurde oder zum Judentum übergetreten ist.

Viele Juden haben begonnen, sich mit dem Glauben ihrer Vorfahren auseinanderzusetzen. Die Synagogen Israels füllen sich wieder, die Nachfahren Jakobs suchen und finden zurück zum »Gott Jakobs«.

Jerusalem im 20. Jahrhundert

Während des Ersten Weltkrieges eroberten die Engländer am 11. Dezember 1917 unter General Allenby Jerusalem. Sie beendeten die osmanische Herrschaft und erhielten vom Völkerbund das Mandatsrecht über Palästina. In dieser Zeit begann Jerusalem wieder aufzublühen und dehnte sich nach Westen aus, wo die heutige »Neustadt« entstand. Auch für Archäologen aus aller Welt erwies sich die Stadt mit ihrer 3000-jährigen Geschichte als unwiderstehlich. Schicht für Schicht wurden Zeugnisse der Vergangenheit freigelegt. Leider sind bis heute Ausgrabungen auf dem arabisch verwalteten Tempelberg verboten. Vermutlich, um arabische Ansprüche auf Jerusalem nicht zu gefährden, denn wer weiß, was alles dort zutage gefördert werden würde, wo früher 1000 Jahre lang der jüdische Tempel stand?

1947 beschloss die UNO, das nach der Teilung von 1922 verbliebene Mandatsgebiet erneut in einen jüdischen und einen arabischen Staat zu teilen, und Jerusalem unter internationale Verwaltung zu stellen. Dazu kam es nicht, denn der neue jüdische Staat wurde sofort von seinen arabischen Nachbarn angegriffen.

Am Ende besaß Israel mehr Land als zuvor und darüberhinaus den Westteil Jerusalems, der seit 1950 das Parlament (Knesset) und die meisten Ministerien beherbergt. Der Ostteil wurde von Jordanien erobert. Sie vertrieben die Juden, zerstörten das jüdische Viertel und schändeten die jüdischen heiligen Stätten, indem sie Synagogen in Ställe umwandelten und Grabsteine zum Bau von Toiletten und Straßen entweihten.

1967 geriet Israel zunehmend in Bedrängnis und wurde zu einem militärischen Präventivschlag gezwungen. Dabei eroberte es unter anderem den Ostteil Jerusalems, in dem sich der ehemalige Tempelplatz befindet. Weinend standen die Soldaten an diesem Tag vor der Klagemauer, dem einzigen Überrest des alten Tempels. Zum ersten Mal seit fast 2000 Jahren konnten Juden wieder den Tempelberg, das Zentrum des jüdischen Glaubens, betreten.

Seit 1967 können Juden wieder an der Klagemauer beten.

Israel öffnete sofort den Zugang zu den Heiligtümern der Juden, der Christen und der Moslems und erließ das »Gesetz zum Schutz der Heiligen Stätten«: »Die Heiligen Stätten werden vor Entweihung und jeder anderen Verletzung geschützt sowie vor allem, was den freien Zugang der Mitglieder

der verschiedenen Religionen zu ihren Heiligen Stätten oder ihre Gefühle in Bezug auf diese Stätten verletzen kann.«[25]

Taumelbecher und Laststein – ein Resümee über 4000 Jahre Geschichte

»Siehe, ich will Jerusalem zum Taumelbecher zurichten für alle Völker ringsumher, und auch Juda wird's gelten, wenn Jerusalem belagert wird. Zur selben Zeit will ich Jerusalem machen zum Laststein für alle Völker. Alle, die ihn wegheben wollen, sollen sich daran wund reißen; denn es werden sich alle Völker auf Erden gegen Jerusalem versammeln.« (Sacharja 12,2–3)

Jerusalem: Taumelbecher und Laststein. Treffender könnte man die Situation heute nicht beschreiben. Der Prophet Sacharja hat es vor über 2500 Jahren getan! Jerusalem ist ein Brennpunkt der Geschichte, der Religionen und der Politik. Jerusalem ist aber auch ein Brennpunkt in Gottes Geschichte mit der Menschheit: Die Herrschaft über Jerusalem wechselte innerhalb der letzten 3000 Jahre mindestens achtzehnmal. Oft herrschten die jeweiligen Besitzer nur wenige Jahre, bevor ihnen das Zepter wieder aus der Hand gerissen wurde. Allein im 20. Jahrhundert waren vier verschiedene Mächte Besitzer von Jerusalem. In chronologischer Reihenfolge herrschten folgende Völker über die Heilige Stadt: Jebusiter, Israeliten unter König David, Babylonier (Nebukadnezar), Perser, Griechen (Alexander der Große), Ptolemäer, Seleukiden, Juden (Makkabäer), Römer, Byzantiner, Moslems, Kreuzfahrer aus Europa, Kurden (Sultan Saladin), Mamelucken (Ägypten), osmanische Türken, Briten, Araber (Jordanien), Juden (Staat Israel).

25 *Christliche Gemeinschaften in Israel, Seite 4. Israelisches Informationszentrum: 1996*

Nahostkonflikt

Ursachen des Konflikts

Die politische Lage vor 1948

Die Feindschaft zwischen Arabern und Juden ist tief in der Geschichte des Nahen Ostens verwurzelt. Die Ursachen gehen zurück bis ins 7. Jahrhundert, als Mohammed den Islam ins Leben rief. Wenn man davon ausgeht, dass die Araber von Abrahams Sohn Ismael abstammen, könnte man den Konflikt gar bis in die Zeit des Alten Testaments zurückverfolgen. Am Anfang des 20. Jahrhunderts verpassten es die britischen Machthaber, eine Verschärfung des Konflikts abzuwenden.

Der arabisch-jüdische Konflikt ist viel älter als der Staat Israel. Oft wird behauptet, das Zusammenleben von Juden und Arabern sei in vergangenen Jahrhunderten unproblematisch und harmonisch gewesen. Dies war jedoch selten der Fall. Lange vor der Staatsgründung Israels wurden Juden unter arabischer Herrschaft unterdrückt und als minderwertige, ungläubige »Dhimmis« misshandelt.

»Im Gegensatz zu dem Mythos, dass Juden in Harmonie mit den Arabern gelebt haben, bevor der zionistische Staat gegründet wurde, dokumentieren zahlreiche zuverlässige Schriften entschieden die Unterjochung, Unterdrückung und die antijüdischen Ausbrüche von Gewalt, die die Existenz der Juden in moslemisch-arabischen Ländern verfinstert haben.«[26]

Der Gründung Israels ging der Zerfall des gewaltigen Osmanischen Reiches und die Mandatszeit Englands und Frankreichs im Nahen Osten voraus. Das französische Mandat umfasste Syrien und den Libanon, den Engländern gehörte Mesopotamien, also der heutige Irak und Palästina. Zu Palästina gehörte zu dieser Zeit die Fläche des heutigen Israel, einschließlich der Westbank (ohne die Golanhöhen) und das später abgetrennte Transjordanien (das heutige Jordanien).

In der Balfour-Erklärung 1917 sprachen sich die Briten gegenüber den Juden für die Errichtung einer jüdischen Heimstätte in Palästina aus. Gleichzeitig

26 *Joan Peters: From Time Immemorial, Seite 33. J. KAP Publishing: 1984*

wurden jedoch auch den Arabern Gebiete versprochen und Großbritannien trug so zu einer Verschärfung des Konflikts bei.

1947 schließlich schlug die UNO eine Teilung des verbliebenen Palästinas vor. Nach Ablauf der Mandatszeit sollte ein jüdischer und ein arabischer Staat in Palästina gegründet werden. Die Araber lehnten den Vorschlag ab.

»Palästina«

Unter dem Namen Palästina ist heute das Gebiet bekannt, auf dem der Staat Israel liegt, einschließlich des sogenannten Westjordanlandes. Weniger bekannt ist der Ursprung des Namens. In gängigen christlichen Bibelübersetzungen, z.B. der Lutherbibel, sind die Karten des alten Israel überschrieben mit »Palästina zur Zeit des Alten Testaments« oder »Palästina zur Zeit Jesu«.

Tatsache ist jedoch, dass der Name Palästina zu biblischer Zeit noch nicht existiert hat. Erst die Römer haben im 2. Jahrhundert dem von ihnen eroberten Land diesen Namen gegeben, um die Erinnerung an die soeben vernichtete und vertriebene jüdische Bevölkerung auszulöschen. »Palästina« ist die lateinische Bezeichnung für das »Land der Philister«.

Die Engländer griffen den Namen »Palästina« wieder auf, um damit ihr Mandatsgebiet zu bezeichnen, das sie nach dem Ersten Weltkrieg erhielten. »1922 teilte Churchill das Mandatsgebiet und errichtete ein autonomes Emirat in Transjordanien« – auf 75 Prozent der ursprünglichen Fläche.

Palästinenserpräsident Jassir Arafat bekräftigte durch die Verwendung des Namens »Palästina« seinen offenbar historischen Anspruch auf das Land. Die palästinensische Flagge zeigt die Umrisse von ganz Israel, nicht von der Westbank. Es stellt sich somit die Frage, ob den Palästinensern eine Teilung des Landes genügen würde.

Der Name des Heiligen Landes ist schwer zu definieren und oftmals werden in der Literatur die Begriffe durcheinandergewürfelt. So steht zum Beispiel im »Bertelsmann Universal Lexikon« der folgende Satz: »Palästina, arab. Falastin, hebr. Erez Israel, das bibl. Kanaan.« Hier werden alle Bezeichnungen für das Heilige Land vermischt, ohne Rücksicht auf politische und historische Zusammenhänge zu nehmen.

Holocaust und Staatsgründung

Adolf Hitler löschte im Zweiten Weltkrieg ein Drittel des Weltjudentums aus. Die »Schoah« – der Holocaust – forderte sechs Millionen jüdische Opfer. Viele Juden flohen unter großen Anstrengungen ins Mandatsgebiet Palästina, ins Land ihrer Väter. Sie hatten mit großen Schwierigkeiten zu kämpfen. Die Ausreise wurde von den Deutschen verwehrt, die Einreise ins Gelobte Land von den Engländern.

Das britische Weißbuch von 1939 verkündete: »Vom April dieses Jahres an werden innerhalb der nächsten fünf Jahre 75.000 Einwanderer zugelassen. Nach fünf Jahren wird keine jüdische Einwanderung mehr gestattet, es sei denn, die Araber Palästinas wären hierzu bereit.« Jüdische Untergrundorganisationen schafften es jedoch, weit mehr Flüchtlinge einzuschleusen, und so hatte Palästina im Jahr 1948 etwa 650.000 jüdische Bewohner. Eine UN-Sonderkommission empfahl im Mai 1947 die Beendigung des britischen Mandats und die Teilung Palästinas in einen jüdischen und einen arabischen Staat.

Am 29. November 1947 stimmte die UNO-Vollversammlung unter dem Eindruck des Holocausts für die Teilung Palästinas: 33 Staaten stimmten für den Teilungsplan (darunter Frankreich, die USA und die Sowjetunion), 13 waren dagegen (hauptsächlich muslimische Staaten, aber auch Griechenland und Kuba). Großbritannien war unter den 10 Staaten, die sich enthielten. Die jüdische Führung begrüßte die Entscheidung, die Araber jedoch lehnten den Beschluss entschieden ab.

Mit Berufung auf die Balfour-Deklaration, den Holocaust und den Beschluss der Vereinten Nationen verkündeten die Juden Palästinas am 14. Mai 1948, wenige Stunden vor Ablauf des britischen Mandats, den unabhängigen Staat Israel. David Ben Gurion, der erste Ministerpräsident, verlas die Unabhängigkeitserklärung.

Kriege und Krisen

Unabhängigkeitskrieg

Ein zerstörter syrischer Panzer vom Typ Renault R35 erinnert im Kibbuz Degania an den Unabhängigkeitskrieg.

»Schon in den ersten Tagen nach der UN-Abstimmung am 29. November 1947 kam es zu schweren Angriffen der Araber in Jerusalem, Jaffa, Tel Aviv, im Norden des Landes und auf den Hauptverbindungsstraßen.«[27] Das britische Militär unterstützte bei Kämpfen meistens die arabische Seite.

Der Gründung des Judenstaates folgte ein massiver Angriff der arabischen Nachbarn: Syrien, der Libanon, Transjordanien, der Irak und Ägypten wollten »die Juden ins Meer treiben«.

27 *Informationen zur politischen Bildung Nr. 247: Israel, Seite 8. Bundeszentrale für politische Bildung: 1995*

Der Unabhängigkeitskrieg dauerte bis zum Februar 1949, als in verschiedenen Abkommen der Waffenstillstand gesichert wurde. 650 000 israelische Juden, darunter viele Überlebende des Holocaust, hatten sich erfolgreich gegen die starken arabischen Armeen verteidigt. Das israelische Gebiet war nun etwas größer, als das im UN-Teilungsplan vorgesehene. 6000 Israelis waren im Krieg gefallen, die arabische Seite hatte mehr als doppelt so viele Opfer zu beklagen.

Dem Waffenstillstand folgte kein Friedensschluss, die arabischen Nachbarn erkannten Israels Existenz nicht offiziell an.

Suezkrise

Der nächste Krieg ließ nicht sehr lange auf sich warten: Bereits 1956 blockierte Ägypten die Zufahrt vom Roten Meer zum Golf von Elat für israelische und nach Israel fahrende Schiffe und rüstete die Sinai-Halbinsel militärisch auf. Ein Bündnis zwischen Syrien und Jordanien verschärfte die Bedrohung des jüdischen Staates.

In einer Kooperation mit Frankreich und England unternahm die israelische Armee einen präventiven Einmarsch in den Sinai und den Gazastreifen. Dem militärischen Erfolg folgte ein Ultimatum der USA und der Sowjetunion an Israel, die besetzten Gebiete preiszugeben. Im Gegenzug wurde Israel die Stationierung von UN-Friedenstruppen an der Grenze zu Ägypten sowie die freie Durchfahrt durch den Golf von Elat zugesichert.

Sechstagekrieg

Eine harte Probe für die Existenz Israels war der Sechs-Tage-Krieg im Jahre 1967. Die arabischen Armeen rüsteten sich erneut zu einem gemeinsamen Schlag gegen den jüdischen Staat. Ägypten sperrte die Meerenge von Tiran und überredete die UN-Truppen zum Abzug von der Sinaihalbinsel. Ägypten und auch Syrien hatten ihre Streitkräfte an den Grenzen zu Israel gesammelt und die Bedrohung für den jüdischen Staat war deutlich spürbar. Ein Krieg schien unvermeidlich.

Mit einem Präventivschlag zerstörte Israel am 5. Juni 1967 die Luftwaffe Syriens, Jordaniens und Ägyptens. Nach sechs Tagen hatte Israel den Gaza-Streifen und den Sinai erobert. Auch die bisher jordanische Westbank und Ostjerusalem fielen in israelische Hand. Der Tempelberg und die Klagemauer waren nun im Besitz der Israelis. Im Norden eroberte Israel die bis dahin syrischen Golanhöhen. Dieser beeindruckende Schlag ging in die Militärgeschichte ein. Doch trotz aller strategischen Geschicklichkeit – der Ausgang des Sechstagekrieges zeugt vom Eingreifen des HERRN, des Gottes Israels!

Die Wiedervereinigung Jerusalems

Der international bekannte Bibellehrer und Buchautor Lance Lambert schreibt in seinem Buch »Israel – Zentrum der Weltgeschichte?«: »Am 7. Juni 1967 geschah das Wunder: Die Altstadt wurde mit der Weststadt vereinigt und Jerusalem zur Hauptstadt Israels. An diesem Tag sagte Mosche Dajan, der damalige Verteidigungsminister: ›Aufrichtigen Herzens strecken wir unseren arabischen Brüdern im Frieden die Hände entgegen. Aber wir sind nach Jerusalem zurückgekehrt, um es nie wieder zu verlassen.‹ Die Worte Jesu hatten sich erfüllt. Die Zeit, in der Jerusalem in der Verbannung von den Heiden zertreten werden sollte, war abgelaufen.«[28]

Lambert bezieht sich hier auf die Prophezeihung in Lukas 21,24: »Und Jerusalem wird erobert und dem Erdboden gleichgemacht werden von den fremden Völkern, bis ihre Zeit zu Ende ist.« Während eines Vortrags bezeichnete Lance Lambert die Wiedervereinigung Jerusalems im Jahr 1967 als »das größte Ereignis seit Pfingsten«[29].

Israel überraschte die Welt, die den kleinen Staat angesichts der Bedrohung allein gelassen hatte, wieder einmal mit einem deutlichen Sieg. 15.000 Ägypter, 6000 Jordanier und 1000 Syrer waren gefallen, auf israelischer Seite starben 700 Soldaten. Nach dem Waffenstillstand am 10. Juni bot Israel seinen Feinden die Rückgabe der neu eroberten Gebiete an – mit Ausnahme von Jerusalem – wenn diese dafür in einen Frieden einwilligten. Dieses Friedensangebot wurde jedoch abgelehnt. Neue Kämpfe um den Sinai brachen 1970 aus. Nach heftigen Gefechten und hohen Verlusten auf beiden Seiten vermittelte US-Außenminister William Rogers einen neuen Waffenstillstand. Der Sinai blieb noch weitere zwölf Jahre im Besitz Israels.

---

28 *Lance Lambert: Israel – Zentrum der Weltgeschichte, S. 162, Hänssler: 1996*

29 *Lance Lambert bei einer Israelkonferenz in Altensteig/Schwarzwald am 28. April 2007*

Jom-Kippur-Krieg

Ein letztes Mal versuchte Ägypten 1973, die Sinaihalbinsel auf militärischem Wege zurückzugewinnen. Gleichzeitig wollte Syrien den Golan zurückerobern. Der Termin für diesen koordinierten Überraschungsangriff war der 6. Oktober 1973. An diesem Tag feierte Israel Jom-Kippur: Versöhnungstag und höchster jüdischer Feiertag.

Die Juden beteten und fasteten, Rundfunk und Verkehr standen still. Da Israels Armee nicht rechtzeitig mobilisiert werden konnte, führte Israel mit mangelnder Artilleriedeckung und ohne Unterstützung der Luftwaffe gegen eine überwältigende Überlegenheit am Boden einen verlustreichen Verteidigungskampf. Nach 18 Tagen akzeptierten alle Seiten einen UN-Waffenstillstand. Israel war weit nach Ägypten vorgedrungen und stand im Kampf gegen Syrien 30 km vor Damaskus. Ein weiteres Mal hatte Israel erfolgreich seine Existenz verteidigt.

Ruinen als Zeugen der Verwüstung: eine zerstörte Moschee auf dem Golan, aufgenommen 1998.

Libanonkrieg 1982

Der Norden Israels war seit 1970 zunehmenden Terroraktionen durch die PLO ausgesetzt, die vom Südlibanon aus operierte. Nach einer Verschärfung des libanesischen Bürgerkriegs unternahm Israel 1982 die Militäraktion »Frieden für Galiläa«. Israel unterstützte hierbei die libanesischen Christen im Kampf gegen die eindringenden Syrer und drängte die Terroristen der PLO aus dem Südlibanon und Beirut zurück.

Mit seinem militärischen Eingreifen hatte sich Israel in den libanesischen Bürgerkrieg verstrickt und sah sich einer immer schärferen Kritik der israelischen und internationalen Öffentlichkeit ausgesetzt. Hunderte von Soldaten kamen durch Hinterhalte und Terroranschläge ums Leben. Die vom Iran unterstützte Terrorgruppe »Hisbollah« (»Partei Allahs«) hatte die PLO ersetzt und kämpfte erbittert gegen die Eindringlinge.

1985 zog sich die Armee aus dem größten Teil des Libanon zurück, behielt aber die Kontrolle über einen schmalen Streifen im Südlibanon, die sogenannte »Sicherheitszone«, die zum Schutz gegen terroristische Anschläge auf den Norden Galiläas erhalten bleiben sollte.

In der Zeit danach gab es immer wieder Raketenangriffe und Anschläge von Hisbollah-Terroristen aus der Sicherheitszone heraus. Vor allem die Bewohner des Grenzgebietes waren die Zielscheibe und mussten immer wieder in ihren Bunkern ausharren. Ein Rückzug aus dem Libanon war in der Politik Israels immer ein vieldiskutierter Tagesordnungspunkt, da man sich einerseits davon Frieden erhoffte, andererseits aber dem Libanon nicht traute, da in den Besatzungsjahren viele israelische Soldaten gefallen waren.

In der Nacht zum 24. Mai 2000 hat die israelische Armee den Libanon verlassen. Der überraschende Rückzug geschah Tage vor dem eigentlich in Erwägung gezogenen Termin. Die Regierung unter Ehud Barak hatte sich Anfang März des Jahres zum einseitigen Rückzug entschlossen, nachdem eine friedliche politische Lösung von Syrien und dem Libanon abgelehnt wurde. 2006 folgte ein neuer Krieg an der Grenze zum Libanon.

Siehe auch unter: **Einseitige Schritte** auf Seite 129.

Intifada 1987

Am 9. Dezember 1987 wurde aus dem »Befreiungskampf« der PLO und den Terroranschlägen der Extremisten ein Volksaufstand der palästinensischen Bevölkerung. Ein zufälliges Ereignis war der Funken, der das Pulverfass zur Explosion brachte. Im Gazastreifen verursachte ein israelischer Lastwagenfahrer einen Unfall, bei dem drei Palästinenser ums Leben kamen. Dies löste einen Aufruhr des Volkes auf, erst im Gazastreifen, nach wenigen Tagen auch in Judäa und Samaria.

Eine neue Front war im arabisch-israelischen Konflikt entstanden: Auf der einen Seite stand die hochgerüstete und gut ausgebildete Armee, auf der anderen Seite unbewaffnete Männer, Frauen und Kinder. Unbewaffnet – wenn man Steine und Molotow-Cocktails nicht als Waffen rechnet.

Die Soldaten und mit ihnen die israelische Regierung befanden sich in einem moralischen Dilemma, die Medien taten ein Übriges dazu. Die Geschichte von David und Goliath war plötzlich ins Gegenteil verkehrt: Israel als großer, böser Goliath, kämpfte mit Gewehren gegen Steine schleudernde palästinensische Davids. Die Streitkräfte Israels wurden als brutale Besatzungsarmee an den Pranger gestellt.

Es zeigte sich, dass der Konflikt nur politisch zu lösen war. Erst 1991, als in Madrid die israelisch-arabische Friedenskonferenz stattfand, flaute die Intifada ab. Doch auch die Oslo-Verhandlungen sechs Jahre nach Ausbruch der Intifada verhinderten nicht, dass es weiterhin immer wieder Terroranschläge und Aufstände gegen die Armee gab. Laut israelischen Menschenrechtlern kamen bei den Auseinandersetzungen insgesamt über 1000 Palästinenser ums Leben. Darunter waren wohl zahlreiche Terroristen, aber auch viele Kinder, die an den Straßenkämpfen teilnahmen. In der gleichen Zeit wurden 180 Israelis getötet, meist durch gezielte Terroranschläge.

Im Jahr 2000, als Friedensverhandlungen zwischen Arafat und Ehud Barak nicht die gewünschten Ergebnisse brachten, begann auf dem Tempelberg in Jerusalem die zweite Intifada.

☞ Siehe hierzu unter **Al-Aqsa-Intifada** auf der nächsten Seite.

Golfkrieg 1991

Passiv verhielt sich Israel im Golfkrieg 1991. Der Irak besetzte Kuwait und wurde daraufhin von einer alliierten Streitmacht unter Führung der USA zurückgeschlagen. Aus Hass gegen den Judenstaat schoss Iraks Diktator Saddam Hussein mehrere Scud-Raketen auf Israel. Trotz eines drohenden Giftgasangriffs durfte Israel sein Militär nicht einsetzen. Die Amerikaner befürchteten einen Gesinnungswandel seiner arabischen Bündnispartner, wenn Israel in das Kampfgeschehen eingreifen würde.

Als Wunder Gottes empfanden viele Israelis das Ergebnis der Bombardierungen durch den Irak: Trotz 39 Treffern und tausender zertstörter Häuser starb nur ein Mensch als unmittelbare Folge der Scud-Einschläge. Nach einem der Raketenangriffe zitierte ein israelischer Militärsender angeblich bei der Entwarnung Psalm 121,4: »Der Beschützer Israels schläft und schlummert nicht.«

Al-Aqsa-Intifada

Mit dem Begriff »Al-Aqsa-Intifada« wird die schlimmste Eskalation bezeichnet, die der Konflikt zwischen Israel und den Palästinensern in den letzten Jahren erlebt hat. Als Auslöser beschrieben die Palästinenser und mit ihnen die Medien in aller Welt den Besuch des damaligen Oppositionsführers und späteren Ministerpräsidenten Ariel Scharon auf dem Tempelplatz. Doch so einfach konnte die Schuldfrage nicht an diesem einen Ereignis festgemacht werden. Wohl schon nach dem Scheitern der Verhandlungen in Camp David am 25. Juli 2000 spielten Arafat und sein Gefolge mit dem Gedanken, das Fortschreiten der Verhandlungen mit Gewalt anzutreiben. Der Besuch Scharons war ein Vorwand, den man geschickt nutzen konnte, um Israel als Hauptaggressor darzustellen.

In Wahrheit gab es bereits zwei Tage vor dem Besuch ernstere Ausschreitungen in den arabischen Gebieten und auch zwei Attentate. Andererseits war schon im Voraus klar, dass die Palästinenser den Besuch als »Provokation« ansehen würden und um des Friedens willen hätte man ihn unterlassen können. Aber Ariel Scharon wollte als jüdischer Israeli öffentlich von seinem Recht Gebrauch machen, den Tempelplatz zu betreten, der sich offiziell unter israelischer Hoheit befindet. Der Besuch war auch bei der Autonomiebehörde angekündigt worden.

Schon Anfang März 2001 war die Bilanz des Terrors und der Unruhen seit Ausbruch der zweiten Intifada erschütternd: 350 Tote waren auf auf palästinensischer Seite zu verzeichnen, mitgerechnet auch die zahlreichen Selbstmordattentäter. 63 Israelis verloren ihr Leben, viele wurden durch Anschläge verletzt und verstümmelt. Der Konflikt wurde offiziell mit dem Waffenstillstand im Februar 2005 beendet, als sich Ariel Scharon und Mahmud Abbas im ägyptischen Badeort Scharm El-Scheich die Hand reichten. Israel zählte in den über vier Jahren 138 Selbstmordanschläge, 460 Angriffe mit Kassam-Raketen sowie über 13.000 Schussüberfälle. 1036 Israelis wurden getötet und über 7000 verletzt. Die Palästinenser hatten etwa 3500 Opfer zu beklagen, knapp 1000 davon hielt Israel für Terroristen.

Ein Anschlag auf die Buslinie 19 in Jerusalem forderte im Januar 2004 elf Todesopfer.

☞ Noch mehr Informationen finden Sie auf CD: **328-al-aqsa-intifada**

Irakkrieg 2003

Nachdem UNO-Generalsekretär Kofi Annan im Februar 1998 Saddam Hussein vor einem erneuten großen Angriff der USA noch zum Einlenken bewegen konnte, standen die Zeichen Anfang 2003 endgültig auf Krieg. Amerika und sein Präsident George W. Bush – der Sohn des während des Golfkriegs 1991 amtierenden gleichnamigen Präsidenten – misstrauten den Friedensabsichten des Diktators. Der vermeintliche Besitz von Massenvernichtungswaffen, die Unterstützung des weltweiten Terrorismus und die mangelnde Unterstützung der UNO-Waffeninspekteure hatten zur Verlagerung eines riesigen Militäraufgebots von über etwa 100 000 amerikanischen Soldaten in die Golfregion geführt.

Die Bevölkerung in Israel hatte in Krisenzeiten mit dem Irak wie 1991, 1998 und 2003 stehts Gasmasken griffbereit. Mit Plastikfolie und Klebeband wurden Wohnräume vor im Ernstfall eindringendem Giftgas geschützt.

Der Krieg mit dem Titel »Irakische Freiheit« begann am 20. März 2003 und ließ chemische oder biologische Raketenangriffe wieder zu einer ganz realen Gefahr für die israelische Bevölkerung werden. Die Regierung forderte zum Mitnehmen von Gasmasken und dem Einrichten von »versiegelten Räumen« auf. Dennoch unterstützte die Mehrheit der Israelis diesen Krieg und sah im Sturz Saddam Husseins die Abwendung einer atomaren Bedrohung des jüdischen Volkes von Seiten des Irak.

Der Krieg endete nach etwas mehr als einem Monat mit der Kapitulation der irakischen Streitkräfte. Es ist den amerikanischen Besatzern jedoch bis heute nicht gelungen, eine stabile Regierung zu etablieren und die herrschenden bürgerkriegsähnlichen Zustände zu beenden.

Libanonkrieg 2006

Der zweite Libanonkrieg begann am 12. Juli 2006 und dauerte einen Monat. Die vom Libanon aus operierende Terrorgruppe Hisbollah hatte Nordisrael mit Raketen beschossen und zwei israelische Soldaten entführt sowie acht weitere Soldaten getötet. Schon vor dem Abzug der israelischen Armee aus dem Südlibanon im Jahr 2000 hatte die Hisbollah (»Partei Allahs«) einen erbitterten Guerilla-Krieg gegen die »Besatzer« geführt.

Zu Beginn des Kriegs verhängte Israel eine Seeblockade an der libanesischen Küste und startete Luftangriffe auf Hisbollah-Stützpunkte im gesamten Land. Israels UN-Botschafter Danny Gillerman machte die Regierung des Libanon mitverantwortlich für den Konflikt: Anstatt nach Israels Truppenabzug im Sommer 2000 die Hisbollah zu entwaffnen, hatte sich die Regierung und das libanesische Militär zurückgehalten und die vom Iran unterstützte Hisbollah-Miliz gewähren lassen. Die Lage spitzte sich auch im Gazastreifen zu: Tausende Palästinenser bejubelten die Glaubensbrüder aus dem Norden und verteilten nach Raketenangriffen auf Israel Süßigkeiten. Sogar im muslimischen Viertel Jerusalems sang man Loblieder auf Hisbollah-Führer Hassan Nasrallah.

Die Hisbollah schoss Raketen auf Haifa, Safed, Maalot, Akko, Tiberias und andere Orte im Norden Israels. Dabei starben insgesamt über 40 Zivilisten und etwa 120 Soldaten. Auf libanesischer Seite kamen etwa 1200 Menschen ums Leben, die Hisbollah hatte nach eigenen Angaben 250 Tote zu beklagen, nach Angaben der israelischen Armee mehr als 500.

Als Wendepunkt des Krieges und Auslöser heftiger internationaler Reaktionen gilt der Angriff Israels am 30. Juli 2006 auf den Ort Kana im südlichen Libanon. Dabei starben 27 Personen, die sich in einem mehrstöckigen Gebäude aufhielten. Die israelischen Streitkräfte gaben an, aus der unmittelbaren Umgebung seien wiederholt Katjuscha-Raketen abgefeuert worden und man hätte die Bewohner vor der Bombardierung zum Verlassen des Gebäudes aufgefordert. Amnesty International warf Israel »Kriegsverbrechen« vor und UN-Generalsekretär Kofi Annan verurteilte den Angriff scharf. Die einseitige Berichterstattung zuungunsten Israels trat nach diesem Ereignis besonders deutlich zutage: Unmittelbar nach dem Angriff wurde die Zahl der Opfer doppelt so hoch angegeben, die Nachrichtenagentur Reuters veröffentlichte Fotos, denen der Fotograf nachträglich dicke Rauchschwaden hinzugefügt hatte.

Der Krieg endete mit einem Waffenstillstand am Morgen des 14. August 2006. Von einem Sieg mochten nicht viele Israelis sprechen, hatte die Hisbollah am letzten Kriegstag noch die Stärke, 250 Raketen abzufeuern. Auch die Freilassung der gefangenen Soldaten konnte nicht erreicht werden.

Friedensverhandlungen

Frieden mit Ägypten und Jordanien

Als erster arabischer Staat reichte Ägypten dem jüdischen Volk die Hand zum Frieden. Nach mehreren blutigen Kriegen unterzeichneten der ägyptische Präsident Anwar el-Sadat und Israels Premierminister Menachem Begin am 26. März 1979 in Washington einen formellen Friedensvertrag. Diesem ging das Camp-David-Abkommen vom 17. September 1978 voraus, das auf der UN-Resolution 242 basierte und von US-Präsident Jimmy Carter ausgehandelt worden war. Damit war der 30-jährige Kriegszustand beendet. Als Folge erhielt Ägypten 1982 den Sinai zurück, den es im Sechstagekrieg verloren hatte und den Ägypten mit gewaltsamen Mitteln nicht hatte zurückerobern können.

Als Reaktion auf dieses Friedensabkommen schloss die Arabische Liga Ägypten als Mitglied aus und verlegte ihren Sitz von Kairo nach Tunis. Anfang der 1980er Jahre wurde Ägypten jedoch wieder aufgenommen. 1981 musste Sadat seinen Friedensschluss mit dem Leben bezahlen – er wurde von islamischen Fundamentalisten während einer Militärparade ermordet.

Nach 46 Jahren beendeten Ministerpräsident Jitzhak Rabin und der 1999 verstorbene jordanische König Hussein den Kriegszustand zwischen Israel und Jordanien. Im Zuge des Friedensprozesses mit der PLO wurde am 26. Oktober 1994 ein Vertrag abgeschlossen, der unter anderem die Anerkennung der Grenzen und die Zusammenarbeit in der Wirtschaft und der Wasserversorgung festlegte.

Vergebliche Bemühungen um Syrien

Der schwierigste Verhandlungspartner unter Israels Nachbarn ist zweifellos Syrien. Zwar liegt die letzte kriegerische Auseinandersetzung mit dem Jom-Kippur-Krieg im Jahr 1973 schon etliche Zeit zurück; trotzdem ist ein formaler Friede, wie er mit Jordanien und Ägypten besteht, in weiter Ferne.

Im Dezember 1999 kam es in Shepherdstown, USA, zu einem Gipfeltreffen von Ehud Barak und Syriens Außenminister Farouk a Shara. Anfang 2000 trafen sich der amerikanische Präsident Clinton und der syrische Staatschef Hafez Al-Assad in der Schweiz, um die Verhandlungen weiterzuführen.

An den Golanhöhen bissen sich die Verhandlungspartner die Zähne aus: Für Syrien ist ein vollständiger Rückzug aus dem 1967 eroberten Gebiet Voraussetzung für Friedensverhandlungen; für Israel aber wäre ein solcher Rückzug höchstens im Zuge eines stabilen Friedens möglich.

Präsident Hafez Al-Assad starb am 10. Juni 2000 im Alter von 69 Jahren und vererbte sein Amt seinem damals 34-jährigen Sohn Bashar. Israel erhoffte sich eine erfolgreichere Fortführung der Gespräche mit dem neuen Herrscher, doch seit dem Regierungswechsel liegen die Gespräche auf Eis.

Verhandlungen mit den Palästinensern

Madrid-Friedenskonferenz

Am 30. Oktober 1991 begann in Madrid die Nahost-Friedenskonferenz unter amerikanischer und sowjetischer Schirmherrschaft. Erstmals saßen Israelis mit Syrern, Jordaniern, Libanesen und Palästinensern an einem Tisch. Als bei den Wahlen 1992 die Arbeiterpartei an die Macht kam, wurde Jitzhak Rabin Ministerpräsident. Er forcierte die Gespräche mit den Palästinensern und akzeptierte erstmals die Palästinensische Befreiungsorganisation PLO und den gefürchteten Terroristen Jassir Arafat als Gesprächspartner.

Oslo-Prozess

Nach monatelangen Geheimgesprächen im norwegischen Oslo erreichten Israel und die PLO einen sensationellen Durchbruch in den Verhandlungen. Rabin und Arafat unterzeichneten am 13. September 1993 in Washington die »Prinzipienerklärung über die vorübergehende Selbstverwaltung«. Als Vorbedingung sagte die PLO zu, alle Passagen aus ihrer Charta zu streichen, in denen zur Zerstörung Israels aufgerufen wurde. Doch wurde dies erst im Dezember 1998 umgesetzt.

Das Gaza-Jericho-Abkommen vom 4. Mai 1994 legt die Hauptpunkte des Osloer Friedensprozesses fest: Rückzug der Armee und Errichtung einer palästinensischen Autonomie in Gaza und Jericho. Jüdische Siedlungen in diesen Gebieten würden weiterhin militärisch gesichert werden. Arafat verpflichtete sich im Gegenzug, den Terrorismus zu bekämpfen und somit Frieden zu garantieren. Entscheidende Fragen, wie der Status von Jerusalem, wurden nicht beantwortet und sollten innerhalb von fünf Jahren geklärt werden.

Die Palmenstadt Jericho war zusammen mit Gaza das erste Gebiet unter palästinensischer Autonomie.

Jitzhak Rabin und Außenminister Shimon Peres erhielten zusammen mit Jassir Arafat im Jahre 1994 den Friedensnobelpreis. Ein Mitglied der Nobelpreiskommission trat aus Protest gegen die Verleihung an den ehemaligen Terroristen zurück, da Arafats »einzige Qualität darin besteht, dass er im Moment nicht so viele Menschen umbringt wie vorher!«[30]

Chronik der weiteren Verhandlungs-Anläufe

Rabins territoriale Kompromisse schafften ihm viele innenpolitische Feinde. Der damals 27-jährige Student Jigal Amir erschoss ihn am 4. November 1995 während einer Friedensveranstaltung in Tel Aviv. Dieser erste politische Mord in Israels Staatsgeschichte löste einen Schock in der Bevölkerung aus. Dennoch hielten sich hartnäckig Gerüchte über eine großangelegte Verschwörung und so bleibt der Mord an Rabin ebenso mysteriös wie der an John F. Kennedy. Außenminister Shimon Peres trat die Nachfolge Rabins an, legte jedoch vorgezogene Neuwahlen fest, um sich vom Volk bestätigen zu lassen.

Netanjahu und das Wye-Abkommen

Der Ausgang der Wahlen am 29. Mai 1996 war eine sensationelle Überraschung: Die Oppositionspartei Likud bekam die Mehrheit und Benjamin Netanjahu wurde neuer Premierminister Israels. Seine Warnung im Wahlkampf: »Peres teilt Jerusalem!« und »Israel hat die Wahl zwischen Frieden mit Sicherheit und Frieden auf Kosten der Sicherheit!« ließ das Volk den Friedensprozess neu überdenken. Die Politik Netanjahus schlug eine andere Richtung ein: Die kompromissbereite Politik Rabins war vorerst passé. Das Motto »Land für Friede« wurde umformuliert in »Land für Sicherheit und Friede«.

Im Laufe der Zeit begab sich Netanjahu immer mehr zwischen die Fronten: Die Weltöffentlichkeit, die linken Israelis und natürlich die Araber machten Netanjahu für das Stocken des Friedensprozesses verantwortlich. National-

30 *Jerusalem Post, 3. Juli 1994, zitiert in: Ramon Bennett: Philister – oder: Die große Täuschung, Seite 248. Arm of Salvation: 1995*

religiöse Juden, Zionisten und Siedler wollten, dass der Ministerpräsident keine Kompromisse in Fragen der Sicherheit einginge und kein Land an die Araber zurückgäbe.

Nachdem Netanjahu im Wye-Abkommen am 23. Oktober 1998 der Palästinenserführung neue Zugeständnisse gemacht hatte, geriet die Durchführung ins Stocken, weil jede Seite die andere beschuldigte, die abgemachten Punkte nicht einzuhalten.

Netanjahu wollte einen sicheren Frieden und war erst bereit, Land abzugeben, wenn Arafat dafür Frieden zusichern würde. Solange aber noch nicht über den endgültigen Status der »besetzten Gebiete« und vor allem Jerusalems beraten wurde, wäre jeder Abzug eine Landabgabe ohne Gegenleistung gewesen.

Einige Zitate der Netanjahu-Regierung:

- »Der Osloer Friedensprozess hängt von Jerusalem ab. Was nützt uns ein Rückzug aus allen Gebieten bis auf Ostjerusalem, wenn wir dafür keine Friedensgarantie erhalten?«[31]
- »Wenn Netanjahu Bedingungen stellt, die Arafat nicht passen, wird dies als israelische Unverschämtheit attackiert.«[32]
- »Wir entscheiden, was für Israel gut ist, und nicht Paris, London oder Washington. Und mit aller Achtung Washington gegenüber: Wir bestimmen Israels Sicherheitsbedürfnisse und nicht Amerika, das Tausende Meilen von Israel entfernt liegt.«[33]
- »Es hat einfach keinen Zweck, mit den Palästinensern neue Verträge zu unterzeichnen, wenn diese die alten nicht einhalten.«[34]

Netanjahu stand zwischen allen Fronten, die rechten Koalitionspartner auf der einen Seite und Arafat, die Opposition und die restliche Welt auf der anderen. Die israelische Opposition, die EU und Amerika forderten die Durchsetzung der Versprechen, trotz der unvollständigen Erfüllung durch

31 *Benjamin Netanjahu, zitiert in: Ludwig Schneider: Israel-Jahrbuch 1999, Seite 42*

32 *Uzi Landau, zitiert in: Ludwig Schneider: Israel-Jahrbuch 1999, Seite 43*

33 *Benjamin Netanjahu, zitiert in: Ludwig Schneider: Israel-Jahrbuch 1999, Seite 46*

34 *Benjamin Netanjahu, zitiert in: Ludwig Schneider: Israel-Jahrbuch 1999, Seite 46*

die Palästinenser. Die Koalitionspartner in der Regierung forderten das Gegenteil: Sie wollten am liebsten kein Land unter palästinensische Autonomie stellen. In dieser politischen Sackgasse stimmte schließlich auch seine Partei vorzeitigen Neuwahlen zu, um für die weitere Vorgehensweise im Friedensprozess die Mehrheit des Volkes hinter der von wem auch immer geführten Politik zu haben.

In den westlichen Medien war Netanjahu der Hauptverantwortliche für das Scheitern der Friedensverhandlungen. Nachdem vorgezogene Neuwahlen für Mai beschlossen wurden, ließen sich die Medien über den Premier aus: »Nach nur zweieinhalb Jahren an der Macht steht der israelische Ministerpräsident Netanjahu vor dem Scherbenhaufen seiner Politik. Der Regierungschef blockierte den Friedensprozess im Nahen Osten. Er suchte Konfrontation statt Kooperation und wollte dies noch als Stärke verkaufen.«[35]

Als Folge der immer größer werdenden innenpolitischen Konflikte beschloss das israelische Parlament mit 81 gegen 30 Stimmen, die Knesset aufzulösen. Die Neuwahlen wurden für den 17. Mai 1999 angesetzt. Dies war ein äußerst kritischer Termin, da Arafat an diesem fünften Jahrestag des Oslo-Vertrages einen unabhängigen Palästinenserstaat ausrufen wollte. Auf internationalen Rat hin verschob er dieses Vorhaben.

Ehud Barak, Camp David und die neue Intifada

Im Vorfeld der Wahlen gab es ein Kopf-an-Kopf-Rennen zwischen Netanjahu und dem neuen Führer der Arbeiterpartei, Ehud Barak. Der Westen, die arabische Welt und speziell die Palästinenser hofften auf eine Abwahl des »unnachgiebigen« Regierungschefs Netanjahu.

Ursprünglich bewarben sich fünf Politiker um das Amt des Ministerpräsidenten, der in Israel vom Volk direkt gewählt wird: Neben Netanjahu und Barak waren dies noch der ehemalige Verteidigungsminister Jitzack Mordechai, Benny Begin, Gründer der neuen Partei »Nationale Einheit«, und der Araber Asmi Baschara. Als diese nach den Meinungsumfragen jedoch klar hinten lagen, zogen sie ihre Kandidatur kurzfristig zurück.

35 *Kommentar im Schwarzwälder Boten, 22. Dezember 1998*

Die erneute Wende bei den Wahlen 1999: Netanjahu (vier Plakate auf der rechten Seite) konnte sich nicht gegen Ehud Barak (ganz links) durchsetzen.

Ehud Barak wurde mit 56 Prozent der Stimmen neuer Ministerpräsident. Netanjahu erhielt 44 Prozent. Die Wahlbeteiligung lag bei knapp 80 Prozent.

Tatsächlich wählte das israelische Volk – zum dritten Mal hintereinander – die politische Wende. Die Hoffnung auf Frieden wuchs in den westlichen Medien spürbar. So schrieb die deutsche Presse deutliche Worte wie: »Die Nacht von Montag auf Dienstag war wie das Erwachen aus einem bösen, dreijährigen Traum mit Namen Netanjahu.«[36]

Ehud Barak jedoch stellte klar, dass auch unter seiner Herrschaft eine Teilung Jerusalems nicht infrage käme. Das war ein Schlag ins Gesicht für die Palästinenser, die Jerusalem als Hauptstadt wollten.

Camp David II

Am Ende seiner Amtszeit hatte Barak allerdings den Palästinensern so viele Zugeständnisse gemacht wie keiner seiner Vorgänger und Arafat sogar mündlich seine Bereitschaft signalisiert, Jerusalem zu teilen. Trotz dieser Kompromissbereitschaft erreichte er keinen Frieden für sein Land. Jassir

36 *Allgäuer Zeitung, 19. Mai 1999, Seite 3*

Arafat war nicht zu Kompromissen bereit, wollte aber alle Forderungen erfüllt haben, auch die Rückkehr der etwa drei Millionen palästinensischen »Flüchtlinge« nach Israel. Nach dem Scheitern der Friedensverhandlungen in Wye im Sommer 2000 versuchten die Palästinenser ihren Willen zur Unabhängigkeit mit Gewalt zu unterstreichen. Ende September begannen mit der Al-Aqsa-Intifada heftige Ausschreitungen von palästinensischer Seite, die die Aktionen der Intifada 1987 weit in den Schatten stellten.

Im Rückblick zeigte dies, dass nicht Netanjahu den Frieden verhinderte, sondern Arafat. Barak zeigte zwar mehr Kompromissbereitschaft als sein Vorgänger, aber einen Frieden konnte er trotzdem nicht erreichen.

Der Abzug aus dem Südlibanon, ergebnislose Verhandlungen mit Syrien und der Ausbruch der Al-Aqsa-Intifada fielen in die Regierungszeit Ehud Baraks, der Ende 2000 sein Amt als Ministerpräsident niederlegte – nach nicht einmal zwei Jahren. Zwar trat er gegen Ariel Scharon noch einmal zur Wahl an, verlor aber deutlich mit nur 37 Prozent der Wählerstimmen.

Ariel Scharon – berüchtigter »Bulldozer« und beliebter Politiker

Obwohl es Friedensanhängern in Israel und aller Welt nicht passte: Nach dem Rücktritt Ehud Baraks am 9. Dezember 2000 wählte das israelische Volk bei den vorgezogenen Neuwahlen am 6. Februar 2001 mit überwältigender Mehrheit von 62 Prozent den Likudkandidaten Ariel Scharon – der höchste Wahlsieg in der Geschichte Israels.

Den Mann, der laut palästinensischer Propaganda und den westlichen Medien dafür verantwortlich war, dass Ende September die »Al-Aqsa-Intifada« ausgebrochen war. Den Mann, der sogleich als »Bulldozer« und »Krieger« verschrien wurde. Den Mann, der »seit der Staatsgründung keinen Krieg verpasst«[37] hatte und dem auch die Mitschuld am Massaker in Sabra und Schatila im Jahr 1982 zugeschrieben wurde. Waren Ariel Scharon und damit seine Wähler Friedensgegner?

---

37 Christoph Schult: Der Polit-Krieger. Spiegel Online: 17. Januar 2001, www.spiegel.de/politik/ausland/0,1518,111856,00.html

Ariel Scharon führte die Friedensverhandlungen mit härteren Bandagen als sein Vorgänger Barak, der zuletzt dem Vorschlag des amerikanischen Präsidenten zustimmte und bereit war, Jerusalem zu teilen. Doch dieses Zugeständnis entsprach bei Weitem nicht dem Willen des Volkes. Dies zeigte eine Demonstration am 8. Januar 2001, als über 300.000 Menschen auf die Straße gingen, um sich für die ungeteilte Hauptstadt auszusprechen. Und auch die Abwahl Ehud Baraks zeugte von der Liebe des Volkes zu Jerusalem.

Dagegen zitierte Ariel Scharon in seiner Antrittsrede aus Psalm 137 die Verse 5 und 6: »Wenn ich dich jemals vergesse, Jerusalem, soll meine rechte Hand gelähmt werden. Meine Zunge soll mir am Gaumen kleben, wenn ich nicht mehr an dich denke, wenn Jerusalem nicht mehr meine höchste Freude ist.«

Beim Besuch in Washington im März 2001 legte Scharon die Grundzüge seiner künftigen Palästinenserpolitik dar: In einem ersten Schritt sollten die Beschränkungen gegen palästinensische Zivilisten und die Absperrung der Autonomiegebiete gelockert und im Gegenzug die Sicherheit Israels durch ein Ende der palästinensischen Gewalt wiederhergestellt werden.

Scharon wollte mit Jassir Arafat verhandeln, doch er erwartete dafür Gegenleistungen: Die offizielle Aufforderung Arafats an die palästinensische Bevölkerung, die Gewalt zu beenden. Er wies darauf hin, dass wegen der Gewalt in den Palästinensergebieten die Zeit für den Abschluss eines endgültigen Abkommens noch nicht reif sei. Erst nach Beendigung von Terror und Mordanschlägen sollten die Verhandlungen wieder aufgenommen werden. Dabei müssten beide Seiten realistischer als bisher vorgehen und ein langfristiges Zwischenabkommen anstreben.

Nach einem halben Jahr im Amt hatte sich im Sommer 2001 am Verhältnis zwischen Israel und den Palästinensern noch nichts gebessert. Ausschreitungen, Gewalt und Terroranschläge von palästinensischer Seite hörten nicht auf, Verhandlungen gab es deshalb keine und die Armee ging teilweise hart gegen die Autonomiestädte vor. Die Politik der gezielten Tötung von Terroristen war international auf Kritik gestoßen – Vorschläge, wie die Bekämpfung des Terrors besser gemacht werden könnte, gab es allerdings nicht. Ironischerweise handelte Amerika im gleichen Zeitraum mit der Verfolgung Osama Bin Ladens nicht anders.

Mit seiner Likud-Partei errang Scharon am 28. Januar 2003 einen erneuten Wahlsieg und war damit der erste Ministerpräsident seit Langem, der in seinem Amt bestätigt wurde.

Nach seinen einseitigen Abzugsplänen aus dem Gazastreifen und dem Westjordanland gab es einen Bruch innerhalb des Likud. Daher kündigte Scharon im November 2005 seinen Rücktritt an, gründete die neue Partei Kadima und startete mit guten Chancen in den Wahlkampf. Nach seinem schweren Schlaganfall übernahm Parteikollege Ehud Olmert am 4. Januar 2006 den Posten des Ministerpräsidenten und wurde schließlich bei der Neuwahl am 28. März in diesem Amt bestätigt.

Bei einem Besuch Ariel Scharons im April 2004 im Weißen Haus unterstützte US-Präsident George W. Bush dessen Rückzugspläne aus dem Gazastreifen.

In die Regierungszeit Scharons fällt auch die Ausarbeitung der sogenannten »Roadmap«. Das »Nahost-Quartett« – gebildet von der UNO, der USA, der EU und Russland – legte Grundsätze eines Friedensplanes fest, der die Beilegung des Nahostkonflikts zum Ziel hatte sowie ein friedliches Nebeneinander zweier unabhängiger Staaten. Als Fernziel stand die Initiierung von Endstatusverhandlungen mit den schwierigen Themen wie dem Status Jerusalems und dem Rückkehrrecht palästinensischer Flüchtlinge. Davon ist man aber nach wie vor weit entfernt.

Einmal reichte Ariel Scharon seinem Widersacher Mahmud Abbas die Hand: Im Februar 2005 beendeten die beiden in Scharm El-Scheich mit einem Waffenstillstand nach über vier Jahren offiziell die Al-Aqsa-Intifada.

Ehud Olmert – zurück an den Verhandlungstisch

Mit einem »Konvergenzplan«, der an die ursprünglich von Ariel Scharon entwickelte Idee einer einseitigen Abkoppelung Israels anknüpfte, bot Ehud Olmert den Palästinensern an, innerhalb der durch die inzwischen errichteten Sperranlagen festgelegten Grenzen einen Staat Palästina zu akzeptieren. Im Gegenzug müsste dieser Grenzverlauf aber offiziell von der palästinensischen Seite anerkannt werden. Diese Lösung wurde bisher abgelehnt.

Am 27. November 2007 gab es unter der Schirmherrschaft von US-Präsident George W. Bush und seiner Außenministerin Condoleezza Rice in Annapolis (Maryland) die ersten Nahost-Friedensgespräche, in denen eine Zwei-Staaten-Lösung als gemeinsames Ziel offen angesprochen wurde.

In einer gemeinsamen Erklärung betonten Ehud Olmert und Mahmud Abbas: »Wir bringen unsere Entschlossenheit zum Ausdruck, Blutvergießen, Leiden und jahrzehntelange Konflikte zwischen unseren Völkern zu beenden.«[38]

Sie reichten sich die Hand und versprachen Bush, die Friedensverhandlungen bis zum Ende seiner Amtszeit im Januar 2009 erfolgreich zu beenden. Die Erklärung war jedoch trotz langer Verhandlungen im Vorfeld erst in letzter Minute zustande gekommen und klammerte die Kernfragen nach dem Status Jerusalems und der Rückkehr der Flüchtlinge aus.

Vertreter aus vielen Staaten, darunter auch arabische, waren auf der Konferenz vertreten und mehrere Staatsmänner äußerten sich hoffnungsvoll, dass »neue Wege gefunden werden«.[39] Beachtlich war vor allem die Teilnahme von Staaten, die keine diplomatischen Beziehungen zu Israel ha-

38 *Zitiert in der Tagesschau, 28.11.2007, http://www.tagesschau.de/ausland/annapolis44.html*

39 *Der deutsche Außenminister Frank-Walter Steinmeier, zitiert in der Tagesschau, 28.11.2007, http://www.tagesschau.de/ausland/annapolis44.html*

ben, und von denen die Vertreter Bahrains, Qatars, Marokkos und Pakistans sogar Ministerpräsident Olmert die Hand schüttelten. Syrien hatte sich dem Druck aus dem Iran widersetzt und seinen Vizeaußenminister geschickt: Auch dies ein Zeichen dafür, dass sich ein Spalt zwischen den gemäßigten arabischen Kräften und dem Iran und seinen radikalen Verbündeten von Hamas und Hisbollah auftut.

Wie groß die Kluft auch unter den Palästinensern ist, zeigte sich in dem von der Hamas regierten Gazastreifen: 100.000 Menschen demonstrierten gegen den Gipfel in Annapolis und die Verhandlungen mit Israel.

Noch im Dezember 2007 trafen sich Abbas und Olmert erneut, im Januar 2008 trat George W. Bush die erste Nahostreise seiner Amtszeit an.

Einseitige Schritte

Der Rückzug aus dem Libanon

In der Nacht zum 24. Mai 2000 verließ die israelische Armee den Libanon. Der überraschende Rückzug geschah Tage vor dem eigentlich geplanten Termin. Die Regierung unter Ehud Barak hatte sich Anfang März zum einseitigen Rückzug entschlossen, nachdem eine friedliche politische Lösung von Syrien und dem Libanon abgelehnt wurde.

Schon lange Zeit forderten die UN-Resolution 425 sowie die Angehörigen vieler gefallener israelischer Soldaten den Abzug aus der Sicherheitszone. Die Siedlungen und Städte im Norden Israels befürchteten als Folge einen verstärkten Beschuss der vorrückenden Hisbollah-Terroristen. In den vergangenen 20 Jahren waren – trotz Sicherheitszone – 4000 Katjuscha-Raketen auf israelische Ziele abgefeuert worden.

Nachdem die Südlibanesische Armee (SLA) wenige Tage vor dem 24. Mai wichtige Stellungen aufgegeben hatte und geflohen war, besetzten Hisbollah-Milizen Vorposten in unmittelbarer Nähe zu israelischen Siedlungen wie Misgav Am bei Metulla. Wegen der sich überstürzenden Ereignisse zog sich die israelische Armee bis auf den letzten Mann über Nacht zurück, was von den Hisbollahs schließlich als Sieg gefeiert wurde. Anführer Scheich

Nasrallah bezeichnete dies als »den ersten glorreichen Sieg der Araber seit 50 Jahren«.

Die unmittelbare Folge des Rückzugs war eine Massenflucht der SLA-Soldaten mit ihren Angehörigen, die ihre Hinrichtung durch die Hisbollahs befürchteten. 48 Stunden nach dem Libanonabzug hatten sich bereits 7000 Flüchtlinge in Aufnahmelagern eingefunden.

Als weitere Folge leerten sich die Städte in Nordisrael: Über 60 Prozent der 22.000 Einwohner von Kirjat Shmona verließen ihre Häuser und reisten in den Süden. Die restlichen Bewohner suchten die Schutzbunker auf.

Trotz allem blieb es ruhig. In den ersten Wochen gab es außer Steinewerfern kaum Zwischenfälle, wohl auch, weil Israel mit konsequenten Vergeltungsschlägen auf Raketenangriffe drohte und mit einem erneuten Einmarsch, falls die Hisbollah die Orte im Norden nicht in Frieden lassen sollte.

Eine bis zu 7900 Mann starke UN-Friedenstruppe sollte nun den Frieden an der Grenze sichern.

Operation Schutzschild

Nachdem die palästinensische Gewalt im Jahre 2001 um 337 Prozent gegenüber dem Vorjahr zugenommen hatte (1794 Anschläge mit 208 toten Israelis und 1523 Verletzten), nahmen Intensität und Häufigkeit palästinensischer Anschläge im März 2002 nochmals in dramatischer Weise zu: 125 Tote innerhalb eines Monats waren zu verzeichnen, allein 43 in der Passawoche. Die israelische Regierung entschloss sich daraufhin zum größten Militäreinsatz seit dem Libanonkrieg 1982.

Auch das völlig verloren gegangene Vertrauen in Jassir Arafat ließ die Regierung zu harten Maßnahmen greifen: Das Jahr hatte mit der Aufdeckung des größten Waffenschmuggels an die Palästinenser begonnen. 50 Tonnen Waffen hatte das von Israel aufgebrachte Schiff »Karine A« geladen – und diese waren nachweislich für Arafat bestimmt gewesen. Darüber hinaus hatte die Übernahme des Orient-Hauses, wo die Autonomiebehörde in Ostjerusalem ihre ausländischen Gäste empfing, Unterlagen zum Vorschein gebracht, die eine direkte Unterstützung des Terrors durch den Palästinenserpräsident belegten. Israels Außenminister Benjamin Netanjahu bezeichnete Arafat als den »fanatischsten Israel-Hasser in der gesamten arabischen Welt«[40].

Für die »Operation Schutzschild« zog das israelische Militär 20.000 Reservisten ein. Es rückte hart und effektiv in die Autonomiestädte ein, verhaftete zahlreiche Terroristen und hob etliche Waffenlager aus. Dabei stand Israel von Anfang an unter heftigster Kritik. Mit scharfen Worten äußerten sich Kirchenführer, Politiker und Medien gegen die Operation.

Gezielte Falschinformationen von palästinensischer Seite verfehlten ihre Wirkung nicht: Von Massakern, Blutbädern usw. war die Rede. Die israelische Armee stand als tyrannische, gewalttätig und willkürlich mordende Armee da, deren legitimer Kampf gegen den Terror als ein aggressiver Angriff dargestellt wurde.

In einer Stellungnahme wies Papst Johannes Paul II. die »ungerechten Bedingungen und Demütigungen des palästinensischen Volkes genauso zurück wie die Vergeltungsmaßnahmen und Vergeltungsangriffe, die nichts anderes bewirkten als ein Nähren von Verzweiflung und Hass«.[41]

Das Heilige Land sei täglich »das Opfer einer Aggression, die zur Vernichtung wird«, schrieb die vatikanische Tageszeitung »L'Osservatore Romano«. Die »von Israel unternommenen Angriffe« seien »gegen Menschen, Gebiete und Heilige Stätten«[42] gerichtet.

Ex-Bundeskanzler Gerhard Schröder (SPD) forderte einen Waffenstillstand in Nahost und den Rückzug israelischer Truppen aus palästinensischen Städten. Der ehemalige Arbeitsminister Norbert Blüm (CDU) forderte ein »Ende des Wahnsinns«. Die Schweiz ging auf Distanz zu Israel und beanstandete, dass sich die Zahl und Art der Verletzungen des humanitären Völkerrechts vonseiten Israels deutlich verschlimmert habe.

Niemand verglich die Operation in den Autonomiegebieten mit dem Vorgehen der US-Truppen in Afghanistan wenige Monate zuvor. Dort gab es 3000

---

40 Zitiert in: Focus, Januar 2003

41 Proteststurm gegen Israel. Spiegel Online: 3.4.2002, www.spiegel.de/politik/ausland/0,1518,190076,00.html

42 Zitiert in: Proteststurm gegen Israel. Spiegel Online: 3.4.2002, www.spiegel.de/politik/ausland/0,1518,190076,00.html

zivile Opfer. Doch den Israelis gelingt es eben nicht wie den Amerikanern kurz nach dem 11. September 2001, sich im Kampf als die Guten zu präsentieren, die gegen das Böse kämpfen. Obwohl es große Gemeinsamkeiten zwischen Al-Kaida-Terroristen und radikalen Palästinensern gibt, standen sie in der öffentlichen Meinung auf völlig unterschiedlichen Ebenen. Nach dem Irakkrieg haben aber auch die USA deutlich an Zustimmung in vielen anderen westlichen Ländern verloren. Wenn Staaten mit großem Militärapparat gegen fanatische Terroristen kämpfen, sind dies meist sehr ungleiche Kriege, die in der Öffentlichkeit manchmal sehr verzerrt wahrgenommen werden: Sympathie erhält oft der vermeintlich Schwächere.

Der Kampf um die Geburtskirche in Bethlehem, die Festsetzung Arafats in seinem Amtssitz in Ramallah und das angebliche »Massaker« von Jenin beschäftigten die Weltpresse. Die Palästinenser sahen sich in der Opferrolle und vermittelten diese Sicht erfolgreich den Medien. Arafat bezeichnete seinen Kontrahenten Scharon als Friedensgegner, der nicht verhandeln wolle. Die Geiselnahme in der Geburtskirche, in der sich etwa 30 bewaffnete Terroristen verschanzten, wurde zur »Belagerung« uminterpretiert, bei der israelische Scharfschützen Leute töteten, die in einer heiligen Stätte Zuflucht gesucht hatten.

Nachdem die Palästinenser weder etwas gegen den Terrorismus noch für den Frieden unternommen hatten, versuchte die israelische Regierung auf andere Art, ihrem Volk Sicherheit zu verschaffen: Attentäter sollten durch Straßensperren von den jüdischen Städten und Dörfern ferngehalten werden.

Die langen Wartezeiten sorgten jedoch bei friedlichen palästinensischen Reisenden für Frust. Selbst Krankenwagen wurden durchsucht – eine Folge des Missbrauchs durch Terroristen: Sie hatten in Fahrzeugen des Roten Halbmondes schon Sprengstoff transportiert!

Weil es auf der Gegenseite keinen Verhandlungspartner für Friedensgespräche mehr zu geben schien, versuchte die israelische Regierung, einseitig für eine Lösung zu sorgen: Eine Sperranlage aus Zäunen und Betonmauern umgibt heute die Autonomiegebiete und schützt die Bewohner Israels so vor der Infiltration durch Selbstmordattentäter sowie vor Schüssen auf vorbeifahrende Autos.

Der Bau der insgesamt über 700 Kilometer langen Grenzanlage wurde 2003 begonnen und sollte 2005 fertiggestellt werden. Aufgrund verschiedener Verzögerungen sind die Arbeiten aber immer noch nicht abgeschlossen. Trotz aller internationalen Proteste gegen die »Apartheidsmauer« hat das Konzept Erfolg und die Anzahl der Attentate hat sich merklich reduziert.

Betonbarrikaden schützen den Jerusalemer Stadtteil Gilo vor Gewehrkugeln aus dem benachbarten palästinensischen Bet Jala. Unterschiedliche Künstler haben das triste Grau fantasievoll und bunt bemalt.

Rückzug aus dem Gazastreifen

Eine einseitige Entscheidung Israels war auch der Rückzug aus dem Gazastreifen Mitte August 2005. Der überproportional hohe militärische Aufwand, die Sicherheit der isolierten jüdischen Siedlungen zu garantieren, war sicher der wichtigste Grund für den Rückzug. Scharon erklärte in einem Schreiben vom 14. April 2004 an den amerikanischen Präsidenten Bush, er habe sich »entschlossen, einen Prozess der schrittweisen Trennung in Gang zu setzen, in der Hoffnung, so die Berührungspunkte zwischen Palästinensern und Israelis zu reduzieren«.[43] Oberstes Ziel war also offensichtlich, Sicherheit und Frieden zu gewährleisten, und dies, ohne einen Verhandlungspartner auf der Gegenseite zu haben. Scharon bekam im Parlament nur eine knappe Mehrheit für den Abzug: 60 Abgeordnete waren dafür, 47 dagegen. Da Abgeordnete aus seiner eigenen Partei gegen den Abzug stimmten, war Scharon auf Stimmen der Opposition angewiesen. Die öf-

43 *Zitiert in: Johannes Gerloff: Israels Rückzug aus dem Gazastreifen, S. 65. Israelnetz: 2005*

fentliche Meinung war ebenfalls geteilt: Hunderttausende protestierten mit orangefarbenen Bändern und T-Shirts gegen die Aufgabe der Siedlungen.

8000 Juden lebten noch Mitte 2004 in 21 Siedlungen im Gazastreifen, beispielsweise im Siedlungsblock Gusch Katif im Süden mit seiner »Hauptstadt« Neveh Dekalim. Die landwirtschaftlichen und industriellen Erfolge und das Bildungswesen der Katif-Region waren im ganzen Land berühmt. Umso härter war es für die jüdischen Bewohner des Gazastreifens, diese Existenz aufzugeben und sich auf eine Umsiedlung einzulassen. Der Staat versprach allen, die dazu bereit waren, ihr Zuhause freiwillig zu verlassen, finanzielle Entschädigungen für den zurückgelassenen Besitz sowie eine Unterstützung für den Neubeginn. Besonders lukrativ war ein Umzug in die Negev-Wüste oder nach Galiläa: Dafür gab es 50.000 bis 80.000 Dollar zusätzlich.

Die Evakuierung begann am 15. August, zunächst mit der Aufforderung, die Siedlungen umgehend zu verlassen. Doch viele weigerten sich, freiwillig zu gehen, und mussten gewaltsam evakuiert werden – eine Zerreißprobe für die Soldaten und die Öffentlichkeit: Juden gegen Juden. Nach der zwangsweisen Räumung der letzten verbliebenen Siedler – glücklicherweise ohne Blutvergießen – durch das israelische Militär wurden die Häuser der jüdischen Familien abgerissen. Am 12. September verließen die letzten Soldaten den Gazastreifen und beendeten die Besetzung nach 38 Jahren.

Die Hoffnungen der israelischen Politiker, die Palästinenser würden den Abzug nicht als Niederlage ansehen, waren bald zerstört: »Für die Palästinenser bedeutet der Rückzug aus dem Gazastreifen nicht nur einen Sieg, sondern den wichtigsten Erfolg der Intifada. Die bis zum letzten Zentimeter an die Grenze zwischen Israel und dem Gazastreifen durchgeführte Räumung legte in den Augen der Palästinenser die Grenzen von 1967 als anerkanntes politisches Ziel fest, das durch Terror, wie in Gaza, erreicht werden kann.«[44] Einer Umfrage zufolge sahen 84 Prozent der Palästinenser die Räumung des Gazastreifens als einen militärischen Sieg.

Die Synagogen in den jüdischen Siedlungen wurden bei der Räumung aus religiösen Gründen nicht zerstört. Palästinenser setzten sie in Brand, dazu auch israelische Flaggen vor den jubelnden Massen. Die Anführer der Ter-

44 *Roni Shaked: Israel nach dem Abzug aus dem Gazastreifen. Israel-Jahrbuch 2006, NAI*

ororganisationen sprachen unverhohlen Drohungen gegen Israel aus und die Raketenangriffe vom Gazastreifen aus wurden fortgeführt.

Seit dem Rückzug hat es die palästinensische Verwaltung nicht geschafft, für Stabilität zu sorgen. 2007 hat die Hamas die Kontrolle über Gaza übernommen und so zu einer noch größeren Spaltung innerhalb der Palästinensergebiete beigetragen. Israel flog immer wieder Luftangriffe gegen Terrornester und hat auch zeitweise die Energieversorgung eingestellt, um die Hamas zu schwächen. Im Januar 2008 führte dies dazu, dass militante Palästinenser einen Durchbruch in die Grenzmauer zu Ägypten sprengten und Hunderttausende Menschen in den ägyptischen Sinai flüchteten. In Israel meinen einige Strategen, die Angliederung des Gazastreifens an Ägypten wäre eine willkommene Alternative zum selbstständigen Staat »Palästina«: »Vielleicht ist die Entscheidung von Präsident Husni Mubarak, dass man Gaza an Ägypten anschließe, ein Vorgeschmack auf eine mögliche Lösung. Denn dann wären sie für alles, was in Gaza passiert, verantwortlich.«[45] Ron Nachman, Bürgermeister der Stadt Ariel, befürwortet eine derartige Lösung schon länger: demnach sollten die Palästinensergebiete im Westjordanland an Jordanien angegliedert werden.[46]

Fazit

Einseitige »Friedenslösungen« dieser Art scheinen bedauerlicherweise die besten Ergebnisse zu bringen. Schließlich herrscht gegenüber dem Nachbarn Syrien auch »Abwesenheit von Krieg« durch strikte Trennung und sichere Grenzen. Nur ist eine Grenze zwischen palästinensischen und israelischen Gebieten äußerst schwierig zu sichern, da die palästinensischen Autonomiegebiete einem Flickenteppich gleichen.

Verhandlungen in Zukunft werden sicher unter der Fragestellung stattfinden: Vertritt mein Verhandlungspartner überhaupt eine Mehrheit der palästinensischen Bevölkerung? Und fühlt sich eine Terrorgruppe wie die Hamas an Zusagen gebunden, die ein politischer Widersacher wie Abbas an die verhassten Israelis gemacht hat? Die jüngste Vergangenheit hat gezeigt, dass dies nicht der Fall ist.

---

45 *Der stellvertretende israelische Außenminister Majalli Whbee, zitiert in der Tagesschau am 24.1.2008, www.tagesschau.de/ausland/gaza88.html*

46 *Vortrag vor einer Reisegruppe mit dem Autor am 6.11.2002 in Ariel*

Wer sind die Palästinenser?

Entgegengesetzte Flüchtlingsströme

»Die arabischen Staaten wollen das Flüchtlingsproblem nicht lösen. Sie wollen es wie eine offene Wunde belassen, als Waffe gegen Israel. Arabische Staatsmänner kümmern sich einen Dreck darum, ob arabische Flüchtlinge leben oder sterben.«[47] So analysierte Ralph Galloway, ehemaliger Direktor des UN-Flüchtlingshilfswerks, die Lage 1958. Im Großen und Ganzen trifft diese Aussage auch heute noch zu.

Nach palästinensischen Angaben betrug die Zahl der Araber, die von den israelischen Besatzern aus ihrer angestammten Heimat vertrieben worden seien, mindestens eine Million. Innerhalb der letzten fünfzig Jahre haben sich diese Flüchtlinge vermehrt und auf der »Palestinian National Authority Official Website« wird erklärt: »Es gibt mehr als drei Millionen palästinensische Flüchtlinge im Nahen Osten«[48]. Die Nachkommen der ursprünglichen Flüchtlinge werden also mitgezählt.

Die Meinung der westlichen Bevölkerung ist geprägt von Aussagen in Zeitungen wie: »Mehr als vier Millionen Palästinenser leben in dritter und vierter Generation in den arabischen Ländern, eine weitere halbe Million im Rest der Welt.«[49] Angaben in Lexika sprechen von 750.000 bis 850.000 vertriebenen Arabern.

---

47 Ralph Galloway, ehemaliger Direktor des UN-Flüchtlingshilfswerks, zitiert in: Joan Peters: From Time Immemorial, Seite 23. J. KAP Publishing: 1984

48 Palestinian National Authority Official Website, www.pna.net/facts/pal_refugees.htm (Server existiert nicht mehr)

49 Gelobtes Land. taz mag: 25. April 1998, Seite 7

Im Gegensatz zu geläufigen Zahlen, die heute von den Medien verbreitet werden, belegt Joan Peters in ihrem Monumentalwerk »From Time Immemorial« folgende Aussagen: »Die Anzahl der arabischen Flüchtlinge aus dem Mandatsgebiet Palästina in den Grenzen von 1948 betrug etwa 350.000. In dieser Zahl sind Beduinen, die sich nicht fest niedergelassen hatten, ebensowenig enthalten wie Araber, die erst kurze Zeit in Palästina gewohnt hatten.« Sie fügt hinzu: »An dieser Stelle sollte betont werden, dass die Höchstzahl von 343.000 noch nicht einmal halb so hoch ist wie die Flüchtlingszahlen, die von den Arabern sofort nach dem Verlassen ihrer Gebiete beansprucht wurden, und zwar zu einer Zeit, als die Zahlen noch nicht in den Flüchtlingslagern weiter ›aufgebläht‹ wurden.«[50]

Nach ihren Recherchen stünden dieser Anzahl eine Zahl von ungefähr 820.000 Juden entgegen, die aus arabischen Ländern geflüchtet sind, als das Leben für sie parallel zum Unabhängigkeitskrieg Israels dort unerträglich wurde. »1948 lebten mehr als 850.000 Juden in der arabischen Welt. Heute sind es weniger als 29.000, ein Schatten der früheren, uralten Gemeinde.«[51]

In Immigrantendörfern wie hier in der Nähe von Akko werden jüdische Einwander untergebracht, lernen Hebräisch und warten auf eine dauerhafte Bleibe.

Die Tatsache, dass es nicht nur arabische, sondern auch jüdische Flüchtlinge gab, ist den meisten Menschen unbekannt. Sie ist jedoch wichtig, um das heutige »Palästinenserproblem« vollständig zu erfassen.

50 *Joan Peters: From Time Immemorial, Seite 262. J. KAP Publishing: 1984*

51 *Joan Peters: From Time Immemorial, Seite 33. J. KAP Publishing: 1984*

Ursachen der Flucht

Die palästinensischen Araber werden meist als Vertriebene bezeichnet. Die Version der Palästinenserregierung lautet: »Die Zionisten riefen den Staat Israel aus, ohne seine Grenzen zu definieren. Arabische Armeen kamen, um die Palästinenser zu verteidigen. Letztlich wurde (1949) ein Waffenstillstand geschlossen. Die Zionisten kontrollierten 77 Prozent des palästinensischen Landes und über eine Million Palästinenser wurden gezwungen, ihr Land zu verlassen.«[52]

Auch die deutsche Presse lässt keine Bedenken an der israelischen Aggression aufkommen: »Ergebnisse historischer Forschung beweisen zweifelsfrei, dass Israel Hunderttausende von Arabern vertrieb, ihre Dörfer und Ernten verbrennen oder enteignen ließ und arabischen Boden gegen alles Völkerrecht raubte, um ihn später zu besiedeln.«[53]

Israel freundlicher gesinnten Quellen zufolge gab es hauptsächlich zwei Gründe für die Flucht der Araber: Die benachbarten arabischen Staaten, die gegen Israel Krieg führten, riefen ihre arabischen Brüder im neugegründeten Israel auf, das Land zu verlassen, um der Invasion nicht im Weg zu sein. Nachdem die Juden ins Meer getrieben seien, könnten sie in ihre Heimat zurückkehren. Ein Flüchtling drückte es so aus: »Die arabische Regierung sagte uns: ›Geht hinaus, sodass wir hineingehen können.‹ So gingen wir hinaus, aber sie gingen nicht hinein.«[54]

Der zweite Grund für die Flucht der Araber war die übertriebene Angst vor dem israelischen Heer. Meldungen arabischer Anführer, z. B. über die Einnahme des Dorfes Deir Jasin, erfüllten sie mit Furcht und Schrecken.

Die Gründe der jüdischen Flucht aus arabischem Gebiet beschreibt Joan Peters in »From Time Immemorial«: »Der Massenexodus jüdischer Flüchtlinge aus den arabischen Ländern wurde hauptsächlich durch die Ausbrüche arabischer, an die Nazizeit erinnernder Brutalität ausgelöst, die zum Los der jüdischen Gemeinwesen wurde … Aber die Geschichte der Verfolgung der

52 Palestinian National Authority Official Website, www.pna.net/facts/pal_hist.htm (Server existiert nicht mehr)

53 taz, 14. Mai 1998

54 Ramon Bennett: Philister – oder: Die große Täuschung, Seite 118. Arm of Salvation: 1995

Juden durch Araber ist lang, eine Chronik ›unerträglichen Druckes‹, die ihre Ursprünge und Inspiration aus dem Buch des islamischen Religionsstifters aus dem siebten Jahrhundert bezog.«[55]

Nach in ihrem Buch abgebildeten Dokumenten unterstützten arabische Politiker in Wort und Tat die »Endlösung der Judenfrage« Adolf Hitlers. SS-Reichsführer Heinrich Himmler schrieb demnach 1943 ein Telegramm an Amin El Husseini, Großmufti von Jerusalem (er soll Arafats »Mentor und geistiger Führer« gewesen sein): »Die Nationalsozialistische Bewegung Großdeutschlands hat sich seit ihrer Entstehung den Kampf gegen das Weltjudentum auf ihre Fahne geschrieben. Sie hat deshalb schon immer mit besonderer Sympathie den Kampf der freiheitsliebenden Araber, vor allem in Palästina, gegen die jüdischen Eindringlinge verfolgt. Die Erkenntnis dieses Feindes und der gemeinsame Kampf gegen ihn bilden die feste Grundlage des natürlichen Bündnisses zwischen dem nationalsozialistischen Großdeutschland und den freiheitsliebenden Mohammedanern der ganzen Welt. In diesem Sinne übermittle ich Ihnen am Jahrestag der unseligen Balfour-Deklaration meine herzlichsten Grüße und Wünsche für die glückliche Durchführung Ihres Kampfes bis zum sicheren Endsieg.«[56]

Auch der Koran widerspricht dem Gerücht des harmonischen Zusammenlebens von Arabern und Juden: »O ihr Gläubigen, befreundet euch nicht mit den Juden und den Christen. Wer sich mit ihnen befreundet, wird einer der Ihren; Allah verweigert seine Führung der Gemeinschaft der Ungerechten.«[57]

Die Westbank, mit der nach der Meinung der westlichen Welt die palästinensischen Flüchtlingen so eng verbunden sind, ist das beste Beispiel für die verdrehte Lage im Nahen Osten: Jahrhundertelang lebten größere jüdische Gemeinschaften zum Beispiel in Hebron, Sichem (Nablus), Jericho und in der Altstadt Jerusalems. Unter der Herrschaft Jordaniens von 1948 bis 1967 gab es fast keine Juden mehr in diesem Gebiet – sie wurden vertrieben. Heute werden jüdische Siedler, von denen zumindest einige nur

---

55 *Joan Peters: From Time Immemorial, Seite 80. J. KAP Publishing: 1984*

56 *Telegramm des SS-Reichsführers Heinrich Himmler an Amin El Husseini, Großmufti von Jerusalem, 1943, abgebildet in: Joan Peters : From Time Immemorial, Seite 441. J. KAP Publishing: 1984*

57 *Der Koran, Sure »El Maida«, zitiert in: Peter Scholl-Latour: Lügen im Heiligen Land, Seite 290. Siedler: 1998*

ihre alte Heimat wieder aufgesucht haben, als rechtsradikale Eindringlinge angesehen.

Das Schicksal der Flüchtlinge

Die jüdischen Flüchtlinge aus den arabischen Staaten Vorderasiens sind längst wichtiger Bestandteil Israels geworden. Als »Sephardim« bilden sie einen Anteil von etwa 37 Prozent an der jüdischen Bevölkerung. Genauso wie die zahlreichen Einwanderer aus Europa wurden sie zügig in den jungen Staat integriert. Auch heute noch werden Zuwanderer aus aller Welt möglichst rasch eingegliedert. Seit der Staatsgründung hat das kleine Israel 2,9 Millionen eingewanderte Juden aus über 100 Ländern aufgenommen.

Anders ist die Lage bei den palästinensischen Flüchtlingen: Jordanien hat einen großen Teil integriert, aber noch immer leben viele Flüchtlinge und deren Nachkommen in den Flüchtlingslagern im Gazastreifen, in der Westbank, im Libanon und in Jordanien. Sie werden von der UNRWA (Hilfswerk der Vereinten Nationen für Palästina-Flüchtlinge im Nahen Osten) versorgt. Das Personal der 1949 von der UN-Generalversammlung gegründeten Organisation wird hauptsächlich vor Ort rekrutiert. Das UNWRA verfügt über Gesundheitsstellen, Kliniken, Schulen und Lehrerausbildungszentren. Der Jahreshaushalt der UNRWA beläuft sich auf etwa 280 Millionen Dollar. Versuche Israels, die Palästinenser der Westbank und des Gazastreifens aus den Lagern herauszuholen und ihnen ein normales Leben zu ermöglichen, sind am Widerspruch arabischer Staatsmänner und der Vereinten Nationen gescheitert.

Heute, viele Jahrzehnte nach der Flucht palästinesischer Araber aus ihrer Heimat, leben immer noch sehr viele Araber in Flüchtlingslagern. Joan Peters hat in ihrem Buch »From Time Immemorial« ausgeführt, dass es für die arabischen Nachbarn Israels ein Leichtes gewesen wäre, ihre Brüder zu integrieren. Ein solcher Vorgang hätte sogar beiden Seiten wirtschaftliche Vorteile gebracht. »Internationale Experten berichteten und veröffentlichten unbestreitbare Beweise, dass die Integration und Ansiedlung von Flüchtlingen, wenn sie von der Gemeinschaft der arabischen Länder durchgeführt werden würde, nicht nur Vorteile für die arabischen Flüchtlinge, sondern auch für die unterbevölkerten Gebiete der arabischen Welt bringen würde, die zusätzliche Arbeitskräfte für ihren Fortschritt bräuchte.«[58]

Dennoch wird Israel verantwortlich gemacht für das Elend in den Lagern. Die Israelis werden in der Weltöffentlichkeit als gewissenlose Besatzer dargestellt, die die Palästinenser nach wie vor unterdrücken und ausbeuten. »Palästina und die Palästinenser gibt es immer noch, obwohl sich Israel von Anfang an alle Mühe gegeben hat, sich ihrer zu entledigen oder sie in die politische Bedeutungslosigkeit zu drängen«[59], schreibt die »taz«.

Doch auch hier sieht die Wahrheit offensichtlich anders aus. Nach den Ausführungen von Joan Peters sind die arabischen Politiker nicht an einer Eingliederung der Flüchtlinge interessiert. Sie dienen als Schachfiguren, um die Sympathien der Welt für die »palästinensische Sache« zu erhalten und um die westlichen Politiker und die UNO dazu zu bringen, Druck auf Israel auszuüben und UN-Resolutionen gegen das kleine jüdische Land zu beschließen.

Ein bedeutender Experte auf dem Gebiet weltweiter Flüchtlingsprobleme äußerte sich in einem Interview mit Joan Peters über den speziellen Fall palästinensischer Flüchtlinge: »Sie müssen bedenken – nun – diese Menschen sind einfach nur Schachfiguren ... Die arabischen Länder wollen keine Araber aufnehmen. Es ist Diskriminierung gegen die eigenen Leute.«[60]

Das Rückkehrrecht

Die Forderung der Palästinenser nach einer Rückkehr der Flüchtlinge bekommt besondere Brisanz, wenn man an die Endstatusverhandlungen denkt: Die Flüchtlinge sollten nicht in einem zu gründenden Palästinenserstaat leben, sondern in Israel untergebracht werden. Würden daher wie gefordert Millionen von palästinensischen Flüchtlingen in das übrige Israel zurückkehren, wäre dies eine demografische Katastrophe und würde die arabische Minderheit im Judenstaat bald zu einer Mehrheit werden lassen.

58 Joan Peters: From Time Immemorial, Seite 19. J. KAP Publishing: 1984

59 Edward Said, in Amerika lebender palästinensischer Intellektueller, in einem Artikel in »Le Monde diplomatique«, Beilage der taz, 15. Mai 1998

60 Interview mit John McCarthy, Experte der amerikanischen Katholischen Konferenz, in: Joan Peters: From Time Immemorial, Seite 19. J. KAP Publishing: 1984

Arafat und die PLO

Die PLO (Palästinensische Befreiungs-Organisation) wurde 1964 mit dem Ziel gegründet, den jungen Staat Israel zu zerstören, um die arabischen Flüchtlinge in ihre Heimat zurückkehren zu lassen und die arabische Herrschaft im Nahen Osten komplett zu machen. Der Weg, um dieses Ziel zu erreichen, war klar und eindeutig: Krieg und Terror.

Jahrzehntelang war Terrorismus das einzige Mittel des »Befreiungskampfes« der Palästinenser. In aller Welt und in Israel waren jüdische Opfer das Ziel. Auf die internationale Bühne trat der palästinensische Terror im September 1972, als während der Olympiade in München 11 Israelis ermordet wurden.

☞ Mehr über die Ereignisse in München auf der CD: **344-arafat-plo**

Erst nach langer Zeit des Terrors, der viele Opfer auf beiden Seiten kostete, schlug PLO-Chef Jassir Arafat einen neuen Weg ein, der ihm schließlich den Friedensnobelpreis brachte, nicht jedoch den unabhängigen Staat Palästina. Arafat suchte scheinbar Frieden mit seinen Feinden. Den Terror gab es weiterhin, aber nicht von offizieller Seite Arafats.

Die Frage war für viele Israelis, ob sich mit dem Weg auch das Ziel der PLO geändert hat. Viele Anzeichen sprachen auch weiterhin dafür, dass Arafats Endziel ein arabischer Staat »Palästina« auf dem ganzen Gebiet Israels geblieben war, nicht ein Staat neben Israel. Peter Scholl-Latour zitierte einen Palästinenser, der Folgendes sagte: »Fast alle hier sind für Jassir Arafat. Es gibt doch keinen anderen nationalen Führer für uns Palästinenser. Natürlich muss er taktieren und Rückschläge einstecken. Wir müssen eben behutsam vorgehen, Schritt für Schritt. Manches haben wir ja schon erreicht. Betrachten Sie nur, wie die Weltöffentlichkeit zu unseren Gunsten umschlägt. Unsere Ziele sind weit gesteckt, und am Ende wollen wir auch Haifa und Jaffa zurückgewinnen. Aber es wäre dumm und schädlich, wenn wir das an die große Glocke hingen. Arafat wird schon Wege finden, auf denen wir unaufhaltsam vorankommen.«[61]

---

61 Peter Scholl-Latour: Lügen im Heiligen Land, Seite 245. Siedler: 1998

Nach Arafats Tod im November 2004 übernahm Mahmud Abbas die Führung der »Palästinensischen Befreiungsorganisation«. Die PLO hat allerdings in der Nach-Arafat-Ära deutlich an Einfluss verloren und die Hamas hat mittlerweile im Gazastreifen die Macht übernommen.

Arafat – Terrorist und Friedensnobelpreisträger

Wie hier an einer Hauswand in Jericho war Jassir Arafat zu Lebzeiten unter den Palästinensern allgegenwärtig.

Jassir Arafat wurde 1929 in Kairo geboren. Nach dem Tod seiner Mutter zog er als Dreijähriger mit dem Vater nach Jerusalem. Arafat selbst gab Jerusalem als seinen Geburtsort an.

1948 trat er während seines Studiums in Kairo der fanatischen Moslem-Bruderschaft bei, die im Gazastreifen gegen jüdische Siedler kämpfte. 1959 gründete er in Kuwait die Palästinenserbewegung Fatah und trat 1965 der PLO bei. Schon vor dem Sechstagekrieg 1967 begann Arafat, Terroranschläge auf israelische Ziele zu verüben. Nach der bitteren Niederlage meldeten sich Tausende Palästinenser bei den Terrorgruppen. 1969 wurde Arafat Chef der PLO und behielt dieses Amt bis zu seinem Tod. Die PLO-

Pläne zur Revolution in Jordanien schlugen fehl: 1970 tötete König Hussein im »schwarzen September« 10.000 Palästinenser und vertrieb Arafat nach Beirut. Dort trieb die PLO bis 1982 ihr Unwesen. 1983 wurde er während des Libanonkriegs von den Israelis nach Tunesien ausgewiesen.

Nach der Intifada 1987, den Friedensverhandlungen in Madrid 1991, die Arafat von Tunesien aus geführt hat, und dem Oslo-Abkommen zwei Jahre später, wurde ihm 1994 erlaubt, nach Gaza einzureisen. Im gleichen Jahr erhielt er zusammen mit Jitzhack Rabin und Shimon Peres den Friedensnobelpreis.

Doch neben der friedlichen Seite, die er gegenüber der westlichen Öffentlichkeit zeigte, unternahm er nichts gegen weiterhin verübte Terroranschläge gegen die israelische Bevölkerung und gab sich in den arabischen Medien als harter Kämpfer gegen den zionistischen Feind.

Im Sommer 2000 fehlte nur ein Handschlag, und Arafat hätte in Camp David, USA, ein Ziel erreicht: Die Gründung eines Staates Palästina. Doch er schlug das Angebot Ehud Baraks aus, der ihm immerhin über 95 Prozent des Westjordanlandes und einen Teil Jerusalems anbot. »Wollen Sie zu meiner Beerdigung kommen?«, fragte er den Verhandlungsführer Bill Clinton und begründete so indirekt seine Ablehnung mit den Drohungen radikaler Palästinenser, sich nicht mit weniger als dem Grenzverlauf von 1967 zufriedenzugeben.

Im gleichen Jahr brach die Al-Aqsa-Intifada aus und nach einer Serie von Anschlägen Ende 2001 verbrachte Arafat die letzten drei Jahre seines Lebens praktisch unter »Hausarrest« in seinem Regierungssitz in Ramallah, der zudem 2002 noch zu einem Großteil vom israelischen Militär zerstört wurde. Im April 2004 hielt Ministerpräsident Ariel Scharon gar die Tötung Arafats für nicht mehr ausgeschlossen.

Arafat befand sich daher im Oktober 2004 in seinem Hauptquartier in Ramallah, als tunesische und ägyptische Ärzte eine Erkrankung bei dem 75-Jährigen diagnostizierten. Obwohl die Angaben widersprüchlich waren – Krebs, Viruserkrankung oder nur eine Grippe? – stimmte Israel einer Behandlung im Ausland zu und Arafat wurde am 29. Oktober nach Paris geflogen. Am frühen Morgen des 11. November teilte ein Sprecher des Krankenhauses mit, Jassir Arafat sei um 3.30 Uhr gestorben. Der französische Staatspräsident Chirac sprach dem palästinensischen Volk sein Beileid aus.

Die Trauerfeier fand am 12. November in Kairo statt, am selben Tag wurde Arafats Leichnam nach Ramallah geflogen und beigesetzt. Seinen letzten Wunsch, auf dem Tempelplatz in Jerusalem begraben zu werden, hat ihm Israel verwehrt. Justizminister Yosef Lapid kommentierte: »In Jerusalem liegen jüdische Könige begraben, keine arabischen Terroristen«.[62]

Zwischen Hamas und Fatah

Die aus der PLO hervorgegangene Fatah und die stärker vom fanatischen Islam geprägte Hamas wollen beide einen unabhängigen Palästinenserstaat. Der Weg zu diesem Ziel ist auf den ersten Blick unterschiedlich und auch beim Gebietsanspruch ist die Fatah wohl inzwischen gemäßigter. Die Fatah scheint auf dem Verhandlungsweg einen Staat »Palästina« auf dem Gebiet des Westjordanlands sowie des Gazastreifens erreichen zu wollen, mit (Ost-)Jerusalem als Hauptstadt. Dieser Staat würde wohl eher säkulare Strukturen haben. Ein islamischer Gottesstaat ist dagegen das erklärte Ziel der Hamas, das kompromisslos und mit Gewalt verfolgt wird. Daneben ist kein Platz für ein jüdisches Israel.

Scheikh Ahmed Yassin, Mitbegründer und geistiger Führer der Hamas, saß acht Jahre in israelischer Haft, bevor er 1997 in einem Gefangenenaustausch entlassen wurde. Am 22. März 2004 wurde er durch einen gezielten Raketenangriff der Israelis getötet. Auch sein Nachfolger Abd al-Aziz ar-Rantisi, der »Terroranschläge als legitimes Mittel im Befreiungskampf gegen Israel« bezeichnete, starb am 17. April durch »gezielte Tötung«.

Ismail Haniyya ist seit dem Wahlsieg der Hamas 2006 palästinensischer Ministerpräsident. Vorsitzender der PLO bzw. der Fatah ist Mahmud Abbas, der zugleich als Präsident der Palästinensischen Autonomiebehörde Arafats Nachfolger ist.

---

62 Ludwig Schneider: NAI 12/2004

Wahlsieg der Hamas und Kampf um Gaza

Nach dem Tod Arafats, der als Symbolfigur des »Freiheitskampfs« alle Palästinenser geeint hatte, entstand ein gewisses Machtvakuum. Der nicht funktionierende und korrupte Staatsapparat, den Arafat hinterlassen hatte, führte zum Konflikt zwischen den konkurrierenden Organisationen mit ihren unterschiedlichen Ideologien.

Nach einem sensationellen Wahlsieg der Hamas in den Autonomiegebieten am 26. Januar 2006 wurde nach einigem Hin und Her eine »Regierung der nationalen Einheit« mit der Fatah gebildet. Im Dezember 2006 verschärften sich jedoch gewaltsame Auseinandersetzungen zwischen den Anhängern der beiden Organisationen.

Im Juni 2007 eskalierte die Konfrontation zwischen Hamas und Fatah und im Gazastreifen kam es zu einem wahren Bürgerkrieg. Im Verlauf der Kämpfe gewannen die Milizen der Hamas die Oberhand und übernahmen die Herrschaft über das Gebiet, das die Israelis bereits im August 2005 verlassen hatten. Der »Putsch« der Hamas stieß international auf Ablehnung, selbst der ägyptische Präsident Mubarak befürchtete einen iranischen Vorposten in seiner unmittelbaren Nachbarschaft. De facto besteht seither eine Zweiteilung der Autonomiegebiete: Abbas setzte im Westjordanland eine Notstandsregierung ohne die Beteiligung der Hamas ein.

Propagandakrieg

Auf der Suche nach Wahrheit

»Das sowjetische Volk wusste aus Erfahrung, dass alles, was in der Zeitung PRAWDA veröffentlicht wurde, zunächst als Lüge zu behandeln war, bis der Gegenbeweis erfolgte. Es wäre gut für uns alle, diesem Beispiel der ehemaligen Sowjets zu folgen und die gleiche Einstellung gegenüber den westlichen Medien zu haben.«[63] So provozierend äußerte Ramon Bennett, Autor des Buches »Philister«, seine Meinung zur Berichterstattung über Israel.

Was man heute durch die Medien über die Geschehnisse in Israel erfährt, entspricht leider oft nicht der Wahrheit oder ist so geschrieben, dass ein einseitiger Eindruck entsteht. Vor allem Kommentare über die israelische Politik lassen meist Objektivität vermissen. Sehr heftig wurde die Politik des Ex-Regierungschefs Netanjahu kritisiert. Nach der Wahl des neuen Premiers Ehud Barak atmeten die Medien regelrecht auf, doch schon bald ließen sich erneut anti-israelische Tendenzen in der Berichterstattung entdecken.

In gleicher Weise, wie über die Jahrhunderte den Juden die Schuld an allem möglichen Unheil gegeben wurde, wird heute der Staat Israel – gestützt durch Antisemitismus und Propaganda – fast allein für den Nahost-Konflikt verantwortlich gemacht.

Die Geschichte hat jedoch gelehrt, dass Israel Frieden wollte. In der Unabhängigkeitserklärung verkündeten die Staatsgründer: »Wir wenden uns ... an die in Israel lebenden Araber mit dem Aufrufe, den Frieden zu wahren und sich aufgrund voller bürgerlicher Gleichberechtigung und entsprechender Vertretung in allen provisorischen und permanenten Organen des Staates an seinem Aufbau zu beteiligen. Wir bieten allen unseren Nachbarstaaten und ihren Völkern die Hand zum Frieden und guter Nachbarschaft und rufen zur Zusammenarbeit und gegenseitigen Hilfe mit dem selbstständigen jüdischen Volk in seiner Heimat auf. Der Staat Israel ist bereit, seinen Beitrag

63 *Ramon Bennett: Philister – oder: Die große Täuschung, Seite 215. Arm of Salvation: 1995*

bei gemeinsamen Bemühungen um den Fortschritt des gesamten Nahen Ostens zu leisten.«[64]

Die arabischen Nachbarn haben das kleine Land von einem Krieg in den nächsten gezwungen. Nun verlangen palästinensische Politiker, ehemalige Terroristen, von den Israelis, als Preis für einen unsicheren Frieden genau auf das Land zu verzichten, das zu erobern viel Blut gekostet hat und in dem der Ursprung des Judentums liegt.

Die Araber, die ganze Welt und linksgerichtete Israelis verlangen von der Regierung, strategisch und ideologisch wichtige Gebiete aufzugeben, ohne dass irgendjemand eine Friedensgarantie dafür geben will. Gleichzeitig wird Israel für die Unterdrückung der Palästinenser verantwortlich gemacht und ihm wird Staatsterrorismus vorgeworfen.

Links: »Noch nie einen Politiker gesehen, der Babys küsst?« – Independent 2003. Rechts: »Durch die Jahrtausende vergoss der Jud, geheimem Ritus folgend Menschenblut« – Der Stürmer 1934.

Immer wieder nimmt die Abneigung gegen Israel und seine Politiker nicht nur in arabischen Ländern, sondern auch in europäischen Artikeln, Kommentaren und Karikaturen extreme Formen an, die unweigerlich an die düsteren Zeiten der antijüdischen Nazi-Propaganda erinnern. Zur Wahl im Januar 2003 veröffentlichte die renommierte britische Zeitung »Independent« eine Grafik, die Scharon zeigt, wie er – umgeben von Kampfhubschraubern und Panzern – ein palästinensisches Kind frisst. Das medienkritische Organ »honestreporting.com« entdeckte erschreckende Parallelen zum NS-Propagandamagazin »Der Stürmer« und kommentierte: »Dass die

64 Israel in Kürze – Der Staat Israel, Botschaft des Staates Israel in Deutschland, 1998

maßgeblichen britischen Medien solch eine widerwärtige Darstellung der israelischen Führung veröffentlicht, spricht Bände über das anti-israelische Klima, das sich derzeit in Europa ausbreitet.«[65]

Wenn die Wahrheit über Israel gefunden werden soll – eine objektive Wahrheit – ist man auf schwierigem Wege. Man muss sich die Mühe machen, die Aussagen beider Seiten zu vergleichen, wenn möglich geschichtliche Fakten nachprüfen. Neutrale Quellen gibt es nicht. Jeder, der seine Informationen irgendwoher bezieht, übernimmt zwangsläufig bestimmte ideologische Schattierungen seiner Informationsquellen. Trotzdem – der Wahrheitssuchende kann zumindest die Objektivität seiner Informationsquellen beurteilen, indem er zum Beispiel das Literaturverzeichnis eines Buches analysiert oder den persönlichen Standpunkt und die Biografie des Autors untersucht.

Zur Erkenntnis, dass israelische Quellen in der Regel zuverlässiger sind als arabische, sind schon viele gekommen. Der Grund dafür liegt in der Mentalität, die natürlich stark von der Religion geprägt ist. Man vergleiche nur das Gebot in der Heiligen Schrift: »Du sollst nicht falsch Zeugnis reden wider deinen Nächsten« mit folgender Aussage des Nahost-Korrespondenten und Islam-Kenners Peter Scholl-Latour: »Die Verwerfung, die Widerrufung eines feierlich unterzeichneten Friedensdokuments, das mit Ungläubigen abgeschlossen wurde, ist – falls es der heiligen Sache dient – nicht nur erlaubt, sie ist eine religiöse Pflicht.«[66]

Kaum jemand bezweifelt im Westen den Friedenswillen der Palästinenser, obwohl Kenner des Nahen Ostens arabischen Friedenszusicherungen nicht allzuviel Vertrauen entgegenbringen. Scholl-Latour zitiert einen aus Marokko stammenden Juden: »Wir Sephardim würden niemals unser Schicksal dem Wohlwollen oder den feierlichen Zusagen der Muslime ausliefern im Gegensatz zu diesen törichten Aschkenasim, die nur noch das Wort ›Schalom‹ im Mund führen.«[67]

---

65 HonestReporting-Newsletter vom 28. Januar 2003, die Karikatur wurde 2003 mit dem »Dishonest Reporting Award« ausgezeichnet: Preis für unwahre Berichterstattung

66 Peter Scholl-Latour: Lügen im Heiligen Land, Seite 263. Siedler: 1998

67 Aaron, marokkanischer Jude, zitiert in: Peter Scholl-Latour: Lügen im Heiligen Land, Seite 158. Siedler: 1998

Im Zusammenhang mit dem Nahostkonflikt und der Suche nach Wahrheit ist man gut beraten, wenn man die Bibel ohne Vorbehalte als Informationsquelle hinzuzieht, um tiefer in die Hintergründe des arabisch-jüdischen Konfliktes vorzustoßen.

Beispiel: Siedler und Terroristen

Die meisten Lügen und Fehlinformationen in Bezug auf Israel werden über folgende Themen verbreitet:

1. Das Flüchtlingsproblem, das durch die Staatsgründung ausgelöst wurde.

Die Palästinenser werden als aus ihrer alten Heimat vertriebene Unschuldige bemitleidet, die von den Zionisten ihres Landes beraubt wurden. Hintergründe bleiben unerwähnt. Unberücksichtigt bleibt auch, dass die zugewanderten Juden Heimatlose waren, sowohl als Überlebende des Holocaust, wie auch als vertriebene Juden aus arabischen Ländern.

2. »Palästina« und Besitzansprüche im Heiligen Land

Palästina, also das heutige Israel, wird als die Heimat der Palästinenser angesehen, die Juden als aggressive Eindringlinge. Nicht erwähnt wird der geschichtliche Werdegang des Heiligen Landes, an dem immer eine jüdische Bevölkerung Anteil hatte.

3. Die Regierung Israels

Die Regierung Israels wird rigoros zum Sündenbock für jedes Stocken des Friedensprozesses gemacht, ohne die Beweggründe der jüdischen Nation zu untersuchen.

4. Die Ziele der Palästinenser

Hier wird kritiklos die palästinensische Propaganda verbreitet, ohne logische Zusammenhänge zu überprüfen sowie Aussagen und Zielsetzungen zu hinterfragen.

Als hauptsächliches Friedenshindernis werden in den westlichen Medien die Siedler in der Westbank betrachtet. Die Medien setzen oft die jüdischen

Siedler in der Westbank und in Gaza mit den arabischen Terroristen gleich und zeigen so ein extremistisches Gleichgewicht der beiden Seiten. Die Politik Netanjahus wurde als offener Angriff auf den Friedensprozess angesehen, weil er den Ausbau der Siedlungen nicht völlig verhinderte.

Gewalttätige Ausschreitungen der Siedler wie das Massaker 1994 in Hebron bilden jedoch eine seltene Ausnahme und die israelische Regierung sowie die Mehrheit der Bevölkerung lehnen extremistische Aktionen ab. Dem gegenüber stehen ungleich mehr Terrorakte von palästinensischen Attentätern (fast 300 innerhalb von fünf Jahren nach dem Oslo-Abkommen), die mit ihren Selbstmordanschlägen nicht nur viele unschuldige Menschen getötet haben, sondern zusätzlich durch ihre Splitterbomben viele grausam verletzten.

Arafat sprach über in Israel inhaftierte Palästinenser in folgender Weise: »Unsere Söhne in israelischen Gefängnissen zu halten bedeutet, die blutende Wunde jeder palästinensischen Familie offenzulassen. Die, die für die Freiheit gekämpft haben, müssen die ersten sein, die die Wärme des Friedens zu spüren bekommen sollen. Unsere eingesperrten Helden, die für die Freiheit gekämpft haben, haben ihre volle Unterstützung des Friedensprozesses gelobt.«[68]

Kein Wort verlor Arafat über die blutigen Terrorakte, die viele dieser »Freiheitskämpfer« verübt haben. Darüber hinaus werden Selbstmordattentäter bei vielen Arabern als Helden gefeiert.

Zahlreiche jüdische Siedler sehen es als ihre religiöse Aufgabe an, im biblischen Kernland, den sogenannten »besetzten Gebieten« wohnen zu bleiben. Sie nehmen ihr Recht dazu nicht nur aus der Bibel, sondern auch aus der jüngeren Geschichte. So gab es in Gaza, Hebron und überall in der Westbank bis 1948 jahrhundertealte Ansiedlungen von Juden. Unter jordanischer Herrschaft sank die Zahl der Juden auf Null und so sehen sich die Bewohner der jüdischen Siedlungen nicht als »Siedler«, sondern als »Heimkehrer«, die ihren alten Wohnort wieder aufsuchen.

---

68 Jassir Arafat in seiner Ansprache anlässlich der Aufhebung der antiisraelischen Passagen der PLO-Charta, am 14. Dezember 1998 in Gaza, in Anwesenheit von US-Präsident Bill Clinton, Quelle: Palestinian National Authority Official Website, www.pna.net/speeches/gaza_141298.html (Server existiert nicht mehr)

Mit einer völkerrechtlichen Betrachtung rechtfertigt die israelische Regierung den Siedlungsbau wie folgt: »Jüdische Siedlungen bestehen in den Gebieten seit mehreren hundert Jahren. Während der Mandatszeit des Völkerbundes wurden die Siedlungen mit der Zustimmung und Unterstützung der Britischen Mandatsbehörde errichtet. Obgleich die Gebiete nicht als ›besetztes Gebiet‹ gelten, hält Israel die Völkerrechtsbestimmungen hinsichtlich des besetzten Gebiets ein. Dies bedeutet keine Beschlagnahmung von Privatland und keine Vertreibung der örtlichen Bevölkerung. Israel hat sich bereit erklärt, mit den Palästinensern über die Zukunft der Siedlungen in den Verhandlungen zum dauerhaften Status zu verhandeln. Beide Seiten sind übereingekommen, dass bis dahin der Status der Siedlungen in den Gebieten unberührt bleibt und diese ausschließlich Israel unterstellt sind. Die israelisch-palästinensischen Abkommen sehen keine Beschränkung für den weiteren Bau oder die Erweiterung von Siedlungen vor. In politischen Gremien wurden wiederholt Anschuldigungen laut, dass die israelischen Siedlungen in den Gebieten das Völkerrecht verletzen. Solche Anschuldigungen entbehren jeglicher rechtlichen und praktischen Grundlage und spiegeln vielmehr politische Beweggründe wider.«[69]

Beispiel: Das Massaker von Jenin

Eine Delegation des UNO-Hilfwerks für Palästina-Flüchtlinge (UNRWA) hatte das palästinensische Flüchtlingslager Jenin nach einem Angriff der israelischen Armee im April 2002 inspiziert. Deren Sprecher bezeichnete die Situation als »schreckliche humanitäre Katastrophe«. Der UNO-Gesandte Terje Roed-Larsen sagte: »Ich glaube, ich kann für die gesamte Delegation sprechen, wenn ich sage, wir waren geschockt.«[70]

Die Mitarbeiter des Inspektionsteams gingen nach ersten Schätzungen von 150 bis 200 getöteten Palästinensern aus. Tschader Schkirat von der »Palästinensischen Gesellschaft zum Schutz der Menschenrechte und Umwelt« sprach von mindestens 300 Toten. Andere »Menschenrechtler«

69 *Hintergrund: Israelische Siedlungen – eine völkerrechtliche Betrachtung. Botschaft des Staates Israel in Deutschland, www.israel.de/botschaft/hintergrund/siedlung.html (Seite existiert nicht mehr)*

70 *Zitiert in: Geruch des Todes liegt über vielen Plätzen. Spiegel Online: 18.4.2002, www.spiegel.de/politik/ausland/0,1518,192426,00.html*

gingen davon aus, dass bis zu 1000 Menschen ums Leben kamen. Dazu war von 8000 bis 15.000 Vermissten die Rede!

Die Britin Jessica Barry vom Internationalen Komitee des Roten Kreuzes bezeichnete die Lage als »völlig katastrophal. Sie müssen sich vorstellen, dass dort auf nur einem Quadratkilometer etwa 13.000 Menschen leben. Ein großer Teil des Areals ist zerstört.«[71]

Die Nachricht eines Massakers an der Bevölkerung wurde durch die Medien in der ganzen Welt verbreitet.

Das israelische Militär belegte später durch Luftaufnahmen, dass sich die Zerstörung im Lager auf ein Gebiet von etwa 100 mal 100 Meter beschränkte, von den in den Trümmern gefundenen 50 toten Palästinensern waren 45 uniformiert und bewaffnet! In einem Untersuchungsbericht Anfang August – vier Monate nach den Kämpfen – bestätigte die UNO 52 palästinensische Todesopfer, bei denen es sich etwa zur Hälfte um Zivilpersonen gehandelt habe. In den Köpfen der Menschen hatte sich aber inzwischen die Geschichte vom Massaker festgesetzt. Zudem zeigte sich in dieser Situation die anti-israelische Tendenz der UNO: Israel warf dem UNO-Gesandten Roed-Larsen »Lügen« und »Aufhetzung« vor. UNO-Generalsekretär Kofi Annan dagegen sprach ihm sein volles Vertrauen aus. Der Weltsicherheitsrat verurteilte den jüdischen Staat wieder einmal mit einer Resolution.

Doch Israel behielt am Ende recht. Israel selbst verlor in Jenin 23 Soldaten, weil man die 13.000 Einwohner des Flüchtlingslager schonen wollte und deshalb statt einer Bombardierung aus der Luft den Häuserkampf wählte.

71 *Interview in: Annette Grossbongardt: Jeden Tag mehr Tote. Spiegel Online: 22.4.2002, http://wissen.spiegel.de/wissen/dokument.html?id=22151050*

Beispiel: Beirut 2006

Im Vergleich zum Original auf der rechten Seite ist das eingekreiste Gebäude doppelt vorhanden. Das regelmäßige Muster in den Rauchschwaden zeigt den (dilettantischen) Einsatz des Kopierstempels eines gängigen Bildbearbeitungsprogramms.

Ein Beispiel dafür, mit welch technischer Rafinesse der Propagandakrieg geführt wird, bietet ein Foto aus dem Libanonkrieg: Das Bild wurde während des Libanonkriegs 2006 von der Nachrichtenagentur Reuters veröffentlicht. Es stellte sich als Fälschung des Fotografen Adnan Hajj heraus.

Was macht Israel so einzigartig?

Norbert Schäfer, *Christlicher Medienverbund KEP, Gründer der Internetplattform www.israelnetz.de:*

»Die letzte Woche unseres vierwöchigen Urlaubs wollten wir sportlich angehen. Segeln, Surfen und Schwimmen im Roten Meer bei Elat. Weil die Saison am 1. Dezember auch im sonnenverwöhnten Israel eigentlich zu Ende ist, bedurfte es sowohl einiges an Überredungskunst als auch einer Kreditkarte um den fleecejackenbeärmelten Segelbootverleiher zu überzeugen, seinen kleinen Katamaran doch noch einmal für die drei deutschen Touris flott zu machen. Und da die Bretterbude des wortkargen Verleihers nun schon geöffnet war, fand sich auch ein jugendlicher Wassersportfreak ein, der es unter wildem Gestikulieren und in einer für uns immer noch fremden Sprache schaffte, gegen die offensichtlichen Einwände des Verleihers ein Kite zu chartern. Kite, so nennt man die ultrahippen Zwitter aus Surfboard und Gleitschirm, die wohl auch erfahrenen Wassersportlern eine Menge Kraft, Körperbeherrschung und Kondition abverlangen. Bis wir unseren Katamaran schließlich flott hatten und mein Freund dank ausreichender Segelerfahrung mit dem nicht gerade scheckheftgepflegten Material zurecht kam, hatte unser junger Kite-Surfer schon des öfteren der frischen Brise und der Schwerkraft Tribut gezollt.

Unser Segeltörn war einfach spitze. Bei strahlendem Sonnenschein und frischem Wind hatten wir dann das Ufer doch recht weit hinter uns gelassen und näherten uns allmählich der jordanischen Küste in Höhe von Akaba. Bis dahin hatten wir den Kite-Surfer immer mal wieder gesehen, mal auf dem Board, seltener im Wasser, aber immer mit dem Gleitsegel kämpfend. Das Kreuzen gegen den Wind Richtung Elat dauerte bei der frischen Brise entsprechend lange. Dabei konnten wir beobachten, wie unser junger Kite-Surfer jetzt deutlich besser mit seinem Sportgerät zurecht kam, dabei aber keine Anstalten macht, sich in Richtung Elat zu bewegen. Statt dessen surfte er fröhlich vor dem Wind parallel der israelischen Küste Richtung Ägypten, das von unserem Ausgangspunkt Coral Beach nur wenige Kilometer entfernt lag.

Am Ufer gelandet, hielten wir es dann für unsere Pflicht, den Bootsverleiher zu informieren, zumal man den Kite-Surfer mit bloßem Auge und gegen die jetzt langsam untergehende Sonne nur noch schwer in der Ferne ausmachen konnte. Auf den Surfer aufmerksam gemacht, quittierte der Verleiher unsere Besorgnis um den jungen Mann mit einer Reihe arabischer oder hebräischer Verwünschungen und ruderte verärgert mit den Armen. Er hat dann schließlich zum Mobiltelefon gegriffen: Ob er die israelische Küstenwache, einen ägyptischen Fischer oder einen Lotsen am Golf von Aden angerufen hat, haben wir nicht herausgefunden. Jedenfalls haben wir weder am Abend bei einem kühlen Makkabi-Bier an der Hotel-Bar, noch am anderen Morgen etwas von einem vermissten Surfer oder einer Grenzverletzung durch kitesurfende, junge Israelis in Somalia gehört.«

Was bringt die Zukunft?

Die Zwei-Staaten-Lösung

Jerusalem

In der Nahostpolitik spielt Jerusalem eine nicht unbedeutende Rolle.

Hauptstadt Israels: Nach der Eroberung im Sechs-Tage-Krieg 1967 wurde Jerusalem 1982 annektiert und zur unteilbaren, ewigen Hauptstadt Israels erklärt. Kompromisse will Israel in Bezug auf die Hauptstadt nicht eingehen. Würde man einer erneuten Teilung zustimmen, wären die Heiligtümer der Altstadt, vor allem die Westmauer, wieder in fremdem Besitz. Ein ungestörter Besuch der Gläubigen wäre nicht garantiert.

Hauptstadt von Palästina: Die Palästinenser wollen Jerusalem – Al-Quds – als Hauptstadt für ihren selbstständigen Staat Palästina. Obwohl der Tempelberg bis heute nicht der Palästinensischen Autonomie untersteht – er steht offiziell unter jordanischer Verwaltung – wären die islamischen Heiligtümer die richtige Krone für einen wie auch immer gearteten Staat. Ob sich die Palästinenser allerdings mit einer erneuten Teilung begnügen würden, bleibt offen, genauso wie die Festlegung der Grenzen des künftigen Palästinas.

Andere Interessen: Die Interessen der Welt sind auf Jerusalem gerichtet. In Israels Hauptstadt gibt es mehr Medienvertreter als in fast allen anderen Städten der Welt. Die UNO schlug in ihrem Teilungsplan 1947 vor, Jerusalem zu internationalisieren, eine Idee, für die sich vor allem die römisch-katholische Kirche starkmachte. Sie hätte sich gerne als eine Verwalterin dieser Stadt gesehen, hätte vielleicht sogar ihren Hauptsitz nach Jerusalem verlegt.

Die Europäische Union bestätigte Jerusalem im März 1999 als »Corpus separatum«, erklärte also vor aller Welt, dass sie Jerusalem nicht als Hauptstadt Israels anerkennt. Ist es Zufall, dass wenige Tage nach dieser Erklärung die komplette EU-Kommission wegen Korruption zurücktreten musste?

Wie könnte eine Lösung aussehen?

Die Aussagen und Meinungen über die Zukunft im Nahen Osten gehen weit auseinander. Wer wird recht behalten?

Oft ist auf offiziellen Karten der Palästinenser und der arabischen Staaten Israel als Staat nicht vermerkt. Es ist dann eingezeichnet, dass Palästina in den gezeigten Grenzen derzeit besetzt ist. Das gesamte Staatsgebiet Israels wird als »Palästina« bezeichnet.

Selbst Friedenspartner Ägypten tut sich schwer mit seinem Nachbarn: Auf einer offiziellen Internetseite sind als angrenzende Länder der Gazastreifen, Palästina, Libyen und der Sudan aufgelistet.[72]

Die Lösung für einen endgültigen Frieden ist schwer vorstellbar. Die Palästinenser möchten einen unabhängigen arabischen Staat Palästina. Wie dieser jedoch aussehen soll, ist fraglich. Erstens soll Jerusalem die Hauptstadt sein und zweitens ist Palästina in keiner offiziellen Stellungnahme auf das Gebiet der Westbank und des Gazastreifens begrenzt.

Die PLO legte in ihrer Charta Folgendes fest: »Palästina ist in den Grenzen, die es während des britischen Mandats hatte, eine unteilbare territoriale Einheit.« »Die Juden, die bis zum Beginn der zionistischen Invasion in Palästina lebten, werden als Palästinenser betrachtet werden.« »Die Befreiung von Palästina ist vom arabischen Standpunkt betrachtet eine nationale Pflicht und sie versucht, die zionistische und imperialistische Aggression gegen die arabische Heimat zurückzustoßen, sie zielt auf die Auslöschung des Zionismus in Palästina ab.«

Nach dem Willen der offiziellen palästinensischen Stellen bestünde eine endgültige Lösung also in der Rückkehr der »Zionisten«, die seit 1897 eingereist sind. Die verbleibenden Juden würden dann mit vollen Rechten in Palästina, das an die Stelle Israels treten soll, leben dürfen.

Ein solcher Vorschlag ist für Israel natürlich in keiner Weise akzeptabel: Nicht einmal die komplette Westbank könnte abgetreten werden, denn eine eventuelle Verteidigung wäre dann äußerst schwierig. Das Land hätte eine minimale Breite von nicht einmal 20 Kilometer, Tel Aviv wäre mit Geschützen aus Palästina leicht zu treffen.

---

72 *Egypt State Information Service, www.sis.gov.eg/En/Land&people/Location*

Den Bewohnern eines souveränen Palästina kriegerische Ambitionen zu unterstellen wäre nicht sehr abwegig. Sollte Israel aus den vergangenen 50 Jahren gelernt haben, wird es sich hüten, die Westbank oder auch die Golanhöhen vollständig unter fremde Kontrolle zu geben und sich auf Garantien der UNO zu verlassen.

Der bekannte Nahost-Spezialist Peter Scholl-Latour schreibt: »In arabischer Sicht – niemand wird mich vom Gegenteil überzeugen – ist der Osloer Prozess von Anfang an auf die allmähliche Reduzierung des Judenstaates ausgerichtet gewesen.«[73]

Ein Friedensabkommen könnte eine kurzzeitige Illusion sein, wie der Friede, den Mohammed im Jahr 628 mit dem Stamm Kuraisch schloss, bis seine Anhängerschaft groß genug war, um die Kuraisch zwei Jahre später niederzumetzeln. Auch der große moslemische Krieger Saladin hat mit den Kreuzrittern Frieden geschlossen, bevor er sie mit einem grausamen Angriff aus dem Heiligen Land vertrieb.

Schließlich bietet Adolf Hitler, den viele Araber verehren, ein Beispiel: Durch das Münchner Abkommen mit England und Frankreich wurde das Sudetenland von der Tschechoslowakei abgetrennt und dem Deutschen Reich zugeteilt. Hitler versprach im Gegenzug Frieden. Dieses Versprechen hielt er genau sechs Monate: Im März 1939 besetzte er die restliche Tschechoslowakei. Der Zweite Weltkrieg war nun unausweichlich und begann im September 1939 mit der Besetzung Polens. Netanjahus Likud-Partei benutzte diesen Vergleich in einem Wahlkampf-Spot im Mai 1999, musste ihn aber bald zurückziehen …

Würde es zum Krieg zwischen Israel und den Palästinensern kommen, könnte »Palästina« mit der Unterstützung Syriens, des Irak und Saudi-Arabiens rechnen. Israels Friedenspartner Jordanien und Ägypten würden den jüdischen Staat gewiss nicht gegen ihre arabischen Brüder unterstützen. Könnte die Palästinenserführung Israel die Schuld am Kriegsausbruch in die Schuhe schieben, wäre Israel vielleicht ganz auf sich allein gestellt und hätte zudem noch die westlichen Nationen gegen sich.

Ein wichtiger Grund für selbst konservative israelische Politiker, einen Palästinenserstaat doch zuzulassen, könnte die demografische Entwick-

73 *Peter Scholl-Latour: Lügen im Heiligen Land, Seite 222. Siedler: 1998*

lung sein: Der arabische Bevölkerungsanteil vergrößert sich schneller und schneller und bekommt so im demokratischen Staat Israel immer größeren Einfluss.

Die Hand Gottes!

Würde es irgendwann zur offenen Auseinandersetzung Israels mit den Palästinensern kommen und hätte Israel bis dahin aufgrund arabischer Propaganda alle Sympathien im Westen verloren, dann könnte man sich durchaus ein Szenario wie dieses vorstellen: »Wenn mein Volk der Israeliten friedlich in seinem Land lebt, wirst du aufbrechen. Du kommst zusammen mit vielen Völkern aus deiner Heimat im fernen Norden, sie alle reiten auf Pferden, es ist eine riesige Menge und ein großes Heer. Und du ziehst wie eine Wolke gegen mein Volk der Israeliten und bedeckst das Land. Am Ende der Zeit wird es geschehen.« (Hesekiel 38,14–16)

Doch selbst gegen die Übermacht vieler Völker würde Israel nicht untergehen: »Dann wird der HERR selbst in die Schlacht ziehen und gegen diese Völker kämpfen, wie er auch sonst am Tag der Schlacht kämpft. An jenem Tag stehen seine Füße auf dem Ölberg, der im Osten Jerusalems liegt. Und der Ölberg wird sich in der Mitte spalten und ein sehr breites Tal freigeben, das von Osten nach Westen verläuft, denn die eine Hälfte des Berges wird sich nach Norden und die andere Hälfte nach Süden verschieben. In dieses Tal zwischen den Bergen sollt ihr fliehen ... Dann kommt der Herr, mein Gott, und alle seine Heiligen mit ihm.« (aus Sacharja 14,3-5)

Die Stadt Jerusalem wird in der Zukunft des Nahostkonflikts eine entscheidende Rolle spielen – und Gott.

Heiliges Land

Im Brennpunkt der Religionen

Drei Weltreligionen

In Israel und besonders in der Hauptstadt Jerusalem treffen drei Weltreligionen auf engstem Raum aufeinander:

Die **Juden** haben hier ihre staatliche und geistliche Heimat wiedergefunden. Seit über 3000 Jahren sind sie in besonderer Weise mit diesem Land und dieser Stadt verbunden. Der Tempelplatz und die Klagemauer sind unentbehrliche Stätten im Glauben der Juden.

Der heiligste Ort im Judentum: die Westmauer des Tempelplatzes, besser bekannt als Klagemauer.

Christen finden im Heiligen Land den Ursprung ihres Hoffens und Glaubens. In Jerusalem ereignete sich die Kreuzigung und Auferstehung Jesu Christi. Hier wird der Messias am Ende der Zeiten wieder erwartet. Die meist besuchten Stätten sind Bethlehem (sofern es die politische Lage zulässt), Nazareth, der See Genezareth mit Kapernaum und dem Berg der Seligpreisungen sowie in Jerusalem die Grabeskirche und die Via Dolorosa.

Nach Mekka und Medina ist Jerusalem die drittheiligste Stadt für den **Islam**, obwohl Jerusalem kein einziges Mal im Koran namentlich erwähnt wird. Jerusalem heißt auf arabisch »Al-Quds« – die Heilige, weil von hier Mohammed in den Himmel aufgestiegen sein soll. Die berühmte Koranstelle, die hierfür angeführt wird, ist die Sure 17,9: »Preis sei Allah, der seinen Diener bei Nacht von der Heiligen Moschee zur Entfernten Moschee brachte, deren Vorhöfe gesegnet seien.«

Dieser Vers wird so interpretiert, dass Mohammed von Mekka aus auf wunderbare Weise nach Jerusalem befördert wurde, von wo er dann auf der geflügelten Stute Al-Burak in den Himmel »geritten« ist.

Zion

Die größte Bedeutung hat das Land Israel und vor allem die Stadt Jerusalem zweifelsohne für die Juden. Sie haben kein Rom, kein Mekka, kein Medina – für sie gibt es nur Jeruschalajim, die einzige Stadt, die untrennbar mit der Geschichte, dem Glauben und dem Gott der Juden verbunden ist. Der Tempel war der Ort, an dem Gott gegenwärtig war, an dem ihm geopfert wurde. Schon in der babylonischen Gefangenschaft haben sich die Juden nach Jerusalem zurückgesehnt, wie der 137. Psalm zum Ausdruck bringt: »An den Flüssen Babylons saßen wir und weinten, wenn wir an Jerusalem dachten …«

In der Diaspora wünscht man sich jedes Jahr am Passafest: »Nächstes Jahr in Jerusalem!« Seit 1967, als die Altstadt Jerusalems zurückerobert wurde, dürfen Juden wieder an der Klagemauer beten, nachdem es ihnen unter jordanischer Herrschaft verboten war. Dort beklagten sie 1900 Jahre lang die Zerstörung des herodianischen Tempels. Heute ist diese Westmauer, der Überrest des alten Tempelbezirks, das höchste Heiligtum des Judentums.

Auf den Spuren Jesu

Für das Christentum ist nicht in erster Linie das irdische Jerusalem wichtig, sondern das himmlische. In seiner Offenbarung berichtet Johannes von einem himmlischen Jerusalem, wohin am Ende der Zeit die Gemeinde Gottes versammelt werden soll. Das Christentum bindet sich nicht so sehr an einen bestimmten Ort, sondern vielmehr an eine bestimmte Person: Jesus Christus.

Doch auch das irdische Jerusalem sowie vor allem Bethlehem und Nazareth haben schon immer das Interesse fast aller christlichen Konfessionen geweckt. Durch die Jahrhunderte hindurch besuchten Pilger die Stätten, an denen Jesus gelebt und gewirkt hat und an denen er schließlich gestorben und auferstanden ist.

Über die meisten biblischen Stätten im Heiligen Land wurden Kapellen und Kirchen errichtet. Die wichtigsten sind die Geburtskirche in Bethlehem und natürlich die Grabeskirche in Jerusalem.

Ein dunkles Kapitel in der Geschichte der christlichen Kirche ist die Kreuzfahrerzeit: Um 1000 wurde Jerusalem erobert, Moslems und auch Juden wurden niedergemetzelt, der Felsendom erhielt ein Kreuz auf seiner Kuppel. Hundert Jahre später war dieses Kapitel der Geschichte beendet. Sultan Saladin vertrieb die Christen aus der Heiligen Stadt.

Heute sind die christlichen Stätten in der Hand verschiedener Konfessionen und haben sehr unterschiedlichen Charakter: Von der düsteren Atmosphäre der unübersichtlichen Grabeskirche mit ihren traditionellen Kirchenmännern bis hin zum Gartengrab, das sehr schön angelegt zum Verweilen und zum Nachdenken über den Sohn Gottes einlädt.

Einen Film über einige Stätten »Auf den Spuren Jesu« finden Sie auf der CD: **7-spuren-jesu**

Al-Quds

Der Felsendom, das höchste islamische Heiligtum in Jerusalem, ist ein prächtiges Bauwerk mit goldener Kuppel. Er wurde im 7. Jahrhundert erbaut – genau an der Stelle, an der früher der jüdische Tempel stand. Eroberer Omar drückte damit die Macht des Islam gegenüber dem Judentum und Christentum aus. Auch die Al-Aqsa-Moschee (»Die Entfernte

Moschee«) wurde auf dem Tempelplatz gebaut, allerdings erst viele Jahre nach Mohammeds Tod.

Die Bedeutung Jerusalems für die Moslems war in den letzten Jahrhunderten gering und steigerte sich erst wieder im 20. Jahrhundert, um gegen die anwachsende Zahl der rückkehrenden Juden das Anrecht des Islam auf die Stadt zu bekräftigen. Von 1949 bis 1967 gehörte Ostjerusalem, also auch die Altstadt, zu Jordanien. Seit der Eroberung durch Israel im Sechs-Tage-Krieg hält der Streit um die Besitzrechte in Jerusalem an. Der Tempelberg steht heute sozusagen unter arabischer Autonomie, weil Israel nach seinem Sieg auf die Einnahme des heiligen Platzes verzichtet hat.

Das einst im Koran als »ferne Stadt« erwähnte Jerusalem entwickelte sich während der muslimischen Besatzung von einer unbedeutenden Stadt zu einem weiteren Heiligtum des Islam. Neben dem Felsendom ist die Al-Aqsa-Moschee das Glaubenszentrum der Muslime in Jerusalem.

Streitpunkte

Die unmittelbare Nähe der Heiligtümer der drei Weltreligionen in der Altstadt Jerusalems birgt eine bunte Vielfalt an Menschen, Kulturen und Lebensarten – aber auch ein gewaltiges Konfliktpotenzial. Die Brisanz der Auseinandersetzungen greift so weit, dass die eigentlich lokalen Vorgänge in den Medien der ganzen Welt berichtet und kommentiert werden.

Konfliktpunkte zwischen den drei Weltreligionen in Jerusalem gibt es genügend:

- Für Moslems sind Christen und Juden Ungläubige.
- Manche Christen bezeichnen die Juden immer noch als »Christusmörder«, andere bedauern sie arrogant, weil sie ihren Messias nicht erkennen.
- Orthodoxe Juden lehnen strikt die manchmal offensive Art und Weise christlicher Mission ab und haben darüber hinaus die schlimmen Misshandlungen und Verfolgungen über Jahrhunderte in Erinnerung,

die im Holocaust gipfelten. Bedauerlicherweise war auch Hitler nach Ansicht der meisten Juden ein »Christ«.

- Moslems haben den heiligsten Ort der Juden – den Tempelplatz – entweiht.

Ein bemerkenswertes Beispiel für den Konflikt der Religionen und für die Einmischung von Medien, Politikern und geistlichen Führern aller Welt in israelische Belange war die Auseinandersetzung um die Geburtskirche in Bethlehem im April 2002. Informationen darüber finden Sie auf der CD: **415-streitpunkte**

Die Geburtskirche in Bethlehem war 2002 Schauplatz einer bewaffneten Auseinandersetzung zwischen Palästinensern und der israelischen Armee.

Der Judenstaat

Die Einheit von Religion, Volk und Land

In seinem Buch »Der Judenstaat« veröffentlichte Theodor Herzl 1896 erstmals die Idee, den weltweit verstreuten Juden wieder eine Heimat im Land Israel zu geben. Er sah dies als Lösung der weitverbreiteten Judenfeindlichkeit: »In Russland werden Judendörfer gebrandschatzt, in Rumänien erschlägt man ein paar Menschen, in Deutschland prügelt man sie gelegentlich durch, in Österreich terrorisieren die Antisemiten das ganze öffentliche Leben, in Algerien treten Wanderhetzprediger auf, in Paris knöpft sich die sogenannte bessere Gesellschaft zu, die Cercles schließen sich gegen die Juden ab.«

Mit diesem Gedanken begründete er den Zionismus und somit die Hoffnung auf einen jüdischen Staat Israel. Eine Assimilation des jüdischen Volkes lehnte er ab, da die »jüdische Volkspersönlichkeit« zu hoch und zu berühmt sei. Er wollte sogar Mischehen zu Nichtjuden verbieten lassen. Herzl war nicht religiös motiviert und wollte auf keinen Fall einen zu großen Einfluss der orthodoxen jüdischen Geistlichkeit. Als gemeinsame Sprache Israels erschien ihm Deutsch am geeignetsten: »Wir können doch nicht Hebräisch miteinander reden. Wer von uns weiß genug Hebräisch, um in dieser Sprache ein Bahnbillett zu verlangen?«[74]

☞ Dem jüdischen Glauben widmet sich ausführlich das Kapitel **Judentum** ab Seite 191.

74 *Theodor Herzl: Der Judenstaat. 1896. Publiziert auf talmud.de, www.talmud.de/cms/Verfassung.290.0.html*

Christliche Pilger

Christen im Heiligen Land

Die Geschichte der christlichen Gemeinschaften im Lande Israel beginnt mit dem Leben und Wirken Jesu von Nazareth. Nach seinem Tod blieb die frühe urchristliche Gemeinde in und um Jerusalem bis zum Wiederaufbau Jerusalems als römische Stadt unter dem Namen Aelia Capitolina (135 n. Chr.) eine juden-christliche Gemeinde.

Nach diesem Zeitpunkt waren die Mitglieder der einheimischen Kirche insgesamt Heidenchristen. Bis zu den frühen Ökumenischen Konzilen blieb die Einheit und Einheitlichkeit der Gemeinden gewahrt. Zur Zeit der muslimischen Eroberung des Landes hatte sich die Kirche im Osten bereits in verschiedene Richtungen aufgespalten, doch teilten sie auch weiterhin die Heiligen Stätten miteinander. Erst mit der Errichtung des Königreiches der Kreuzfahrer und der Vorherrschaft (praedominium) der (lateinischen) Kirche des Westens kam es zu Konflikten um die Heiligen Stätten, die auch unter der Herrschaft der Mamelucken und Osmanen nicht gelöst wurden und bis zur Verkündigung des Status quo im 19. Jahrhundert andauerten. »Dieser Status quo stammt aus dem Jahr 1852. Der osmanische Sultan wollte damals als weltlicher Herrscher den Rangeleien der Kirchen um die heiligen Stätten ein Ende bereiten und entschied einfach, dass alles genau so zu bleiben habe, wie es zu diesem Zeitpunkt war.«[75]

Glaubensinhalte

Aufgrund der Vielzahl seiner Gemeinschaften und Strömungen mit den unterschiedlichsten Ausprägungen fällt eine einfache Definition des heutigen Christentums schwer. Deshalb empfiehlt sich ein Blick in das Neue Testament und auf die ersten christlichen Gemeinden. Er erlaubt die Sicht auf die Ursprünge.

75 *Franziskanerpater Athanasius Macora, zitiert in: Dissonanzen in der Grabeskirche. Radio Vatikan: 9.4.2007, www.radiovaticana.org/ted/Articolo.asp?c=127453*

Ohne die in zwei Jahrtausenden durch Kirchen geschaffenen Traditionen, Rituale, Institutionen und Glaubenspraktiken erscheint dieser Ausblick als geradezu einfach: Das Geheimnis des Evangeliums, das gerade Gebildeten und Einflussreichen zu schaffen machte. Sollte denn die Vergebung der Sünden und damit die Versöhnung und Basis der Gemeinschaft mit Gott auch dem »einfachen Mann« gelten?

Die ersten Christen beriefen sich auf die Aussagen Jesu. Sie glaubten, dass er der verheißene Messias war und dass er sie von ihren Sünden, also dem sinnlosen Trachten in der Gottferne, befreit. Bestätigung fanden sie in der Umwandlung ihres Lebens durch die Macht des Heiligen Geistes. Sie waren erfüllt mit Hoffnung auf das Ewige Leben. Sie nahmen ethische Maßstäbe an, nach denen aus eigener Kraft nicht zu leben war. Sie betonten ihre Fürsorge für andere. Aber überdies wussten sie sich in allen Dingen ihrem Herrn Jesus Christus verpflichtet.

Einfachheit, Gemeinschaft, Evangelisation und Liebe waren die Merkmale der ersten Christenheit. Sie war einfach, weil keine formale Organisation zu unterhalten war. Es wurde eine leicht verständliche Lehre verkündigt und Vorhaben der Gemeinde durch persönliche Gaben finanziert. Jeder, der den Glauben an Christus mit der Taufe besiegelte, wurde Mitglied der christlichen Gemeinde und damit einer verbindlichen Gemeinschaft, in der nicht nach Rasse, Nationalität, Geschlecht, gesellschaftlichem Status, Sklaverei oder Freiheit getrennt wurde. Gemäß des Missionsauftrages wandten die ersten Christen viel Kraft daran, das Evangelium in alle Welt denen zu verkünden, die es hören wollten.

Das Wachstum der frühchristlichen Bewegung lässt sich letztlich nur vom Glauben an den auferstandenen Christus her erklären. Ohne die Auferstehung hätte es keine christliche Gemeinde geben können. Die Christen waren überzeugt, dass ihr Herr den Tod überwunden hatte und vielen von ihnen persönlich erschienen war.

Nur dieser Glaube erklärt, wie aus der kleinen und demoralisierten Gruppe bei der Kreuzigung Jesu die Gemeinde entstand, die alle Hindernisse auf dem Weg ihrer weltweiten Mission überwunden hat. Aus den niedergeschlagenen Jüngern wurden Menschen, die eine der dynamischsten Bewegungen der Geschichte einleiteten.

Gebet

Das Gebet in der Bibel ist ein freiwilliges Gebet, kein Pflichtgebet. Es ist immer ein persönliches Gespräch mit Gott und ein großes Vorrecht: Der Mensch als Sünder ist nicht würdig, vor Gott zu treten. Nur weil Jesus den Betenden vor Gott vertritt und ihn reinigt von »aller Ungerechtigkeit« (1. Johannes 1,9), darf er vor Gott treten, vor den »Thron der Gnade« (Hebräer 4,16).

Der Heilige Geist bringt in einem Menschen den Wunsch hervor, sich im Gebet mit allen Anliegen an Gott zu wenden. Jeder, der beten möchte, kann sich jederzeit und überall an Gott wenden. Weil Gott der Vater seiner Kinder ist, erhört er ihre Bitten. Gottes Kinder können sich an Gott mit der vertrauten Anrede »Lieber Papa« (»Abba, lieber Vater«, Römer 8,15) wenden. Was könnte größere Nähe, Vertrautheit, Fürsorge und Liebe ausdrücken?

Nirgends in der Bibel gibt es Anweisungen, wie oft und mit welchen Formulierungen ein Christ zu beten hat. Es gibt zwar Beispiele für Gebetstexte wie die Psalmen oder Jesu Gebete – vor allem das Vaterunser –, aber keine Bestimmungen, die für alle Christen gelten. Es gibt keinen Ort, keine Zeit, keine Anzahl der Gebete, keine Körperhaltung und keine Gebetsform, die beachtet werden müsste, um das Gebet angenehm vor Gott oder »gültig« zu machen. Entscheidend ist die innere Einstellung des Beters, nicht seine Worte.

Jesus selbst verwirft die Vorstellung, das Gebet müsse in eine bestimmte Richtung oder an einem bestimmten Ort gesprochen werden (Johannes 4,21). Jesus selbst ist der Weg zu Gott, aber die Einhaltung einer bestimmten Gebetsrichtung kann niemand näher zu Gott bringen. Eine rituelle Waschung macht nicht rein vor Gott: In der Bibel kann Reinheit nur durch Blutvergießen erreicht werden (Hebräer 9,22), und zwar nur durch das Blut Christi (Hebräer 10,4). Diese Reinheit steht jedem zu, der die Erlösungstat Jesu Christi für sein Leben annimmt.

Die orthodoxen Kirchen

Ausführlichere Artikel über die christlichen Kirchen in Israel finden Sie auf CD: **431-christen** und Folgende.

Die orthodoxe Kirche (auch als Ostkirche oder griechisch-orthodoxe Kirche bezeichnet) besteht aus allen denjenigen Kirchen, die den Ehrenprimat, also die bevorzugte Stellung des Patriarchen von Konstantinopel, dem heutigen Istanbul, anerkennen. Historisch hat sich die orthodoxe Kirche aus den Kirchen des oströmischen oder byzantinischen Reiches entwickelt.

Das griechisch-orthodoxe Patriarchat betrachtet sich als die Mutterkirche von Jerusalem, deren Bischof die Patriarchenwürde durch das Konzil von Chalcedon, wahrscheinlich nach der altgriechischen Stadt Kalchedon am Bosporus, im Jahre 451 erhielt. Seit 1054 liegt das griechisch-orthodoxe Patriarchat mit Rom im Schisma, d.h. in einer aus kirchenrechtlichen Gründen entstandenen Kirchenspaltung. 1964 kam es jedoch in Jerusalem zu einem historischen Treffen zwischen Papst Paul VI. und dem Ökumenischen Patriarchen von Konstantinopel, Athenagoras.

In den Gemeinden der Ostkirche wird hauptsächlich Arabisch gesprochen. Den Gemeindedienst versehen arabische, verheiratete Priester und Mitglieder der Bruderschaft des Heiligen Grabes. Die Mitgliederzahlen liegen bei zirka 120 000 in Jerusalem, Galiläa, Judäa, Samaria und Gaza.

Zwei weitere historische orthodoxe Nationalkirchen sind ebenfalls im Lande vertreten: die russische und die rumänische. Infolge ihrer Verbindung mit der griechisch-orthodoxen Kirche unterstehen sie dem griechisch-orthodoxen Patriarchat.

Ein Mönch auf dem Ölberg: Im Heiligen Land gibt es Christen aller Schattierungen.

Armenier, Kopten, Äthiopier und Syrer

Bei den sogenannten nicht-chalcedonensischen Kirchen handelt es sich um Kirchen des Ostens – Armenier, Kopten, Äthiopier und Syrer –, die die Lehrbeschlüsse des Konzils von Chalcedon (451) von den zwei Naturen Christi (vollkommener Gott und vollkommener Mensch) ablehnen. Die nicht-chalcedonensischen Kirchen halten an der monophysitischen Lehre von der einen, göttlichen Natur in Christus fest.

Katholische Christen

Trotz wechselnder Beziehungen zwischen Rom und Konstantinopel (heute: Istanbul) gab es vor der Zeit der Kreuzfahrer keinen Versuch, im Heiligen Land eine westliche, vom orthodoxen Patriarchat unabhängige Kirche zu errichten. Erst während der Kreuzfahrerzeit bestand zwischen 1099 und 1291 das lateinische Patriarchat von Jerusalem, das erst 1847 seinen Dienst wieder aufnehmen konnte.

Heute wird die lateinische Kirche in Jerusalem von einem Patriarchen geleitet, dem drei Vikare (in Nazareth, Amman und Zypern) zur Seite stehen. Die Gemeinschaft in Israel zählt etwa 20.000 Mitglieder (mit weiteren 10.000 in den Gebieten der West-Bank und dem Gaza-Streifen).

Von größter Bedeutung für die katholischen Kirchen im Heiligen Land war die Unterzeichnung eines Grundlagenabkommens zwischen dem Heiligen Stuhl und dem Staat Israel am 30. Dezember 1993. Das Abkommen führte zur Aufnahme voller diplomatischer Beziehungen zwischen den beiden Staaten einige Monate später.

Papst Johannes Paul II. brach am 20. März 2000 zur historischen Reise ins Heilige Land auf. Nach dem Besuch des Bergs Nebo und des östlichen Jordanufers reiste das Oberhaupt der katholischen Kirche nach Israel weiter. Obwohl der gebrechliche, damals 79-jährige Papst in seinen 22 Dienstjahren 120 Länder besucht hat, war er bisher noch nie nach Israel gereist. Dies hatte hauptsächlich politische Gründe, da der Vatikan, wie bereits erwähnt, erst wenige Jahre zuvor Israel als souveränen Staat anerkannte. Papst Paul VI., der das Heilige Land 1964 besuchte, erwähnte Israel mit keinem Wort! Nach Ansicht vieler Israelis, Politiker ebenso wie jüdischer Geistlichen, bedeutete die Reise Johannes Pauls II. einen Wendepunkt in der Beziehung zwischen Juden und Christen und den Aufbruch in eine neue, brüderliche Zukunft. Der berühmte israelische Schriftsteller Amos Oz sagte: »Es war eine Reinigung.«

In der Holocaust-Gedenkstätte Yad Vashem entschuldigte sich der Papst für die Verbrechen der katholischen Kirche an jüdischen Menschen und (indirekt) für das Schweigen im Dritten Reich und bat um Vergebung:

»Als Bischof von Rom und Nachfolger des Apostels Petrus versichere ich dem jüdischen Volk, dass die Kirche – allein aus dem Geist der Wahrheit und der Liebe heraus und nicht aus politischen Erwägungen – tieftraurig über den Hass, die Verfolgung und den offen zur Schau getragenen Antisemitismus ist, den Christen jemals und wo auch immer auf der Welt gegen Juden gerichtet haben. Die Kirche lehnt jede Form des Rassismus ab, weil dieser direkt gegen das Abbild unseres Schöpfers gerichtet ist, das sich in jedem Menschen widerspiegelt. An diesem Ort feierlicher Erinnerung bete ich, dass unsere tiefe Anteilnahme für die Tragödie, die den Juden im 20. Jahrhundert widerfahren ist, zu einer neuen Beziehung zwischen Christen und Juden führen wird. Lasst uns eine neue Zukunft bauen, in der es keine antijüdischen Gefühle unter Christen oder antichristliche Gefühle unter Juden gibt, sondern nur gegenseitigen Respekt derer, die an ein und denselben Gott glauben.«[76]

An der Klagemauer bat der Papst ebenfalls auf einem Gebetszettel, den er in die Ritzen der Mauer steckte, um die Vergebung der Sünden der christlichen Kirchen gegenüber dem jüdischen Volk.

Johannes Paul II. besuchte biblische Stätten in Jerusalem, Nazareth, Bethlehem und am See Genezareth. Vor zahlreichen Pilgern hielt er in der Grabeskirche und an weiteren historisch wichtigen Plätzen Heilige Messen ab.

Unter der israelischen Bevölkerung schuf der Papst ein nie gekanntes Vertrauen in die Christenheit und lenkte die Aufmerksamkeit indirekt auch auf Jesus Christus: Die Medien berichteten anlässlich der Papstreise sehr viel über das Leben und Wirken Jesu, was von messianischen Gemeinden in Israel begrüßt wurde.

Die Palästinenser waren damals eher enttäuscht vom Papstbesuch: Zwar betonte er ihr Recht auf Heimat, doch ging er wenig auf politische Provokationen durch Demonstrationen, Fahnen und Luftballons ein. Vor allem zeigte er sich als Judenfreund und sein Besuch galt in erster Linie Israel.

76 *Papst Johannes Paul II., zitiert in: Der Papst besucht Israel. www.israelnetz.de: März 2000*

Die protestantischen Kirchen

Die protestantischen Gemeinschaften im Nahen Osten sind relativ jung und reichen nur ins frühe 19. Jahrhundert zurück, als die westliche Mission das Heilige Land »wiederentdeckte«. Absicht dieser Mission war es, die mehrheitlich muslimischen und jüdischen Gemeinschaften im Lande zu evangelisieren. Doch nur unter den arabisch sprechenden orthodoxen Gläubigen war diese Missionsbewegung erfolgreich.

Im Jahre 1841 entschlossen sich die Königin von England und der König von Preußen zur Gründung eines gemeinsamen anglikanisch-lutherischen Bistums in Jerusalem. 1886 trennten sich beide Kirchen. Der englische Teil, die Episkopalkirche in Jerusalem und im Nahen Osten (anglikanisch) wurde 1957 ein Erzbistum. Im Januar 1976 kam es zu signifikanten Strukturveränderungen, die das Ende des Erzbistums bedeuteten. Mit der Wahl und Weihe des ersten arabischen Bischofs wurde eine neue Diözese und Kirchenprovinz in Jerusalem und im Nahen Osten gegründet. In dieser Diözese leben heute zirka 4500 Anglikaner (2500 bis 3000 in Israel).

Die Anglikaner bilden die größte protestantische Gemeinschaft im Heiligen Land. Der anglikanische Bischof in Jerusalem hat seinen Sitz in der Kathedrale zum Heiligen Märtyrer Georg in Jerusalem.

Seit ihrer Gründung im Jahre 1886 zog der deutsche Teil, die lutherische Kirche, zunehmend arabische Mitglieder an. Seit 1979 hat die arabisch sprechende Gemeinde ihren eigenen Bischof und existiert unabhängig von der deutschen Gemeinde, obwohl beide die Räumlichkeiten der Propstei im Muristan-Viertel der Jerusalemer Altstadt teilen. Die arabische Gemeinde zählt ungefähr 500, die deutsche etwa 200 Mitglieder. Eigentum der deutschen lutherischen Kirche, das von den Briten 1939 konfisziert worden war, wurde 1951 von der israelischen Regierung im Rahmen des Wiedergutmachungsabkommens mit der Bundesrepublik Deutschland erworben.

Die norwegische Mission in Israel übergab 1982 die Amtsgewalt und Verwaltung ihrer beiden Missionskirchen in Haifa und Jaffa in die Hände der einheimischen Gemeinden.

Die Baptistenkirche im Heiligen Land hat ihre Anfänge in der Gründung einer Gemeinde in Nazareth im Jahre 1911. Heute sind dem Verband der Baptistenkirchen insgesamt zehn Kirchen und Zentren in folgenden Orten angegliedert: Akko, Kana, Haifa, Jaffa, Jerusalem, Kfar-Yassif, Nazareth, Petach-Tikwa, Rama und Tur'an. Die Gemeinschaft zählt etwa 900 Mitglieder, von denen die Mehrheit Arabisch spricht.

Die Kirche von Schottland (presbyterianisch) entsandte ihre erste Mission im Jahre 1840 nach Galiläa. Sie blieb in den folgenden hundert Jahren aktiv in den Bereichen der Erziehung und medizinischen Versorgung der Bevölkerung tätig. Heute unterhält die schottische Kirche als kleine, mehrheitlich im Exil lebende Gemeinde im Dienst von Pilgern und Besuchern jeweils eine Kirche und ein Hospiz in Jerusalem und Tiberias. Die unabhängige Edinburgher Medizinische Missionsgesellschaft unterhält in Nazareth ein Lehrhospital für Krankenschwestern.

Die Kirche Gottes (Pfingstkirche) besitzt eine kleine Gemeinde in Jerusalem, Nazareth und der West-Bank (insgesamt 200 Mitglieder) mit einem Internationalen Zentrum auf dem Ölberg.

In den letzten Jahrzehnten wurden darüber hinaus drei kommunale, protestantische Landwirtschaftssiedlungen in verschiedenen Regionen Israels ins Leben gerufen. Kfar Habaptistim, im Norden von Petach-Tikwa, wurde 1955 gegründet und bietet neben der landwirtschaftlichen Arbeit Konferenz- und Ferienlagermöglichkeiten für Baptisten und andere protestantische Gemeinschaften im Land. Nes Amim, in der Nähe von Naharija, wurde von einer Gruppe holländischer und deutscher Protestanten 1963 als ein internationales Zentrum zur Förderung des christlichen Verständnisses Israels ins Leben gerufen. Westlich von Jerusalem wurde 1971 Yad Hashmonah gegründet, ein Gästehaus für christliche Besucher und Pilger aus Finnland.

Neben den bereits genannten Gruppen gibt es in Israel noch eine Vielzahl sehr kleiner protestantischer Konfessionsgruppen.

Grabeskirche

Wenn sechs christliche Denominationen in einem Kirchengebäude untergebracht sind, könnte man eigentlich davon ausgehen, dass sie gemäß der Forderung Jesu dies in einer liebevollen Einheit tun. Um die Grabeskirche in Jerusalem aber werden von nahezu jeder Konfession Besitzverhältnisse angemeldet, die nicht immer in brüderlicher Nächstenliebe ausgehandelt werden. Zum gemeinsamen Besitz zählt das Christusgrab und der Salbungsstein. Weitere Gebäudeteile, Kapellen und Altäre gehören jeweils der griechisch-orthodoxen Kirche, der römisch-katholischen, der armenischen, der koptischen, der syrisch-orthodoxen oder der äthiopisch-orthodoxen.

Da es für die Außenfassade der Grabeskirche keine Regelung gibt, ist eine bauliche Veränderung stets eine Angelegenheit aller Denominationen. Deshalb sieht man auch heute noch die berühmte Leiter, die an das rechte obere Fenster über der Eingangstür angelehnt ist. Es gab wohl schon Beratungen, was mit dieser Leiter geschehen sollte. Da man sich allerdings nie einigen konnte, blieb sie an Ort und Stelle. Und das schon seit geraumer Zeit. Den ältesten Hinweis gibt ein Gemälde, das Ende des 19. Jahrhunderts gemalt wurde, auf dem die Leiter auch schon an dem Fenster lehnt. An exakt derselben Stelle.

Ist dieser Zustand der Christenheit in der Grabeskirche ein Bild für die innere Zerstreutheit der Christen? Wann werden Christen die Nachfolge Jesu Christi und die Liebe wieder an die erste Stelle vor den lehrmäßigen Eigenheiten setzen?

Die Krönung dieser blamablen Darstellung der Christen in der Grabeskirche ist, dass der Schlüssel für die einzige Eingangstür seit über 800 Jahren in den Händen von zwei moslemischen Familien ist. Es handelt sich um die Familien Nusseibeh und Dschudeh, die den bislang einzigen Eingang seit der Niederlage der Kreuzritter gegen Sultan Saladin im 12. Jahrhundert hüten. Die Mitglieder dieser Familien wandern jeden Morgen bei Sonnenaufgang zur Grabeskirche, um ihre schwere Holztür zu öffnen. Punkt 20.00 Uhr am Abend wird das Gotteshaus mit dem 25 Zentimeter langen Schlüssel wieder abgesperrt, danach wird er traditionell wieder im Haus der Nachbarsfamilie Dschudeh abgegeben. Die molemischen Familen treten auch als Schlichter auf, falls es Streitigkeiten unter den »christlichen« Hausherren gibt.

Wahrhaft einzigartig: die Grabeskirche in Jerusalem.

Im Blick auf das Jubiläumsjahr 2000 hat das israelische Tourismusministerium aus Sicherheitsgründen auf eine zweite Tür gedrängt. Die Regierung hätte gerne eine hölzerne Pforte zum neuen Ausgang ausgebaut, die schon zu Zeiten der Kreuzfahrer einmal als Weg nach draußen diente und heutzutage in einen Lagerraum führt. Die armenisch-orthodoxe Kirche lehnte diese Stelle ab und befürwortet stattdessen einen neutralen Standort, wo die drei Haupthüter sich die Aufsicht teilen sollten. Die Armenier wollten einen Ausgang an der Stelle, wo sich heute noch die öffentlichen Toiletten befinden. Dieser Ausgang würde jedoch zur nahe gelegenen Moschee führen. Und das wiederum lehnten die Israelis ab.

Nach fünfjährigem Streit und einem prinzipiellen Entschluss für eine zweite Tür im Jahr 1999 – bei deren Fertigstellung die Kirchenvertreter einen Schlüssel dafür bekommen würden – steht die tatsächliche Umsetzung des Vorhabens scheinbar immer noch aus.

Der Islam

Entwicklung des Islam

Der Islam hat sich seit seiner Gründung Mitte des 7. Jahrhunderts n. Chr. zur zweitgrößten Religionsgemeinschaft entwickelt. Etwa 1,3 Milliarden Menschen bekennen sich zum Islam. Jährlich kommen etwa 20 Millionen aufgrund der explosionsartigen Geburtenzahlen hinzu. Die Hälfte aller Muslime sind unter 20 Jahre alt.

Im Nahen Osten, Nordafrika, Pakistan, Afghanistan, Iran, Irak und in Indonesien beherrscht der Islam die Politik, das gesellschaftliche und das kulturelle Leben, doch auch in anderen Staaten gewinnt der Islam zunehmend an Einfluss.

Etwa 20 Jahre nach dem Tod des »Propheten« Mohammed entstand durch die Sammlung von Mohammeds Aussagen der Koran. Die einzelnen Kapitel des Korans – die Suren – sind nicht chronologisch geordnet, sondern ihrer Länge nach. Daneben entstand zur gleichen Zeit aus mündlichen Überlieferungen über Mohammeds Entscheidungen und Verhaltensweisen in konkreten Fragen und Situationen die Sunna. Es bildeten sich zwei Konfessionen innerhalb des Islam (mit diversen Untergruppen) – die Sunniten und die Schiiten, die sich bis heute in vielen Ländern blutig bekämpfen.

Glaubensinhalte

Der Islam versteht sich als Vollendung der jüdischen und christlichen Religion. Er ist monotheistisch und kennt nur die unbedingte Ergebung in den Willen Allahs. Als Sünde im Islam verstehen Moslems die Verfehlung des Gesetzes. Die Wiedergutmachung geschieht in Reue, Buße, Beten, Fasten und guten Taten.

Die fünf Pfeiler der islamischen Frömmigkeit sind: das islamische Glaubensbekenntnis (es gibt keinen Gott außer Allah und Mohammed ist sein Prophet), das rituelle Gebet, das Fasten, das Almosen geben und die Pilgerfahrt nach Mekka, die ein Moslem mindestens einmal im Leben unternehmen sollte.

Der Islam betrifft sowohl das private als auch das öffentliche Leben. Eine Trennung von Staat und Religion ist nicht vorgesehen und wird außer in der Türkei auch in keinem muslimisch geprägten Land praktiziert.

Mohammed

Nach muslimischer Meinung ist der Islam die älteste und wahre Religion: Abraham (Ibrahim), Mose und Jesus waren Gesandte Allahs und gute Moslems. Juden und Christen, im Koran als »Volk der Schrift« bezeichnet, hätten angeblich in ihren heiligen Büchern die wirklichen Geschehnisse verfälscht und nur der Koran enthalte die reine, endgültige Wahrheit. Der »Prophet« Mohammed sei der letzte Gesandte Allahs und ist in den Augen der Moslems der vollkommene Maßstab.

Ihren Ursprung nahm die Lehre des Islam mit ihrem Stifter Mohammed, der um 570 n. Chr. geboren wurde. Sein Vater hieß Abdallah und starb noch vor seiner Geburt. Seine Mutter Amina verlor Mohammed noch als Kleinkind, sodass er schon in jungen Jahren Vollwaise wurde und sich seinen Unterhalt als Hirte verdiente. Aufgezogen wurde er von seinem Großvater Abd al-Mutallib und später von seinem Onkel Abu Talib.

Später wurde Mohammed Kaufmannsgehilfe und heiratete die 15 Jahre ältere Chadidscha, von der er als vertrauenswürdiger und geschäftstüchtiger Karawanenführer entdeckt wurde. Ihre drei gemeinsamen Söhne starben, was ihm trotz materiellen Reichtums große seelische Qualen bereitete. Nach Chadidschas Tod 24 Jahre später hatte Mohammed noch 13 Frauen. Da der Koran maximal vier Frauen zulässt, bekam Mohammed per »Offenbarung« von Allah eine Ausnahmegenehmigung!

In dieser Zeit wurde der in der Gegend um Mohammeds Heimatstadt Mekka verbreitete Animismus mit seinem primitiven Götzenkult durch neue geistige Einflüsse infrage gestellt: Jüdische Flüchtlinge und christliche Sklaven brachten fremde Ideen ins Land. Als Händler konnte Mohammed auch seine Kontakte zu jüdischen und christlichen Händlern ausbauen, von deren biblischen Geschichten er sich offenbar angesprochen fühlte. 610 n. Chr. widerfuhr dem sehr nachdenklich gewordenen Hanifen (Religiöser Sucher) ein überwältigendes Erlebnis, das als »Berufungserlebnis des Allah« bekannt wurde. Nach diesem Ereignis entstand der Koran durch »Offenbarungen«, die Mohammed von Allah bekam. Die Lehre des Islam war entstanden: Allah, der Schöpfer und Richter, der das Schicksal der Menschen bestimmt und das nahende Weltgericht.

Der Islam schien eine neuartige Mixtur der verschiedenen religiösen Strömungen seiner Zeit zu sein und findet sich so auch im Koran wieder: Einer der Götzen aus der »Kaaba«, dem heutigen moslemischen Heiligtum, wurde zum alleinigen Gott erhoben. Allah ist das Überbleibsel, das aus der vor-islamischen Vielgötterei übrig blieb, als Mohammed den Monotheismus übernahm.

Am 1. Juni 622 wanderte Mohammed nach Medina aus, nachdem er wegen seiner Verkündigung Mekka verlassen musste. Diese Auswanderung (»Hedschra«) ist der Beginn der islamischen Zeitrechnung. 630 kehrte Mohammed nach Mekka zurück. Er reinigte die Stadt und das alte arabische Heiligtum Kaaba vom Götzendienst. Seine neue Lehre siegte in Arabien.

Mohammed starb im Jahre 632 in Medina, vermutlich wurde er von einer jüdischen Sklavin vergiftet.

Der Koran

Nach islamischer Überzeugung hat Mohammed den Koran nicht selbst verfasst, sondern alle Suren wurden ihm von Allah durch den Engel Gabriel Wort für Wort diktiert und unvergesslich eingeprägt. Mohammed gilt als willenloses Werkzeug in Allahs Hand. Deshalb stellt der Koran für viele Moslems den Weg dar, über den Allah den Menschen näherkommt. Dieses Buch wird hoch geachtet, geküsst, nie auf den Boden gelegt, möglichst nur außen angefasst und oft mit Goldrahmen und Arabesken geschmückt.

Islamische Kunst ohne bildliche Darstellungen: Ornamente an den Fenstern des Felsendoms.

Mohammed war ein Analphabet (Sure 7,156). Als Kaufmann konnte er wohl Zahlen und Buchstaben entziffern, aber nicht richtig lesen oder schreiben. Somit hatte er keinen direkten Zugang zu irgendeiner Offenbarungsquelle, zumal, wenn diese nicht in seiner eigenen Sprache vorlag. Er war also ganz auf mündliche Informationen angewiesen. Man erkennt leicht im Koran, dass biblische Berichte entstellt wiedergegeben wurden. Mohammed konnte nur weitergeben, was er von den Juden und Christen seiner Umgebung gehört hatte. In Mekka gab es damals christliche Splittergruppen, die wesentliche Abweichungen zu den Texten des Neuen Testaments verfochten.

Dennoch war er ein begabter Dichter und ein Meister der arabischen Dichtkunst. Seine Suren sind mitreißend geschrieben. Der Koran gilt bis heute als die schönste und beste arabische Sprachschöpfung und blieb Maßstab und Quelle für alle späteren Veröffentlichungen in dieser Sprache. Das heilige Buch der Moslems bietet seinen Inhalt nicht in nüchterner Prosa dar, sondern in einer teilweise einprägsamen Gedichtform.

Von den biblischen Aussagen blieb im Koran nur wenig übrig. Zwar findet man viele Geschichten aus der Bibel auch im Koran, die Kernaussagen jedoch gingen allesamt verloren. Viele Prophezeiungen der Propheten sucht man vergeblich. Jesus ist nicht der Sohn Gottes, sondern nur ein Prophet.

Mohammed behauptete, die Juden hätten Texte im Alten Testament verdreht, gefälscht und unterschlagen, und die Christen hätten die Kreuzigung Jesu sowie seine Auferstehung von den Toten erfunden. Die Bezeichnung »Gottessohn« und die Anrede Gottes als Vater seien später in die Evangelien eingefügt worden. Seine Offenbarungen dagegen stellte er als göttlichen Maßstab dar. Wo die jüdische oder christliche Heilige Schrift nicht mit ihm übereinstimmten, galten sie als gefälscht – dies ist bis heute so. Dass die Bibel schon Jahrhunderte vor Mohammed in mehrere Sprachen übersetzt worden war und die Thora bereits damals seit über 2000 Jahren existierte, erkannte Mohammed nicht.

Allah

Jede Sure des Koran beginnt mit dem Ausruf: »Im Namen Allahs, des Allerbarmers, des Barmherzigen«.

Auf den ersten Blick ist Allah also ein barmherziger Gott. Doch im Gegensatz zu dem im Alten und Neuen Testament bezeugten Gott der Juden und Christen kennt Allah keine väterliche Liebe, die er gegenüber denen äußert, die sich ihm zuwenden. Die Gnade Allahs ist willkürlich, Moslems sehen sich als Sklaven, die dieser Willkür und der göttlichen Vorherbestimmung völlig ausgeliefert sind. Selbst die treue und strikte Einhaltung aller islamischen Pflichten garantiert keine sichere Aufnahme ins Paradies, wenn Allah es anders will. Islam bedeutet »Unterwerfung«, die Unterwerfung der »Gläubigen« unter den Willen Allahs. Die Allmacht Allahs äußert sich nicht in Liebe, sondern in Macht, über das Leben der Menschen willkürlich zu herrschen.

Mehr über den Islam auf CD: **441-entwicklung-islam**

Das Schwert des Islam

Nordafrika, der Nahe und der Mittlere Osten sind heute überwiegend vom Islam geprägt. Gleichzeitig sind diese Gegenden voller Konflikte: Moslems gegen Moslems, Moslems gegen Juden, Moslems gegen Christen,

Moslems gegen den Rest der Welt. Der Anteil von Kriegen und Krisen ist in islamischen und arabischen Ländern überdurchschnittlich hoch. Auch in nicht-muslimischen Ländern in Asien und Europa gibt es viele gewaltbereite Vertreter der Religion Mohammeds, die als »Fundamentalisten«, »Extremisten« oder »Islamisten« bezeichnet werden. Politiker und Medien des Westens machen jedoch vehement darauf aufmerksam, dass der Islam eine friedliche Religion sei und man Moslems nicht pauschal als gewaltbereit ansehen dürfe. Heißt Islam nun »Friede« oder muss der Westen sich fürchten vor dem »Schwert des Islam«?

Aus dem Koran sei beides ablesbar, Gewaltbereitschaft und Friedfertigkeit, schrieb das Nachrichtenmagazin Focus nach den Anschlägen vom 11. September 2001:

»Und tötet, wo immer ihr auf sie stoßt.« (Sure 2,190)

»Und hätte es dein Herr gewollt, so wären alle gläubig geworden. Willst du also die Menschen dazu zwingen, dass sie glauben?« (Sure 10,99)

Meinen Politiker wie US-Präsident George W. Bush zurecht, Islam bedeute Friede? Man sollte die Bedrohung durch den Islam nicht auf die leichte Schulter nehmen, auch wenn westliche Moslems liberale Aussagen treffen und sich zur Demokratie bekennen. Was würde in westlichen Staaten geschehen, wenn der Islam die Überhand gewinnen würde? Sicher gibt es friedliche Moslems, aber ist tatsächlich nur eine verschwindend kleine Minderheit gewaltbereit?

Natürlich dürfen nicht alle Moslems pauschal verurteilt werden, aber Islam bedeutet »Unterwerfung« – nicht »Friede«. Aus christlicher Sicht sollte man trotz begründeter Skepsis gegenüber dem Islam als Ganzes den muslimischen Mitmenschen mit Respekt und Verständnis begegnen. Vor allem westlich geprägte Moslems lehnen Gewalt oft ab und leben einen liberalen Islam. Doch Wachsamkeit kann nicht schaden – auch Mohammed Atta, einer der Selbstmordterroristen von New York, lebte acht Jahre lang als »friedlicher Moslem« in Deutschland.

☞ Die Thematik »Das Schwert des Islam« und eine Analyse zum 11. September 2001 finden Sie auf CD: **447-schwert-islam**

Weitere Religionen

Drusen

Die religiöse Gemeinschaft der Drusen ist ein Ableger des Islam. Sie wurde im 11. Jahrhundert in Kairo gegründet. Die Religionsgrundsätze werden geheim gehalten und mündlich von älteren Drusen an jüngere überliefert. Es ist lediglich bekannt, dass zu ihrer Glaubenslehre der Begriff »taqiyya« gehört - Loyalität der Gläubigen gegenüber der Regierung des Landes, in dem sie leben. Obwohl sie von den Arabern abstammen, distanzieren sie sich von ihnen. Ihre Geschichte kennt Aufstände und Unabhängigkeitskämpfe unter verschiedenen Herrschern des Nahen Ostens.

Die Mehrzahl der Drusen lebt in Dörfern im nördlichen Israel, ein kleiner Teil im Süden Syriens und im Norden Jordaniens. Bei den Drusen erlebt man Gastfreundschaft und eine bunte orientalische Geschäftigkeit. Die Obersten erkennt man am weißen Turban und dunklen Gewand.

Bahai

Die goldene Kuppel als Wahrzeichen der Bahai in der Hafenstadt Haifa.

Die Religion der Bahai wurde im 19. Jahrhundert von dem aus Persien stammenden Baha'u'llah gegründet, er war der Sohn eines Wesirs und starb im Alter von 74 Jahren 1892 in Akko an der Mittelmeerküste des heutigen Israel. Ein zweiter Religionsstifter, »der Bab« (»Tor zu Gott«), ist in Haifa begraben, die goldene Kuppel seiner Grabstätte ist eines der Wahrzeichen der israelischen Hafenstadt. Haifa und Akko sind wichtige Pilgerziele der Bahai.

Die Bahai glauben an einen transzendenten Gott, die mystische Einheit der Religionen und die Einheit der Menschen. Die etwa 7,5 Millionen Bahai leben überwiegend in Indien, im Iran, in Afrika, Südamerika und den USA.

Samaritaner

»Höre, Israel, der HERR ist unser Gott, der HERR allein.« Dieses Glaubensbekenntnis aus dem 5. Buch Mose sprechen nicht nur Juden, sondern auch Samaritaner. Doch im Gegensatz zum Judentum kennt diese kleine religiöse Gemeinschaft außer den fünf Büchern Mose und dem Buch Josua keine heiligen Schriften.

Nach biblischer Überlieferung entstammen die Samaritaner – in der Bibel »Samariter« genannt – den zehn Stämmen des Nordreichs Israel, das 722 v. Chr. von den Assyrern erobert wurde. Die neuen Herrscher verschleppten die israelitische Bevölkerung in andere Teile des assyrischen Reiches und bevölkerten das Land mit mesopotamischen Stämmen. Die wenigen verbleibenden Israeliten vermischten sich mit den neu Angesiedelten und dienten Gott auf dem bis heute als Heiligtum geltenden Berg Garizim bei Nablus, dem biblischen Sichem. Im Dorf Kiryat Luza auf dem »Segensberg« Josuas gibt es heute noch rund 300 Samaritaner, weitere 300 leben in Holon bei Tel Aviv.

Im Gegensatz zu den Juden, deren Heiligtum in Jerusalem zerstört ist, opfern die Samaritaner noch heute nach den Vorschriften der Thora am Passafest Tiere, um Gottes Gebote zu erfüllen.

Zu Lebzeiten Jesu wurden die Samariter von den Juden verachtet und gehasst. Jesus jedoch begegnete ihnen in Liebe, so zum Beispiel der Samariterin am Jakobsbrunnen in Johannes 4. Der bekannteste Vetreter dieses

Volkes – der barmherzige Samariter – diente Jesus im Gleichnis zum Vorbild für wahre Nächstenliebe.

Die heutigen Samaritaner sprechen Arabisch und Hebräisch, haben teilweise palästinensische und israelische Pässe und leben mit beiden Seiten – Juden und Arabern – in Frieden. Ihr Hoherpriester ist Mitglied des palästinensischen Autonomierates. Zu zeremoniellen Anlässen wie am Sabbat schreiben und sprechen die Samaritaner althebräisch, zum Beispiel den aaronitischen Priestersegen.

Einen kurzen Film über die Samaritaner finden Sie auf der CD:
7-samaritaner

Religionsfreiheit

Die Proklamation des Staates Israel von 1948 garantiert jedem Bürger volle Religionsfreiheit. Jede Religionsgemeinschaft kann nach dem Gesetz wie in der Praxis ihren Glauben ausüben, ihre Feiertage und ihren wöchentlichen Ruhetag begehen und ihre inneren Angelegenheiten verwalten. Jede Religionsgemeinschaft hat zudem ihren eigenen, gesetzlich anerkannten Rat und eigene Gerichte mit Zuständigkeit für alle religiösen und personenstandsrechtlichen Dinge wie z.B. Ehe und Scheidung. Jede Religionsgemeinschaft hat ihre eigenen Gotteshäuser mit traditionellen Ritualen und besonderen architektonischen Merkmalen, die sich im Laufe von Jahrhunderten herausgebildet haben.

Antimissionsgesetz

Immer wieder ist in christlichen Kreisen von einem »Antimissionsgesetz« die Rede, das angeblich Mission in Israel verbieten soll.

In Wahrheit ist es nach einem Gesetz von 1977 nur verboten, durch Geld oder materielle Vorteile andere Menschen zu verleiten, ihre Religion zu wechseln. Darüber hinaus dürfen Jugendliche unter 16 Jahren nicht zum Religionsübertritt bewegt werden. Das Gesetz wurde jedoch nie angewandt.

Allerdings gibt es jüdische Aktivisten und Organisationen, die gezielt messianische Juden belästigen oder angreifen sowie deren Gottesdienste stören.

Judentum

Jüdische Vielfalt

Glaubensrichtungen

Die heutige jüdische Gesellschaft in Israel ist breit gefächert. Sie setzt sich aus »religiösen«, »orthodoxen«, »ultra-orthodoxen«, »säkulären« und »Reform-Juden« zusammen. Die Unterschiede dabei sind oft fließend. Viele Israelis bezeichnen sich als Atheisten und befolgen trotzdem eine Menge religiöser Vorschriften. Zusammenfassend kann man sagen, dass etwa 20 Prozent der Juden im Land nach allen jüdischen Vorschriften leben, 60 Prozent halten je nach persönlicher Neigung und ethnischer Tradition einen Teil der Gesetze. Etwa 20 Prozent sind nicht praktizierende Juden.

Ein Gebet an der Klagemauer, hier gesprochen von einer israelischen Soldatin.

Am auffälligsten für den Besucher Israels sind die orthodoxen Juden mit ihren schwarzen Anzügen, ihren Hüten und den Löckchen an der Schläfe. Die ultra-orthodoxen unter ihnen leben hauptsächlich im Jerusalemer Judenviertel »Mea Schearim« und in Bnei Brak bei Tel Aviv. Sie erkennen den Staat Israel nicht an, da ihrer Meinung nach erst der Messias das Reich wiederherstellen kann. Demzufolge ist der Unabhängigkeitstag für sie ein Trauertag. Dennoch leben sie in Israel, wo sie keine Angst vor Diskriminierung und Verfolgung haben müssen.

Es gibt ultraorthodoxe Juden, die gegen den jüdischen Staat Israel sind, gleichzeitig aber dort wohnen. Ihrer Meinung nach kann Israel erst nach dem Kommen des Messias wiederhergestellt werden. Eine Gruppe dieser Gläubigen machte sich mit ihrem geistlichen Führer Rabbi Mosche Hirsch anlässlich der Wahlen im Januar 2005 auf nach Ramalla in den Amtssitz des Palästinenserpräsidenten, um ihr Wahlrecht einzufordern! Sie verkündeten: »Zionisten sind keine Juden!«, »Judentum gegen den Zionismus« und »Arafats Geist lebt unter uns«. Die Eiferer wollten als »Palästinenser« ihren Präsidenten wählen, was ihnen allerdings verwehrt blieb. Allerdings schafften sie es, »im Allerheiligsten der palästinensischen Staatsmacht unwidersprochen eine Pressekonferenz zu geben«.[77]

Die gemäßigten Orthodoxen erkennen Israel an, sind jedoch keine Zionisten. Zusammen mit den zionistisch-religiösen bestimmen sie im Oberrabbinat über die Bürgerrechte der Juden im Land. Sie haben Einfluss auf das Einwanderungsrecht, die Rabbinatsehe, das Erziehungswesen und die Thora- und Talmudschulen (Jeschiwot).

Die jüdische Gesellschaft in Israel polarisiert sich immer mehr und die gegenseitige Ablehnung nimmt zu. Orthodoxe Juden leisten keinen Militärdienst, was sie bei vielen Israelis unbeliebt macht. Dagegen greift die Säkularisierung und Liberalisierung bei den Reformjuden um sich, was ihnen die Antipathie der Religiösen einbringt.

77 *Quelle: Johannes Gerloff: Ultraorthodoxe Antizionisten – Kuriosum am Rande der palästinensischen Wahlen. www.israelnetz.de: 10.1.2005*

Messianische Juden

Der Ausdruck »messianische Juden« für Juden, die Jesus Christus – oder »Jeschuah HaMaschiach« – als ihren Messias anerkennen, ist relativ neu. Denn der alte Ausdruck »Judenchrist« ist mit vielen negativen Gedanken verbunden. Früher konvertierten zahlreiche Juden zum Christentum, um in der christlichen Gesellschaft eher akzeptiert zu werden. In den Augen ihrer Volksgenossen gaben sie damit ihr Jude-Sein auf.

Juden, die sich heute als »messianisch« bezeichnen, legen Wert darauf, weiter als Juden anerkannt zu werden. Dies fällt vielen nichtchristlichen Juden schwer, da man für sie nur Christ oder Jude sein kann. Die tiefe Kluft zwischen Christentum und Judentum ist historisch bedingt: Aus jüdischer Sicht waren auch die Nazis Christen. Viele Juden mussten sich in vergangenen Jahrhunderten unter Androhung von Gewalt und Tod zwangsweise taufen lassen, eine barbarische Unterdrückung, die natürlich dem Sinn des Neuen Testamentes völlig widersprach.

Nach neuesten Schätzungen gibt es in Israel heute etwa 4000 messianische Juden, ein kleiner Anteil der Bevölkerung, der es zudem noch schwer hat, da er weder von den christlichen Kirchen Israels noch vom Judentum akzeptiert wird. Trotzdem wächst ihre Zahl und die Christenheit in aller Welt sollte auf diese Menschen sehen: Durch ihre meist ausführliche Kenntnis der Thora können sie das Neue Testament tiefgründiger verstehen.

Noch einen Grund gibt es, für die messianischen Juden zu beten und mit ihnen zusammenzuarbeiten: Nach Römer 11 sind sie die natürlichen Zweige, die aus dem Ölbaum Gottes ausgebrochen wurden. Paulus spricht im Hinblick auf die Verstockung Israels folgende Prophezeiung aus: »Denn wenn die Verwerfung der Juden bedeutete, dass Gott der übrigen Welt die Versöhnung anbot, wie herrlich wird es dann erst sein, wenn Gott sein Volk wieder annimmt.« (Römer 11,15)

Christliche Mission unter Juden

Dieses Thema erhitzt grundsätzlich die Gemüter. Sofort denken viele an mittelalterliche Zwangsbekehrungen, Kreuzzüge und Pogrome.

Beim Kirchentag 1999 in Stuttgart sorgte bereits im Vorfeld die bloße Teilnahme des »Evangeliumsdienstes für Israel« für Furore: Die »Arbeitsgemeinschaft Juden und Christen« schränkte ihr Programm stark ein und organisierte spontan eine Podiumsdiskussion, auf der nur Gegner der »Judenmission« vertreten waren. Sie erwirkte die Resolution »Nein zur Judenmission«, in der es heißt: »Darum widersprechen wir der Aussage: Jüdinnen und Juden hätten es für ihr Heil nötig, dass ihnen Jesus als der Messias verkündigt wird. Der Bund Gottes mit seinem Volk gilt uneingeschränkt. Daher ist es falsch, Jüdinnen und Juden nach ihrer Stellung zu Jesus als dem Messias zu beurteilen. [...] Darum widersprechen wir allen Unternehmungen von Christen, gegenüber Juden Bekehrungsversuche direkt zu betreiben oder indirekt zu unterstützen.«[78]

Nach Ansicht des württembergischen Landesrabbiners Joel Berger besteht der »Evangeliumsdienst für Israel« aus Leuten, »die mich als Juden eliminieren wollen«. Über die Mission unter Juden sagte er: »Für mich ist das eine Fortsetzung des Holocaust mit anderen Mitteln.«[79]

Was aber ist davon zu halten, wenn Christen den Missionsauftrag Jesu – immerhin seine letzten Worte – auch gegenüber den Juden ernst nehmen? »Darum geht zu allen Völkern und macht sie zu Jüngern. Tauft sie im Namen des Vaters und des Sohnes und des Heiligen Geistes und lehrt sie alle Gebote zu halten, die ich euch gegeben habe.« (Matthäus 28,19–20)

In der Tat ist es so, dass aufgrund der Gewalt, die Christen an Juden im Laufe der Geschichte verübt haben, es viele Juden als zynisch empfinden, wenn ihnen nun Jesus Christus als »Retter« verkündigt wird. Auf diese Tatsache weist die »Arbeitsgemeinschaft Juden und Christen« auch zu Recht hin. Dennoch gibt es bis auf den heutigen Tag Juden, die an Jesus als den

78 *Resolution der Arbeitsgemeinschaft Juden und Christen am 17.6.1999, zitiert in: Lebendige Gemeinde 3/99, Sondernummer zum Stuttgarter Kirchentag 1999. Selbstverlag der Ludwig-Hofacker-Vereinigung: 1999*

79 *Joel Berger, württembergischer Landesrabbiner, in der Stuttgarter Zeitung: 19.6.1999, Seite 38*

Messias glauben, die »Messianischen Juden«. Sie stellen die Gegner der christlichen Mission unter Juden vor ein Problem, denn sollten diese recht haben, dürfte es solche Juden gar nicht geben.

In der Praxis werden sie darum auch totgeschwiegen. Die Kirche akzeptiert sie nicht als Christen, die Israelitische Religionsgemeinschaft nicht als Juden.

Folgende Gründe jedoch sprechen für die Verkündigung des Evangeliums von Jesus Christus auch unter Juden:

- Jesus selbst war Jude (Matthäus 1,1–17; Johannes 4,7–9).
- Jesus betrachtete sich zu Lebzeiten als ausschließlich zum Volk Israel gesandt (Matthäus 15,21–28; Johannes 4,22).
- Sämtliche Jünger Jesu waren Juden (Lukas 6,12–16).
- Nach Jesu Tod und Auferstehung verkündigten seine Jünger das Evangelium zunächst ausschließlich den Juden (Apostelgeschichte 2,14.37.38; 3,13).
- Erst als Petrus von Gott zu den Heiden (nichtjüdische Völker) gesandt wurde, begann er, das Evangelium auch diesen Völkern zu verkündigen (Apostelgeschichte 10). Dafür musste er sich dann zunächst den anderen Aposteln gegenüber rechtfertigen (Apostelgeschichte 11,1–18).
- »Christ« ist keine Selbstbezeichnung der Nachfolger Jesu. Dieser Name kam erst in Antiochia auf, wo die erste nichtjüdische Gemeinde von den Aposteln gegründet worden war (Apostelgeschichte 11,26). Die Nachfolger Jesu wurden von Außenstehenden als »christianoi« bezeichnet – als »Christusleute«.

Evangelikale Kreise konnten darum diese Kirchentags-Resolution nicht akzeptieren. Hermann Barth, theologischer Leiter des Kirchenamtes der Evangelischen Kirche in Deutschland, sagte: »Ich sehe ... keinen stichhaltigen theologischen Grund dafür, dass Christen – sei es in Deutschland oder anderswo – gegenüber Juden von Jesus Christus schweigen.« Angesichts des Lebens und Glaubens des Apostels Paulus fragte er: »Soll denn die frühchristliche Missionsgeschichte, insbesondere die missionarische Tätigkeit des Paulus, ein grandioser theologischer Irrtum gewesen sein?«

Der württembergische Landesbischof i. R. Dr. Theo Sorg gab auf dem Stuttgarter Kirchentag während seiner Bibelarbeit am Tag nach der Resolution »Nein zur Judenmission« die folgende persönliche Erklärung ab. Sie wurde von den Zuhörern spontan zur Resolution der von der Lebendigen Gemeinde eingerichteten »Werkstatt Pietismus« erhoben:

»In einer Arbeitsgruppe des Kirchentages wurde gestern eine Erklärung verabschiedet unter der Überschrift ›Ja zur Partnerschaft und zum innerbiblischen Dialog, Nein zur Judenmission!‹ Die Erklärung endet mit dem Satz: ›Darum verbietet sich für Christen jeder Versuch, an Juden mit missionarischer Absicht heranzutreten.‹ Dieser Erklärung möchte ich unter Berufung auf das Neue Testament in aller Form widersprechen. Es ist mir bewusst, dass das Christuszeugnis in Israel eine andere Qualität hat als die Mission unter Heiden. Deshalb vermeide ich den Begriff ›Judenmission‹, weil er missverständlich ist. Lieber spreche ich vom christlichen Zeugnis an Israel. Es ist mir weiter bewusst, dass unser christliches Zeugnis an Israel aufs Schwerste belastet ist durch das, was an Schrecklichem gerade durch unser deutsches Volk an Israel besonders auch in diesem Jahrhundert geschehen ist. Man kann sehr wohl darüber reden, ob es spezielle Aufgabe von uns Deutschen ist, Juden zum Messias Jesus einzuladen, solange die Holocaust-Generation noch am Leben ist.

Dies alles kann nicht aufheben, dass Jesus, der Sohn Gottes, zuerst für Israel gekommen ist, dass er auch für Israel am Kreuz gestorben und am dritten Tag wiederauferstanden ist. Jesus ist der Heiland der Völker und der Messias Israels. Man muss dem Neuen Testament Gewalt antun, wenn man diese biblische Linie abblenden und auf die Seite legen will. Deshalb muss ich der Erklärung der Arbeitsgruppe mit Entschiedenheit widersprechen.« [80]

Was macht Israel so einzigartig?

Hartmut Renz, *Evangeliumsdienst für Israel e. V., www.evangeliumsdienst.de:*

»Im Laufe meiner fast zwanzigjährigen Tätigkeit als Geschäftsführer des edi (Evangeliumsdienst für Israel) habe ich Israel schon oft – allein und mit Gruppen – besucht und dabei faszinierende Stätten und interessante

80 *Dr. Theo Sorg, württembergischer evang. Landesbischof i. R., am 18.06.1999, zitiert in: Lebendige Gemeinde 3/99, Sondernummer zum Stuttgarter Kirchentag 1999. Selbstverlag der Ludwig-Hofacker-Vereinigung: 1999*

Menschen kennengelernt. Mehr als die Schönheit und Vielfalt des Landes beeindruckte mich jedoch immer wieder die Begegnung mit Juden und Arabern, die sich bewusst dafür entschieden haben, Jesus von Nazareth nachzufolgen. Sie sind ein lebendiges und erquickendes Zeugnis für die versöhnende Kraft des Evangeliums in einer Welt voller Feindschaft und Streit.

Zu diesen Menschen gehört auch Lisa Loden aus Netanya. In dem folgenden Bericht erzählt sie, was Versöhnung durch Jesus, den Messias, praktisch für sie bedeutet:

›Es gibt nicht vieles, was palästinensische und israelische Frauen zusammenbringt. Als Frauen sind wir so mit unseren alltäglichen Aufgaben beschäftigt, dass wir uns normalerweise nie begegnen. Noch viel weniger passiert es, dass wir gleich mehrere Stunden miteinander verbringen, wie auf einer Busfahrt nach Ägypten, als ich das erste Mal die Mutter meiner Freundin Laura traf.

Laura ist eine palästinensische Christin und ich bin eine Jüdin, die an Jeschua glaubt. Unsere Kulturen und die Art, wie wir unseren Glauben leben, unterscheiden sich radikal voneinander. Lauras Mutter hatte ihr ganzes Leben lang als arabische Christin gelebt und verstand sich bewusst als Palästinenserin. Sie war noch nie einem jüdischen Menschen begegnet, der an denselben Jesus glaubte, wie sie.

Was verband uns? Unsere Kulturen, Lebensstile und politischen Ansichten, ja selbst unsere jeweiligen Glaubensgemeinschaften hatten nichts miteinander gemein. Unser einziger gemeinsamer Nenner war der persönliche Glaube an den Messias Jesus. Aber sogar ihn riefen wir mit verschiedenen Namen an!

Als ich Lauras Mutter traf, herrschte ein deutliches Zögern und Zurückhaltung zwischen uns. Auch Laura selbst fühlte sich gehemmt. War es für so verschiedene Menschen möglich, die Kluft zu überbrücken, die uns und unsere Völker trennte?

Bei der ersten Rast merkte ich, dass ich vergessen hatte, unsere Brote einzupacken. Laura und ihre Mutter hatten etwas zum Essen dabei und bald aßen wir gemeinsam. Das Eis war gebrochen. Wir beteten über dem Essen, das wir miteinander teilten und begannen, miteinander zu reden und einander Anteil an unserem Leben zu geben.

Vertrauen begann zwischen uns zu wachsen und wir spürten eine innere Verbundenheit, die nur auf unserer gemeinsamen Bindung an Jeschua beruhen konnte. Es spielte keine Rolle, ob wir Juden oder Palästinenser waren – wichtiger als unsere nationale Identität war unsere Identität im Messias. Wir waren Schwestern um seinetwillen.‹

Lisa Loden arbeitet zusammen mit ihrem Mann David seit Jahren aktiv in der arabisch-jüdischen Versöhnungsbewegung »Musalaha« mit, die auch vom Evangeliumsdienst für Israel unterstützt wird.

Der Evangeliumsdienst für Israel widmet sich dem Dienst, den Christen dem Volk Israel schulden. Er versucht, den Auftrag des Neuen Testamentes an jüdischen Menschen im In- und Ausland auszurichten, insbesondere durch Unterstützung evangelistischer Verkündigung und gemeindlicher Diakonie sowie durch den Aufbau und die Förderung von messianischen Gemeinden. Er spricht die christliche Gemeinde auf ihre Verbundenheit und ihre Verpflichtung gegenüber dem jüdischen Volk durch Predigten, Vorträge und Veröffentlichungen an und will Verständnis wecken für das Judentum. Der Verein fördert außerdem die Versöhnung zwischen Juden und Arabern und unterstützt bedürftige Menschen.«

Der Jüdische Glaube

Die Heilige Schrift

Der Wortlaut des Alten Testaments stimmt bei Juden und Christen überein. Die hebräische Bibel wird in drei Abschnitte unterteilt:

- Die fünf Bücher Mose, die zusammenfassend als »Thora« bezeichnet werden.
- Die »Propheten« (einschließlich der geschichtlichen Bücher Josua, Richter, Samuel und Könige).
- Die »Schriften« (Psalmen, Sprüche, Hiob und kleinere Schriften, sowie solche aus späterer Zeit wie z. B. Daniel, Chronik).

Nachdem Gott das Volk Israel durch Mose aus Ägypten und damit aus der Knechtschaft befreit hatte, schloss Gott einen Bund mit Israel. Dieser Bund enthielt eine Reihe von Gesetzesvorschriften, die wir heute in den 5 Büchern Mose nachlesen können. Im jüdischen Sprachgebrauch heißen diese Bücher »Thora«. In der Thora (Weisung, Lehre) erklärt Gott seinem Volk seinen Willen. Dieser umfasst neben den zehn Geboten (2. Mose 20) noch 603 zusätzliche »Pflichten«.

Das Volk Israel hat die Thora Gottes durch Mose empfangen und sich dazu bekannt und verpflichtet, nach dem Gesetz zu leben: »Wir wollen alles tun, was der HERR uns sagt.« (2. Mose 19,8)

Seither ist die Thora Israels Begleiter durch die Zeiten, durch Freude und Leid, mal mehr und mal weniger konsequent. Bei den orthodoxen Juden kann man heute die Einhaltung der Thora am deutlichsten beobachten.

Da kein Mensch in der Lage war, alle vorgeschriebenen Gesetze Zeit seines Lebens ohne Fehltritt einzuhalten, schenkte Gott ihnen die Möglichkeit, jede Übertretung durch ein Tieropfer zu sühnen.

Die Motivation für das Volk Israel, stets an der Thora festzuhalten, war die Bedingung, die sich aus dem »Vertragsschluss« ergeben hatte: »Bei genauer Erfüllung größter göttlicher Segen, aber bei Nichterfüllung strengste Bestrafung.« Ein Blick in die Bibel und in die Weltgeschichte macht die Wahrheit dieser Aussage leicht nachvollziehbar.

Die Thora wird in den Synagogen jeweils zum Sabbat im Laufe eines Kalenderjahres einmal komplett vorgetragen. Oft wird sie mit zwei Gesetzestafeln symbolisiert.

Der Talmud

Neben der hebräischen Bibel ist der Talmud für Juden eine der wichtigsten Schriften. Im Talmud ist die jüdische mündliche Überlieferung zusammengestellt. Er umfasst insgesamt fast 10.000 Seiten und entstand in nachbiblischer Zeit zwischen 200 und 500 n. Chr.

Die jüdische Überlieferung und Schriftauslegung umfasst eine reichhaltige Bibliothek, wie Bücherregale im Tunnel an der Klagemauer zeigen.

Das Gebet

Das Leben eines frommen Juden ist bestimmt durch die Gemeinschaft mit Gott. So ist auch die Geschichte des Volkes Israel gezeichnet von der Beziehung zwischen Gott und Mensch. In dieser Beziehung steht das Gebet im Vordergrund. Der Jude bringt die Ereignisse seines Lebens vor Gott. Im Gebet legt ein Jude bereits morgens den Tag in Gottes Hände. Dazu spricht er das Morgengebet (Schacharit), das zu den werktäglichen Gebeten gehört. Dieses Gebet enthält die dankbare Erinnerung an die Thora, das Glaubensbekenntnis, Dank-, Bitt- und Bußgebete. Abends wird mit dem Nachtgebet eine Bilanz des Tages gezogen und um Vergebung für offenbare und verborgene Sünden des vergangenen Tages gebeten. Dieses Gebet lässt den Tag in Frieden und Bewahrung mit Gott ausklingen.

Während der Tempel Opferstätte und Ort des Gebets war, so wurde nach der Zerstörung des Tempels 70 n. Chr. das Gebet an sich zunehmend wichtiger. Es gab keinen Ort mehr zur Darbringung von Opfern.

Heute ist die Klagemauer ein wichtiger Ort für Juden zum Beten. Sie ist der Rest der damaligen Tempelmauer. Die Klage um die Zerstörung gab der auch unter der Bezeichnung »Westmauer« bekannten Wand den Namen.

Das Hauptgebet ist das Schma' Israel »Höre Israel, der HERR ist unser Gott, der HERR ist einer« (5. Mose 6,4). Es ist zugleich ein Glaubensbekenntnis. Es wird morgens und abends und auch in der Todesstunde gesprochen. In Tefillin und Mesusa ist oft dieses Gebet enthalten.

☞ Weitere Einzelheiten zum jüdischen Glauben finden Sie auf CD unter **521-ein-gott** und den folgenden Seiten.

Jüdische Feste und Gegenstände

Sabbat

Die Feiertage der Juden erinnern meist an Ereignisse, die Gott oder ihre eigene Geschichte mit Gott betreffen. Dazu gehört zunächst der Sabbat, der als Ruhetag nach dem Vorbild der sechs Schöpfungstage auf Anweisung Gottes (1. Mose 2,3) gefeiert wird.

»Denk an den Sabbat und heilige ihn. Sechs Tage in der Woche sollst du arbeiten und deinen alltäglichen Pflichten nachkommen, der siebte Tag aber ist ein Ruhetag für den HERRN, deinen Gott. An diesem Tag darf kein Angehöriger deines Hauses irgendeine Arbeit erledigen. Das gilt für dich, deine Söhne und Töchter, deine Sklaven und Sklavinnen, dein Vieh und für alle Ausländer, die bei dir wohnen. Denn in sechs Tagen hat der HERR den Himmel, die Erde, das Meer und alles, was darin und darauf ist erschaffen: Aber am siebten Tag hat er geruht. Deshalb hat der HERR den Sabbat gesegnet und für heilig erklärt.« (2. Mose 20,8–11)

Der Ursprung des Sabbats findet sich gemäß der Zehn Gebote also in der Schöpfung. »Sabbat« heißt wörtlich »Ruhe«. So wie Gott nach sechs Tagen einen Tag Ruhe einlegte, soll auch der Mensch nach sechs Tagen Arbeit ruhen, zum Gedenken an die Schöpfung und zur Ehre des Schöpfers.

Der Sabbat beginnt am Freitagabend mit Sonnenuntergang und währt den ganzen Samstag, ebenfalls bis zum Sonnenuntergang. Am Sabbat gilt ein strenges Arbeitsverbot, es ist sowohl untersagt, sich übermäßig körperlich anzustrengen, als auch in irgendeiner Weise Neues zu kreieren. So ist auch das Feueranzünden streng verboten und damit auch das Betätigen elektrischer Geräte.

Der Sabbat wird von Juden in aller Welt gefeiert, in traditionellen Familien sieht eine Sabbatfeier folgendermaßen aus:

Vor Sabbateingang beginnen am Freitagnachmittag die Vorbereitungen für den Sabbat. Die frommen Juden kaufen gute Speisen, backen besonderes Brot aus Weizenmehl, schmücken die Wohnung, baden und ziehen sich festlich an – der Sabbat soll wie eine Königin empfangen werden.

Die Frau hat bei der häuslichen Sabbatfeier eine fast priesterliche Funktion: Sie zündet die beiden Sabbatkerzen an, um den eintretenden Feiertag zu begrüßen. Dazu spricht sie den »Lichtersegen«: »Gelobt seist du, Ewiger, unser Gott, König der Welt, der du uns geheiligt durch deine Gebote und uns befohlen, das Sabbatlicht anzuzünden.«

Nach einem Synagogengottesdienst wird die Feier am Freitagabend daheim fortgesetzt. Der Hausvater spricht einen Friedensgruß (»Schabbat Schalom«) und das »Lob der Frau«, er segnet den Tag und schenkt Wein aus. Danach beginnt die festliche Mahlzeit, bei der das Sabbatbrot ausgeteilt wird.

Am Samstag wird der Sabbat mit einem Synagogengottesdienst, einem guten Mittagessen und viel Ruhe und Frieden fortgesetzt. Der Jude kehrt in sich und verbringt Zeit mit Gott.

Der Ruhetag endet mit der »Hawdala«, »Unterscheidung«: Sie bildet die Schwelle zu den folgenden Werktagen und besteht aus dem Weinsegen, dem Gewürzsegen und dem Lichtsegen. Hawdala ist der schmerzliche Abschied vom Sabbat. Eine Kerze lässt das Licht des Sabbat in die folgende Woche hineinleuchten.

Ein wichtiges Wort über den Sabbat sagte Jesus: »Der Sabbat wurde zum Wohl des Menschen gemacht und nicht der Mensch für den Sabbat.« (Markus 2,27)

Feste übers Jahr

Rosch HaSchanah

Rosch HaSchanah ist das jüdische Neujahr, wörtlich übersetzt das »Haupt des Jahres«. Es ist der erste Tag des Monats Tischri, der eigentlich der siebte Monat ist. Die Jahre im jüdischen Kalender werden ab der Schöpfung gezählt, am Abend des 13. September 2007 begann mit Rosch HaSchanah das Jahr 5768.

Der Neujahrstag dauert zwei Tage lang und ist geprägt vom schmetternden oder lang gezogenen Ton des »Schofar«, des Widderhorns, das als Zeichen für das kommende Gericht Gottes geblasen wird. Das Fest gilt als »Tag der Musterung aller Menschen«, Gott beurteilt Mensch und Schöpfung. Deshalb wünscht man sich: »LeSchana Towa Tekatewu« – »Zu einem guten Jahr möget ihr eingeschrieben werden (ins Buch des Lebens)!« Mit Rosch HaSchanah beginnen zehn Buß- und Umkehrtage, die mit dem Versöhnungstag »Jom Kippur« enden.

Jom Kippur

Der wichtigste Feiertag im jüdischen Jahr ist der große Versöhnungstag Jom Kippur. Er beschließt die zehn Bußtage am Anfang des Monats Tischri. Vor der Zerstörung des 2. Tempels betrat der Hohepriester einmal im Jahr – an Jom Kippur – das Allerheiligste des Tempels und bat Gott um Vergebung für das Volk Israel. Er brachte ein Sühneopfer dar. In einer feierlichen Zeremonie wurden zu biblischer Zeit die Sünden des Volkes symbolisch einem Bock aufgeladen, der als »Sündenbock« in die Wüste geschickt wurde. Redewendungen, die sich heute im allgemeinen Sprachgebrauch wiederfinden.

An Jom Kippur fasten 73 Prozent der Juden, in Israel steht der Verkehr still und der internationale Flughafen ist geschlossen. Kaum ein Rundfunk- und Fernsehsender ist auf Sendung. Der ganze Tag ist ein Gottesdienst, an dem der Jude Gott um die Vergebung seiner Sünden bittet. Das Gebet »Kol Nidre« spielt eine herausragende Rolle. Es ist das gesungene Flehen um die Freisprechung von nicht eingehaltenen Gelübden.

Jom Kippur ist der höchste und persönliche Feiertag für den Juden. Er wird mit größtem Ernst begangen, viele Beter tragen ihre Sterbegewänder.

Der Versöhnungstag erinnert Christen an den Opfertod Jesu. Wie der Sündenbock hat Christus unsere Sünden auf sich genommen und fortgetragen, eine wichtige Parallele zwischen Altem und Neuem Testament: Gott ist barmherzig und vergibt die Sünden der Menschen, wenn diese bußfertig und zur Umkehr bereit sind.

Siehe auch Nahostkonflikt: **Jom-Kippur-Krieg**, Seite 110.

Sukkot (Laubhüttenfest)

Das Laubhüttenfest, auf hebräisch Sukkot, beginnt fünf Tage nach Jom Kippur, am 15. Tischri, dem Vollmondtag im September oder Oktober und dauert sieben Tage lang. Es gehört mit Pessach und dem Wochenfest zu den Wallfahrtsfesten, den Festen, die zur Zeit des Tempels mit einer Pilgerfahrt nach Jerusalem und Opfern im Tempel begangen wurden. Sukkot hat seinen Ursprung zu Zeiten der Thora. Die Israeliten wurden aufgerufen, zum Gedenken an den Auszug aus Ägypten sieben Tage in einer Laubhütte zu wohnen.

Nach jüdischer Vorschrift muss die Laubhütte provisorisch sein, unter freiem Himmel stehen und ein Dach aus Zweigen haben, durch die man die Sonne oder nachts die Sterne sieht. Jüdische Familien verbringen während der ganzen Woche möglichst viel Zeit in dieser Hütte, als Erinnerung an die Abhängigkeit des Menschen von Gott, wie sie das Volk Israel in der Wüste eindrücklich erlebt hat.

Der Feststrauß »Lulaw« besteht aus einem Palmzweig, drei Myrtenzweigen, zwei Bachweiden und der Etrog-Frucht. Mit diesem Strauß werden die vier Enden der Erde mit all ihren unterschiedlichen Menschentypen gesegnet. Für Menschen, die völlig gottlos leben, stehen die Bachweiden, die weder gut riechen noch schön aussehen. Die Myrtenzweige stehen für diejenigen, die zwar Gutes tun, aber Gottes Wort nicht kennen. Für diejenigen, die Gottes Wort kennen, aber nicht danach leben, steht der Palmzweig. Die Etrog-Frucht, wunderschön und wohlriechend, steht für diejenigen, die Gottes Wort kennen und auch danach leben.

Laubhütten gibt es in allen Variationen.

Der erste und siebte Sukkottag sind Vollfeiertage, dazwischen liegen Halbfeiertage. Das Laubhüttenfest hat als einziges Hauptfest kein christliches Pendant. Die Ursache ist in Sacharja 14 zu finden. Eines Tages werden alle Völker nach Jerusalem kommen, um gemeinsam mit dem jüdischen Volk das Laubhüttenfest zu feiern. Dies wird aber erst nach der Wiederkunft Jesu Christi geschehen. Das Volk, das dann nicht zu diesem Fest erscheinen wird, über dessen Land soll kein Regen mehr fallen.

Die »Internationale Christliche Botschaft« Jerusalem lädt schon heute Christen aus aller Welt zu diesem Fest ein. Und es werden jährlich mehr Teilnehmer – zuletzt 7000 im Jahr 2007.

Was macht Israel so einzigartig?

Doro Schechinger, *Jerusalem, staatlich geprüfte und anerkannte israelische Reiseleiterin, www.schechinger-tours.de:*

»Die Menschen hier sind einzigartig: Juden kommen aus aller Herren Länder zurück in ihr von Gott verheißenes Land. Das bringt eine Vielfalt an Kulturen, Sprachen und Einflüssen mit sich. Egal wo ich mich aufhalte, sei es beim Einkaufen auf dem Schuk (Markt) oder im Café um die Ecke, strömen die verschiedensten Eindrücke auf mich ein. Verschiedene Sprachen, verschiedene Gesichter, verschiedene Farben. Und trotzdem sind die Menschen alle eins, gehören zusammen; sie trauern und freuen sich gemeinsam, wie in einer großen Familie. Hier zu leben bedeutet auch Teil dieser Familie zu sein – dafür bin ich unwahrscheinlich dankbar. Und ich bin immer wieder neu überwältigt, wie ich hier (besonders als Deutsche!) herzlichst aufgenommen werde.

Israel ist natürlich das Land der Bibel. Egal, wo man im Land umher reist, die Bibel erwacht im wahrsten Sinne des Wortes ›zum Leben‹. Historische Ausgrabungen finde ich begeisternd, ebenso wie Plätze, an denen Menschen des Alten und Neuen Testaments lebten und wirkten. Wenn man sich mit dem jüdischen Glauben, den verschiedenen Festen und der Kultur beschäftigt, werden auch viele Dinge, die Jesus im Neuen Testament erwähnt, viel klarer und besser verständlich.

Ich wünsche es jedem von Herzen, die Möglichkeit zu haben, hierher zu kommen und vor Ort zu erleben, was Israel so einzigartig macht!«

Chanukka

Chanukka beginnt am Abend des 24. Kislew und dauert acht Tage lang. Es wird auch »Lichterfest« oder »Tempelweihe« genannt und erinnert an die Neuweihe des 2. Tempels im Jahre 165 v. Chr., nachdem einige Juden unter Judas Makkabäus ihn aus der Hand des griechisch-seleukidischen Feldherrn Antiochus Epiphanes zurückerobert hatte. Dieser hatte zuvor alle Juden aus Jerusalem vertrieben und aus dem Tempel ein Haus der Götzenanbetung gemacht. Er opferte Schweine auf dem Altar.

Der Tempelleuchter war gelöscht und alle Ölvorräte geplündert worden. Nur ein Ölkrug, ausreichend für nur einen Tag, war übrig geblieben. Dieses Öl brannte aber wundersamerweise nicht einen, sondern ganze acht Tage, so lange, bis wieder neues Öl für den heiligen Leuchter hergestellt worden war.

Mit einem neunarmigen Leuchter erinnert man an dieses Chanukka-Wunder. Acht Tage lang wird jeden Tag ein Licht angezündet, die neunte Kerze ist das Dienerlicht.

Chanukka wird im November oder Dezember gefeiert, liegt also häufig in zeitlicher Nähe zum Weihnachtsfest. In christlicher Umgebung hat es deshalb manche Gemeinsamkeiten wie Postkartengrüße oder Geschenke.

Obwohl die beiden Feste keine direkte Beziehung zueinander haben, steht bei beiden ein Licht im Mittelpunkt – beim Weihnachtsfest Jesus Christus, das »Licht der Welt«.

Purim

Das Purimfest erinnert an die Errettung der persischen Juden zur Zeit von Xerxes I., dem König von Persien. Die Jüdin Esther und ihr Onkel Mordechai verhinderten durch ihre Weisheit und ihren Charme die Ausrottung der Juden im persischen Reich durch den antisemitischen Berater des Königs, Haman. Das biblische Buch Esther widmet sich dieser Begebenheit.

Purim ist ein Freudenfest, eine Siegesfeier gegenüber der Gefahr der Vernichtung, und wird jährlich am 14. und 15. Adar (Februar oder März) gefeiert, »denn an diesen Tagen hatten sie sich von ihren Feinden befreit, ihr Leid hatte sich in Freude verwandelt und ihre Trauer in Jubel. Am 14. und 15. Tag des Monats sollten sich die Juden zu festlichen Mahlzeiten treffen, sich gegenseitig beschenken und auch die Armen dabei nicht vergessen.« (Esther 9,22, L) Mordechai selbst hatte das Purimfest ins Leben gerufen.

In neuerer Zeit verkleiden sich an Purim die jüdischen Kinder. Die feierliche Ausgelassenheit an diesen Tagen erinnert an Karneval.

Passa

Am 15. Nissan beginnt die siebentägige Passawoche, die an die Befreiung aus der 430 Jahre dauernden Sklaverei in Ägypten durch »Gottes mächtige Hand« erinnert.

Am Tag vor Passa wird in jüdischen Familien ein Hausputz durchgeführt, bei dem jeder Krümel Sauerteig (Chametz) aufgesammelt und rituell verbrannt wird. Während der Passawoche darf nur ungesäuertes Brot gegessen werden, in Erinnerung an die hastige Flucht aus Ägypten, bei der keine Zeit mehr blieb, den Brotteig gären zu lassen.

Am Vorabend, dem »Sederabend« (»Seder« heißt »Ordnung«) sitzt die jüdische Familie an einer festlich gedeckten Tafel und liest aus der Pessach-Haggada eine vierstündige Erzählung über die Flucht aus der Knechtschaft. Unter anderem besteht das Essen an diesem Abend aus ungesäuertem Brot und Wein.

Das hebräische Pessach, den Christen als Passafest wohlbekannt, hat auch im Neuen Testament einen hohen Stellenwert: Am Sederabend nahm Jesus mit seinen Jüngern das letzte Abendmahl ein. Das von Christen gefeierte Abendmahl hat seine Wurzeln im jüdischen Passamahl.

Zur Zeit des ersten und zweiten Tempels wurde zu Passa ein Lamm geschlachtet, wie es im zweiten Buch Mose verlangt wird. Das an die Türpfosten gestrichene Blut eines Lammes verhinderte nämlich bei der zehnten Plage Gottes über die Ägypter, dass der Todesengel auch die Israeliten heimsuchte, und symbolisiert so die Opferbereitschaft Gottes.

Im Passafest verschmilzt das Alte Testament mit dem Neuen: Das Blut des Lammes hielt den Tod vom Volk Gottes ab, das Blut Christi, den die Bibel als »Lamm« bezeichnet, hält den Tod von seinen Nachfolgern ab. Mit Jesus wurde an Passa das Lamm geopfert, das ein- für allemal den Tod besiegt hat.

Schawuot

Das Wochenfest wird sieben Wochen, oder genauer gesagt 50 Tage, nach Passa gefeiert. Es ist das urchristliche Pfingsten, denn so, wie Christi Tod und Auferstehung in die Passawoche fielen, ereignete sich 50 Tage später Pfingsten am jüdischen Wochenfest.

Für die Juden ist Schawuot das Fest, an dem die Erstlingsfrüchte Gott dargebracht werden – es ähnelt dem Erntedankfest: Synagogen und Häuser werden an diesem Tag mit Früchten geschmückt, mit Weizen, Gerste, Weintrauben, Feigen, Granatäpfeln, Oliven und Datteln.

Nach rabbinischer Sicht ist Schawuot ein Freudenfest, das an die Übergabe der Bundestafeln am Berg Sinai erinnert. So wie Gott am Sinai das Gesetz mit Feuer in die steinernen Tafeln schrieb, so schrieb er es an Pfingsten durch den Heiligen Geist in die Herzen der ersten Christen.

Tischa be-Aw

Der 9. Aw (im Juli oder August) ist für die Juden ein nationaler Volkstrauertag. Immer wieder wurde dieser Tag in der Geschichte der Juden zu einem Tag der schmerzhaften Katastrophen. Die wichtigsten Ereignisse waren die beiden Tempelzerstörungen im Jahre 587 v. Chr. durch den Babylonier Nebukadnezar und 70 n. Chr. durch den Römer Titus. Beide fielen nach der Tradition auf einen 9. Aw.

Nach der Überlieferung fielen weitere Ereignisse auf diesen Tag:

- Die ungläubigen und kleinmütigen Kundschafter Josuas kehrten aus dem verheißenen Land zurück und verführten das Volk dazu, vor Gott zu murren, dass er sie aus Ägypten befreit hatte.
- Während des Bar-Kochba-Aufstandes fiel die Festung Betar, auf der sich 8000 Juden verschanzt hatten, in römische Hände. Nachdem sie den Aufstand brutal niedergeschlagen hatten, gaben die Römer dem Heiligen Land den Namen »Palästina« und benannten Jerusalem um in »Aelia Capitolina«.

In neuerer Zeit geschahen folgende Unglücksfälle für das jüdische Volk an einem 9. Aw:

- 1492 lief für die spanischen Juden die Frist ab, nach der sie sich entweder für den Übertritt zum Katholizismus oder für das Verlassen Spaniens entscheiden mussten.
- 1942 wurden die polnischen Juden durch die Nationalsozialisten in Ghettos eingesperrt und im weiteren Verlauf in KZs ermordet.

An Tischa be-Aw gelten alle Trauergebote. Der Jude darf nicht essen, trinken, arbeiten, nicht baden, sich die Haare schneiden, sich rasieren oder salben. Selbst das Thorastudium ist untersagt, denn es bereitet Freude. Juden sitzen auf dem Fußboden und trauern. An der Klagemauer in Jerusalem wird am 9. Aw getrauert, geweint, gebetet und geklagt.

Feiern auf dem Lebensweg

Der Lebensweg eines Juden ist geprägt von vier wichtigen Festen. Sie symbolisieren, dass das ganze Leben eines Juden Gottesdienst sein sollte.

Beschneidung

Seit den Zeiten Abrahams ist die Beschneidung aller männlichen Israeliten das unabdingbare Zeichen für den Bund Gottes mit seinem Volk. Ein jüdischer Knabe wird normalerweise an seinem achten Lebenstag beschnitten. (1. Mose 17,10–13)

Die Beschneidung wird zu Hause, im Krankenhaus oder in der Synagoge durchgeführt. Dabei entfernt der Beschneider (»Mohel«) mit einem scharfen Messer die Vorhaut des Gliedes, legt die Eichel völlig frei und saugt die Wunde ab. Danach stimmt er den Lobpreis Gottes an und der Vater dankt, dass der Neugeborene in den Bund Abrahams aufgenommen wurde.

Mädchen werden nicht beschnitten. Dieser grausame Brauch hätte keinerlei Rechtfertigung in der Bibel. Das Beschneiden der männlichen Neugeborenen hat jedoch auch hygienische Vorteile und der Zeitpunkt kurz nach der Geburt ist medizinisch betrachtet ideal. Die Beschneidung während der Pupertät, wie sie z. B. im Islam praktiziert wird, ist mit sehr viel größeren Gefahren verbunden.

Bei der Beschneidung erhält das Kind seinen Namen. Oft wird das verwendete Leintuch im aschkenasischen Kulturkreis mit dem Namen, dem Geburtsdatum und einem Segensspruch bestickt und wird als Thorawimpel (Mappa) aufbewahrt.

Jesus Christus (Jeschua HaMaschiach) war ein beschnittener Jude und auch die Mitglieder der judenchristlichen Urgemeinde ließen sich beschneiden. Nach Apostelgeschichte 15 wurden die aus nichtjüdischen Völkern stammenden Heiden nicht zur Beschneidung verpflichtet. Hier wurde dieTaufe das Zeichen der Aufnahme in den neuen Bund Gottes mit allen Völkern.

Bar Mizwa

Ein wichtiger Tag im Leben eines Juden: Bei seiner Bar Mizwa wird der dreizehnjährige Junge in die jüdische Glaubensgemeinschaft eingeführt.

Ein jüdischer Knabe wird im Alter von 13 Jahren religionsmündig, er wird ein »Sohn der Pflicht« (»Bar Mizwa«) und ist von nun an verpflichtet, alle Gebote der Thora einzuhalten.

Am Sabbat nach seinem Geburtstag darf er zum ersten Mal im Synagogengottesdienst aus der Thora lesen. Beim Morgengebet trägt er von nun an die Gebetsriemen und er zählt bei der Mindestzahl von zehn männlichen Gottesdienstbesuchern mit.

Mädchen werden schon mit zwölf Jahren religionsmündig, oft gibt es dabei eine Bat-Mizwa-Feier (»Tochter der Pflicht«) in der Synagoge.

Hochzeitsfeierlichkeiten

Das vielleicht wichtigste Fest im Leben eines Juden ist seine Hochzeit. Die Ehe ist eine selbstverständliche Pflicht, die als Symbol für den Fortbestand und die Zukunft des Volkes Israel gilt. Die Hochzeit ist ein großes Ereignis für die ganze Gemeinde.

Die Trauung wird unter einem kleinen Baldachin durchgeführt, der von vier Stangen getragen wird. Dieser Trauhimmel (»Chuppa«) ist das Symbol für das von nun an gemeinsame Heim. Das Brautpaar trinkt Wein und ein Segen wird gesprochen. Der Bräutigam erklärt feierlich vor mindestens zwei Zeugen: »Siehe, du bist mir angetraut durch diesen Ring nach dem Gesetz Moses und Israels.« Dabei steckt er der Braut einen Ring an den Zeigefinger der rechten Hand. Der Ehevertrag wird vorgelesen. Darin verspricht der Mann seiner Frau, sie zu ehren und für sie zu sorgen.

Trauergebräuche

Stirbt ein Jude, bereitet er sich wenn möglich darauf vor, indem er seine Angelegenheiten in Ordnung bringt, seine Sünden bekennt und seine Kinder segnet. Beim Eintreten des Todes soll er vor den Anwesenden seinen Glauben an die Einzigkeit Gottes bekennen.

Tritt der Tod ein, reißen die Anwesenden als Zeichen der Trauer ein Kleidungsstück ein. Der Tote wird in sein schlichtes, leinenes Totenhemd gekleidet, das ihm seine Braut zur Hochzeit geschenkt hat und das er immer am Neujahrstag, an Jom Kippur und am Sederabend des Passafestes getragen hat. Dieses Totenkleid, der Verzicht auf Blumenschmuck und auf prunkvolle Gräber zeigen, dass im Tode alle gleich sind. Für die Angehörigen folgt eine Trauerzeit von sieben Tagen, bei der sie auf dem Boden sitzen, nicht arbeiten und aus Hiob oder Jeremia lesen. Die zweite Phase der Trauerzeit dauert bis zum 30. Tag. Nach einem Jahr wird der Grabstein gesetzt.

Statt das Grab mit Blumen zu schmücken, legen Juden als Gedächtnis einen Stein auf des Grab.

Ritualgegenstände

Unter der jüdischen Bevölkerung Israels findet man heute eine Vielzahl verschiedener Positionen zur jüdischen Tradition und zur Beachtung religiöser Sitten und Gebräuche. Innerhalb des Spektrums von ultra-orthodoxen bis hin zu säkularen Israelis kommt es zu ganz unterschiedlichen Lebensstilen und Formen religiöser Praxis. Während sich nur 20 Prozent der Bevölkerung streng an alle religiösen Vorschriften halten, folgt die Mehrheit der Israelis einer Kombination jüdischer Gebräuche in Übereinstimmung mit jeweils ganz persönlichen Vorlieben und ethnischen oder familiären Traditionen.

Dieses Spektrum von Glaubenshaltungen und religiösen Gebräuchen reflektieren auch jüdische Ritualgegenstände – einige dieser Utensilien finden sich selbst in Haushalten, die die religiösen Gesetze weitgehend nicht beachten, andere wiederum gibt es nur bei streng religiösen Familien. Für einige sind derartige Gegenstände unverzichtbare Objekte des täglichen Rituals, während sie andere wegen ihrer kunsthandwerklichen Schönheit oder historischen Bedeutung bewundern.

Mesusa

Zweimal wird es Juden in der Bibel auferlegt, die Worte Gottes auf die Pfosten ihres Hauses und an ihre Tore zu schreiben (5. Mose 6, 9 und 11, 20). Das hebräische Wort für Türpfosten, Mesusa, wurde zur Bezeichnung des Gegenstandes selbst herangezogen. Es handelt sich um ein rechteckiges Stück Pergament, dessen Inschrift die entsprechenden biblischen Textstellen enthält (5. Mose 6, 4–9 und 11, 13–21). Auf der Rückseite des Pergaments steht ein einziges Wort – Schaddai, einer der Gottesnamen und Akronym für Schomer dlatot Yisrael - »Hüter der Tore Israels«. Das Pergament ist fest mit der Schrift nach innen zusammengerollt und wird schräg in den rechten Türpfosten aller Räume, das Badezimmer ausgenommen, eingelassen.

Sabbatmahl

Der Sabbat (Samstag) ist Israels offizieller Ruhetag, auch wenn er von jeder Familie in unterschiedlichem Maße beachtet wird. Streng praktizierende Juden befolgen am Sabbat eine Vielfalt religiöser Vorschriften und Rituale, die mit der besonderen Heiligkeit dieses Tages zusammenhängen und für die es eine ganze Reihe zeremonieller Objekte gibt.

Gegenstände für Feiertage und Feste

Jüdische Feste mit ihren Ritualen, ihren besonderen Speisen und festlichen Familienzusammenkünften werden in ganz Israel gefeiert. In Familien, in denen die religiösen Vorschriften strenger beachtet werden, gehören zu diesen Festtagen umfangreiche Bräuche. Doch einige Festtagsbräuche werden auch von denjenigen befolgt, die die religiösen Gebote ansonsten wenig beachten. Bestimmte Utensilien für die Feiertage sind daher weit verbreitet und finden sich selbst in säkularisierten Haushalten.

Der grundlegendste zeremonielle Gegenstand, der für Festtage benutzt wird, ist der Chanukkaleuchter (Chanukkia, Mehrzahl: Chanukkiot), ein gerader Kandelaber mit neun Kerzenhaltern für Wachskerzen oder mit kleinen Bechern für Olivenöl. Acht Kerzenhalter werden für die religiöse Zeremonie selbst benötigt; der neunte ist von den anderen abgesetzt oder erhöht und trägt das Licht, mit dem die anderen acht Lichter angezündet werden. Chanukkiot werden aus nichtbrennbaren Materialien hergestellt, aus wertvollen Metallen, aus Kupfer oder aus behandeltem Holz. Unmittelbar vor dem Fest basteln Schulkinder oft derartige Chanukkiot.

Die Sukka (Laubhütte, Mehrzahl: Sukkot) gehört zu den wichtigsten Zeremonialobjekten. Es handelt sich gewissermaßen um ein »rituelles« Haus, in dem die Familie ihre Mahlzeiten einnimmt und Männer und Kinder während des einwöchigen Festes auch schlafen können. Die Laubhütte hat Wände aus Holz oder Leintuch, ihr Dach besteht aus Holzlatten, die mit Zweigen und Palmwedeln bedeckt werden. Der Innenraum der Sukka ist reich geschmückt. Beliebtes Dekorationsmaterial sind Illustrationen biblischer Figuren, die die Familie gewissermaßen in die Laubhütte »einlädt«. Wiederverwendbare Laubhütten, oft sogar mit Dachstroh geliefert, sind heute weitverbreitet.

Persönliche Gegenstände

Für diejenigen, die religiöse Vorschriften streng beachten, sind religiöse Rituale Teil des täglichen Lebens. Zu ihrer Durchführung werden persönliche Ritualgegenstände benötigt, wobei Männer andere verwenden als Frauen.

Da jedoch das individuelle religiöse Ritual im Wesentlichen Männern auferlegt ist, benutzen hauptsächlich sie diese Gegenstände.

Die Kippa, ein Käppchen zur Kopfbedeckung, ist das äußere Zeichen eines orthodoxen Juden. Die Kippa ist nicht sakral und kann mit Stickereien, religiösen Motiven und (im Falle von Kindern) auch mit dem eingestickten Namen des Trägers verziert sein. Von säkularisierten Männern wird sie in der Regel nur während religiöser Zeremonien getragen.

Männer tragen zwei Arten von Kleidungsstücken mit langen Fransen, den Schaufäden (Zizith). Das bekanntere ist der Tallit (pl. Tallitot) oder der Gebetsmantel bzw. Gebetsschal – ein großes, rechteckiges Tuch mit Schaufäden an den vier Ecken, wie es in 4. Mose 15,38–41 geboten wird. Tallitot sind meistens weiß und werden aus Wolle, Baumwolle oder Seide gewebt. Viele sind an den äußeren Querrändern gestreift – meistens in Schwarz, einige in Blau. Die Schaufäden werden jeweils aus vier gewöhnlichen Wollfäden hergestellt, die in einer vorgeschriebenen Weise miteinander verknüpft sind. Die Ecken der Tallitot können ein Ornament tragen. An der oberen Kante des Schals, wo silberne Fäden und/oder ein silbernes Band einen »Kragen« bilden, ist oft der Segensspruch eingestickt, der beim Anlegen des Tallit gesprochen wird. Der Tallit wird über die Schultern gelegt oder bedeckt wie ein Tuch den Kopf.

Die Tefillin, die Gebetsriemen mit würfelförmigen ledernen Kapseln, werden zum Gebet angelegt und enthalten Texte aus der Thora.

Die Bibel (5. Mose 6,4–9 und 11,13–21) fordert Männer auf, die Worte Gottes an Stirn und Arm zu binden. Dieses Gebot wird wörtlich befolgt, indem man die Tefillin, die Gebietsriemen, anlegt. Es handelt sich um ein Paar quadratischer bzw. würfelförmiger, schwarzgefärbter Lederkapseln, die auf einer etwas größeren Unterlage ruhen. In den Kapseln befindet sich ein Pergament mit den relevanten biblischen Versen. Diese Würfel werden mit schwarzen Lederriemen an Arm und Stirn gebunden. Männer beginnen mit dem Anlegen der Tefillin im Alter von dreizehn Jahren. Tefillin werden, mit einigen Ausnahmen, während des Morgengebetes an Wochentagen angelegt. Sie werden mit dem größten Respekt behandelt, dürfen nicht auf die Erde fallen oder an einen unreinen Ort mitgenommen werden.

Die Ritualgegenstände der Frauen sind mit der Hochzeit verknüpft. Hochzeiten finden unter einer Chuppa statt, einem an Stangen befestigten Baldachin, der in der Regel unter freiem Himmel von Freunden der Braut und des Bräutigams getragen wird. Das Brautpaar selbst wird oft als »die Chuppa« bezeichnet. Der Ehevertrag, die Ketuba (Mehrzahl: Ketubot), setzt die Pflichten des Ehemannes gegenüber seiner Frau in finanziellen und anderen Bereichen ihres Lebens fest. Die Ketuba wird kurz vor der Eheschließung vor Zeugen aufgesetzt und unterschrieben. Sie wird von der Ehefrau aufbewahrt. Auch wenn Ketubot recht prosaisch sein mögen, werden sie doch in alter Tradition auf verschiedene Art und Weise und oft sehr reich verziert. Seit Jahrhunderten tragen Ketubot aus Pergament jüdische Symbole in leuchtenden Farben als Ornamente.

In der Synagoge

Das Spektrum der Synagogen reicht von einfachen Gebäuden oder einzelnen Räumen (in Israel werden oft Luftschutzbunker benutzt) bis hin zu palastartigen Hallen. Der wesentliche Kultgegenstand in der Synagoge ist der Thoraschrein, der die Form eines einfachen hölzernen Schrankes haben oder ein reich verziertes Kabinett sein kann. Thoraschreine stehen oft auf einem erhöhten Platz in der Synagoge, sodass man über einige Stufen zu ihnen hinaufschreitet. Auch sind sie bisweilen mit Darstellungen der Zehn Gebote verziert.

Geschichtsbewusste Architektur: Diese Synagoge in Silo ist der Stiftshütte nachempfunden.

Der Thoraschrein steht an der nach Jerusalem ausgerichteten Synagogenwand oder ist in diese eingelassen. Er hat einen bestickten oder andersartig verzierten Vorhang, der meist aus schwerem Samt ist. Manche Thoraschreine haben dekorierte Holztüren. Eine Synagoge kann verschiedene Vorhänge für den Thoraschrein besitzen: gewöhnliche für Wochentage, verzierte für den Sabbat und die Festtage oder weiße Vorhänge für die hohen Feiertage.

Der wichtigste rituelle Gegenstand ist die Thorarolle, der Pentateuch. Die Thorarolle wird stets im Thoraschrein zur öffentlichen Lesung aufbewahrt. Die Rolle, die aus großen, zusammengenähten Pergamentbögen besteht, kann eine Höhe von bis zu 80 Zentimetern erreichen. Sie ist um zwei hölzerne Stäbe gewickelt, an denen sie hochgehoben und gehalten wird.

Eine dekorative Leuchte, Symbol für das »Ewige Licht« im Jerusalemer Tempel, ist vor dem Thoraschrein platziert. Synagogen können auch auf dieses Licht verzichten, und tatsächlich fehlt es in vielen israelischen Synagogen.

Zu den weiteren Gegenständen in der Synagoge gehört der Schofar (Mehrzahl: Schofarot), ein Widderhorn, das zum Abschluss der Morgengottesdienste während des Monats vor dem Neujahrsfest (Rosch HaSchana), an Rosch HaSchana selbst und am Versöhnungstag (Jom Kippur) geblasen wird. Schofarot sind normalerweise unverziert, können jedoch Eingravierungen erhalten, wenn dabei das Mundstück unverändert bleibt.

Viele Synagogen sind mit einem reich geschnitzten und verzierten erhöhten Armstuhl ausgestattet, der während des Beschneidungsrituals, das an Säuglingsknaben am achten Lebenstag ausgeübt wird, verwendet wird, aber unbesetzt bleibt. Dieser Stuhl wird nach Maleachi 3,1 als »Stuhl Elias« bezeichnet. Hier wird der Prophet Elia als »Engel des Bundes« bezeichnet – in Hebräisch »brit«, ein Wort, das auch »Beschneidung« bedeutet.

Antisemitismus

Segen und Fluch über Israel

»Wenn ihr den Geboten des Herrn, eures Gottes, die ich euch heute gebe, gehorcht und sie genau befolgt, wird der Herr euch zum Kopf und nicht zum Schwanz machen, und es wird mit euch immer weiter aufwärtsgehen und nicht bergab. Ihr dürft von keinem einzigen Gebot, das ich euch heute gebe, abweichen. Lauft keinen anderen Göttern nach und verehrt sie nicht. Wenn ihr jedoch dem Herrn, eurem Gott, nicht gehorcht und seine Gebote und Vorschriften, die ich euch heute gebe, nicht gewissenhaft befolgt, werden euch seine Flüche treffen.« (5. Mose 28, 13–15)

»Alle Dinge sind sterblich außer dem Juden; alle anderen Kräfte vergehen, er lebt. Was ist das Geheimnis seiner Unsterblichkeit?« (Mark Twain)

Die Juden sind Gottes auserwähltes Volk. Sie sind ein ewiges Volk und werden nicht untergehen, solange die Erde besteht. In dieser Erwählung liegt das von Mark Twain erwähnte Geheimnis. Als Gegenleistung verlangt der HERR von seinem Volk Gehorsam. Die Bibel zeichnet ein Bild der Geschichte Israels, an dem meist direkt die Auswirkungen von Gehorsam oder Ungehorsam zu erkennen sind: Segen oder Fluch – Aufstieg oder Niedergang.

Auch die anderen Völker werden von Gott daran gemessen, wie sie zu Israel stehen. Die Resultate sind offensichtlich.

Das jüdische Volk hat alle Höhen und Tiefen durchlebt, die ein Volk durchmachen kann – in extremer Weise. Schon Mose hat die Israeliten gewarnt: Auf ihnen liegt ein besonderer Segen – Gott hat es erwählt – aber auch eine besondere Verantwortung. Die Abkehr von Gott, der ihnen so viel Gutes getan hat, würde für die Israeliten schreckliche Auswirkungen haben. Das glorreiche Königreich würde untergehen, das Volk unter alle Nationen zerstreut, wo es unsägliche Schmerzen durchmachen müsste. Schon König Salomo stürzte Israel durch seinen Götzendienst in eine Schuld, aus der es sich nie wieder endgültig befreien konnte. Die Abkehr von Gott wurde dem Volk oft zum Verhängnis.

Und doch: Hin und wieder bewiesen gläubige Juden wie der König Hiskia, dass Gott es immer noch gut mit seinem Volk meinte – wenn es nur seinem HERRN gehorchte.

Am Ende der Zeiten wiegt die Verheißung schwerer als der Fluch: »Und diejenigen von euch, die dann noch übrig sind, werden als Folge ihrer Sünden – und auch als Folge der Sünden ihrer Vorfahren – im Land ihrer Feinde dahinsiechen. Dann schließlich wird mein Volk seine Sünden und die Sünden seiner Vorfahren bekennen. Als sie mir die Treue gebrochen und sich gegen mich gestellt haben, habe auch ich mich gegen sie gestellt und sie ins Land ihrer Feinde gebracht. Wenn sie dann ihre ungehorsamen Herzen demütigen und die Strafe für ihre Sünden annehmen, werde ich mich an meinen Bund mit Jakob, an meinen Bund mit Isaak und an meinen Bund mit Abraham erinnern und werde an das Land denken.« (3. Mose 26,39–42)

Wer Gottes Augapfel antastet – Segen und Fluch über die Heiden

»Dann befahl der HERR Abram: ›Verlass deine Heimat, deine Verwandten und die Familie deines Vaters und geh in das Land, das ich dir zeigen werde! Von dir wird ein großes Volk abstammen. Ich will dich segnen und du sollst in der ganzen Welt bekannt sein. Ich will dich zum Segen für andere machen. Wer dich segnet, den werde ich auch segnen. Wer dich verflucht, den werde ich auch verfluchen. Alle Völker der Erde werden durch dich gesegnet werden.‹« (1. Mose 12,1-3)

Gott spricht zu Abraham (der hier noch Abram hieß) und seinen Nachkommen. Wichtig ist der Satz: »Wer dich segnet, den werde ich auch segnen. Wer dich verflucht, den werde ich auch verfluchen.« (Vers 3)

Der (leider immer noch) weitverbreitete Antisemitismus und die Ablehnung Israels ziehen den Fluch Gottes auf die Feinde seines Volkes. Betrachtet man die Geschichte, so erkennt man, dass die Feinde der Juden bestraft wurden, mal früher, mal später. Der Fluch Gottes trifft immer, so wird es auch in Zukunft sein, wenn die Feinde Israels immer zahlreicher werden. »Wer euch antastet, der tastet meinen Augapfel an.« (Sacharja 2,12; Luther)

Andererseits werden die Freunde Israels gesegnet sein. Gott wird sich auf ihre Seite stellen, da sie sich auf die Seite seines »Augapfels« gestellt haben.

2000 Jahre Antisemitismus

Kirchenvater Johannes Chrysostomos (344–407) packt seinen gesamten Judenhass in folgende Aussage: »Die Synagoge ist ein Hurenhaus, ein Seelenverderb, eine Lasterstätte, das Teufelsasyl, die Satansburg, die Versammlung der Christusmörder. Gott hasst euch!«[81] Augustinus (354–430) äußerte sich etwas zurückhaltender: »Lasst sie unter uns leben, aber lasst sie leiden und beständig erniedrigt sein.«[82] Er sah im Verräter Judas das Abbild des jüdischen Volkes.

Durch die enge Verbindung von Kirche und Staat wurden den Juden bald viele bürgerlichen Rechte entzogen und die Ausübung ihres Glaubens erheblich erschwert. Die Kreuzritter um das Jahr 1100, die das Heilige Land aus den Händen der Mohammedaner befreien sollten, begannen schon im eigenen Land mit der Ermordung zahlreicher Juden. Der Judenmord wurde zur Gott wohlgefälligen Tat und die Schwerter wurden für die Schlacht im Heiligen Land mit Judenblut »geweiht«.

81 *Johannes Chrysostomos, zitiert in: Andreas Hornung: Israel und wir Christen, Seite 13. CLV: 1998*

82 *Augustinus, zitiert in: Die Schuld der Christenheit am Volk der Juden, Seite 4. Evangelische Marienschwesternschaft, Darmstadt*

In der Zeit nach den Kreuzzügen lebten die übrig gebliebenen Juden als Außenseiter der Gesellschaft oder Kammerknechte des Kaisers. Da ihnen die Ausübung der meisten Berufe verboten war, arbeiteten sie als Geldverleiher, was sie bei den Christen noch mehr verhasst machte.

Juden wurden für alles zum Sündenbock gemacht. Man beschuldigte sie des Ritualmordes, der Brunnenvergiftung und der Hostienschändung. Sogar für den Ausbruch der Pest wurden sie verantwortlich gemacht. Sie starben auf dem Scheiterhaufen, wurden zu Tode gequält und auf grausamste Weise ermordet. 1348, als die Pest ausbrach, war das Schicksal von über 200 Gemeinden in Deutschland die völlige Vernichtung.

Jahrhunderte vor dem Judenstern der Nazis waren die Juden zum Tragen eines Judenhutes oder eines gelben Ringes an der Kleidung als Kennzeichen gezwungen. Darüber hinaus mussten sie oft von der Gesellschaft abgesondert in Ghettos leben.

Das antijüdische Motiv der Judensau an der Stadtkirche in Wittenberg. Dort predigte Martin Luther. Er bezog sich in einer Schmähschrift von 1546 auf das Relief: »Hinter der Sau steht ein Rabbi, der hebt der Sau das rechte Bein empor.«[83]

Martin Luther (1483–1546), der große Reformator, war den Juden gegenüber zuerst wohlwollend eingestellt. Als sie sich nach seinen Anstrengun-

83 *Weimarer Ausgabe Bd. 53, S. 600ff. Zitiert in Wikipedia: http://de.wikipedia.org/wiki/Judensau*

gen nicht bekehrten, schwenkte er um und verfasste sein Traktat »Von den Juden und ihren Lügen.« Darin schrieb er: »Verbrennt ihre Synagogen und Schulen. Verbietet ihren Rabbis, unter Androhung der Todesstrafe und von Verstümmelung, zu unterrichten.«[84] Es ist nicht verwunderlich, dass Luthers Worte von den Nazis im Dritten Reich gerne zitiert wurden.

Die Nationalsozialisten in Deutschland waren es, die den Antisemitismus zum traurigen Höhepunkt führten. Nachdem die Juden am Anfang des Jahrhunderts in die Gesellschaft integriert waren und sogar im Ersten Weltkrieg fürs deutsche Vaterland kämpften, machte sich in den 1920er Jahren ein neuer, schrecklicher Antisemitismus breit, der von der systematischen Hetzpropaganda der Nazis geschürt wurde.

Die Kirchen, deren Traditionen mit Judenhass geschwängert waren, sahen dem Treiben Hitlers tatenlos zu. Nur einige wenige Christen halfen den Juden und sprachen sich gegen die Grausamkeiten aus. Auch die Nachbarländer schwiegen lange, als die deutsche Tötungsmaschinerie schon Abertausende von Juden umgebracht hatte. Die Juden, die ins Ausland flüchten wollten, wurden häufig abgewiesen und nach Deutschland – ins sichere Verderben – zurückgeschickt.

Die »Endlösung« – Erschießung, Erhängung und die schließliche Vergasung und Verbrennung in deutschen Konzentrationslagern – kostete über die Hälfte aller europäischen Juden das Leben: sechs Millionen starben.

Leider hat sich auch nach dem Zweiten Weltkrieg mit seinen schrecklichen Taten an jüdischen Menschen der Antisemitismus nur vorübergehend gelegt. Zwar kann man heute kaum noch von einem »christlichen« Land reden, wenn man über Deutschland spricht, der Judenhass aber, der sich latent gegen alle Juden richtet, äußert sich immer heftiger in Form einer »berechtigten Kritik« am israelischen Verhalten gegenüber den Palästinensern. Der Journalist Henry M. Broder merkte einmal an, »dass Leute sich eindeutig antisemitisch verhalten, aber dabei behaupten, das gerade nicht zu sein«.[85]

---

84 Martin Luther, zitiert in: Die Schuld der Christenheit am Volk der Juden, Seite 13. Evangelische Marienschwesternschaft, Darmstadt

85 Spiegel-Autor Henryk M. Broder, zitiert in: Antisemitismus anno 2002. Welt am Sonntag: 19.1.2003

Für dieses Ausstellungsstück in der Holocaust-Gedenkstätte Yad Vashem benötigen deutsche Besucher keine Übersetzung.

Im Licht der Bibel

Glaubwürdigkeit der Bibel

Die Bibel – ein Märchenbuch?

Jahrhundertelang fragte kaum ein Mensch danach, wie die Bibel entstanden sein könnte. Sie war einfach da. Erst mit der Aufklärung im 17. Jahrhundert kamen Fragen nach der Herkunft und dem Ursprung der Bibel auf. Im Rahmen der »historisch-kritischen Exegese« wurden bibelkritische Thesen eingeführt, die die Bibel unter rein materialistischen Gesichtspunkten werteten. Sie reduzierten die Bibel auf bloßen Beispielcharakter, ohne realistischen oder gar historischen Bezug. Personen, Orte und Ereignisse wurden nach und nach als unhistorisch erklärt. Dies ist bis heute die einzige von den theologischen Fakultäten anerkannte Art, an die Bibel heranzugehen.

Die Bibel selbst bezeugt von sich, dass sie inspiriert ist, d. h. dass ihre Inhalte von Gott einzelnen Menschen offenbart wurden, die sie dann niederschrieben. Gläubige Christen sind hiervon überzeugt.

Es existieren also zwei Sichtweisen. Die eine stellt die Bibel als Menschenwerk dar, als ein im Laufe der Jahrhunderte entwickeltes literarisches Werk, das in wechselseitiger Beziehung und Beeinflussung zu anderen antiken religiösen Schriften und Vorstellungen steht. Gott wird dadurch zu einem Symbol für »das Gute«, er existiert nur in der religiösen Vorstellungswelt.

Die andere geht davon aus, dass Gott eine real existierende Person ist, jedoch ohne an Raum und Zeit gebunden zu sein. Er ist der Schöpfer der Welt und hat einen konkreten Plan mit ihr, den er in der Geschichte verfolgt hat und noch heute verfolgt, und den er Menschen, die für ihn offen sind, durch sein Wort mitteilt. Sein Wort, die Bibel, ist unfehlbar und wahr, während menschliches Forschen – dazu gehört auch die Theologie – dem Irrtum unterliegen kann.

Im Folgenden soll aufgezeigt werden, welche Kenntnisse uns über die Bibel zur Verfügung stehen und inwieweit sie die bibeltreue Sichtweise stützen.

Mehr über Bibelkritik und ihre Bewertung finden Sie auf der CD:
612-bibelkritik

Die Bibel ist kein normales Buch, das irgendwann einmal von jemandem verfasst und dann verbreitet wurde. Ihr Name kommt aus dem Lateinischen, »Biblia«, und bedeutet »die Bücher«. Sie ist also eine Sammlung mehrerer Bücher. Nach evangelischer Einteilung sind es insgesamt 66. Nach katholischer Ansicht gehören noch weitere Schriften zur Bibel, die sogenannten »Apokryphen« oder Spätschriften. Die jüdische Bibel wiederum besteht nur aus dem Alten Testament.

Verzeichnüß aller Bücher deß Alten Testaments.

Buch.	Latein.	Cap.	Blat.
Das Erste Buch Mosis.	Genesis.	50	1
Das Ander Buch Mosis.	Exodus.	40	55
Das Dritte Buch Mosis.	Leviticus.	27	97
Das Vierdte Buch Mosis.	Numeri.	36	117
Das Fünffte Buch Mosis.	Deuteronomium.	34	164
Das Buch Josua.	Josua.	24	199
Das Buch der Richter.	Judicum.	21	225
Das Buch Ruth.	Ruth.	4	253
Das Erste Buch Samuelis.	1 Regum.	31	257
Das Ander Buch Samuelis.	2 Regum.	24	291
Das Erste Buch der Könige.	3. Regum.	25	317
Das Ander Buch der Könige.	4. Regum.	25	[illegible]
Das Erste Buch der Chronica.	1. Paralipomenon.	30	[illegible]
Das ander Buch der Chronica.	2. Paralipomenon.	36	[illegible]
Das Buch Esra	1 Esdra.	10	[illegible]
Das Buch Nehemia.	2 Esdra.	13	[illegible]
Das Buch Hester.	1. Esther.	10	[illegible]
Das Buch Hiob.	Jobus.	42	[illegible]
Der Psalter.	Psalterium.	150	[illegible]
Die Sprüche Salomonis.	Proverbia.	31	[illegible]
Der Prediger Salomonis.	Ecclesiastes.	12	[illegible]
Das Hohe-Lied Salomonis.	Canticũ Canticor.	8	[illegible]

Verzeichnis der Bücher des Alten Testaments in einer Luther-Bibel aus dem Jahr 1688.

Die biblischen Bücher entstanden während eines Zeitraumes von ca. 2000 Jahren. Ihre Verfasser stammen aus den unterschiedlichsten sozialen und kulturellen Umfeldern. Mose z. B. kam vom ägyptischen Hofe des Pharao, Petrus war ein jüdischer Fischer und Lukas ein griechischer Arzt. Dennoch eint ein Umstand diese Verfasser: Alle schildern ihre Erlebnisse mit einem Wesen, das sich als Gott und Schöpfer der Welt bezeichnet, der einen Plan mit dieser Welt hat und diesen etappenweise zur Ausführung bringt. Diesen »roten Faden« behält die Bibel durchgehend bei.

Man »stellt eine bemerkenswerte Einheit fest, die sich durch alle 39 Bücher des Alten Testaments hindurchzieht und eine organische Verflechtung signalisiert, die sich durch die vielen Jahrhunderte, in denen das Buch verfasst wurde, erhalten hat. Unverkennbar ist das gemeinsame Ziel und der gemeinsam verfolgte Plan, den man am besten durch das Wirken einer einzigen Intelligenz, nämlich der Intelligenz des göttlichen Verfassers selbst, erklären kann.«[86] (Gleason L. Archer)

Dieser »göttliche Verfasser« offenbarte sich also immer wieder im Laufe der Geschichte einzelnen Menschen und veranlasste sie, ihre Erfahrungen mit ihm niederzuschreiben. Dabei ging jedoch die Persönlichkeit des einzelnen Schreibers nicht unter. Sein jeweiliger Erlebnishorizont, sein kultureller und sozialer Stand und seine jeweiligen Orts- und Sachkenntnisse fanden Eingang in die Texte.

Darum ist es auch ausgeschlossen, dass eine einzelne Person die Bibel im Nachhinein geschrieben hat. Sie hätte eine so immense Vielzahl an Informationen und Details zu beachten gehabt, vollkommen verschiedene Sprachstile, Prosa und Poesie, Hebräisch, Aramäisch und Griechisch in Perfektion beherrschen müssen – eingeschlossen die Sprachentwicklung, die eine Sprache über die Jahrhunderte hinweg gemacht hat: Ein solches Projekt wäre von vornherein zum Scheitern verurteilt gewesen.

Die Heilige Schrift der Juden

Das Alte Testament besteht aus 39 Büchern, ist mit der jüdischen Heiligen Schrift identisch und wurde ursprünglich in der hebräischen Sprache verfasst.

Die fünf Bücher Mose

Das erste Buch Mose erzählt die Geschichte der Entstehung der Welt und des Menschen. Über Sündenfall und Sintflut beschreibt sie die Ausbreitung der Völker, die von Noahs Söhnen abstammen. Von Adam über Noah führt der Stammbaum in der Genesis zu Abraham, mit dem Gott die Geschichte seines Volkes Israel begann. Das erste Buch der Bibel berichtet vom Leben Abrahams, Isaaks und Jakobs sowie von dessen zwölf Söhnen und den Ereignissen, die den israelitischen Stammvater und seine Sippe nach Ägypten führte.

---

86 Gleason L. Archer jr.: Einleitung in das Alte Testament, Band 1, Seite 17. Verlag der Liebenzeller Mission: 1987

Die restlichen vier Bücher Mose beschreiben den Auszug des Volkes Israel aus Ägypten, den Empfang der Gebote und des Gesetzes am Berg Sinai, sowie die Wüstenwanderung. Es liegt nahe anzunehmen, Mose selbst hätte diese Schriften als Augenzeuge verfasst, denn er erlebte diese Ereignisse als Anführer an vorderster Front mit. Auch sind große Teile der fünf Bücher Mose aus der Sicht Moses geschrieben. Eine Ausnahme bildet das letzte Kapitel des fünften Buches Mose, das seinen Tod beschreibt. Dieses dürfte von seinem Nachfolger Josua ergänzt worden sein.

Die Geschichtsbücher

Die folgenden Bücher sind die Geschichtsbücher Israels. Nachdem unter Josua das Land erobert wurde, fehlte lange Zeit ein Anführer. Nur in Krisenzeiten regierten Richter das Volk. Der letzte Richter, Samuel, gründete eine Prophetenschule. Diese Propheten schrieben die Geschichte des Volkes nieder. Außerdem überbrachten sie den Königen, die nun das Volk regierten, Anweisungen Gottes.

Nach dem babylonischen Exil galt es, die Geschichte des Volkes aufzuarbeiten. So entstanden die Bücher der Chronik. Esra und Nehemia, unter denen Jerusalem wiederaufgebaut wurde, legten mit ihren Büchern einen Tatenbericht ab. Schließlich schildert das Buch Esther den ersten Fall von Judenverfolgung in der Fremde und Gottes rettendes Eingreifen.

Zu den Geschichtsbüchern zählt man die fünf Bücher Mose, sowie Josua, Richter, 1. und 2. Samuel, 1. und 2. Könige, 1. und 2. Chronik, Esra, Nehemia und Esther; Entstehungszeit: 1500 bis 450 v. Chr.

Die Lehrbücher und Psalmen

Das Buch Hiob dürfte das älteste der Bibel sein. Es handelt von einem gottesfürchtigen Mann (Hiob), dessen Glaube auf eine harte Probe gestellt wird, als er an einem einzigen Tag seine Familie, seinen Besitz und seine Gesundheit verliert (»Hiobsbotschaften« – Hiob 1,1 bis 2,10). Trotz Klage und Schuldzuweisungen seiner Freunde, die im Leid eine Strafe Gottes sehen, vertraut Hiob auf Gott (Reden der Freunde und Gegenreden Hiobs: Hiob 2,11–37,24). Schließlich redet Gott selbst (Hiob 38,1–41,26). Er stellt klar, dass Leid keine Strafe Gottes ist – und Wohlstand und Gesundheit somit auch keine Belohnung Gottes für Anstand. Gott lenkt den Blick Hiobs auf sein souveränes Handeln in der Schöpfung, um zu begründen, dass der Schöpfer in seiner Weisheit tun und lassen kann, was er will. Niemand kann ihm etwas vorschreiben. Hiob sieht dies ein und bekennt sich in diesem Sinne schuldig (Hiob 40,1–5 und 42,1–6). Am Ende des Buches werden seine Gesundheit, sein Besitz und die Familie wiederhergestellt.

Die 150 Psalmen, von denen ungefähr die Hälfte von König David stammt, stellen das Gebet- und Liedgut der jüdischen Gottesdienste dar. Sie decken alle Aspekte des persönlichen Lebens mit Gott ab. Man findet Klagepsalmen, Schuldbekenntnisse, Freudengebete über Gottes Gnade und Vergebung, Wallfahrtslieder und Gotteslob.

Aus der Feder König Salomos stammen die Sprüche oder Sprichwörter, Prediger und das Hohelied der Liebe.

Die prophetischen Bücher

Der Prophet Jeremia weint über Jerusalem. Kupferstich von Julius Schnorr von Carolsfeld aus dem 19. Jahrhundert.

Es folgen die »großen Propheten« Jesaja, Jeremia und Hesekiel. Jesaja wirkte im Südreich Juda während der Bedrohung durch die Assyrer. Jeremia und Hesekiel traten unmittelbar vor und während des babylonischen Exils auf. Sie hielten alles schriftlich fest, was sie im Auftrag Gottes verkündigen sollten. Ebenso handelten die zwölf »kleinen Propheten« Hosea, Joel, Amos, Obadja, Jona, Micha, Nahum, Habakuk, Zephanja, Haggai, Sacharja und Maleachi, von denen einige vor Jesaja, andere aber auch noch nach dem Exil tätig waren. Entstehungszeit: 800 bis 400 v. Chr.

Das Neue Testament

Das Neue Testament besteht aus 27 Büchern: den vier Evangelien, der Apostelgeschichte, 21 Briefen sowie der Offenbarung des Johannes.

Paulus, Autor der meisten Briefe, war ein jüdischer Schriftgelehrter und zunächst eifrig bemüht, die entstehende christliche Gemeinde zu vernichten. Als er aufgrund eines übernatürlichen Ereignisses selbst Christ wurde, wirkte er fortan als eifriger Prediger und Missionar. Er reiste im ganzen römischen Reich umher und gründete viele Gemeinden. An diese und an seine Mitarbeiter verschickte er Lehrbriefe, von denen vierzehn in den Kanon des Neuen Testaments aufgenommen wurden.

Das Lukasevangelium und die Apostelgeschichte wurden von dem griechischen Arzt Lukas verfasst, der Paulus auf seinen Missionsreisen begleitete. Er war kein Augenzeuge der Ereignisse um Jesus, hat diese aber sorgfältig und gewissenhaft anhand von Augenzeugenberichten recherchiert. Auch Markus, der das nach ihm benannte Evangelium schrieb, war ein Mitarbeiter des Paulus.

Matthäus, Johannes und Petrus gehörten zu den zwölf Jüngern Jesu. Matthäus schrieb ein Evangelium; Johannes ebenso, außerdem drei Briefe und die Offenbarung; Petrus verfasste zwei Briefe. Jakobus und Judas schließlich, die jeweils einen Brief schrieben, waren Brüder Jesu.

Das gesamte Neue Testament wurde in griechischer Sprache verfasst und lag bereits vor dem Jahr 100 n. Chr. vollständig vor. Die älteste heute vollständig vorliegende Abschrift des Neuen Testaments ist der Codex

Sinaiticus aus dem vierten Jahrhundert, den Konstantin von Tischendorff im Katharinenkloster am Berg Sinai fand. »Codex« bezeichnet die von den Christen bevorzugte Form der Heiligen Schriften: ein gebundener Stapel einzelner Blätter, die heute geläufige Form des Buches, anstelle der damals üblichen Schriftrollen.

Apokryphen

Neben den allgemein anerkannten Büchern existieren noch einige weitere, die jedoch umstritten sind. Die katholische Kirche reiht sie seit dem Konzil von Trient 1546 ins Alte Testament ein, als Antwort auf Martin Luthers Verwerfung des Makkabäerbuches (Grund siehe unten). In der jüdischen Heiligen Schrift sowie im evangelischen Alten Testament fehlen sie. In ökumenischen Bibeln sind diese Bücher gesondert aufgeführt.

Überlieferung bis heute

Ein wichtiges Thema ist die Überlieferung der Bibel. Wie genau sind die heute vorliegenden Schriften, wenn man sie bis zur Erfindung des Buchdrucks im 15. Jahrhundert nur von Hand vervielfältigen konnte und die Geschehnisse am Anfang vielleicht sogar nur mündlich überliefert wurden? Konnten sich nicht im Laufe der Zeit eine Vielzahl von Fehlern einschleichen?

Mündliche Tradition oder geschriebenes Wort?

Lange Zeit nahm man an, die Menschheit hätte die Schrift erst um das Jahr 1000 v. Chr. entwickelt. Ereignisse aus früherer Zeit seien bis dahin nur mündlich von Generation zu Generation mitgeteilt worden. Mose konnte daher nicht der Autor der »Fünf Bücher Mose« sein, da er um 1500 v. Chr. lebte. Bis heute hält sich die Theorie, die fünf Bücher Mose seien erst während und nach dem babylonischen Exil, also nach 600 v. Chr., entstanden. Ihr Inhalt sei darum nur gleichnishaft zu verstehen, stelle aber keine historische Realität dar.

Funde von Tontafeln belegen jedoch, dass bereits im Jahre 3500 v. Chr. im Nahen Osten hoch entwickelte Zivilisationen bestanden. Um 2000 v. Chr. waren bei den Sumerern selbst einfache Leute des Schreibens mächtig. Man fand nicht nur Verträge, sondern auch Briefe von Frauen an ihre Männer auf Handelsreise, in denen sie Alltägliches berichten, z.B. das Wohlergehen der Kinder oder Probleme bei deren Erziehung. Sogar Schreibübungen aus der Schule wurden entdeckt.

In der Ausgrabungsstätte von Ebla nahe der Stadt Aleppo in Syrien fand man eine Bibliothek aus dem Jahre 2500 v. Chr., die 16.000 beschriftete Tontafeln enthielt. Diese zeigen, dass bereits in dieser frühen Zeitepoche das Schreiben sehr verbreitet war.

Manche Archäologen, z.B. P.J. Wiseman, nehmen daher an, dass bereits Abraham, der um das Jahr 2000 v. Chr. lebte, schreiben konnte und seine Erlebnisse auf Tontäfelchen festhielt, die er an seine Nachkommen weitergab.

Mose nun, der in Ägypten am Hof des Pharao aufwuchs, dürfte dort problemlos Zugang zum gesamten Geschichtswissen seiner Zeit gehabt haben; als Nachkomme Abrahams wohl ebenso zu dessen Tafeln, vielleicht sogar zu Dokumenten von Noah oder gar Adam, wie Wiseman u.a. vermuten. Da er die damals bestmögliche Bildung genoss, wäre er sowohl methodisch als auch schriftstellerisch in der Lage gewesen, diese Schriften in seinem ersten Buch redaktionell zu verarbeiten. Für die vier anderen Bücher Mose käme er dann in jedem Fall als Autor in Betracht, da sie den Auszug aus Ägypten und die Wüstenwanderung des Volkes Israel aus seiner Sicht schildern.

Schriftgelehrte

Nach dem Talmud sollten jüdische Gelehrte beim Kopieren der Heiligen Schriften strenge Regeln befolgen: Kein einziger Buchstabe dürfe aus dem Gedächtnis geschrieben werden. Am Ende einer Spalte würden die Buchstaben gezählt. Bei Unstimmigkeiten oder Schreibfehlern müsse man nochmal ganz von vorne beginnen! Dadurch sei eine exakte Kopie gewährleistet. In der Praxis waren die Schreiber peinlich bemüht, den Text buchstabengetreu zu kopieren. Untersuchungen zeigten jedoch, dass sich in den alten Handschriften trotzdem hier und da kleine Unterschiede eingeschlichen hatten, allerdings nur unbedeutende, also den Sinngehalt des Textes nicht verändernde Fehler.

Die Masoreten, eine Gruppe jüdischer Gelehrter, kopierten ab dem 3. Jahrhundert nach Christus wieder und wieder die jüdischen Heiligen Schriften (das Alte Testament) gemäß dieser Regeln, sobald eine Kopie Gebrauchsspuren trug und damit unbrauchbar wurde. Sie bewahrten dadurch den Text beinahe originalgetreu. Diese Genauigkeit ist eine in der gesamten Geschichte einmalige Meisterleistung.

Heutige Bibelübersetzungen greifen für das Alte Testament auf diesen masoretischen Text zurück. Da dieser jedoch im Vergleich zur griechischen Septuaginta bearbeitet wurde, gibt es stellenweise geringe Abweichungen zwischen dem Alten Testament selbst und den Zitaten daraus im Neuen Testament, dessen Autoren aus der Septuaginta zitierten. Die meisten dieser Abweichungen sind jedoch unbedeutend.

Septuaginta

Als Folge der Eroberung Judas durch Nebukadnezar im Jahre 587 v. Chr. flohen viele Juden nach Ägypten und ließen sich dort nieder. Insbesondere in der von Alexander dem Großen gegründeten Stadt Alexandria entstand eine einflussreiche jüdische Gemeinde. Da sich die Juden mehr und mehr dem griechischen Umfeld anpassten und auch die griechische Sprache übernahmen, benötigten sie die Heilige Schrift auf Griechisch.

Die Übersetzung wurde um das Jahr 200 v. Chr. in Alexandria angefertigt. Ihr Name, »Septuaginta« = »Siebzig«, kommt daher, dass angeblich siebzig jüdische Gelehrte genau siebzig Tage zu ihrer Fertigstellung benötigten. Sie enthält das gesamte Alte Testament und entkräftet dadurch Vorwürfe, Vorhersagen der Propheten über Jesus seien erst nachträglich ergänzt worden. Dann müsste es Exemplare geben, die diese Ergänzungen nicht enthalten. Das ist aber nicht der Fall. Somit kann angenommen werden, dass bereits 200 v. Chr. das Alte Testament in der Form vorlag, wie wir es heute kennen, und dass nichts erst nach dem Leben Jesu daran verändert wurde.

Die ersten Christen griffen auf die Septuaginta zurück, denn auch für sie war Griechisch die wichtigste Sprache. Das Neue Testament wurde ohnehin auf Griechisch verfasst, sodass die ersten christlichen Bibeln in griechischer Sprache vorlagen. Dadurch jedoch verloren die Juden ihr Interesse an der Septuaginta und wandten sich wieder dem hebräischen Original zu.

Entstehung des Neuen Testaments

Auch das Neue Testament wurde überwältigend genau überliefert. Zwar fehlen bis heute sämtliche Originale, dennoch stimmt der heutige Text mit alten Funden völlig überein. Der »Codex Sinaiticus«, den Konstantin von Tischendorff im Katharinenkloster am Berg Sinai entdeckte, datiert etwa auf das Jahr 350. Er enthält 199 Bögen des Alten und das gesamte Neue Testament. Dadurch und durch andere Funde erhielt die Forschung große Sicherheit bei der Rekonstruktion des originalen Textes, der als Grundlage für unsere heutigen Übersetzungen dient.

Die Funde von Qumran

In den Höhlen von Qumran entdeckte ein Hirtenjunge Tonkrüge mit uralten Schriftrollen.

Im Jahre 1947 entdeckte ein Beduinenjunge, der bei Qumran am Toten Meer eine entlaufene Ziege suchte, eine Höhle. Diese enthielt luftdicht verschlossene Tonkrüge, in denen gut erhaltene Schriftrollen aufbewahrt wurden. Vermutlich wurden sie von den Bewohnern der nahe gelegenen Essener-Siedlung dort deponiert, als die Römer im Jüdischen Krieg heranrückten. In den folgenden Jahren wurden auch in anderen Höhlen Schriftrollen und Fragmente entdeckt.

Die Qumranrollen haben die Glaubwürdigkeit der Bibel weiter untermauert. Die entdeckten Tonkrüge enthielten Schriftrollen und Schriftrollenfragmente von erstaunlich guter Qualität. Diese wurden im 1. Jahrhundert n. Chr. dort versteckt und überdauerten fast 2000 Jahre.

Man fand dort das gesamte Alte Testament, das mit dem heute durch die Masoreten bekannten Text weitgehend übereinstimmt. Zwar gibt es an einigen Stellen Abweichungen der Schreibweisen und Satzzeichen, der Inhalt und somit die Botschaft ist jedoch dieselbe. Darüber hinaus förderte man Fragmente einiger neutestamentlicher Texte zutage, so beispielsweise einen Teil des Markusevangeliums. Einige Forscher glauben, dass er sich auf das Jahr 40 bis 50 n. Chr. datieren lässt. Wenn sie recht hätten, würde dies eine Entstehungszeit von nur etwa 10 Jahren nach den Ereignissen um Jesus belegen.

Die Höhlen von Qumran lieferten also der biblischen Erforschung einzigartige Hinweise auf die Authentizität der heute vorliegenden Texte. Außerdem fegten sie Unklarheiten zwischen dem masoretischen Text und der Septuaginta vom Tisch und sie widerlegten bibelkritische Theorien, dass nämlich diverse Schriften des Alten Testaments erst nach Christus entstanden sein sollen.

Fazit: Einzigartig unter der antiken Literatur!

Kein anderer historischer Bericht der Antike ist nach den Kriterien der Geschichtswissenschaft so gut erhalten und folgt gleichzeitig den geschilderten Ereignissen so knapp! Er entstand, als die Augenzeugen der Ereignisse noch am Leben waren.

Von den meisten anderen Werken der antiken Literatur liegen übrigens keine Kopien vor, die vor dem 8. Jahrhundert entstanden. Trotzdem käme niemand auf den Gedanken, dass z.B. Julius Cäsar das, was wir heute in seinem Werk »Der Gallische Krieg« lesen, gar nicht so verfasst hätte. Es gibt sicherlich viele ideologische und weltanschauliche Gründe, warum an die Bibel andere Maßstäbe gelegt werden.

Bibel und Wissenschaft

Der heutige archäologische Erkenntnisstand spricht eine deutliche Sprache zugunsten der Bibel. Der Bibelkritik, die dazu geführt hat, dass die Bibel in erster Linie als unwahr und mythologisch betrachtet wird, muss man jedoch zugutehalten, dass ihre Thesen im Zuge der Aufklärung an abendländisch-europäischen Schreibtischen entstanden – weit weg vom orientalischen Israel, dem Ort, wo sich alles ereignete. Zudem waren damals die heutigen Erkenntnisse der Archäologie nicht bekannt.

Viele von der historisch-kritischen Methode geprägte Theologen interpretieren Funde, die für die historische Zuverlässigkeit der Bibel sprechen, auf ihre Weise oder ignorieren sie ganz. Und natürlich gibt es auch Funde, die schwer mit der Bibel in Einklang zu bringen sind und eher die Kritiker bestätigen. Zur Glaubwürdigkeit der Bibel gibt es mittlerweile ein weites Spektrum der Meinungen: Von der These, dass »alle Geschichten erst viel später frei erfunden« worden seien, bis zu der Aussage, dass »jeder Buchstabe von Gott inspiriert« sei. Dazwischen gibt es eine Fülle teilweise sehr komplizierter Vorstellungen. Dabei hat natürlich ein Mensch, der Gott nicht anerkennt, die Tendenz, eher zur erstgenannten Seite hinzuneigen. Leider scheinen auch immer mehr Theologen zu dieser Gruppe zu gehören.

Glücklicherweise kann das bibeltreue Lager sehr gewichtige Funde und Argumente für sich verbuchen. Die Bibelkritik wird daher heute zu Unrecht nicht nur an Universitäten, sondern auch schon an Schulen als unumstößliche wissenschaftliche Erkenntnis gelehrt. Statt die Kinder zu einer intellektuellen Auseinandersetzung mit den beiden Ansätzen zum Verständnis der Bibel zu motivieren, impft man ihnen ein Misstrauen gegen die Bibel und damit gegen ihr Wertesystem ein.

Juden und Christen

Der Römerbrief kontra Antisemitismus

Die Geschichte des Antisemitismus, des Judenhasses, ist leider eng mit der christlichen Kirchengeschichte verbunden.

In den christlichen Urgemeinden waren jüdische Christen und gläubige Heiden eine Einheit durch ihren gemeinsamen Erlöser Jesus Christus. Doch schon 100 Jahre nach dem Tod Christi gab es die Ansicht, dass die Juden von Gott verstoßen seien und die Kirche nun die legitime Nachfolgerin des Volkes Gottes sei. Die Juden wurden von der frühen Christenheit des »Gottesmordes« beschuldigt.

Das Neue Testament sagt jedoch etwas anderes: »Denn Herodes Antipas, der Statthalter Pontius Pilatus und das Volk Israel haben sich gegen Jesus, deinen heiligen Knecht, den du gesalbt hast, verschworen.« (Apostelgeschichte 4, 27) Nach der Schrift ist Jesus für die Sünden der Menschheit gestorben, also ist jeder einzelne Mensch, ob Jude oder Römer, ob Christ oder Heide, für den Tod Christi verantwortlich.

Trotzdem: Die Spur des Antisemitismus zieht sich wie ein roter Faden durch die Geschichte. Viele Christen und Vertreter der Kirchen behaupten, die Christenheit hätte Israel als das Volk Gottes abgelehnt. Die Juden hätten durch die Ablehnung Christi ihre Auserwählung verloren. Diese Meinung hat sich als sogenannte »Enterbungslehre« auch in der Theologie etabliert. Diese Enterbungslehre hat in Deutschland und in anderen Ländern eine lange und traurige Geschichte des Antisemitismus mit sich gebracht.

Scheinbar haben Christen, die solche Lehren vertreten, die Ausführungen des Apostels Paulus im Römerbrief nie gelesen.

Römer 11,11: »Sind sie so tief gefallen, dass sie hoffungslos verloren sind? Nein, auf keinen Fall! Sondern ihr Ungehorsam führte dazu, dass auch die anderen Völker gerettet werden, um damit zugleich auch die Eifersucht der Juden zu wecken.«

Paulus trifft zwei wichtige Aussagen:

- Das Volk Israel ist noch immer das Volk Gottes.
- Die Ablehnung Christi als Messias durch die Juden bewirkt, dass nun den Heiden die frohe Botschaft verkündet werden sollte.

Nun vergleicht Paulus das Verhältnis der Juden und Christen zu Gott mit einem Ölbaum: Das Volk Israel ist ein edler Ölbaum, der in Gott verwurzelt ist. Durch den Unglauben wurden einige Zweige herausgebrochen. An die Stelle der herausgebrochenen Zweige sind nun Zweige eines wilden Ölbaumes eingepfropft. Dies sind Heiden, die zum Glauben an Jesus Christus gekommen sind.

Ein uralter Ölbaum im Garten Gethsemane.

In Vers 18 spricht Paulus eine dringliche Warnung aus: »Bildet euch aber deshalb nicht ein, besser als die herausgebrochenen Zweige zu sein!« (nach Luther)

Niemals sollten Christen herablassend gegenüber den Juden sein, denn »wenn Gott bereit war, dich, der du ursprünglich Zweig eines wilden Ölbaums warst, seinem guten Baum einzupfropfen – was wider die Natur wäre –, wie viel lieber wird er die Juden wieder in den Baum einpfropfen, zu dem sie eigentlich gehören.« (Vers 24). Leider hat sich ein Großteil der Christen diese Aussagen zu keinem Zeitpunkt der Geschichte zu Herzen genommen.

Was macht Israel so einzigartig?

Stefan Buchali, *Medieningenieur und Mit-Autor von Einzigartiges Israel 1.0:*

»Was man als Schüler über Israel lernt, ist oft nur punktuell. Auf der einen Seite der Religionsunterricht, auf der anderen Seite Geschichte und Politik, mit jeweils eigenem Schwerpunkt.

Die Zusammenhänge bleiben verborgen – zumal die Geschichte des alten Orients ebenso ausgespart wird wie die Hintergründe der Vertreibung der Juden und die Ursache der Diaspora. Ausschließlich unsere griechisch-römischen Wurzeln werden als relevant vermittelt. So vermisst man leider auch im Religionsunterricht sowohl das Handeln Gottes in der Geschichte als auch Themen wie Heilsplan und Prophetie.

Umso faszinierender und beeindruckender ist es jedoch, wenn sich die biblischen, geschichtlichen und tagesaktuellen Aspekte zu einem ›großen Ganzen‹ formen, wenn Gottes roter Faden erkennbar wird. An Israel wird wie an sonst keinem Land erkennbar, wie Gott in der Geschichte handelt. Wie er zu seinem Wort steht und wie er Zusagen erfüllt. Das macht Mut, sein eigenes Leben ihm anzuvertrauen und auch persönlich seinen Worten Glauben zu schenken.«

Prophetie wird Geschichte

Von Gott geschenkte Weitsicht

Viele Menschen nannten sich im Verlauf der Weltgeschichte »Propheten«. Manche, wie zum Beispiel Nostradamus, weckten große Aufmerksamkeit – doch bei genauer Betrachtung waren die »Prophezeihungen« meist Zufallstreffer oder vage Beschreibungen.

Es gab jedoch auch Propheten, deren Vorhersagen Wort für Wort eingetroffen sind oder noch eintreffen werden. Es sind die Propheten der Bibel: zum Beispiel Mose, Jesaja, Jeremia, Hesekiel, Johannes und – Jesus Christus.

Mehr über die Propheten der Bibel und ihre Prophezeiungen bezüglich Jesus Christus gibt es auf CD: **631-weitsicht** und **632-prophezeiungen**

Was macht Israel so einzigartig?

Martin Lehmann, *Christen an der Seite Israels, www.israelaktuell.de:*

»In der Bibel findet man das Wort ›Israel‹ im Alten Testament über 2000-mal. Im Neuen Testament, je nach Übersetzung, 45- bis 75-mal. Daran wird deutlich, worum es in der Bibel geht: um Israel.

Als junger Christ besuchte ich das Land Israel mit einer Pilgergruppe unserer Gemeinde. Ich war gespannt auf das Land der Verheißung, von dem ich in der Bibel so viel gelesen hatte. Es war faszinierend, das Land und die Menschen zu erleben. Noch faszinierender war es für mich jedoch, dass Gott selbst mich dort in einer bisher ungekannten Weise anrührte. Er machte mir klar, dass Israel Sein Land und Sein Volk ist, in das die Gläubigen aus den Nationen eingepfropft sind. ›Eingepfropft‹ heißt: die Wurzel, der Stamm, aus dem das Leben fließt, ist Israel. Das hat sich seit der Berufung Abrahams nicht geändert und wird sich nicht ändern, solange Saat und Ernte, Frost und Hitze, Sommer und Winter, Tag und Nacht sich abwechseln. Gott steht zu seiner Berufung Israels und zu seinen Verheißungen. Das Heil, der Heiland, der Erlöser der ganzen Welt, kommt von den Juden (Joh 4,22). Die Braut Christi, die Gemeinde, die am Tag des Herrn, dem großen Gerichtstag Gottes, vor Gottes Thron stehen wird, setzt sich zusammen aus Israel und den Gläubigen aus den Nationen. Israel ist und bleibt im Fokus Gottes.

Niemand, der sich mit dem Gott der Bibel, dem Gott Abrahams, Isaaks und Jakobs, beschäftigt, kommt an Israel vorbei. ›Am Israel chai!‹ – ›Das Volk Israel lebt!‹ Weil der Gott Israels, der Schöpfer des Universums, lebt und in Ewigkeit regiert.«

Prophetie über Israel

Viele Prophezeiungen der Bibel beschäftigen sich mit der Zukunft des Volkes Israel, mit dem Heiligen Land und der Stadt Jerusalem. Im Folgenden werden einige Beispiele dafür angeführt, wie sich die Aussagen der Propheten über die Zukunft Israels erfüllt haben. Das Eintreffen der Ereignisse fand teilweise in biblischer, aber zuweilen auch erst in nachbiblischer Zeit statt. Ein Teil der Prophetien hat sich noch nicht erfüllt und steht für die Zukunft aus.

Ereignisse in biblischer Zeit

Die meisten Ereignisse, die für die Geschichte Israels wichtig waren, wurden von Propheten vorausgesagt – meist als Warnung, um zur Umkehr zu Gott aufzurufen. Ein Beispiel von genauen Prophezeiungen in Bezug auf das Volk Israel betrifft die Sklaverei der Hebräer in Ägypten:

»Da sprach der HERR zu Abram: Das sollst du wissen, dass deine Nachkommen Fremde in einem fremden Land sein werden. Sie werden 400 Jahre lang als Sklaven unterdrückt werden. Doch ich werde das Volk, das sie unterdrückt, bestrafen. Am Ende werden sie mit großen Reichtümern von dort wegziehen.« (1. Mose 15,13–14)

»Die Israeliten hatten 430 Jahre in Ägypten gelebt. Nach 430 Jahren zog das Volk des HERRN nach Stämmen geordnet aus Ägypten fort.« (2. Mose 12,40-41)

Die Richter und Könige wurden von Propheten wie Samuel oder Nathan beraten und auch zur Rechenschaft gezogen. Propheten wie Jesaja oder

Jeremia warnten vor der Eroberung durch die Assyrer und Babylonier. Sie forderten auf zum entschiedenen Glauben an Gott.

Ereignisse im 20. Jahrhundert

Schon Mose warnte sein Volk vor den Folgen des Ungehorsams gegenüber Gott: »Denn der HERR wird euch unter alle Völker zerstreuen, von einem Ende der Erde bis zum anderen. Dort werdet ihr fremde Götter verehren müssen, die weder ihr noch eure Vorfahren gekannt haben. Götter aus Holz und Stein. Doch unter den fremden Völkern werdet ihr nicht sicher sein und nicht zur Ruhe kommen. Und der HERR wird euch dort unter Angst und Verzweiflung leiden lassen. Euer Leben wird am seidenen Faden hängen. Tag und Nacht werdet ihr in Angst leben und eures Lebens nicht mehr sicher sein. Am Morgen werdet ihr – aus Angst vor den Schrecken, denen ihr ständig ins Auge sehen müsst – sagen: ›Wäre es nur schon Abend!‹ Und am Abend werdet ihr sagen: ›Wäre es nur schon Morgen.‹« (5. Mose 28,64–67)

Er prophezeite somit vor etwa 3500 Jahren die Zerstreuung der Juden in alle Welt, die 70 n. Chr. eintrat. Darüber hinaus deutet er schon die Heimatlosigkeit und Misshandlung der Juden in der fast 2000-jährigen Diaspora an. Jeremia beschreibt die Diaspora so: »Man nennt dich: ›die Verstoßene‹ und: ›Zion, nach der niemand fragt‹«.

Doch die Propheten sahen nicht nur die Zerstreuung und die Diaspora voraus, sondern auch die Rückkehr ins alte, gelobte Land, die sich im 20. Jahrhundert vollzogen hat. Der Prophet Jesaja sagte voraus: »Fürchte dich nicht, denn ich bin bei dir. Ich werde deine Kinder aus dem Osten holen und dich aus dem Westen sammeln. Zum Norden sage ich: ›Gib her!‹ Und zum Süden: ›Halte niemanden zurück! Bring meine Söhne aus der Ferne, meine Töchter aus allen Winkeln der Erde.‹« (Jesaja 43,5–6)

Hesekiel weissagte im Namen Gottes: »Denn so spricht Gott, der HERR: Jetzt will ich selbst für meine Schafe sorgen und mich um sie kümmern. Wie sich ein Hirte um seine Schafe kümmert, wenn sie sich verirrt haben, so werde ich mich um meine Schafe kümmern und sie aus allen Orten befreien, wohin sie an jenem finsteren, bedrohlichen Tag zerstreut wurden. Ich werde sie aus den Völkern herausführen und aus den Ländern sammeln und in ihr Land zurückbringen. Ich werde sie auf den Bergen von Israel auf die Weide führen, an den Flüssen, und überall dort, wo Menschen im Land leben. Ja, ich werde ihnen gute Weide geben, auf den hohen Bergen von Israel soll ihr Weideplatz sein. Dort auf den Bergen von Israel werden sie auf einem guten Weideplatz lagern und auf fetten Wiesen grasen. Ich selbst werde für meine Schafe sorgen und sie lagern lassen, spricht Gott, der HERR. Ich werde das Verlorene suchen und das Verirrte nach Hause bringen. Ich werde das Verletzte verbinden und das Kranke stärken. Aber das Fette und das Starke werde ich töten. Ich werde gerecht für sie sorgen.« (Hesekiel 34,11–16)

Eingewanderte Juden aus Äthiopien bei einer Versammlung an der Klagemauer in Jerusalem.

Die Propheten Amos und Hesekiel sagten voraus, dass mit der Rückkehr des jüdischen Volkes das Land wieder aufblühen würde, von dem Mark Twain noch im Jahre 1867 schrieb: »Kommen Sie nach Galiläa, diese unbevölkerten Wüsten, diese rostfarbenen Hügel der Unfruchtbarkeit … Palästina sitzt in Sack und Asche, verwüstet und hässlich – es ist ein unwirkliches Land.«[87]

87 Mark Twain: The Innocents Abroad (1881), zitiert in: Ramon Bennett : Philister – oder: Die große Täuschung, Seite 164. Arm of Salvation: 1995

»Die Zeit wird kommen«, spricht der HERR, »in der das Korn und die Trauben schneller wachsen, als sie geerntet werden können. Dann werden die Weinberge Israels von süßem Wein triefen und überfließen! Ich werde mein vertriebenes Volk Israel aus den fernen Ländern heimholen und sie werden ihre Städte, die jetzt in Trümmern liegen, wieder aufbauen und darin wohnen. Sie werden Weinberge und Gärten pflanzen, sie werden ihre eigenen Feldfrüchte essen und ihren eigenen Wein trinken. Ich werde sie fest einpflanzen in dem Land, das ich ihnen geschenkt habe«, spricht der HERR, euer Gott, »dann werden sie nie mehr ausgerissen werden.« (Amos 9,13–15)

»Ihr aber, ihr Berge von Israel, werdet für mein Volk der Israeliten eure Zweige sprießen lassen und eure Frucht tragen – denn ihre Rückkehr lässt nicht mehr lange warten! Seht, ich komme zu euch und wende mich euch wieder zu. Ihr werdet bestellt und besät werden. Ich werde die Menschen bei euch zahlreich machen und das ganze Volk von Israel vermehren, und die Städte sollen wieder bewohnt und die Ruinen wieder aufgebaut werden. Und ich werde Mensch und Vieh bei euch vermehren, sie werden sich vermehren und fruchtbar sein. Ich werde dafür sorgen, dass ihr wieder bewohnt seid wie früher. Ich will mehr Gutes für euch tun als je zuvor. Dann werdet ihr erkennen, dass ich der HERR bin. Und ich werde Menschen zu euch bringen, mein Volk der Israeliten wird euch in Besitz nehmen und ihr werdet ihr Erbbesitz sein. Niemals mehr werdet ihr sie kinderlos machen.« (Hesekiel 36,8–12)

Prophezeiungen für die Zukunft

Es gibt einige Prophezeiungen für Israel, die sich noch nicht erfüllt haben. Sollten sie sich erfüllen, wird sich nach den Angaben des Propheten Joel Folgendes ereignen:

»In den Tagen, in denen ich das Schicksal Judas und Jerusalems wenden werde, will ich alle Völker im Tal Joschafat versammeln. Dort werde ich über sie Gericht halten wegen meines Volkes und Erbbesitzes Israel, weil sie es vertrieben haben unter die Völker und weil sie mein Land unter sich aufgeteilt haben.

Lasset es ausrufen bei den Völkern: ›Macht euch zum Krieg bereit! Zieht eure tüchtigen Krieger zusammen! Alle eure Soldaten sollen sich zum Angriff bereit machen! Schmiedet eure Pflugscharen zu Schwertern um und eure Winzermesser zu Lanzen! Auch der Schwächste soll sagen: Ich bin ein Held! Kommt schnell von überall herbei, ihr Völker aus dem Umland! Versammelt euch im Tal.‹ HERR, dorthin führe deine Krieger! Alle Völker sollen sich bereit machen und zum Tal Joschafat ziehen, denn dort werde ich sein, um über sie zu richten. Legt die Sichel an, denn die Ernte ist reif! Kommt, tretet die Kelter, denn sie ist voll. Ihre Kufen laufen über von der Bosheit dieser Menschen!« Im Tal der Entscheidung versammeln sich große Scharen. Denn nahe ist der Tag des HERRN im Tal der Entscheidung.

Sonne und Mond werden sich verfinstern und die Sterne werden ihren Glanz verlieren. Der HERR wird von Zion her brüllen und seine Stimme wird von Jerusalem her zu hören sein, sodass Himmel und Erde erbeben werden. Doch für sein Volk wird der HERR ein Zufluchtsort sein und ein Schutz für die Kinder Israels.« (Joel 4,1–2.9–16)

Viele Völker sollen demnach gegen Israel antreten, um es zu bekämpfen. Dann würde Gott eingreifen und sein Volk verteidigen.

Siehe auch: Nahostkonflikt: **Die Hand Gottes!** ab Seite 159.

Ein weiteres wichtiges Ereignis, das geschehen wird, sagt Sacharja voraus: »Dann gieße ich einen Geist der Gnade und des Gebets über die Nachkommen Davids und die Bewohner Jerusalems aus. Sie werden auf den schauen, den sie durchbohrt haben, und um ihn trauern wie um einen einzigen Sohn. Sie werden ihn beweinen, wie man einen erstgeborenen Sohn beweint.« (Sacharja 12,10)

Der Prediger und Israel-Experte Lance Lambert sagt über diesen Satz: »Es wäre ein unwahrscheinlicher Zufall, wenn sich diese Worte nicht auf den Herrn Jesus beziehen würden.«[88]

Jerusalem als Brennpunkt der Prophetie

Das Schicksal Jerusalems lag Gott immer am Herzen und auch Jesus Christus weinte über diese Stadt. Die Propheten des Alten Testaments, Jesus selbst und Johannes in seiner Offenbarung – alle weissagten über Jerusalem. Jerusalem ist mit der Heilsgeschichte Gottes eng verbunden.

88 *Lance Lambert: Israel – Zentrum der Weltgeschichte?, Seite 207. Hänssler: 1996*

- Diese Stadt erwählte Gott, um sein Haus bauen zu lassen – den Tempel.
- In diese Stadt kam Jesus, der Sohn Gottes, um für die Sünden dieser Welt zu sterben.
- In dieser Stadt besiegte Jesus den Tod und verließ sein Grab.
- Gegen diese Stadt werden alle Völker am Ende der Zeit in den Krieg ziehen.

Hier einige Aussagen der Bibel über Jerusalem:

»Dann brachte er mich zurück zum äußeren Osttor, doch es war geschlossen.« (Hesekiel 44,1)

»Hier wird mein Name für immer verehrt werden – in diesem Haus und in Jerusalem, der Stadt, die ich aus allen Stämmen Israels erwählt habe.« (2. Chronik 33,7)

»Es ist die Stadt unseres Gottes, durch ihn wird sie für immer bestehen.« (Psalm 48,9)

»Ich werde dieses Volk aus meiner Gegenwart verbannen und meine erwählte Stadt Jerusalem und das Haus, in dem mein Name angebetet werden sollte, verwerfen.« (2. Könige 23,27)

»Seht, ich mache Jerusalem zu einem Becher – alle Völker ringsum, die daraus trinken, sollen taumeln. Genauso soll es auch Juda ergehen, wenn es Jerusalem belagert. An jenem Tag mache ich Jerusalem für alle Völker zu einem Laststein. Alle, die versuchen ihn aufzuheben, werden sich schwer daran verletzen. Und alle Nationen der Erde sollen sich gegen Jerusalem versammeln. An jenem Tag, spricht der HERR, werde ich alle Pferde scheu machen und ihre Reiter in Panik versetzen.« (Sacharja 12,2–4)

»O Jerusalem, Jerusalem, du Stadt, die Propheten ermordet und Gottes Boten steinigt! Wie oft wollte ich deine Kinder zusammenrufen, wie eine Henne, die Küken unter ihren Flügeln birgt, doch ihr habt es nicht zugelassen. Und nun seht, euer Haus ist euch überlassen, leer und verödet.« (Matthäus 23,37–38)

»Da nahm er mich im Geist auf einen großen, hohen Berg und zeigte mir die heilige Stadt, Jerusalem, die von Gott aus dem Himmel herabkam. Sie war ganz von der Herrlichkeit Gottes erfüllt und funkelte wie ein kostbarer Edelstein, kristallklar wie Jaspis.« (Offenbarung 21,10–11)

Die Zukunft unserer Welt

Die Bibel spricht an vielen Stellen über das Ende der Weltgeschichte, die sogenannte Endzeit. Es gibt einige Zeichen, die das nahende Ende ankündigen werden.

Die Wehen der Endzeit

Kurz vor dem Tode Jesu entstand zwischen ihm und seinen Jüngern folgendes Gespräch:

»Wird es vorher ein Zeichen geben, das deine Wiederkehr und das Ende der Welt ankündigt? Jesus antwortete ihnen: Lasst euch von niemandem etwas weismachen. Viele werden in meinem Namen auftreten und behaupten: ›Ich bin der Christus‹, und sie werden viele irreführen. Überall werden Kriege ausbrechen. Aber habt keine Angst – diese Dinge müssen geschehen, doch das Ende wird noch nicht unmittelbar darauf folgen. Völker und Königreiche werden sich den Krieg erklären. In vielen Teilen der Welt wird es Erdbeben geben, und es wird zu Hungersnöten kommen. Doch all das wird erst der Anfang der Schrecken sein, die auf euch zukommen.

Ihr werdet verhaftet, verfolgt und umgebracht werden. Auf der ganzen Welt wird man euch hassen, weil ihr euch zu meinem Namen bekennt. Viele werden sich von mir abwenden und einander verraten und hassen. Viele falsche Propheten werden auftreten und die Menschen täuschen. Die Gesetzlosigkeit wird immer mehr überhandnehmen und die Liebe wird bei vielen erkalten. Doch wer bis zum Ende durchhält, wird gerettet werden. Die Botschaft vom Reich Gottes wird auf der ganzen Welt gepredigt werden, damit alle Völker sie hören, und dann erst wird das Ende kommen.« (Matthäus 24, 3b–14)

Ausführlich erzählt Jesus von den Katastrophen, die am Ende der Weltgeschichte über die Menschheit hereinbrechen werden. Vieles davon trifft auf unsere Zeit zu: Das 20. Jahrhundert hat schrecklichere Kriege erlebt, als alle Jahrhunderte zuvor. Der Mensch hat durch moderne Massenvernichtungswaffen die Möglichkeit, selbst den Weltuntergang einzuleiten. Die Welt ist überbevölkert und täglich verhungern Tausende von Menschen. Falsche Propheten, Sekten, Esoteriker und andere Verführer verleiten die Menschen zu allerlei Aberglauben. Philosophen und Wissenschaftler versuchen die Menschen davon zu überzeugen, dass kein göttliches Wesen existiert; sie machen den Menschen selbst zu Gott. Dem Christen- und Judentum dagegen wird verstärkt mit Intoleranz begegnet. In vielen Ländern werden Juden und Christen verfolgt und wegen ihres Glaubens umgebracht. Jesus vergleicht diese Ereignisse mit den Wehen einer Geburt. Kurz vor dem Wiederkommen des Messias bricht eine schmerzvolle Zeit herein, die von seinen Anhängern einen starken Glauben fordert.

Israel als Zeichen

Viele Experten, die sich mit biblischer Prophetie beschäftigt haben, meinen, dass Israel als Zeiger der Weltenuhr Gottes gedeutet werden kann. Die Erfüllung der zahlreichen Prophezeihungen über das Volk des HERRN lasse darauf schließen, dass sich das Ende der Welt und damit die Ankunft (jüdische Sichtweise) bzw. Wiederkunft (christliche Sichtweise) des Messias mit großen Schritten nähert.

Eine wichtige biblische Aussage in diesem Zusammenhang ist die Weissagung Hesekiels über »Gog«, den Anführer der gesammelten Heere gegen Israel am Ende der Zeit:

»Nach langer Zeit wirst du dann deinen Auftrag erhalten. Am Ende der Zeit wirst du in ein Land kommen, dessen Volk sich vom Krieg erholt hat und das aus vielen Völkern gesammelt wurde, dort auf den Bergen von Israel, die lange verwüstet waren. Aus vielen Völkern wurden die Menschen zurückgebracht. Und sie wohnen alle in Sicherheit.« (Hesekiel 38,8)

Durch das Goldene Tor soll der Messias nach Jerusalem einziehen. Dies wollten Moslems verhindern und haben es zugemauert und einen Friedhof davor angelegt.

Apokalypse und das Jüngste Gericht

Johannes beschreibt in seiner Offenbarung detailliert eine Vision, die er von Gott über die Apokalypse, über das Ende der Zeit erhalten hat. Es spielen sich viele Dinge im übernatürlichen Bereich ab, doch der Mensch, der sich an das Wort Gottes hält, wird verstehen, worauf es ankommt. Mit seinen Weissagungen knüpft er an viele Aussagen der Propheten des Alten Testamentes an. Jesus Christus nennt das Hauptereignis der Endzeit: seine Wiederkunft und das damit verbundene Weltgericht.

»Doch wenn der Menschensohn in Herrlichkeit wiederkommt, und alle Engel mit ihm, wird er auf seinem Thron der Herrlichkeit sitzen. Alle Völker werden vor ihm zusammengerufen, und er wird sie trennen, so wie ein Hirte die Schafe von den Ziegen trennt. Die Schafe wird er zu seiner Rechten stellen, die Ziegen zu seiner Linken. … Und sie werden der ewigen Verdammnis übergeben werden, den Gerechten aber wird das ewige Leben geschenkt.« (Matthäus 25,31–33.46)

Bildnachweis:

Timo Roller: Titelbild und S. 3 (Westmauer und goldene Kuppel des Felsendoms in Jerusalem), 12 (Flagge), 22, 25, 29, 30, 36, 39, 43, 44, 52, 55, 59 (Ruine auf Masada), 61, 64, 67, 71, 80, 97, 100, 107, 110, 121, 134, 138, 160, 161 (Geburtsgrotte in Bethlehem),162, 166, 172, 178, 186, 191 (Bar-Mizwa-Feier an der Klagemauer in Jerusalem), 201, 213, 217, 219, 223, 225, 227 (Inschrift aus der Kreuzfahrerzeit in Akko), 229, 237, 241, 246, 252

NASA Worldwind, bearbeitet von Timo Roller: S. 6

Doro Schechinger: S. 11 (Knesset in Jerusalem), 34, 114, 115, 192, 207

Vector-Images.com: S. 12 (Emblem)

Israel Ministry Of Foreign Affairs: S. 15

Frank Ugele: S. 17

Little Savage, Wikipedia: S. 48

The Bettman Archive: S. 90

Doris Helber: S. 103 (Israelischer Panzer in den Straßen Bethlehems)

Michael Frasch: S. 124

The White House, aus Wikipedia: S. 128

Fridl Röhm: S. 144, 183

The Independent: S. 149

Der Stürmer: S. 149

Adnan Hajj, aus: Wikipedia: S. 155

Julius Schnorr von Carolsfeld: S. 232

Erlebnisberichte: Was macht Israel so einzigartig?

Frank Ugele: S. 15

Bernt Mörl: S. 40

Fritz und Lydia Schanz: S. 44f

Johannes Vogel: S. 68ff

Dr. Peter van der Veen: S. 75f

Alexander Schick: S. 82f

Norbert Schäfer: S. 154f

Hartmut Renz: S. 197ff

Doro Schechinger: S. 207f

Stefan Buchali: S. 242

Martin Lehmann: S. 243f

Timo Roller

Bible Earth

Der virtuelle Reiseführer

Taschenbuch, 192 S., 12,0 x 19,0 cm
Nr. 394.621, ISBN 978-3-7751-4621-0

Der Reiseführer für die Generation Internet – mit »Google Earth« in die Welt der Bibel: die Fundamente des Turms von Babel, die uralten Ruinen von Ninive, die heiligen Stätten in Jerusalem, Ausgrabungen in Ephesus und Philippi u. v. m. Timo Roller informiert über Archäologie, Geschichte und Hintergründe der biblischen Ereignisse. Das kostenlose Programm »Google Earth« liefert dazu die hochauflösenden Satellitenbilder – direkt auf Ihren Computer! Eine Kostprobe bietet www.bible-earth.net.

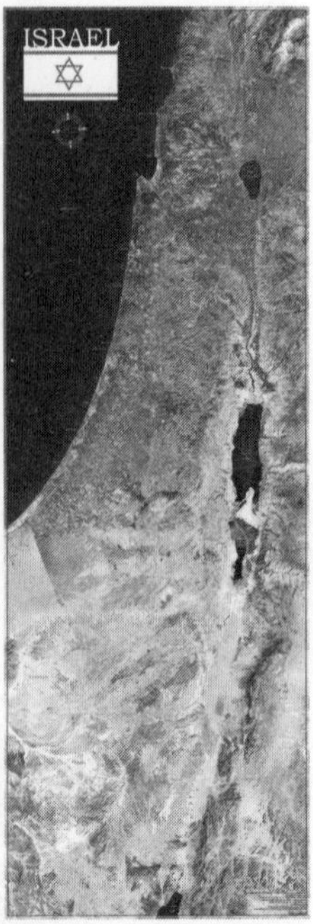

Israelposter

50 x 150 cm
Nr. 394.868, ISBN 978-3-7751-4868-9

Ein Schmuckstück für Büro, Empfangsraum oder Wohnzimmer. Modernste Satellitentechnik gewährt einen Überblick über das Gelobte Land: von Dan bis Beerscheba, vom Mittelmeer bis an die jordanische Grenze. Dieses ca. 50 x 150 cm große Poster zeigt das Land, das in Gottes Augen »kostbar und wertvoll« ist . Durch zahlreiche Ortsnamen erkennt auch der geografische Laie die bekannten Stätten der Bibel wieder.

Bitte fragen Sie in Ihrer Buchhandlung nach diesen Produkten! Oder schreiben Sie an:
Hänssler Verlag im SCM-Verlag GmbH & Co. KG,
D-71087 Holzgerlingen.